돈에 대한 영어의 모든 디테일
Money Words

독자의 1초를 아껴주는 정성 길벗출판사

(주)도서출판 길벗 IT단행본, 성인어학, 교과서, 수험서, 경제경영, 교양, 자녀교육, 취미실용 www.gilbut.co.kr
길벗스쿨 국어학습, 수학학습, 주니어어학, 어린이단행본, 학습단행본 www.gilbutschool.co.kr

유튜브 @GILBUTEZTOK ○ **인스타그램** gilbut_eztok ○ **네이버포스트** gilbuteztok

돈에 대한 영어의 모든 디테일
머니 워즈 Money Words

초판 1쇄 발행 2025년 5월 30일

지은이	Sam Norris
옮긴이	강주헌
발행인	이종원
발행처	(주)도서출판 길벗
브랜드	길벗이지톡
출판사	등록일 1990년 12월 24일
주소	서울시 마포구 월드컵로 10길 56(서교동)
대표 전화	02) 332-0931
팩스	02) 323-0586
홈페이지	www.gilbut.co.kr
이메일	eztok@gilbut.co.kr

기획 및 책임편집 김효정(hyo@gilbut.co.kr) ○ **디자인** 글리치팩토리 ○ **제작** 이준호 손일순 이진혁
마케팅 차명환 장봉석 최소영 ○ **유통혁신** 한준희 ○ **영업관리** 김명자 심선숙 ○ **독자지원** 윤정아
외주 편집 정영주 ○ **CTP 출력 및 인쇄** 정민 ○ **제본** 예림바인딩

· 길벗이지톡은 (주)도서출판 길벗의 성인어학서 출판 브랜드입니다.
· 이 책은 저작권법의 보호를 받는 저작물로 이 책에 실린 모든 내용, 디자인, 이미지, 편집 구성은 허락 없이 복제하거나 다른 매체에 옮겨 실을 수 없습니다.
· 인공지능(AI) 기술 또는 시스템을 훈련하기 위해 이 책의 전체 내용은 물론 일부 문장도 사용하는 것을 금지합니다.
· 잘못 만든 책은 구입한 서점에서 바꿔 드립니다.
· 책 내용에 대한 문의는 길벗 홈페이지(www.gilbut.co.kr) 고객센터에 올려 주세요.

ISBN	ISBN 979-11-407-1449-0 03740 (길벗도서번호 301145) ⓒ 길벗, 2025
정가	28,000원

돈에 대한 영어의 모든 디테일

MONEY WORDS

머니 워즈

Sam Norris 지음 / 강주헌 옮김

저자 서문

돈에 관련한 단어들

영어에는 "돈이 세상을 돌아가게 한다(Money makes the world go round)"라는 유명한 속담이 있다. 일자리부터 일상적인 쇼핑과 생활비까지, 또 정부 지출과 세금 및 세계 무역 정책에 관한 큼직한 뉴스까지, 우리가 무엇을 하더라도 돈은 결코 우리 머릿속에서 멀리 있지 않다. 따라서 돈의 언어를 이해해야, 돈 자체와 돈이 사용되는 방식을 이해하는 데도 도움이 된다. 이런 전제는 금융에 관련해 다양한 어휘를 지닌 영어에서도 다르지 않다.

많은 사람이 영어에서 돈과 관련한 용어는 간결하고 정확하며, 엄밀하고 논리적이라 생각할지도 모르겠다. 많은 경우에 그렇기는 하다. 본질적으로 돈은 숫자와 관계가 있고, 사업과 언론과 학계처럼 격식을 갖춘 환경에서 주로 논의된다. 하지만 영어를 배울 때 흔히 그렇듯이, 액면 그대로 읽으면 논리적으로 이해되지 않는 특이한 용어가 많다. cash cow, filthy rich, cough-up 같은 용어를 생각해 보라. 한편 bulls와 bears가 돈과 관련된 용어로 쓰이는 경우는 17세기 무역, 즉 역사가 남긴 기괴한 유물이다. 현금을 뜻하는 많은 속어 moolah, wonga, dough 에서 입증되듯이, 지역 방언의 영향을 받은 단어들도 있다.

이처럼 별난 경우도 있지만, 다른 언어에서 그렇듯이 영어에서도 돈과 관련된 용어는 은유적으로 쓰인다. 예컨대 돈이 물처럼 흐르는 경우를 표현할 때는 liquid라는 용어를 사용하고, 돈이 자산 형태로 동결된 경우에는 freeze라는 표현이 사용된다. 자원은 '공동 관리' pool

될 수 있고, 이례적인 가격 변동이 일어난 영역에는 bubble이 끼었다고 말한다. 많은 언어에서 그렇듯이, 영어에서도 돈이 피에 비유되고, 생명력life-force, 즉 경제라는 '몸뚱이'body의 건강과 활력을 유지하는 데 필요한 것으로 표현되는 건 일반적인 현상이다. 금융의 움직임은 전치사 up/down을 이용해 표현하는 뚜렷한 경향이 있고, 이런 경향은 세계 어디에서나 흔히 볼 수 있지만, 때로는 forward/backward, outward/inward 등과 같은 용어가 사용되기도 한다.

영어를 배울 때 어휘도 함께 배운다. 그러나 영어를 자연스레 말하려면 단어를 어떻게 사용해야 하는지를 정확히 배운 적은 거의 없다. 더구나 금융 용어가 무척 다양하다는 사실을 고려할 때 원어민은 대수롭지 않게 여기는 미묘한 차이를 이해하기 어려울 수 있다. 예컨대 돈과 관련된 어떤 구절에 전치사가 포함되는 경우는 언제이고, 전치사가 없이 사용되는 경우는 언제일까? 무엇이 그 차이를 결정할까? 어떤 분야의 사람이 어떤 유형의 대화 맥락에서 어떤 용어를 주로 사용할까?

이 책에서는 돈과 관련된 단어들이 실질적으로 어떤 맥락에서 어떻게 사용되는지가 상황과 함께 설명된다. 해외에서 살며 원어민과 대화하는 경우에만 얻을 수 있는 것이 이 책에서 주어지는 셈이다. 각 표제어 단위마다 특정 단어가 제시된 뒤에 그 의미가 설명되고, 누구에 의해 어떻게 사용되는지가 상황과 함께 설명된다. 그러고는 학습자가 해당 단어를 더 자연스럽고 다양하게 사용할 수 있도록 콜로케이션collocation, 즉 둘 이상의 단어가 결합하여 의미적으로 하나의 단위를 이루는 표현 및 관련된 인용구를 차례로 소개했다. 관련된 구문과 관용구도 빠뜨리지 않았다. 따라서 이 책을 읽는 학습자는 새로운 단어를 추가해 단순히 어휘력을 높이는 데 그치지 않고 그 이상의 효과를 얻어, 단어를 자연스럽고 유연하게 사용할 수 있을 것이다.

그러나 이 책은 단어에 담긴 개념 자체를 살펴보는 데도 적잖은 지면을 할애했다. 비즈니스에서 사용되는 전문 용어부터 시티 트레이딩에 쓰이는 용어까지, 더 나아가 금융 정책과 재정 정책까지 경제와 금융에 관련한 개념들이 설명된다. 따라서 이 책에는 두 가지 목적이 있다고 말할 수 있다. 하나는 해당 단어가 어떻게 사용되는지 가르치는 것이고, 다른 하나는 경제 원리가 어떻게 작동하는지 설명하는 것이다. 이 두 가지를 고려할 때 이 책은 영어를 배우는 사람, 경제학을 배우는 사람에게도 소중한 도구가 되겠지만, 이 둘을 모두 배우는 사람에게 두 배로 유용한 책이 된다. 국제적인 기업에서 일하거나, 영어권 대학에서 공부하는 사람, 혹은 해외 이주를 계획하는 사람에게도 이 책은 큰 도움이 될 것이다.

이 책은 공간을 중심으로 분류되었다. 그 공간을 지갑, 개인, 가계, 이웃, 도시, 국가, 세계라는 7가지 범주로 나눈 뒤에, 그 기준으로 돈과 관련된 단어들을 느슨하게 분류했다.

'지갑'(Wallet)에서는 큰 금액이 아닌 개인 금융에 대해 논의할 때 흔히 사용하는 일상적인 금융 용어가 다루어진다. 다음으로는 '개인'(Individual)의 단계로 넘어가, 급여와 저축 등 가치가 조금 더 높은 개념들이 언급되지만 개인의 영역을 벗어나지는 않는다. '개인'의 단계를 넘어, '가계'(Household)에서는 가계 지출과 소비자 금융 규모의 영역에 속한 단어들이 다루어지고, '이웃'(Neighborhood)에서는 부동산 거래, 지역 비즈니스, 미시 경제와 관련된 용어들이 등장하기 시작한다. '도시'(City)에서는 복잡한 금융 거래가 본격적으로 진행된다. 따라서 '도시'에서는 대규모 사업과 대기업, 경쟁과 재무 분석 등과 관련된 단어들이 소개된다. '도시'를 넘으면 훨씬 더 큰 범주, '국가'(Country)에서 국내 시장과 정부 정책의 역학 관계를 다룰 때 사용되는 용어들을 모아 놓았다. 끝으로 '세계'(Globe)에서는 국제 금융, 거시 경제 및 보호주의와 관련된 용어들이 정리되었다.

마지막으로, 이 책은 사전과도 같다고 말해두고 싶다. 처음부터 끝까지 차분하게 읽을 책이 아니라, 필요한 단어를 찾아 읽을 수 있도록 구성되었다. 따라서 독자는 필요에 따라 더 깊이 알고 싶은 단어를 찾아 익히면 어휘력을 키워갈 수 있을 것이다. 비즈니스 용어를 표현할 때 더 자연스럽게 읽히는 동의어를 찾아내고 싶은가? 해외 은행 계좌에 대해 무언가를 명확히 표현할 방법이 필요한가? 경제학 지식을 되살려서 영어로 쓰인 신문을 정확히 읽어내고 싶은가? 그렇다면, 이 책이 당신에게 그 이상의 도움을 줄 수 있다. 이 책은 돈에 대한 복잡한 세계와 그 어휘 및 이해를 강화하는 데 사용되는 더할 나위 없이 좋은 도구이기 때문이다.

Sam Norris

목차

저자 서문   4

Wallet   **22**

  Money Slang   24

- cash   24
- buck   28
- wonga   30
- moolah   32
- dough   35
- bread   38
- wads   40
- brass   42
- cheddar   44
- green   45
- bank   46
- kaching   50
- big ones   51
- bacon   53
- stacks   55

| gravy | 58 |
| quid | 60 |

Currency Concepts — 63

change	63
currency	67
allowance	70
coins	73
notes/bills	76
check	78
penny	82
grand/G	85
budget	87
purse strings	91
pocket	93
price	97
dime	102
dollar	105

Money — 110

money grubber	110
make it rain	113
tight-fisted	117
shell out	119
chip in	121
under the table	123
set back	126
Dutch	128

| fork out | 129 |
| cough up | 132 |

Individual — 136

Payment Verbs — 138

charge	138
fee	142
squander	145
hustle	148
grind	151

Salaries and Riches — 154

scrounge	154
scrimp	157
wealth	158
rich	161
mint	164
strapped	166

Financial Difficulties — 169

redundancy	169
poor	172
sack	175
scam	177
cheat	180

Household — 184

Transactions and Assets — 186

- expenditure — 186
- tax — 189
- cost of living — 192
- bill — 195
- rent — 197
- mortgage — 200
- collateral — 203
- equity — 205
- income — 208
- money tree — 211
- small fortune — 213
- loan — 215
- nest egg — 218
- piggy bank — 220
- hoard — 222
- fund — 224
- dues — 227

Financial Planning and Circumstances — 229

- destitution — 229
- bust — 232
- arrears — 235
- pension — 237
- will — 240
- inheritance — 243

bequest	246
dowry	248
alimony	250
prenup	252
bankruptcy	255

Banking and Insurance — 258

interest	258
credit	261
debit	265
co-payment	267
deductible	269
account	272
savings	275
withdraw	277
overdraft	280
balance	283
deposit	286
installment	288
royalty	290

Neighborhood — 294

Retail Concepts — 296

retail	296
impulse buy	299
goods	301

services	304
sell	307
omnichannel	311
brick-and-mortar	313
point of sale	315
markup/down	317
brand	320
footfall	323
franchise	325
chain	328
sale	330
surge pricing	333
price gouging	335
haggle	337
barter	339
bargain	341
auction	344
discount	347
wholesale	351

Financial Gains — 355

grant	355
award	358
donation	361
embezzlement	363
bribe	365
laundering	368
grease	370
affluence	372

	lucrative	374
	abundance	377

Local Economy 380

	cash flow	380
	free rider	384
	gig economy	386
	upmarket	388
	cash cow	390
	tip	392
	externality	394
	bottom line	396
	gentrification	399
	zoning	402
	cooperative	405
	non-profit	408

City 412

Financial Metrics and Analysis 414

	revenue	414
	cost	417
	profit	420
	margin	424
	net worth	426
	asset	428
	amortization	431

increment	433
rivalry	435
productivity	437
elasticity	440
turnover	443
return	445
break-even	448

Business Operations and Strategies 451

business	451
entrepreneur	454
integration	457
excludability	459
regulation	461
hot-desking	463
consumer	466
supply	468
demand	471
stocks	475
shares	478
bonds	480
acquisition	483
merger	485
monetization	488
buyout	490
diversification	493
insolvency	494
predatory pricing	497
consortium	500

Financial Services and Transactions 503

commission	503
capital	505
trade	508
dividend	511
liquidation	514
hedge fund	517
mutual fund	519
liability	522
liquidity	525
commodity	527
yield	530
stake	532
subsidiary	535
broker	538
lender	540

Country 544

Economic Wellbeing 546

index	546
gross national income (GNI)	549
gross domestic product	551
per capita	553
inflation	554
hyperinflation	557
stagflation	560

shrinkflation	562
purchasing power	564
poverty	567
recession	571
depression	574
crunch	576
debt ceiling	579
boom	581
bust	584

Government vs Private Ownership — 587

monetary policy	587
fiscal policy	590
aggregate	593
quantitative easing	595
trickle-down	598
incentive	599
subsidy	602
fiat currency	605
toll	607
corruption	609
black market	612
TIF	614
nationalization	616
privatization	618
flotation	620
IPO	623
laissez-faire	625
invisible hand	627

equilibrium	629
monopoly	631
duopoly	634
monopsony	636
oligopoly	638

Investing — 641

portfolio	641
TIP Trading and Investment Platform	643
depreciation	645
opportunity cost	648
bull market	650
bear market	653
black swan	655
blue chip	657
alpha	660
beta	662
derivative	664
arbitrage	667
PER	669
PBR	670
EPS	672
short	675

Globe 678

Economic Control 680

economic interventionism	680
command economy	682
free market	684
mixed economy	686
treasury	688
central bank	690
slush fund	691
buffer stock	693
economies of scale	695
cartel	698
insider trading	701

International Trade 704

imports	704
exports	707
tariff	709
duty	711
levy	714
quota	716
protectionism	719
sanctions	721
embargo	723
trade bloc	725
dumping	727

Global Money Flow   730

    e-commerce   730
    click and mortar   732
    globalization   734
    hot money   736
    capital flight   738
    remittance   739
    foreign direct investment   741
    exchange rate   743
    currency peg   746
    Fisher effect   748

편집자의 글   750

Wallet

- Money Slang
- Currency Concepts
- Money

Money Slang

cash 현금

cash라는 단어는 영어에서 화폐와 관련된 가장 중요한 용어 중 하나이다. cash는 무척 다양하게 사용되지만 물리적 형태의 돈 money in physical form, 즉 주화 coin 와 지폐 paper money 를 가리킨다는 게 가장 중요한 쓰임새이다. 우리가 손에 쥘 수 있는 돈이 cash이고, 은행에 저축된 돈은 cash가 아니다. cash는 즉각적으로 구할 수 있고, 일시불로 한꺼번에 지불할 수 있는 자금 fund 을 가리킬 수 있다 (아래 in cash 참조). cash는 동사로도 사용되며, 이때의 뜻은 to cash something in 무언가를 현금으로 바꾸다 이다. 한편 "Damn, I'm outta cash."(젠장, 현금이 떨어졌어)라는 표현에서 보듯이, 속어에서 money를 가리키는 동의어로 사용될 수 있다. cash는 일상 대화에서는 물론이고 재무와 관련된 형식적인 논의에서도 상당히 자주 사용되기 때문에 반드시 알아두어야 할 중요한 단어이다.

in cash
현금으로

> We should consider buying the plot in cash to avoid current unfavorable mortgage rates. (a wealthy couple discussing their plan to buy property)
> 현재의 불리한 대출 금리를 피하려면 대지를 현금으로 구입하는 걸 고려해야 할 것 같아요. (부동산을 구입할 계획을 논의 중인 부유한 부부)

cash는 즉각적으로 동원할 수 있고, 일시불로 지불할 수 있는 자금을 가리킬 수 있다. 따라서 주택을 매입할 때 대출을 받지 않고 주택값 전체를 선금으로upfront 지불하려 한다면 주택을 in cash로 구입하는 것이 된다. 외상credit이나 할부installment와 달리, 전액을 지불하는 행위는 a cash payment현금 지급로 볼 수 있다. cash buyer라는 표현도 들어보았을지 모르겠다. cash buyer는 일반적으로 부동산을 구입할 때 무언가를 독점적으로 구입하는 것이 아니라, 전액을 지불하고 구입하는 사람을 가리키는 표현이다.

to cash in
현금으로 바꾸다

> Now might be a good time to cash in your bonds. (financial advice)
> 지금이 채권을 현금화하기에 좋은 때일 수 있다. (금융 관련 조언)

in cash와는 완전히 다른 표현이다. to cash in은 '금전적 기회나 자산을 실질 화폐, 즉 현금actual money으로 전환하다'를 뜻하는 구동사이다. 가령 당신은 투자를 받을 수 있고, 상을 받았을 수 있다. 투자나 상은 당신에게 결국 주어지겠지만 현재 당신이 소유한 돈은 아니다. to cash in은 그 돈을 손에 넣는 과정을 가리킨다. to cash out도 사용되지만 극히 드물게, 도박에서 딴 돈을 현금으로 바꾸는 과정을 뜻하는 데 사용된다.

cash injection
자금 투입

The business is in serious need of a cash injection, there's no doubt about it. (concerned senior business manager in discussion with a colleague)

그 사업에는 자금 투입이 절실히 필요하다고. 이에 대해서는 의심할 여지가 없어. (관련된 고위 관리자와 동료의 대화에서)

a cash injection은 돈을 어떤 시스템, 주로 사업에 신속하고 즉각적으로 투입하는 행위를 가리킨다. 많은 언어에서 그렇듯이, 영어에서도 돈은 피 blood와 동일시되는 경향을 띤다. It flows around a body to keep things functioning(기관들이 제대로 기능하도록 피가 몸의 곳곳에 흐른다)에서 a body 대신 a business나 an economy가 사용될 수 있다. 의료용 주사가 그렇듯이, 투자자들로부터의 신속한 자금 투입은 기업이나 조직의 재무 건전성을 지원하기 위한 것이다.

cash in hand
손안의 현찰

I've been working part time at this restaurant. It's hard work, but at least it's cash in hand. (conversation with a friend)

나는 이 식당에서 파트 타임으로 일하고 있어. 힘들지만 적어도 현찰을 손에 쥘 수는 있어. (친구와의 대화)

cash in hand는 형용사로 생각하면 편하다. 은행 송금으로 급여를 받지 않고 물리적인 지폐로 급여를 받는 노동 형태를 가리키는 표현이다. cash in hand는 신속한 지급으로 선호되는 방법일 수 있으며, 대체로 소규모 기업이 직원들에게 임금을 편하게 지급하는 경우를 가리키는 데 사용된다.

cash cow
고수익 상품, 캐시 카우

Our Swiss holiday packages are our company's cash cow and are consistently profitable. (package holiday company giving internal financial report)
스위스 휴가 여행 패키지는 우리 회사의 캐시 카우로, 지속적으로 수익을 안겨주고 있다. (패키지 여행사의 내부 재무 보고서)

당신에게 cow 젖소가 있다면 그 cow를 통해 꾸준히 젖을 얻을 수 있다. 첫 투자가 그런 젖소를 구입하는 데 이루어진다면, 그 젖소는 당신을 위해 지속적으로 젖을 생산할 수 있다. 따라서 기업에서 a cash cow는 지속적이고 안정적인 수익을 창출하는 요소가 된다. 비즈니스에서 a cash cow는 잘 팔리는 특정 상품일 수도 있고, 수요가 꾸준히 높은데다 시장 점유율을 위협할 만한 경쟁자가 거의 없는 서비스일 수도 있다. 어떤 사업 전체를 a cash cow로 표현할 수 있지만, 일반적으로는 특정한 상품이나 서비스 혹은 수입원을 가리킨다.

> **$100,000**
> Want to buy your own home, but don't want a mortgage? You'll need at least $100,000 in cash! (Reddit post about house buying)
> 내 집을 사고 싶지만 대출을 받고 싶지는 않다고? 그럼 적어도 10만 달러의 현금이 필요할 거다! (주택 구입에 관한 레딧의 게시물)

buck 달러

대부분의 국가에는 자국 통화를 가리키는 속어가 있다. 미국에서 달러를 뜻하는 가장 흔한 속어는 buck이다. buck은 dollar와 완전한 동의어여서, 1 buck = 1 dollar, 20 bucks = 20 dollars이다. 일부의 주장에 따르면, buck의 기원은 미국의 식민 시대까지 거슬러 올라간다. 당시 사슴 가죽 하나의 가격이 대략 1달러였고, 수사슴 male deer 은 buck이라고도 불린다. 친구와 가족 및 가까운 비즈니스 동료와 돈에 대해 이야기를 나눌 때는 buck을 사용해도 괜찮지만, 상거래를 협상하거나 은행 담당자와 대화할 때는 buck의 사용을 피하는 것이 최선일 수 있다.

big bucks
거액, 큰돈

You've got talent, so if you're prepared to work hard and keep applying yourself, you'll make the big bucks someday. (advice from a career coach)
너에게는 재능이 있어. 그러니까 열심히 일하고 계속 혼신의 노력을 다할 각오이면 언젠가는 큰돈을 벌 거다. (진로 상담자의 조언)

to make big bucks는 많은 돈을 벌다 making lots of money 라는 뜻이다. 일반적으로 급여 salary 와 관련해 사용되지만 값비싼 물건을 big bucks라 표현할 수도 있다. 위의 예문에서 보듯이, 간혹 정관사가 덧붙여지는 경우도 있다.

fast/quick buck 빨리 쉽게 번 돈, 일확천금	Want to make a fast buck? Consider investing in high-yield savings accounts. (online article about investing) 돈을 쉽게 벌고 싶은가? 그렇다면 고수익 저축 상품에 투자하는 것을 고려해 보라. (투자에 대한 온라인 기사)

buck이 격식에 얽매이지 않은 일상적 표현이지만 금융 언어에서도 무척 광범위하게 사용된다. 특히 연어로 사용될 경우에는 비즈니스와 관련된 맥락에서도 무난하게 사용될 수 있다. 대체로 소액이지만 무척 빨리 벌어들인 돈은 a fast/quick buck이라 표현된다.

to look like a million bucks 무척 멋져 보이다	Wow, you... you look like a million bucks tonight. (line from a romance movie) 와, 당신 오늘밤 정말 근사한걸. (로맨스 영화의 대사)

to look like a million bucks는 매력적이고 화려해 보이는 사람을 표현할 때 사용된다. 당사자가 무척 값비싼 옷이나 장신구를 치장하고 있다는 것을 암시하고, 남자가 여자를 묘사하는 경우 더 자주 사용된다. to look like a million dollars는 격식을 더한 표현이지만 역시 흔히 사용된다.

bang for your buck 가성비, 가격에 대비한 가치	We offer the best bang for your buck of any tool manufacturer on the market. (billboard advert for a tool company) 우리는 시장에 나와 있는 어떤 공구 제조업체보다 가성비가 뛰어난 상품을 제공하고 있습니다. (한 공구 회사의 광고판)

bang for your buck은 지출한 돈에 대비한 가치를 실질적으로 뜻한 다는 점에서 무척 이상한 관용구이다. 많은 장점을 지니지만 크게 비싸지 않은 신제품을 구입한 경우, you got a bang for your buck이라고 표현할 수 있다. bang 앞에 more나 best 같은 한정 형용사를 덧붙여 '정도'의 뜻을 더할 수 있다(Which brand of phone would give me the most bang for my buck? 어떤 상표의 휴대폰이 가성비가 가장 높은가?).

> **$1.95**
> That'll be a buck ninety-five. You want a bag with that?
> (conversation with cashier at a grocery store)
> 1달러 95센트입니다. 봉투를 드릴까요? (식료품점 계산원과의 대화)

wonga 돈

buck은 미국 달러 US dollar로 1달러, quid는 영국 파운드 UK pound로 1파운드를 표현하는 속어인 반면에, wonga는 일반적으로 돈을 가리키는 속어이다. 주로 영국과 오스트레일리아에서 사용되지만 드물게 미국이나 캐나다에서 사용되기도 한다. wonga는 대개 일상어에서 사용되고 장난스럽게 들린다. 다시 말해, wonga는 진지하게 사용되는 단어가 아니다. 가볍고 이상하게 들리기 때문에 장난스런 어조로 사용하는 경우가 많다. 따라서 돈이나 지불과 관련된 우스갯소리를 할 때 wonga를 사용하는 경우가 많다. 단어 자체가 우스팡스럽고 재밌게 들리기 때문이다. 특히 영국인들이 오스트레일리아 억양으로 wonga를 발음하기도 한다. 어떤 특별한 이유도 없이 순전히 재밌게 들리는 단어로 기억나는 게 있는가? wonga가 그런 단어 중 하나이다!

serious wonga 상당한 액수의 돈	Did you hear about Mick? I heard he sold his house for some serious wonga. (conversation with neighbor) 믹에 대한 얘기를 들으셨어요? 믹이 상당한 돈을 받고 집을 팔았다고 하던데. (이웃과의 대화)

일반적으로 wonga는 상당한 액수의 돈이 언급되는 맥락에서 사용된다. 따라서 a little bit of wonga보다 loads of wonga라는 표현을 들을 가능성이 더 높다. 위의 예에서 serious는 많은 양 great quantities 을 뜻한다. someone has made serious money 누군가 많은 돈을 벌었다 라는 표현도 가능하다.

easy wonga 쉽게 번 돈	I'll never afford this unless I find some easy wonga. (social media comment on post about rich people's houses) 돈을 쉽게 버는 방법을 알아내지 못하면 나는 저 집을 영원히 구입하지 못하겠지. (부자들의 저택에 대한 소셜 미디어의 댓글)

wonga는 돈을 뜻하는 속어이므로, 일반적인 언어에서 money를 대신해 쓰여 딱딱한 격식에서 벗어난 효과를 자아낼 수 있다. serious wonga가 serious money보다 편하게 들리듯이, easy wonga는 quick cash를 경쾌하고 격식 없이 표현하는 방법이다.

to splash the wonga 무언가를 구입하는 데 많은 돈을 지출하다	Thought I'd splash the wonga on this new keyboard and I don't regret it! (customer review of online purchase) 이 신형 키보드를 구입하는 데 거금을 썼다고 생각하지만 후회하지는 않는다! (온라인 구매에 대한 고객 리뷰)

주로 to splash the cash가 사용되지만 cash 대신 wonga를 사용해도 괜찮다. splashing the wonga는 splashing water 물을 튀기다 처럼 무원칙하고 혼란스럽게, 때로는 낭비하듯이 돈을 지출한다는 뜻이다.

70%
70% of people say they're short on wonga. (financial blog post)
70퍼센트의 응답자가 돈이 부족하다고 대답한다. (금융 관련 블로그의 게시글)

moolah 돈, 금전

moolah는 일반적인 의미에서 돈을 가리키는 또 하나의 속어로 미국판 wonga라 할 수 있다. 철자는 moolah가 일반적이지만, 때로는 mula 혹은 moola로 쓰기도 한다. 다른 부차적인 의미는 전혀 없으며, 기원이 무엇인지도 정확히 밝혀진 바가 없다. 일상적인 구어에서 money나 cash의 동의어로 사용될 수 있다는 것이 우리가 아는 전부이다. 무척 드물게 사용되지만, 특히 영화와 광고 및 돈에 대한 격의 없는 토론에서 간혹 불쑥 쓰이기도 한다.

big moolah
큰돈, 거금

Ey, Johnny, what did I tell ya? You wanna impress the boss, you gotta bring him the big moolah. (gangster movie script)
거 봐, 조니, 내가 뭐랬어? 보스한테 좋은 인상을 주려면 거금을 갖다 바쳐야 한다고. (갱스터 영화 대본)

moolah는 1920년대와 1930년대 미국에서 사용되기 시작한 듯하다. 따라서 당시에 사용되던 속어와 관련되어 사용되기도 한다. 많은 갱스터 영화가 금주법 시대를 배경으로 하기 때문에, moolah도 범죄 관련 속어와 적잖은 관계가 있지 않을까 한다. big bucks나 big money와 마찬가지로, big moolah도 상당한 양의 현금이나 신용을 뜻하는 표현으로 사용된다.

easy moolah
쉽게 번 돈

Everyone thinks that investing in stocks is easy moolah, but in reality this isn't always true. (online investment advice)
모두가 주식에 투자하면 돈을 쉽게 벌 수 있다고 생각하지만 현실은 항상 그렇지는 않다. (온라인 투자 조언)

크게 힘들이지 않고 벌어들이는 돈은 주로 easy money로 표현되지만, 격식을 따지지 않는 일상적 표현으로는 easy moolah를 쓴다. 특히 유머와 개성을 더해 easy money라는 뜻을 전달하고 싶을 때도 easy moolah를 사용할 수 있다.

moolah maker 많은 수익을 낳는 상품	As we can see from the chart, our last app turned out to be a real moolah maker and got 84,000 downloads in the first year. (tech company pitching to investors about their new app) 차트에서 볼 수 있듯이, 저희가 최근에 출시한 앱은 진정한 캐시 카우인 걸로 입증되었습니다. 첫해에 8만 4,000회의 다운로드를 기록했습니다. (최신 애플리케이션을 투자자들에게 홍보하는 테크 기업)

money maker와 마찬가지로 moolah maker도 많은 수익이나 이익을 벌어주는 상품을 가리킨다. 성공한 사람을 비유적으로 a moolah maker라 표현할 수도 있다.

to rake in the moolah 돈을 갈퀴로 긁어모으다	She's just got a job in finance and now she's raking in the moolah. (text from a friend about someone else) 그녀가 금융계에 취직해서 이제는 돈을 갈퀴로 긁어모으고 있대. (한 친구가 누군가에 대해 보낸 메시지)

raking은 긁는 동작 a scratching motion 으로 무언가를 모으다라는 뜻이다. a rake는 나뭇잎과 쪼가리를 긁어모으는 원예용 도구이다(갈퀴). 따라서 to rake in the moolah/cash는 '돈을 긁어모으다'라는 뜻이 된다. raking을 문자 그대로 읽으면 속도나 부피와 관련된 뜻이 담겨 있지 않지만 to rake in the moolah에는 '빠른 속도로 돈을 벌다'라는 뜻이 함축되어 있다.

> **$1,000,000**
> It's reported that the candidate has spent over $1,000,000 in campaign moolah. (political journalism with a light-hearted tone)
> 그 후보자는 선거 자금으로 100만 달러 이상을 쓴 것으로 알려졌다.
> (편안한 어법을 사용한 정치 신문)

dough 돈, 현금, 밀가루 반죽

to roll in the dough는 모두의 꿈이다. 대체 무슨 뜻일까? dough는 밀가루와 물의 혼합물, 즉 결국에는 빵으로 구워질 밀가루 반죽을 가리킨다. 따라서 얼핏 생각하면 돈과 아무런 관련성이 없는 듯하다. 하지만 dough는 bread빵와 관계가 있고, bread는 생명을 유지하는 데 반드시 필요한 음식sustenance이다. 이렇게 빵과 관련된 것으로 dough는 19세기 미국에서 사용되기 시작했고, 곧이어 생계sustenance라는 뜻이 더해진 돈의 동의어로도 일상어에 자주 사용되었다.

pile of dough
돈더미, 돈방석

I sold my business and made a pile of dough because the market was sky high at the time. (public talk by a successful ex-business owner)
나는 사업체를 매각해서 큰돈을 벌었습니다. 당시 시장이 호황이었던 덕분도 있습니다.
(성공한 전직 사업가의 공개 강연)

여기에서 the pile of dough는 비유적으로 쓰인 것이며, 일반적으로 거액의 돈 a large amount of money을 가리킨다. 일회성으로 주고받는 거액을 편하게 표현할 때 주로 사용된다.

to cough up dough 돈을 마지못해 내놓다	Mr Williamson, you have two weeks to cough up the dough or we will start repossessing your belongings. (warning from a bailiff) 윌리엄슨 씨, 보름 안에 돈을 갚지 않으면 당신 재산을 압류하겠습니다. (집행관의 경고)

이상하게 들리겠지만 '빚진 돈을 갚다'를 뜻한다. 돈이 당신 몸안에 있고, 누군가 당신에게 to cough the cash 기침을 해서 돈을 토해 내다 할 것을 요구한다고 상상해 보라. to cough the cash는 때때로 줄여서 to cough up으로도 표현한다. 누군가 당신에게 이 표현을 쓰더라도 놀라지는 마라. 그저 당신 돈을 원할 뿐이다. 돈을 빌려준 사람이 때로는 공격적으로 사용하기도 한다. 이런 위협을 받을 때는 최대한 빨리 갚는 것이 최선이다!

to blow the dough (on) ...에 돈을 쓰다	There are rules that stop senators from blowing the dough on drugs and women, but that hasn't stopped him. (media report of politician spending scandal) 상원 의원들이 마약과 여자에게 돈을 쓰는 걸 차단하는 규정이 있지만, 그럼에도 그를 막지는 못했다. (정치인 지출 추문에 대한 언론 보도)

운율이 맞추어진 이 표현에서 to blow는 '무언가를 낭비하듯 펑펑 쓰다'라는 뜻으로 쓰였다. 돈과 관련해 쓰인 to blow something은 '하찮은 것에 돈을 낭비해서 그 때문에 비판을 받을 여지가 있다'라는 뜻이다.

low on dough
돈이 부족한,
자금이 부족한

> For those who are low on dough, try our budget range! (product advertizing text)
> 돈이 부족하면, 우리 예산 장치를 사용해 보십시오! (제품 광고 구문)

to blow the dough처럼 기분좋게 들리는 운율 때문에 많은 사람에게 사랑 받는 표현이다. 돈이 거의 없다 to have little money 라는 뜻으로, 돈이 부족한 상태를 서정적이고 편하게 표현할 때 사용하기에 적합하다. short on dough로 표현할 수도 있다.

rolling in dough
부유한

> The CEO is rolling in dough. I've seen his yacht at the marina. (conversation between co-workers in a city firm)
> 우리 회사 최고경영자는 엄청 부자야. 선착장에서 그의 요트를 본 적이 있어. (도시에 있는 기업에 근무하는 동료들 간의 대화)

to be rolling in dough는 '부유하다, 돈이 많다'라는 뜻이다. 비유적으로 돈더미에서 뒹구는 rolling 모습을 상상하면 된다. 백만장자 등 부유하고 호화롭게 살아가는 사람을 표현할 때 주로 사용된다. rolling in it이나 rolling in cash도 같은 뜻이며, 엄청나게 부유한 사람을 태평스럽게 표현하는 방법이라 생각하면 된다.

> **$12,000,000**
> Their house was purchased for $12,000,000: they are literally rolling in dough! (magazine article about wealthy celebrity couple)
> 그들의 집이 무려 1,200만 달러에 팔렸다. 문자 그대로 그들은 돈더미에 뒹굴게 생겼다! (부유한 유명인 부부에 대한 잡지 기사)

bread 빵, 돈

bread도 money의 동의어로 쓰인다. bread와 dough는 서로 바꿔 쓸 수 있다. 그러나 dough는 일반적으로 높은 수준의 부유함을 가리킬 때 주로 사용되는 반면에 bread에는 보통 수준 ordinariness으로 열심히 일해서 번 돈이란 뜻이 함축되어 있다. 특히 많은 영어권 국가에서 bread는 생계 sustenance와 문화적 관련성을 갖는다. 따라서 개인 소득, 직업 및 급여 등과 관련해 사용되는 경우가 많다.

to get that bread 돈을 벌다	You can do it honey, go and get that bread! (encouraging words from a husband to his wife as she goes off to work) 여보, 당신도 할 수 있어요, 당신도 돈을 벌 수 있어! (출근하는 부인에게 남편이 격려하는 말)

소셜 미디어에서 이 표현을 보았을지도 모르겠다. MZ세대가 '돈을 벌다'라는 뜻으로 자주 사용하는 구어적 표현이다. 정상적인 직장 생활을 통해, 혹은 부업 side hustle, 투자, 온라인 콘텐츠 제작 같은 비정기적인 돈벌이를 통해 벌어들이는 돈을 가리킨다. 젊은이들이 돈을 벌자고 서로 격려하는 표현으로 자주 쓰인다.

to put bread on the table 누군가를 부양하기 위해 돈을 벌다	I work two jobs just to put bread on the table. (online work blog) 나는 순전히 가족을 부양하려고 두 가지 일을 한다. (일과 관련한 블로그)

to put bread on the table은 '가족을 부양하다'라는 뜻이다. 비유적으로는 '기본적인 식품 및 주거비와 에너지 비용을 비롯한 생활비를 부담

할 만한 돈을 벌다'라는 뜻으로 쓰인다. 식탁 위의 빵 bread on the table은 우리가 국가의 도움을 받지 않고 살아갈 수 있는 최소한의 소득 수준이다. 따라서 bread on the table은 생활비는 높고, 임금은 낮으며, 다른 소득을 구할 기회는 거의 없는 상황을 가리킬 때 흔히 사용된다.

bread and butter
주 소득원

My bread and butter income comes from my consulting work. (LinkedIn post)
내 주 소득원은 컨설팅이다. (링크드인 게시글)

주된 소득원 main source of income을 뜻하는 표현이다. 부업을 통한 추가 소득이나 투자 수익을 제외하고, 기본적이고 원천적인 급여만을 가리킬 수도 있다. bread and butter 빵과 버터는 기본적이고 필수적인 음식으로 여겨지므로, 기본적이고 필수적인 소득을 가리키는 은유로 쓰인 것이다.

breadwinner
**가장,
생계비를 버는 사람**

We are quite a traditional family. My husband is the breadwinner. (TV interview with lady)
우리 가족은 상당히 전통적입니다. 남편이 생계비를 책임지는 가장입니다. (한 여성과의 텔레비전 인터뷰)

이 관용구에서 winning은 earning으로 생각하면 된다. breadwinner는 가정에서 소득의 대부분을 버는 사람을 가리킨다.

breadline
최저 수준의 소득,
생계선

Many families in this area are living from paycheck to paycheck, barely above the breadline. (local government report on poverty and inequality in a local area)
이 지역의 많은 가정은 하루 벌어 하루 먹고 살기 바쁘다. 최저 수준의 소득을 겨우 웃돈다. (한 지역의 빈곤과 불평등에 관한 지방 정부의 보고서)

breadline은 poverty line빈곤선과 유사하다고 생각하면 된다. 최저 소득 수준 아래에 있는 사람은 기본적인 식품 등을 구입할 만한 돈을 갖고 있지 못해 빈곤한 상태에 있을 가능성이 크다.

$61,000
My annual bread and butter salary, pre-tax, is $61,000. (woman disclosing her salary to a close friend)
내 세전 연봉은 6만 1,000달러야. (절친한 친구에게 자신의 급여를 밝히는 여성)

wads 돈뭉치, 많은 돈

wads는 wads of cash현금 뭉치, 다발**에서 기원한 것이고, 여기에서 a wad는 단단히 말리거나 접힌 지폐가 잔뜩 쌓인 더미를 뜻한다. 따라서 wads는 많은 돈을 가리키거나, '누군가가 부유하다'라는 뜻을 격식에 얽매이지 않고 표현할 때 사용된다. 달리 말하면, 많은 양의 물리적인 지폐 또는 부유함을 은유적으로 표현할 때 사용된다.**

wads of cash
현금 다발, 뭉치

I sold my car recently and now I have wads of cash to spend on video games! (message from a friend)
나는 얼마 전에 자동차를 팔아서 지금은 비디오 게임을 잔뜩 구입할 수 있을 정도로 많은 돈이 있다! (친구로부터의 메시지)

wads는 문자 그대로의 뜻으로 영화에도 자주 등장한다. 영화에서 범죄자들이 정체불명의 서류 가방에서 돈다발을 꺼내는 장면을 보았을 것이다. 이런 돈다발을 wads라 부른다. 따라서 우리에게 wads of cash가 있으면 많은 돈을 갖고 있다는 뜻이 된다.

fat/thick wad
두툼한 지폐 뭉치

I heard that Brian started his own contracting business and made a fat wad. (conversation with friend)
브라이언이 자체적으로 도급업을 시작해서 큰돈을 벌었다는 소식을 들었다. (친구와의 대화)

fat wad 혹은 thick wad는 fatness/thickness와 관계가 있으며, lots of paper bills in the wad 뭉치 안의 많은 지폐를 가리킨다. 이 표현은 문자 그대로의 뜻(You can hold a fat wad of cash, 많은 양의 현금)으로도 사용되고, 비유적으로도 사용된다(You can refer to money in your bank account, a big payment, or significant windfall as a fat wad. 은행 계좌에 있는 돈, 고액의 지급, 뜻밖의 상당한 횡재는 fat wad로 표현할 수 있다).

to blow a wad
모든 돈을 단숨에 쓰다

> Damian looked solemnly into the bottom of his cocktail glass. He had just blown a wad at the casino. (extract from a graphic novel)
> 데이미언은 칵테일 잔 바닥을 뚫어지게 바라보았다. 조금 전 카지노에서 모든 돈을 날린 터였다. (그래픽 노블에서 인용)

to blow a wad는 '가진 모든 돈을 쓰다, 모든 자원을 쏟아붓다'라는 뜻이다.

> **£15,000**
> Wads of cash found in drug dealer's home in police raid, at least £15,000. (headline from a local newspaper)
> 경찰이 급습하여 마약 판매상의 집에서 발견한 현금 뭉치는 적어도 15,000파운드에 달했다. (지역 신문의 머리기사)

brass 놋쇠, 돈

주로 영국의 북부 지역에서 사용되는 돈을 뜻하는 속어. brass 놋쇠, 황동가 금화의 색을 떠올려주는데다 20세기 초 잉글랜드 북부에서 brass는 금속으로서 가치를 지녔기 때문에 돈을 뜻하는 속어로 사용된다. wads와 달리 brass는 단순히 money를 뜻할 뿐 특정 양을 함축하지는 않는다.

Where there's muck, there's brass 지저분해 보이는 일이 돈벌이가 된다	I bet he doesn't get all that money just from his day job. Like I always say, where there's muck, there's brass. (neighborhood gossip) 그가 본업만으로 그 모든 돈을 벌지는 않을 거다. 내가 항상 말하듯이, 지저분해 보이는 일이 돈벌이가 되거든. (동네 소문)

'불쾌하거나 더러운 일을 해서 돈을 벌다'라는 뜻이다. 누군가 비밀리에, 어쩌면 불법으로 돈을 버는 일을 한다는 뜻이 함축된 표현이다. 누군가 본연의 일로 정직하게 벌어들이는 수준보다 더 많은 돈을 갖고 있는 것을 의심할 때도 사용할 수 있는 표현이다.

more brass than brains 돈이 많지만 똑똑하지는 않음	That boy has more brass than brains: he bought a new car but forgot where he parked it! (mother discussing her son with a friend) 우리 아들은 부자이지만 똑똑하지는 않아. 새 자동차를 샀는데 어디에 주차했는지 잊었다는군! (자기 아들에 대해 친구와 이야기하는 어머니)

역시 잉글랜드 북부에서 사용되는 관용구로, 지적 능력에 비해 돈이 많은 사람을 뜻한다. 애정이 담긴 표현으로 사용되지만 깔보는 의도로도 사용된다.

5

Christmas coming up too quickly? Here's 5 ways to earn more brass fast! (article in a local magazine)
크리스마스가 숨가쁘게 다가오지요? 목돈을 빨리 벌 수 있는 다섯 가지 방법을 소개합니다. (지역 잡지에 실린 기사)

cheddar 체다 치즈, 돈

cheddar는 미국에서 돈 money을 뜻하는 속어이다. 일반적으로는 치즈의 한 종류를 가리킨다. cheddar가 돈을 뜻하는 단어로 사용된 연유에 대해서는 여러 이론이 있다. 가장 널리 알려진 이론에 따르면, 제2차 세계대전이 끝나고 미국인들이 정부로부터 받기 시작한 구호품 상자에서 기원했다는 것이다. 구호품에는 커다란 치즈 덩어리가 있었다. 그때부터 치즈 cheese, 특히 체다 치즈 cheddar가 지원이나 원조와 관련성을 갖게 되었다. cheddar는 돈을 뜻하는 일반적인 용어일 뿐, 특정한 양을 가리키지는 않는다.

to earn some cheddar 돈을 좀 벌다	Before I can take Amy on a real date, I've gotta earn some cheddar! (conversation with friend) 에이미랑 진짜 데이트를 하기 전에 돈을 좀 벌었어! (친구와의 대화)

cheddar가 money의 동의어로 사용된 고전적인 용례이다. 격식을 떨쳐내고 친구와 주고받는 말에 재밌는 양념을 더하고 싶다면 money나 cash 대신 cheddar를 사용해 보라.

to have the cheddar 돈이 있다	I don't have the cheddar to eat here. (comment on social media post of expensive restaurant) 나는 여기서 식사를 할 수 있을 정도의 돈이 없는데. (고급 식당의 소셜 미디어에 올라온 게시글의 댓글)

cheddar는 영어에서 돈의 동의어로 쓰이는 음식이며, 그 밖에도 bread, dough, bacon 등이 있다.

1 in 6

How are children supposed to get a good education when 1 in 6 parents say they don't have the cheddar to pay for their children's school supplies? (from the comment section of an online newspaper)

학부모 6명 중 1명이 아이들의 학용품을 구입할 돈이 없다고 말하는데 어떻게 해야 아이들이 좋은 교육을 받을 수 있겠는가? (온라인 신문의 댓글에서)

green 녹색, 돈, 지폐

미국 달러는 지폐가 녹색을 띠기 때문에 간혹 greenback으로 불린다. 이 때문에 green은 미국에서 돈을 가리키는 속어가 되었다. green은 불가산 명사이므로 항상 단수로만 사용되고, 불특정한 양의 돈을 가리킨다. green은 대중 문화에서 돈이란 뜻으로 주로 사용된다. 예컨대 영화에서 멋진 미국 영어 표현으로 사용되고, 때로는 힙합에서도 돈을 뜻하는 단어로 사용된다.

gimme some green 돈을 내놓다, 주다	If you want me to do your assignment for you, then gimme some green! (conversation between high school students) 내가 너를 대신해 숙제를 해 주기를 원하면 돈을 좀 내놔! (고등학생들 사이의 대화)

누군가에게 편하게 돈을 요구하는 표현이다. gimme는 give me가 축약된 속어이다. green은 격식을 따지지 않는 일상 대화에서 돈을 가리키기 때문에 다른 속어나 축약어와 함께 사용되는 경우가 많다.

greenback
미국 달러, 지폐

Billy had a roll of greenbacks ready to spend at the fair. (novel set in 1920s America)
빌리는 박람회에 쓰려고 한 뭉치의 지폐를 갖고 있었다. (1920년대 미국이 무대인 소설)

미국 달러를 가리키는 속어이지만 요즘에는 거의 사용되지 않는다. 그러나 시대물 영화나 소설에서는 자주 볼 수 있다.

$50,000
Make sure to visit the new town hall, apparently the mayor spent $50,000 refurbishing it this year. That's a lot of green for one building! (from a travel blog)
시장이 올해 새로 단장하는 데 5만 달러를 투자했다고 자랑하니, 신 시청을 꼭 방문해 보십시오. 건물 하나에 많은 돈을 들였군요! (여행 블로그에서)

bank 은행, 많은 돈

bank는 용도에 따라 다양한 의미로 쓰인다. 가장 확실한 용례는 우리 돈을 보관하는 건물 혹은 기관을 가리키는 the bank 은행 이다. 하지만 앞에 관사가 없는 bank는 상당한 양의 돈을 가리키는 속어이거나 '돈을 벌다/예금하다'를 뜻하는 동사이다. 맥락에 따라 어떤 의미로 쓰였는지 추론할 수 있어야 하므로, 지금까지 언급된 세 가지 의미를 알아두는 게 좋다.

to make bank **상당한 돈을 벌다**	We really made bank on those investments from last year. (business colleagues discussing the performance of business) 작년에 여기에 투자해서 정말 큰돈을 벌었어. (사업 성과에 대해 이야기를 나누는 사업 동료들)

to make bank는 '상당히 많은 돈을 벌다'를 뜻하는 표현으로 사용된다. 일반적으로 성공한 벤처, 혁신, 각고의 노력을 통해 적당히 많은 돈을 벌었을 때를 가리킨다. 급여, 승진, 투자 등으로 개인과 기업 모두에게 소득이나 수입이 크게 향상된 경우에 주로 사용된다.

to bank (money) **돈을 벌다**	The teens banked $100 per day from washing cars. (article in local newspaper about some entrepreneurial teenagers) 그 십대들은 세차를 해서 하루에 100달러를 벌었다. (기업가적 정신을 지닌 십대들을 다룬 지역 신문의 기사)

to bank an amount of money는 '어떤 식으로든 보관하거나 저축할 정도로 돈을 벌다/모으다'라는 뜻이다. 그렇게 번 돈을 반드시 은행에 저축한다는 뜻이 아니라, 그저 보관한다는 뜻이다. 따라서 you have banked money라고 말하면, 그 돈이 당신의 것으로 안전하게 보관되어 있다는 뜻이다. 현실적으로는 당신의 은행 계좌에 있거나, 당신이 직접 보유하고 있는 상태를 말한다. 요약하면, to bank는 '돈을 벌었고, 그 돈이 안전하게 보관되어 있다'라는 함축된 뜻을 표현하기에 적합한 동사이다.

| **to bank it** 돈을 벌다 | You can put more points on the line, or you can bank it and walk away. (excerpt from TV game show) 점수로 쌓아두고 계속할 수도 있고, 돈을 받고 그만둘 수도 있습니다. (텔레비전 퀴즈 프로그램) |

to bank (money)의 동의어지만, to bank it이 더 자주 쓰인다. 텔레비전 퀴즈 프로그램 등에서 자주 사용된다. 여기에서 it은 대체로 돈money이나 점수point를 가리킨다.

| **to bank (something)** 무언가를 비축하다, 저장하다 | I've been banking my energy recently so sorry for the lack of posts. (Instagram influencer post) 최근에 힘을 아껴두고 있었습니다. 게시물을 올리지 못해 죄송합니다. (인스타그램 인플루언서의 게시글) |

동사 to bank는 금융과 무관한 맥락에서 쓰이는 경우도 많다. 예컨대 to bank something non-financial은 '비금융적인 것을 보관하다/위협으로부터 안전하게 지키다'라는 뜻이며, 이때 비금융적인 것은 주로 유익한 것으로 나타난다. You could bank your energy during the week so that you can climb a mountain on the weekend(주중에 에너지를 비축해 두면 주말에 등산을 할 수 있다)라는 표현을 예로 들면, 에너지를 나중에 쓰려고 은행에 예치해 둔 것처럼 안전하게 저장되는 것이 된다.

to break the bank
돈을 펑펑 쓰다

With our new sale, there's no need to break the bank this Christmas! (text from online retail store)
세일이 또 있을 예정이므로, 이번 크리스마스에 돈을 크게 쓸 필요가 없습니다. (온라인 소매점이 보낸 문자)

'파산할 정도로 과도하게 많은 돈을 쓰다'라는 뜻의 과장된 표현으로 주로 사용된다. breaking the bank는 '한 푼도 남지 않을 정도로 많은 돈을 쓰다'를 뜻한다. 그러나 그런 경우는 극단적인 사례이기 때문에 대체로 가벼운 과장법 flippant hyperbole 의 하나로 사용된다. 따라서 염가로 판매하는 상품과 관련해 Don't break the bank–shop for our cheaper products! (큰돈을 쓰지 마십시오. 더 저렴한 우리 제품을 구입하십시오)라는 식의 표현이 자주 눈에 띈다.

> **$1,500**
> Local girl makes bank while gardening; discovers $1,500 worth of ancient coins while digging in her front yard. (headline from a local newspaper)
> 원예로 돈벌이를 하던 지역 소녀가 앞마당을 파다가 1,500달러 상당의 고대 동전들을 발견하다. (지역 신문의 머리기사)

kaching 뭉텅이 돈

철자가 kerching 혹은 cha-ching으로도 쓰이는 kaching은 누군가 큰돈을 벌었거나, 벌어들일 가능성이 있음을 가리키는 감탄사이다. 일종의 의성어로, 금전 등록기가 열릴 때 나는 소리와 비슷하다. 금전적 성공에 따른 흥분이나 열광을 표현할 때 주로 사용된다. kaching은 의성어이기 때문에 문장 속에서 사용되지 않고 단독으로 사용되는 경우가 많다. 이런 용례에서, 역시 소리를 표현하는 boom쾅, splash첨벙, crunch으드득와 비슷하다.

kaching moment
짜릿한 순간, 대박의 순간

Winning the jackpot was such a kaching moment. (interview with lottery winner)
복권에 당첨된 걸 알았을 때 정말 짜릿했습니다.
(복권 당첨자와의 인터뷰)

a kaching moment는 누군가 큰돈을 벌었다는 것을 깨닫고 행복의 탄성을 외치는 순간을 가리킨다.

kaching!
찌링! 대박!

I've just sold my old car for twice what it's worth. Kaching! (Facebook post)
내 낡은 차를 시세의 두 배로 방금 팔았다. 대박!
(페이스북 게시글)

여기에서 kaching은 의성어로 사용된 예이다. 그 자체로 하나의 문장이기 때문에 문법을 고민할 필요 없이 그냥 사용하면 된다. kaching은 단번에 많은 돈을 번 경우에 대한 열광적인 반응을 하나의 단어로 압축해 표현한 소리라 할 수 있다.

10%

When I found out I was going to get 10% of the movie profits, I thought to myself, "Kaching!" (interview with an actress)
영화 수익의 10퍼센트를 받기로 한 걸 알았을 때 마음속으로 소리쳤습니다. "대박!" (여배우와의 인터뷰)

big ones 많은 돈

big ones는 large amounts of money많은 돈의 동의어이고, a big one은 1,000달러짜리 지폐를 가리킨다. 따라서 to spend the big ones는 한꺼번에 많은 돈을 쓴다는 뜻이 된다. big ones는 구어적인 표현이기 때문에 일상적인 대화에서 사용하는 것이 최선이다. big ones는 긍정적인 뜻으로 많은 돈을 가리키는 데 주로 사용되지만 부정적으로 사용하는 것도 가능하다. 예를 들면, You lost the big ones on the stock market주식 시장에서 많은 돈을 잃었다 이라고 말하는 경우이다. 거의 언제나 정관사와 함께 사용된다는 것도 주목할 만하다.

| **to spend the big ones**
많은 돈을 소비하다 | Our prices are competitive: there's no need to spend the big ones! (online advert)
우리 가격은 경쟁력이 있습니다. 많은 돈을 쓸 필요가 없습니다! (온라인 광고) |

간단명료한 결합어이다. to spend money라고 말하듯이, to spend the big ones라 말할 수 있다. big ones는 가볍고 경쾌한 표현이기 때

문에 문장 자체를 부드럽게 완화할 뿐 아니라, 사용자도 딱딱하고 기계적인 이미지를 덜어낼 수 있다.

| **to shell out the big ones**
거액을 지불하다,
큰돈을 들이다 | I wanted to shell out the big ones for this new computer. (message from Discord chat)
나는 큰돈을 들여서라도 새 컴퓨터를 구입하고 싶었어. (디스코드 채팅) |

to shell out은 '무언가에 대해 지불하다'를 뜻하는 구동사이다. 지불액이 상당히 크거나, 보유한 돈에서 상당한 몫을 차지하는 액수라는 뜻이 함축된 표현이기도 하다. 어떤 경우든 지불액이 크다는 뜻이 숨어있기 때문에 big ones와 잘 어울리는 표현이다.

| **to cash in the big ones**
거액을 현금으로 바꾸다,
현금화하다 | You need to know the optimum point to cash in the big ones. (financial advice with an informal tone)
큰돈을 현금화하는 최적점을 알아야 한다. (금융에 관련해 편안한 말투로 주어진 조언) |

to cash in은 '금전적 가치를 지닌 무언가를 어떻게 해서든 실질적으로 소유하다'를 뜻하는 복합 구동사이다. 유리하다는 뜻이 함축되어 있고, 금융적인 면에서 긍정적인 기회임을 표현할 때 주로 사용된다.

> **€17,000,000**
> This week's jackpot draw is €17,000,000: that's a lot of big ones! (advert for Euro Millions lottery)
> 이번 주의 복권 당첨금은 1,700만 유로. 엄청난 거액! (유로밀리언스 복권의 광고문)

bacon 베이컨, 이익, 수입

먹을 것으로 표현하는 돈 얘기를 계속하자면 bacon도 때로는 money의 동의어로 사용되지만, 부유함과 행운이란 뜻이 내포된 단어이기도 하다. 요컨대 bread는 행복한 삶을 살아가는 데 필요한 최소한의 부를 가리키는 반면, bacon은 필요 이상의 안락과 사치를 뜻한다. 따라서 bacon으로 표현된 돈은 대체로 많은 돈을 일컫는다.

to bring home the bacon 성공하다, 밥벌이를 하다	My Dad has got a new job and he's really bringing home the bacon. (conversation between friends in a high school) 아빠가 새 직장을 얻어서 이제 집에 돈을 좀 가져오셔. (고등학교에서 친구들 사이의 대화)

bringing home the bacon은 '상당한 액수의 급여를 집에 가져오다'를 뜻한다. 상여금을 받았거나, 일정 기간 바쁘게 일한 대가로 많은 돈을 받았을 때 쓰인다. 따라서 You are bringing home the bacon이라고 말하면, 건전한 방법으로 수입이 늘었다고 표현하는 것과 같다. 그러나 돈이 일시적으로 유입되는 경우에는 이 표현을 쓰지 않는다. 지속적인 기간 동안 당신이 평소보다 많은 돈을 버는 경우 You are bringing home the bacon이라 말할 수 있다.

to save (someone's) bacon 누군가를 위험으로부터 구하다, 누군가의 밥그릇을 지키다	Mr Miles was principally concerned with saving his own bacon as his company was taken into administration. (business journalism about a company that had just gone insolvent) 마일스 씨는 회사가 법정 관리에 들어갔을 때 자신의 밥그릇을 지키느라 전전긍긍했다. (지급 불능 상태가 된 기업에 대해 언급한 경제 신문)

to save someone's bacon은 '누군가를 어떤 형태의 위험이나 위협으로부터 구하다'라는 뜻이다. 위의 예문에서 보듯이 금융이나 기업과 관련해 사용될 수 있지만, 어떤 상황에서든 누군가를 구하는 행위를 흥미진진하고 재밌게 표현할 때도 사용된다. 여기에서 bacon은 소유물, 재산, 성공 등을 총칭하는 단어이다.

a good voice to beg bacon **짜증나는 목소리/사람**	The lead vocalist had a good voice to beg bacon. It probably didn't help that he was drunk! (article about a rock concert) 리드 보컬의 목소리가 짜증스럽게 들렸다. 그가 술에 취한 것도 도움이 되지 않았다. (록 콘서트를 다룬 기사)

짜증이나 불만에 찬 것처럼 나쁜 목소리를 지닌 사람을 비하하는 일종의 욕으로, 무척 드물게 사용된다. 과거에 bacon은 거의 주식에 가까웠다. 그래서 길거리에서 to beg for bacon 먹을 것을 구걸하다 하는 사람은 성가실 정도로 끈질기고, 더 나아가 짜증스런 목소리를 지닌 것으로 여겨졌다.

> **£8,000**
> All holders of equity will receive payouts of £8,000 if the business meets its targets this quarter. (email from CEO)
> 이번 분기에 목표액을 달성하면 모든 주주가 8,000파운드의 배당금을 받게 될 것입니다. (최고경영자가 보낸 이메일)

stacks 무더기, 더미

a stack은 무언가의 더미를 가리킨다. a stack은 대체로 납작하고 깔끔하게 정돈되고, 수직으로 늘어난다. 따라서 to have money in stacks는 많은 돈을 갖고 있는 것이 된다. stacks는 돈을 뜻하는 또 하나의 동의어이지만, 일반적으로 높은 수준의 재물을 뜻한다는 점에서 bacon과 유사하다. 따라서 to have stacks한 사람이면 부유하고 소득이 높은 사람이 된다. stacks는 상당히 일상적인 단어여서 진지한 분위기에서는 사용하지 않는 것이 좋다. 격식을 버린 편안한 느낌을 주는 단어이다.

| to make stacks
많은 돈을 벌다 | After years of hard work and smart investments, he's finally making stacks in the real estate market, and his wealth continues to grow. (excerpt from introduction of online interview with successful financier)
수년 동안 열심히 일하고 현명하게 투자한 끝에 그는 마침내 부동산 시장에서 큰돈을 벌고 있으며, 그의 재산은 계속 꾸준히 증가하는 추세이다. (성공한 자본가의 온라인 인터뷰 앞부분에서 발췌) |

making stacks는 많은 돈을 축적하는 행위를 가리킨다. 연봉이 높은 사람은 to make stacks한다고 표현된다. 소득과 관련해서 사용되며, 회사에서 일회성 보너스를 받았을 때 to make stacks라고 표현하면 뜻밖에 들어온 상당한 액수의 돈을 가리킨다.

stacks of cash
많은 돈, 현금 다발

> This is my life: cars, pools, and stacks of cash. (caption by rich and ostentatious instagram star)
> 자동차, 수영장, 현금 다발, 이런 게 내 삶!
> (재력을 과시하는 부유한 인스타그램 스타의 캡션)

stacks는 stacks of cash가 축약된 형태로 보아도 무방하다. 따라서 stacks만으로도 '어떤 사람이나 기업이 높게 쌓을 정도로 많은 돈을 보유하다'를 뜻할 수 있다.

to blow stacks
돈을 낭비하다,
부주의하게 쓰다

> Some people tend to blow stacks on unnecessary luxuries when they come into unexpected money, instead of saving or investing wisely. (quote from financial advice blog)
> 적잖은 사람이 뜻밖의 돈이 들어오면 저축하거나 현명하게 투자하지 않고 불필요한 사치품을 사는 데 돈을 날려버리는 경향을 띤다.
> (자금 관리를 조언하는 블로그에서 인용)

돈 관리, 예산 세우기, 저축 등에 대해 조언하는 사람들은 흔히 to blow cash라는 표현을 사용하며 무절제한 지출 습관을 경계하라고 가르친다. to blow는 '신속하고 무질서하게 배출하다' to expel라는 뜻으로 사용된 동사이다. 따라서 to blow stacks는 '상당한 액수의 돈을 헛되게 쓰다'라는 뜻이 된다.

fat stack(s) 많은 돈	After years of successful entrepreneurship, she's now sitting on fat stacks and has the financial freedom to pursue her passions. (feature article on careers website about a successful entrepreneur)
	기업가로서 능력을 성공적으로 발휘한 덕분에 그녀는 이제 돈더미 위에 앉아 경제적 자유를 누리며 개인적인 열정을 추구하고 있다. (성공한 기업가에 대한 웹사이트에 실린 특집 기사)

일반적으로 fat은 폭width을 가리키지만, 여기에서 비유적으로 말하는 stacks는 tall이나 big에 가깝다. 그 뜻이 확대되어, fat stacks를 소유한 사람은 무척 부유하다. fat은 stacks와 반운a half rhyme을 이루는데다 tall이나 large 같은 단어보다 더 감정을 자극하기 때문에 사용된 것으로 추정된다. fat에는 과잉, 지나침excess이라는 뜻이 함축되어 있기도 하다.

to rack up stacks 많은 돈을 모으다	If we push this new range of products, we are forecasted to rack up stacks. (email to retail team from company director)
	이 새로운 제품들을 대대적으로 광고하면 큰 수익을 거둘 수 있을 것으로 예상됩니다. (회사 이사가 소매팀에 보낸 이메일)

to rack up은 '축적하다'to accrue를 뜻하는 구동사이다. 문자 그대로 사용되면 선반에 여러 물건을 쌓는 과정을 가리키지만, 복수로 쓰인 형태를 고려하면 연속적으로 추가하는 과정을 가리킨다. to rack up stacks는 '많은 돈을 벌어들이다'라는 뜻이다. 한편 to rack up debt는 누군가의 빚이 늘어나고 있다는 것을 말할 때 흔히 사용되는 표현이다.

80:20

If you use the 80:20 rule and save 20% of all your monthly income, you will rack up stacks over the long term. (quote from financial advice YouTuber)

80:20 법칙을 준수하며 월소득의 20퍼센트를 무조건 저축하면, 장기적으로 많은 돈을 모을 수 있을 겁니다. (금융과 관련해 조언하는 유튜버로부터 인용.)

gravy 그레이비, 뜻밖에 얻는 돈

보통 영어에서 gravy는 미트 소스(meat sauce, 다진 쇠고기에 양파, 당근, 마늘, 토마토 등을 넣고 조린 소스)를 말한다. 하지만 금융과 관련해 쓰일 때 gravy는 추가로 혹은 보충해서 얻은 수익이나 소득을 가리킨다. gravy는 유익하고 편안히 쓸 수 있는 현금이나, 크게 힘들이지 않고 획득한 돈을 가리킬 때 사용된다. 하지만 어떤 경우에는 더럽고 불법적인 돈, 즉 부정 이득을 뜻할 수 있다. 미트 소스라는 뜻과 쉽게 번 돈이란 뜻 사이에 어떤 관련성이 있는지는 분명하지 않다. 어쩌면 미트 소스가 음식에 맛을 더하는 데 사용되기 때문에 주된 요리 위에 추가로 얹혀지는 것이라 여겨질 수 있다. 그렇다면 금융과 관련해 사용되는 gravy가 개인이나 조직의 정기적 수입에 추가로 더해진 돈이란 점과 유사하다.

| **gravy** | The money that you accrue but don't rely on? The gravy? That's yours to spend how you like. (line from personal finance blog post about passive income) |
| 뜻밖의 소득 | 당신 통장에 꽂혔지만 신뢰할 수 없는 돈인가? 추가로 얻은 소득인가? 그래도 당신이 좋을 대로 쓸 수 있는 당신의 돈이다. (소극적 소득에 대한 개인 금융 블로그에서 인용) |

passive income 소극적 소득은 평소의 노력에 추가로 더해진 돈이고, a luxury benefit 기분을 좋게 해 주는 급부이기 때문에 gravy로 볼 수 있다.

| **It's all gravy** | We're on budget and on track for project completion: it's all gravy. (informal email from a contractor to a project manager) |
| 걱정할 것이 없다, 다 괜찮다 | 우리는 예산에 맞추어 프로젝트를 완료하기 위해 작업을 순조롭게 진행하고 있습니다. 걱정할 것 없습니다. (도급업자가 프로젝트 관리자에게 보낸 일상적인 이메일) |

이 구문은 gravy를 맛있는 미트 소스라는 뜻으로 보며 만들어진 것이다. gravy는 상대적으로 가난한 시대에 고기에 추가되는 사치품으로 여겨졌기 때문에 You have all gravy는 '좋은 것을 풍부하게 갖고 있다'를 뜻한다. 일반적으로 It's all gravy는 '만사가 순조롭고, 골칫거리나 문제가 없다'는 뜻을 표현할 때 사용된다. 격식에 얽매이지 않는 일상적인 표현이기도 하다.

gravy train
수월한 돈벌이,
노다지 판

My brother is on the gravy train: his job pays a huge salary and he doesn't work very hard. (conversation)
내 동생은 쉽게 돈을 번다. 많은 봉급을 받으면서도 힘들게 일하는 것 같지가 않아. (대화)

이 관용구는 별로 힘들게 일하지 않으면서 많은 돈을 버는 방법을 뜻한다. 여기에서 train은 기차에 앉아 있으면 당신이 능동적으로 개입하지 않아도 기차가 움직이는 것처럼 힘들이지 않고 돈을 벌어들이는 과정을 표현하는 역할을 맡는다. 돈을 버는 방법 자체를 gravy train으로 표현할 수 있지만, You are riding the gravy train이라고 말하면 '당신이 이익을 얻고 있다'라는 뜻이 된다.

> **10%**
> Get 10% off on my passive income course with this link and you'll be making gravy within weeks. (YouTube advert)
> 여기를 링크해서 소극적 소득에 대한 내 강의에서 10퍼센트를 할인받으면, 몇 주 안에 쉽게 돈을 벌 수 있을 겁니다. (유튜브 광고)

quid 1파운드

quid는 영국 통화인 파운드pound sterling**를 편하게 언급할 때 사용되는 속어로, a quid는 1파운드 혹은 100펜스에 해당한다. a buck이 미국에서 1달러를 뜻하는 표현으로 사용되는 경우와 비슷한 셈이**

다. 일반적으로 quid는 라틴어 표현 Quid pro Quo에서 기원한 것으로 여겨지며, Quid pro Quo는 대략적으로 '무엇을 대신하는 무엇'으로 번역되며, 돈이 다른 것과 교환되는 방법을 가리킨다. quid는 항상 단수 형태로 사용되므로 50 quid가 맞는 표현이다. 50 quids는 틀린 표현인데다 영국인에게는 옳지 않게 들린다. quid는 문자 그대로나 비유적으로나 돈money을 뜻하는 데 사용될 수 있다. 따라서 우리 주머니에 few quid가 있다고도 말할 수 있지만, 정부가 지출한 millions of quid라 말하는 것도 올바른 표현이다.

a few quid
몇 파운드, 약간의 돈

Can you lend me a few quid for the bus?
(informal conversation between friends)
버스비로 몇 파운드만 빌려줄 수 있어? (친구들 사이의 격의 없는 대화)

a few quid는 명확하지는 않지만 소액의 돈을 뜻한다. to have a few quid라는 표현은 얼마든지 가능하지만 a lot of quid라고 말하는 것은 적절하지 않다. 이 경우에는 그냥 a lot of money라고 말하는 것이 낫다.

quids in
수익을 많이 내는

If I sell my shares now, I'll be quids in.
(post from a financial blog)
지금 내 몫을 팔면 상당한 수익을 낼 수 있을 것이다. (금융 관련 블로그의 게시글)

to be quids in은 '예상보다 많은 돈을 벌다, 혹은 이익을 내다'라는 뜻으로 격의 없이 사용하는 표현이다. 이 표현은 quid가 복수로 사용될 수 있는 유일한 예라는 데 주목해야 한다.

not the full quid
별로 똑똑하지 못한

Whoever designed this website was definitely not the full quid. (comment section of a website)
누가 이 웹사이트를 설계했는지 몰라도 별로 똑똑하지 않은 게 분명하다. (웹사이트의 댓글)

주로 오스트레일리아와 캐나다에서 사용되며, '누군가가 크게 똑똑하지 않다'라는 뜻을 격의 없이 전달하는 표현이다. 다시 말하면, 정신 능력이 부족해 총기가 완전하지 않은 상태에 있다는 뜻이 함축된 표현이다.

squid
오징어, 파운드

The new tax brackets are costing me an extra 200 squid a month! (letter to the editor of a newspaper)
세금 구간이 새롭게 결정된 덕분에, 한 달에 200파운드를 추가로 더 부담하게 생겼습니다. (신문사 편집자에게 보낸 편지)

squid는 우리가 잘 알고 있는 오징어를 지칭하지만 여기에서는 quid와 정확히 똑같은 뜻으로 사용되었다. 두 단어가 각운이 맞기 때문에 동의어인 것처럼 사용된 듯하다. squid는 부조리한 유머나 장난스런 어조를 담아낼 목적으로 사용된다.

1 in 5

Only 1 in 5 companies found they were "quids in" at the end of the quarter due to the recession. (from the finance section of a newspaper)
불황으로 사분기가 끝났을 때 다섯 기업 중 한 곳만이 괜찮은 수익을 낸 것으로 밝혀졌다. (신문의 금융면에서)

Currency Concepts

change 잔돈, 거스름돈, 동전

동사 to change 바꾸다, 변하다와 혼동하지 않아야 한다. change는 동전 형태를 띤 돈을 가리킬 때 흔히 사용되는 명사로, 영어권의 어느 나라에서나 폭넓게 사용된다. 항상 단수 형태로 사용되며 고정된 액수의 돈을 뜻하지는 않는다. 품격을 지켜야 하는 환경이나 그렇지 않은 환경에서나 두루 쓰일 수 있다.

change는 구매자가 가격보다 더 많은 돈을 지불했을 때 돌려주는 돈을 뜻하기도 한다. 가령 80센트인 물건의 값으로 1파운드짜리 동전을 판매자에게 주면 거스름돈 change을 받게 된다. 이 돈을 change라 부르는 이유는 거래를 마무리짓는 데 사용되는 돈이기 때문이다. 따라서 You are given the money "in change" for an overpayment 초과로 지급된 돈에 대해 '거스름돈'을 받는다라는 표현이 가능하다.

small change	The singer spent a million dollars at the casino, but that's just small change to him. (from a celebrity magazine)
푼돈, 하찮은 것	그 가수는 카지노에서 100만 달러를 날렸지만, 그 정도는 그에게 푼돈에 불과하다. (유명인 잡지에서 발췌글)

액면가가 낮은 동전을 뜻하는 데 사용되는 표현이지만 일반적으로는 사소한 것이나 별로 중요하지 않은 것을 뜻할 수 있다. 시장에서 큰돈을 벌기 힘든 대수롭지 않은 기회도 small change로 표현될 수 있고, 이 표현은 금융과 관련되지 않은 상황에도 사용된다(This problem is small change, 이 문제는 하찮다).

to short change	The seller short-changed me for the shoes and refuses to admit it! (online review of a clothing store)
거스름돈을 덜 주다	판매자는 신발 값의 거스름돈을 나에게 덜 주었지만 그 사실을 인정하지 않는다. (어떤 옷가게의 온라인 리뷰)

short change는 동사와 명사로 동시에 쓰인다. 동사로 쓰이면 문자 그대로 '구매자에게 당연히 돌려줘야 할 거스름돈보다 의도적으로 또는 뜻하게 않게 덜 주다'를 뜻한다. 이런 사고가 발생하면 The customer has been short changed 거스름돈을 덜 돌려받다가 된다. 일반화해서, 누군가 공정한 대우를 받지 못했다거나 노력에 대해 합당한 대가를 받지 못한 경우를 뜻하는 데 쓰일 수 있다. 명사로 쓰인 short change는 거래에서 거스름돈을 부족하게 받은 돈, 즉 부족한 거스름돈을 뜻한다.

exact change 정확한 액수의 동전	It is important to carry exact change if you are planning to travel by bus. (from a city's online travel guide) 버스로 여행을 다닐 계획이면 잔돈을 정확히 갖고 다니는 게 중요하다. (어떤 도시의 온라인 여행 안내서에서)

exact change는 문자 그대로 거스름돈을 주고받을 필요 없이 무언가의 값으로 지불할 액수에 정확히 해당하는 동전을 뜻한다. 판매자가 구매자에게 돌려줄 동전이나 거스름돈이 없는 상황에서 주로 사용되는 표현이다.

loose change 호주머니 혹은 가방 속에서 돌아다니는 동전	I'm going to pay in cash to get rid of some of the loose change in my pocket. (conversation between friends) 나는 호주머니에서 돌아다니는 동전을 없애기 위해서라도 현찰로 지불할 생각이다. (친구들 간의 대화)

loose change는 지폐, 신용카드나 직불카드 대신 갖고 다니는 동전을 가리키는 표현으로, 대체로 소액이다. 호주머니나 지갑에 제멋대로 돌아다니는 loose 돈을 뜻하며, 실물 화폐 physical money에만 쓰인다.

spare change 예비 잔돈	It's useful to keep any spare change to use for tips. (recommendations from a travel blog) 팁으로 사용할 잔돈을 준비해 두면 도움이 됩니다. (여행 블로그의 조언)

spare change는 loose change와 유사하지만, 예컨대 식당에서 팁으로, 혹은 자선단체의 모금함이나 구걸하는 사람에게 쓰거나 편하게 나눠줄 수 있는 돈을 가리킨다.

to keep the change 거스름돈을 가지다	That was great service, keep the change! (conversation between a customer and a server) 정말 좋은 서비스를 받았습니다. 잔돈은 놔두세요! (고객과 웨이터 간의 대화)

구매자가 거스름돈을 받지 않아 판매자가 남은 돈을 일종의 팁으로 가질 수 있게 해 주는, 거래에서 흔히 사용되는 관용구이다. 영어권 국가에서는 관대함으로 흔히 받아들여지지만, 거만한 어조로 사용되면 자랑질로 여겨질 수 있다.

> **70%**
> A national survey has found that up to 70% of people in England no longer carry loose change, instead opting to use credit cards when shopping. (from a report on spending habits in England)
> 전국적인 조사에서 확인되었듯이, 잉글랜드에는 최대 70퍼센트의 국민이 더는 잔돈을 갖고 다니지 않고, 쇼핑할 때 신용카드를 사용한다. (잉글랜드의 소비 습관에 대한 보고서에서)

currency 통화

currency는 특정 국가에서 교환 수단으로 유통되는 돈의 형태를 가리키는 일반적인 용어이다. 예컨대 미국 달러 US dollar 는 미국에서 인정된 통화이다. currency는 해외 경제나 환율과 관련된 주제나 논의, 혹은 일정한 액수의 돈을 동등한 가치의 지역 통화로 환전해야 하는 해외 여행에서 일반적으로 사용되는 표현이기도 하다.

to exchange currency 환전하다	Remember to exchange your currency before you go on holiday to get a better deal. (tips from a travel blog) 휴가를 떠나기 전에 환전하면 더 나은 조건으로 환전할 수 있다는 걸 잊지 마십시오. (여행 블로그의 조언)

현재의 환율에 기초해서 '화폐를 다른 나라의 것으로 교환하다'를 뜻한다. 환전이 이루어지는 곳은 the currency exchange 환전소라 불리며, 이때 exchange는 명사로 쓰였다. 명사로 사용된 an exchange는 거래가 이루어지는 건물이나 장소를 가리키는 데도 간혹 쓰인다. London Stock Exchange 런던증권거래소가 대표적인 예이다.

weak/strong currency 약한 통화/강한 통화, 안정 통화	The country's weak currency will eventually lead to inflation. (predictions from a financial newspaper) 그 나라의 통화는 약세여서 결국 인플레이션으로 이어질 것이다. (한 경제 신문의 예측)

통화가 strong 강세인가 weak 약세인가의 여부는 다른 나라들의 통화와 비교한 가치에 따라 결정된다. a weak currency를 지닌 국가의 화

폐는 다른 국가의 화폐에 비해 가치가 떨어지기 때문에 그 나라의 국민은 다른 국가로부터 수입한 상품이나 용역을 더 비싸게 구입할 수밖에 없다. 따라서 해외 상품을 구입하려면 비용이 많이 들기 때문에 수입품이 대체로 귀한 편이다. weak/strong currency는 비유적이고 구어적인 표현으로 들리지만 실제로는 경제학자들이 사용하는 전문 용어이다.

domestic/foreign currency 국내 통화/외국 통화, 외화	I need to exchange my leftover foreign currency now that I'm back home. (conversation between friends) 이제 집에 돌아왔으니 남은 외화를 환전해야겠어. (친구들 간의 대화)

foreign currency는 자국의 관점에서 해외 국가의 통화를 가리키고, domestic currency는 자국에서 사용하는 통화를 가리킨다. 결국 domestic과 foreign이란 두 형용사는 문제가 되는 특정 통화의 위치를 파악하는 데 주로 사용된다.

currency rises/falls 통화 가치의 상승/하락	Due to the recent global recession, many currencies have fallen this year. (from a university lecture on foreign economics) 최근 세계적인 불황으로 많은 통화의 가치가 올해 하락했습니다. (해외 경제에 대한 대학 강의에서)

통화는 다른 통화와 비교해 가치가 상승하거나 하락할 수 있다. 따라서 통화가 상승하거나 하락한다고 표현하지 말고, 통화 '가치'가 상승했다거나 하락했다고 명확히 표현하는 것이 더 낫다. 하지만 통화에서 '가치'가 상승하거나 하락할 수 있는 유일한 것이기 때문에 '가치'라는 표현을 생략하고 통화가 상승/하락한다고 표현하는 경우가 많다.

**cryptocurrency/
virtual currency
암호 화폐/가상 화폐**

I've just invested in cryptocurrency, I'm predicting that it will go back up in the next few years. (X post by someone who has invested in Bitcoin)

방금 암호 화폐에 투자했다. 수년 내에 암호 화폐가 다시 상승할 것이라 예측한다. (비트코인에 투자한 누군가가 X에 올린 게시글)

암호 화폐는 온라인에서만 만들어지고 사용되는 통화이다. 암호 화폐는 일반적으로 규제를 받지 않으며, 동전이나 지폐처럼 물리적인 형태가 없다. 대표적인 암호 화폐로는 Bitcoin 비트코인, Ethereum 이더리움, XRP, Dogecoin 도지코인 등이 있다. 암호 화폐는 컴퓨터 소프트웨어에 저장되고, 거래는 보안을 위해 암호를 사용하며 인터넷에서 이루어진다. cryptocurrency나 virtual currency 이외에 digital currency 디지털 화폐라는 표현을 사용할 수도 있다.

> **1 USD = 0.81 GBP**
> The British currency of Pound Sterling has fallen to an exchange rate of 1 USD to 0.81 GBP. (from an online currency exchange website)
> 영국 통화, 파운드화의 가치가 미국 1달러에 대해 영국 0.81파운드의 환율로 떨어졌다. (온라인 환전 웹사이트에서)

allowance 수당, 용돈

an allowance는 누군가 다른 누군가에게 정기적으로 주는 소액의 돈을 뜻한다. 쉽게 말하면, 어른이 자식이나 십대에게 사탕이나 군것질거리 같은 사소한 먹거리를 사 먹으라고 주는 돈을 가리킨다. 부모는 자식들에게 돈을 책임감 있게 쓰는 방법을 가르칠 목적으로 allowance를 줄 수 있다. 하지만 allowance가 항상 이런 뜻으로 사용되는 것은 아니며, disability benefits 장애 급여를 비롯해 사회 보장 급여처럼 주기적으로 지급되는 형태의 돈을 가리킬 수도 있다.

weekly/monthly allowance 일주일/한 달 용돈	I spent my monthly allowance on this game and it sucks. I'm so annoyed. (Twitch streamer's chat) 나는 이 게임에 한 달 용돈을 다 썼다. 정말 엿 같다. 짜증나서 죽겠다. (트위치 스트리머의 채팅)

대체로 allowances는 주 단위나 월 단위로 정해진 기간에 대해 주어진다. 따라서 지급되는 돈의 빈도에 대한 정보까지 포함하고자 할 때 weekly allowance 혹은 monthly allowance라 표현하게 된다.

to give an allowance 용돈을 주다, 수당을 얹어주다	Consider giving your child a small allowance if they are mature enough so that they can learn about money from a young age. (advice in a parenting book) 자식이 돈에 대해 배울 수 있도록 충분히 자랐다면 어렸을 때부터 소액의 용돈을 주는 것을 고려해 보라. (육아서에 실린 조언)

allowance와 관련해 가장 흔히 쓰이는 동사가 to give이고, 누군가에게 돈을 제공하는 행위를 가리킨다.

extra allowance
추가로 주는 용돈

If you behave yourself I'll give you some extra allowance. (mom talking to their child)
네가 착하게 행동하면 추가로 용돈을 조금 더 주마. (자식에게 말하는 엄마)

위에서 말했듯이 allowance는 일반적인 용어이지만, 기업 금융 또는 더 폭넓은 경제 활동보다 개인 금융이나 가족 예산과 관련해 쓰이는 경우가 더 많다.

disability allowance
장애 수당

We have seen a clear fall in those seeking disability allowance over the last year. (economic journalism)
작년에는 장애 수당을 받으려는 사람이 눈에 띄게 줄어들었다. (경제 신문)

이 맥락에서 사용되는 allowance는 지원금이 필요한 사람에게 지급되는 국가 보조금을 가리키는 일반적인 용어이다. 보조금은 장애인, 다른 사람을 돌보는 사람 등 여러 이유에서 지급될 수 있다. 하지만 대부분의 보조금에는 Supplemental Security Income 생활 보조금, SSI 등과 같이 특정한 명칭이 있다. 따라서 가능한 경우에는 housing allowance 주거 수당 같은 포괄적 용어보다 구체적인 명칭을 사용하는 편이 더 낫다.

monkey's allowance
형편없는 대우

The subsidy seems to be conferring a monkey's allowance, particularly amongst SMEs who cannot adequately profit from the scheme. (industry report on effect of a government subsidy)
이 제도로부터 적절한 이익을 얻지 못하는 중소 기업들에게 그 보조금은 별다른 도움이 되지 못하는 듯하다. (정부 보조금의 효과에 대한 산업 보고서)

과거에 사람들은 원숭이를 잔혹하게 다루며 군중들 앞에서 재주를 부리게 했다. 원숭이들은 그 대가로 먹을 것을 받았지만 대부분의 경우에는 발로 차이고 학대를 받으며 공연을 계속해야 했다. 따라서 a monkey's allowance는 누군가 어떤 대가나 이익(원숭이의 먹이)을 얻지만 노력이나 고생(발로 차이는 원숭이)에 비하면 아무것도 아닌 상황을 가리킨다. 좋은 일이 일어나야 마땅하지만 실제로는 부정적인 현상만이 발생한 상황을 가리킬 때 잘 쓰이는 표현이다.

50¢

I'll give you 50¢ to go and buy a candy bar. Be careful when crossing the road! (conversation between mother and child)
50센트를 줄 테니 초코바를 사 먹도록 해라. 길을 건널 때 조심하고! (어머니와 자식 간의 대화)

coins 동전, 주화

coin은 여러 의미로 사용될 수 있다. 대체로는 돈으로 사용되는 둥글고 납작한 금속 조각을 가리키지만, 격식을 차릴 필요가 없는 상황에선 일반적으로 돈을 뜻하는 단어로 사용되기도 한다. coin은 쐐기 모양의 물체를 금속에 찍었기 때문에 라틴어에서 쐐기 wedge를 뜻하는 cuneus로부터 파생되었다. coin은 단수와 복수로 자유롭게 사용될 수 있지만 일반적으로 돈을 가리키는 뜻으로 사용되는 경우에는 단수가 주로 쓰인다(to earn some coin, 약간의 돈을 벌다). coin은 특정 액수의 돈을 뜻하지 않으며, coin은 각기 다른 가치를 지니므로 I spent a lot of coins/coin은 타당한 표현이 될 수 있지만 I spent 5 coins는 올바른 표현이 아니다.

in coins 동전으로	The last customer paid £100 in coins and now the till is too full! (a conversation between shop employees) 조금 전 손님이 100파운드를 동전으로 지불해서 지금 금전 등록기가 가득 찼네요. (상점 직원들 간의 대화)

in coins는 돈이 지불되거나 저장되는 형태를 표현한다. 지칭된 돈이 동전 형태를 띠는 경우에만 사용될 수 있다. 전치사 in이 일반적으로 사용되지만, with가 쓰여도 의미가 달라지지는 않는다.

to coin a term/phrase 단어를 만들다/구문을 만들어내다	Shakespeare coined many new terms in his plays. (excerpt from a history book) 셰익스피어는 희곡을 쓰며 많은 신조어를 만들어냈다. (역사서에서 발췌)

to coin a term/phrase는 '새로운 표현 혹은 격언을 만들어내다'를 뜻한다. 여기에서 to coin은 to create 창조하다, to make 만들다를 뜻하는 동사이다. to coin은 원래 '스탬프를 금속에 각인해 돈을 제작하다'라는 뜻이다. 이런 점에서 위의 표현은 to coin의 원래 뜻을 되살려낸 것이라 할 수 있으며, 이렇게 제작된 돈은 to be coined(=created)된 것이라 했다. 누군가 무언가를 표현하는 새로운 방법을 생각해내거나 독특한 단어나 문구를 만들어내면 They have coined the phrase라고 말할 수 있다. phrase는 두 개 이상의 단어로 구성된 구절을 뜻하는 데 주로 사용되고, term은 하나의 단어를 가리킨다.

to coin it (in)
단기간에 큰돈을 벌다

I'm really going to coin it in after my horse wins the race. (conversation between two friends)
내가 선택한 말이 경마에서 승리하면 나는 정말 단숨에 큰돈을 벌 거다. (두 친구 사이의 대화)

to coin it/to coin it in은 '누군가 단기간에 많은 돈을 벌다'라는 뜻으로 사용되며, 어느 쪽을 사용해도 상관없다. 격식에 얽매이지 않은 상황에서 편하게, 어떤 시제로도 사용될 수 있다.

the other side of the coin
동전의 뒷면, 반대면

Long-term investments are often less risky, but the other side of the coin is that they require a lot of research to choose the right one. (advice from a financial website)
장기적인 투자가 대체로 위험이 덜합니다. 그러나 반대로 보면, 올바른 투자를 선택하기 위해서는 많은 연구가 필요하다는 뜻입니다. (금융 관련 웹사이트의 조언)

이 관용구는 어떤 특정한 상황을 대신하거나 대립되는 관점을 가리키며, 어떤 쟁점의 반대면 the other side 을 고려하라는 뜻을 비유적으로 말하는 것이 된다. 이 표현은 동전에는 양면이 있다는 사실에서 유래한 것이다. the flipside of something이란 표현도 들어보았을 것이다. flipside도 이 관용구에서 유래한 것으로, 어떤 긍정적인 상황이나 결과의 부정적인 면(이면, 다른 면)을 가리킨다. 반면에 the other side of the coin은 긍정적인 관점과 대립되는 부정적인 관점을 주로 뜻한다.

coin of the realm
법정 화폐, 법화

> It remains to be seen whether cryptocurrencies will become the new coin of the realm. (from an article on the future of finance)
> 암호 화폐가 새로운 법정 화폐가 될 것인지는 아직 두고 봐야 한다. (금융의 미래에 대한 기사에서)

coin of the realm에는 두 가지 의미가 있다. 하나는 한 국가 the realm 의 법정 화폐를 가리키는 문자 그대로의 의미이고, 다른 하나는 무언가가 특정 환경이나 상황에서 화폐인 것처럼 가치나 신뢰가 부여되는 경우를 가리키는 비유적인 의미이다.

£25,000

> It has been revealed that a group of rogue police officers have been coining it in this year, earning an average of £25,000 each in illegal bribes. (from an exposé on a police force)
> 부패 경찰들이 올해 큰돈을 벌어, 위법한 뇌물로 각각 평균 2만 5,000파운드를 번 것으로 밝혀졌다. (경찰에 대한 폭로에서)

notes/bills 지폐

notes와 bills는 둘 모두 종이돈, 즉 지폐를 뜻하며 매우 비슷한 맥락에서 쓰인다. 다만 notes는 영국에서, bills는 주로 미국에서 쓰인다는 점이 다를 뿐이다. 지폐라는 뜻으로 사용되는 note는 과거에 은행에서 발행하던 promissory notes 약속 어음에서 유래한 단어이다. 은행이 특정 액수를 기입한 약속 어음은 당시 법정 화폐 legal tender였던 금화나 은화로 교환되었다. 한편 bill은 라틴어에서 봉인된 문서 sealed document를 뜻하는 bulla로부터 파생되었지만 오늘날에는 문서나 종이를 가리킬 뿐이다. note와 bill은 격식을 따지는 환경이나 그렇지 않은 환경, 모두에서 사용될 수 있다.

banknotes 은행권, 지폐	Exchange your old banknotes for new ones at your local branch. (a reminder from a bank to exchange notes which are out of circulation) 가까운 동네 지점에서 구권을 신권으로 교환하십시오. (유통되지 않는 은행권을 교환하라는 은행의 알림)

notes는 banknotes로도 표현될 수 있다. 특히 영국에서 그렇다. 은행과 같은 곳에서는 지폐를 가리키는 공식적인 명칭으로 banknotes를 사용할 가능성이 더 크다.

pound note(s) 파운드 단위의 지폐	I can only pay with a fifty-pound note, is that okay? (conversation between customer and vendor) 50파운드짜리 지폐밖에 없습니다. 고액권으로 지불해도 괜찮겠습니까? (고객과 점원 간의 대화)

이 표현은 특정한 액수의 은행권을 가리키며 영국에서 사용된다. a fifty note라고만 말하는 것은 올바른 표현이 아니다. 화폐 단위(파운드)가 더해져야 하기 때문이다.

dollar bills
달러 단위의 지폐

US banks are issuing new 10-dollar bills next month to commemorate the new president. (from a US news show)
미국 은행들은 새 대통령의 취임을 기념하기 위해 다음 달에 10달러짜리 신권을 발행할 예정이다. (미국 뉴스 프로그램에서)

영국의 pound-note에 대응하는 미국의 지폐로 dollar bill도 거의 똑같은 방식으로 사용된다. 하지만 현재 영국에는 1파운드짜리 지폐가 존재하지 않기 때문에 pound-note를 단수로 말할 수 없는 반면 a dollar bill은 가능하다.

C-note
100달러짜리 지폐

I need to watch my pockets closely while we're out tonight, I've got a C-note in my wallet. (conversation between friends)
오늘 밤 외출해서 지내는 동안, 주머니를 잘 지켜야겠다. 지갑에 100달러짜리 지폐가 있으니까. (친구들 간의 대화)

C-note는 미국에서 100달러짜리 지폐를 가리키는 속어로, 100을 뜻하는 로마 숫자 C에서 유래했다. century-note도 똑같은 뜻으로 사용되며, 단수형과 복수형으로 자유롭게 사용될 수 있다.

as phony as a 3-dollar bill
완전히 가짜인, 진짜와는 거리가 먼

The new senator may pretend to care about funding for schools, but he's as phony as a 3-dollar bill! (video from a political YouTube channel)
새로 당선된 상원 의원은 학교를 위한 기금 모금에 마음을 쓰는 척하지만 새빨간 거짓입니다. (정치 유튜브 채널의 동영상)

이 관용구는 누군가 혹은 무언가가 (존재하지도 않는 3달러짜리 지폐처럼) 명백한 가짜이고 불법이라는 것을 표현하고 싶을 때 사용된다. 이 표현은 주로 미국에서 사용된다.

$50,000
A bag of money was discovered on the subway today containing $50,000 worth of bills. (from a local newspaper)
오늘 지하철에서 5만 달러 상당의 지폐가 든 돈가방이 발견되었다. (지역 신문에서)

check 수표

영국 영어에서는 철자가 cheque이다. check은 금융에서 두 가지 의미로 주로 쓰인다. 하나는 명시된 액수를 수표 작성자의 은행 계좌로부터 수표 수령인에게 지불하도록 지시하며, 은행에 제출되는 문서를 가리킨다(전표). 다른 하나는 식당에서 식사를 끝낸 뒤 받는 작은 종이 청구서를 뜻한다(계산서). 식사를 끝내고 계산할 때가 되면 웨이터나 웨이트리스에게 Please can I get the check? 계산서를 주시겠어요? 이라고 부탁하면 된다.

to write (someone) a check 누군가에게 수표를 끊어주다, 써 주다	Whoever scraped my car this morning needs to write me a check for the damage! (from a local community Facebook group post) 오늘 아침 내 자동차를 긁어놓은 사람은 그 피해에 상응하는 수표를 나에게 끊어줘야 할 거다! (지역 공동체 페이스북 게시글에서)

수표를 작성하는 것을 표현하는 동사로는 to write를 사용하는 것이 원칙이지만 to cut이나 to give를 쓸 수도 있다.

to cut (someone) a check 누군가에게 수표를 끊어주다, 발행하다	Sorry, I don't have any cash on me, can I cut you a check? (customer speaking to a server in a café) 죄송합니다. 지금 현금이 없군요, 수표를 끊어드려도 괜찮겠습니까? (카페에서 직원에게 말하는 고객)

to cut a check은 to write a check에 비해 격식을 덜 따지는 환경에서 사용된다. 수표를 발행한다는 뜻으로 to cut이 사용된 기원에 대해서는 공식적으로 알려진 이론이 없지만, 가장 널리 알려진 설에 따르면 처음에는 더 큰 종이에서 수표를 잘라냄 cutting 으로써 수표를 발행한 과정과 관계가 있다.

| **to cash a check** 수표를 현금으로 바꾸다 | You can now cash your checks online with our new app! (online advert from a bank) 이제는 저희가 새로 개발한 애플리케이션을 이용해 온라인에서 수표를 현금으로 바꿀 수 있습니다! (은행의 온라인 광고) |

to cash a check은 '은행에서 수표를 돈으로 교환하다'라는 뜻이다. 이때 돈을 현금 형태로 받을 수도 있고, 은행 구좌에 예금할 수도 있다.

| **to honor a check** 수표를 받다 | Remember, banks are not required to honor checks if they are over six months old. (from the FAQ section of a banking website) 기억하십시오, 발행한 지 6개월을 넘긴 수표를 은행은 받지 않습니다. (은행 웹사이트의 자주 묻는 질문란에서) |

a bank honors a check은 '은행이 수표를 유효한 것으로 인정하고 현금으로 바꿔줄 수 있다'라는 뜻이다.

| **bounced check** 부도 수표 | The check that you gave me yesterday bounced, are you sure you filled out the right details? (Whatsapp message between friends) 네가 어제 나한테 준 수표가 부도 처리됐어. 세부 정보를 정확히 다 채운 게 분명해? (왓츠앱으로 친구들이 주고받은 메시지) |

수표에 쓰인 세부 정보가 틀렸거나, 수표 발행자의 구좌에 수표에 쓰인 금액을 충당할 만큼의 돈이 없어 은행에서 수표가 처리되지 못한 경우에 사용되는 표현이다. 일상적으로 편하게 쓰이는 표현으로, 돈

이 은행으로부터 소유자에게 to bounce back되는 경우를 가리킨다 (되돌려지다→부도 처리되다). 또 이메일이 수신인에게 전달되지 못할 때도 이메일이 bounce되었다고 흔히 말한다(반송되다). 따라서 to bounce는 이메일이 보내는 사람sender으로부터 받는 사람recipient에게 성공적으로 전해지지 않는 경우를 표현할 때 주로 사용된다.

rubber check **부도 수표**	An employee of your bank accused me of writing a rubber check, but I was sure I had enough money in my account. (from the customer support chat function on a banking website) 은행 직원이 내가 부도 수표를 발행했다고 고발했지만, 나는 내 계좌에 충분한 돈이 있을 거라고 확신했습니다. (은행 웹사이트의 고객 지원 채팅방에서)

주로 미국에서 사용되는 표현으로, bounced check부도 수표을 가리키는 속어이다. rubber고무는 잘 튀는 물질이다. 따라서 이 표현에 암시된 내용은 수표가 고무처럼 튀어서to be bouncy like rubber 수령인에게 전달되지 못했다는 것이다.

to give (someone) a blank check **백지 수표를 주다, 자유재량에 맡기다**	The boss has given us a blank check to use whatever we need to finish the project. (from a company meeting) 사장님은 저희에게 프로젝트를 끝내기 위해서라면 무엇이든 사용할 수 있는 재량권을 주었습니다. (한 기업의 회의에서)

문자 그대로의 뜻만 아니라 비유적인 뜻으로도 쓰인다. 문자 그대로는 수표 발행인이 요구되는 금액을 모를 때 '수취인이 스스로 채우도

록 금액란을 공란으로 남겨둔 채 수표를 주다'라는 뜻이다. 비유적으로는 '원하는 결과를 얻을 목적에서 누군가에게 어떤 자원이든 사용할 수 있고 어떻게 행동해도 괜찮다고 허락하다'라는 뜻이다.

> **70%**
> According to a recent poll, around 70% of people under 30 have never written a check. (from a national report on individual finances)
> 최근 여론 조사에 따르면, 30세 이하의 국민 중 약 70퍼센트가 수표를 발행해 본 적이 없다. (개인 금융에 대한 전국 보고서에서)

penny 페니

a penny는 1달러 혹은 1파운드의 100분의 1에 해당하는 통화 단위이다. 영어권 국가에서는 대체로 동전 형태를 띤 가장 작은 통화 단위를 penny라 부른다. penny는 영어권 국가에서 가장 작은 형태의 통화 단위이기 때문에 기금이 부족하게 공급되거나, 돈이 부족한 상태를 표현하는 관용구와 구문에서 사용된다.

penny-pincher 구두쇠	Jane's been a bit of a penny-pincher recently, she never wants to go out anymore! (from a WhatsApp conversation between friends) 제인은 최근에 구두쇠가 됐는지 더는 외출하려고 하지 않는다! (왓츠앱에서 친구들끼리 주고받는 대화)

돈 씀씀이가 유난히 짜고 마지못해 돈을 사용하는 사람을 격의 없이 가리키고, 당사자가 인색하다ungenerous는 뜻이 함축된 표현이다. 문자 그대로는 someone pinches every penny누군가 동전을 하나씩 집어들며 나누어준다는 뜻, 요컨대 돈을 쓰는 데 동전 하나도 허투루 낭비하지 않는다는 뜻이다.

penniless 무일푼인, 몹시 가난한	When my husband died, I was left penniless – if it weren't for this charity's support, I'd have struggled to afford basic necessities. (from the testimonials page of a charity website) 남편이 죽었을 때 저에게 남겨진 게 아무것도 없었습니다. 이 자선 단체의 지원이 없었다면 저는 기본적인 필수품을 구하는 데도 어려움을 겪었을 것입니다. (한 자선 단체 웹사이트의 칭찬 페이지에서)

문자 그대로는 동전 하나조차 없는 상태를 뜻하는 표현이다. 몹시 가난한destitute 사람을 가리킬 때는 오로지 penniless만이 사용되고, 다른 동전에 접미사 -less를 덧붙인 형태는 사용되지 않는다. 예컨대 극빈한 사람을 centless, dimeless, dollarless라고는 표현하지 않는다.

a pretty penny 많은 돈	The hotel looks amazing. I bet that cost a pretty penny! (from a comment on an Instagram post) 호텔은 정말 멋져 보인다. 짓는 데 많은 돈이 들었을 것 같다! (인스타그램 게시물의 댓글)

a pretty penny는 많은 액수의 돈을 가리키고, pretty가 매력적attractive이라는 현재의 의미만이 아니라 상당한considerable, 많은substantial을 뜻하는 데 사용되던 시대에서 유래했다.

penny stock 저가주	Here's a list of the best penny stocks available to buy this month. (from an investment blog) 이번 달에 매수할 만한 최고의 저가주 목록이다. (투자 관련된 블로그에서)

penny stocks는 주로 신생 기업의 주가가 낮은 주식을 가리킨다. 처음에는 1달러 이하로 주식을 매수할 수 있어 이렇게 불렸지만, 요즘에는 주가가 5달러 이하인 주식을 가리킨다. 주가가 낮기 때문에 매수하더라도 크게 손해가 없는 투자risk-free investment로 여겨진다.

in for a penny (in for a pound) 일단 시작한 일은 끝내는 것이 좋다	I didn't intend to buy so many clothes from you. I only wanted a skirt, but, in for a penny, in for a pound! (from a Facebook comment on a clothing sale advert) 여기서 그렇게 많은 옷을 구입할 생각은 없었어. 그냥 치마 하나 사려고 했는데, 다른 옷들까지 사고 말았어! (페이스북 옷 판매 광고에 대한 댓글)

이 표현은 '무언가를 시작하면 더 많은 수고나 자원을 투입하게 되더라도 끝장을 보다'라는 뜻으로 사용된다. 누군가 어떤 행위에서 원래 계획한 것보다 더 많은 것을 하게 된 상황을 정당화하는 데도 사용될 수 있다.

to not have two pennies to rub together 땡전 한 푼이 없다. 빈털터리이다.	There's no point asking your brother for money, he doesn't have two pennies to rub together since he lost his job. (from a conversation between family members) 형에게 돈을 부탁해도 소용이 없을 거다. 실직해서 돈이 한 푼도 없을 거야. (가족 간의 대화)

13%

It has been estimated that 13% of pensioners will be left penniless if the new retirement bill is passed. (from a political news column)

새 퇴직 법안이 통과되면 연금 수급자의 13퍼센트가 무일푼이 될 것으로 추정되었다. (정치 뉴스 칼럼에서)

grand/G 1,000달러

달러와 파운드 등 특정 화폐 단위에서 1,000을 가리키는 많은 속어가 있다. 그중에서 grand는 가장 흔히 사용되는 속어 중 하나이다. grand가 1,000을 뜻하는 데 사용하게 된 기원에 대한 공식적인 이론은 없다. 하지만 가장 널리 알려진 이론에 따르면, 1,000이 과거에 많은 액수의 돈으로 여겨졌고, grand가 large큰 나 impressive인상적인를 뜻할 수도 있기 때문이다. grand는 항상 단수 형태로만 사용된다는 데 주목해야 한다. 따라서 50 grand라고는 말할 수 있지만 50 grands라는 표현은 불가능하다. 1,000을 가리키는 데 사용되는 다른 속어로는 K, large, big one, stack 등이 있다. K와 large는 grand처럼 단수로만 사용되고, stack은 단수만 아니라 복수로도 사용될 수 있다.

G
1,000달러

I earned fifty G last year from investments, this is what I recommend! (from a trading app ad on YouTube)

나는 작년에 투자로 5만 달러를 벌었다. 이 종목이 내가 추천하는 것이다! (유튜브의 투자 애플리케이션 광고)

G는 1,000을 가리키는 또 하나의 속어로, grand의 단축형이라 생각하면 된다. grand처럼 G도 그 앞에 어떤 수가 놓이더라도 항상 단수 형태로만 쓰인다. 따라서 1 G, 50 G, 974 G 등의 형식으로 말해야 한다. 간혹 G는 소문자로도 쓰이며, 숫자와 g 사이에 공간이 없이 쓰이기도 한다(예: 20g). G 자체가 격식을 따지지 않는 단어이기 때문에 관련된 규칙이 많지 않다.

gee(s)
1,000달러, 일반적인 돈

It's gonna cost you a lot of gees to replace that TV, it was really expensive. (text conversation between siblings)

저 텔레비전을 교체하려면 꽤 많은 돈이 들어갈 거야. 정말 비싸게 주고 산 텔레비전이거든. (형제자매 간의 문자 대화)

gee도 grand의 단축형이지만 단수만 아니라 복수로도 사용될 수 있다는 것이 다르다. 역시 격식에 얽매이지 않은 일상적인 단어여서 편안하고 장난스럽게 들린다.

G-note
1,000달러짜리 지폐

My grandad has an old G-note in his attic, it's from the early 1900s! (a conversation between friends)

우리 할아버지의 다락방에는 오래된 1,000달러짜리 지폐가 있어, 1900년대 초에 발행된 거야! (친구들 사이의 대화)

100달러짜리 지폐를 가리키는 C-note와 비슷하게, G-note는 1,000달러짜리 지폐를 가리킨다. 이때 G는 grand의 단축형이다. 이제는 영어권 국가들에서 1,000단위의 가치를 지닌 지폐를 발행하지 않기 때문에 요즘에는 G-note가 사용되지 않는다. 이제는 역사적 유물일 뿐이다.

cool G	If you represent the product in your posts, you could earn a cool G in a month. (offer to an Instagram influencer from a company's promotional marketing department)
1,000달러	
	당신 게시물에 우리 제품을 소개하면 한 달에 1,000달러를 벌 수 있을 겁니다. (기업 홍보팀이 한 인스타그램 인플루언서에게 보낸 제안)

1,000달러를 뜻하는 또 하나의 속어로, a cool G는 단수로만 쓰인다. 달리 말하면, 수천 달러보다 단순히 1,000달러를 가리키는 경우가 많다. 이 표현은 주로 미국에서 사용된다.

> **1945**
> Sadly, G-notes have been out of circulation in the UK since 1945. (from an article on the history of British money)
> 안타깝게도 1,000파운드까지 지폐는 1945년 이후로 영국에서 유통되지 않았다. (영국 화폐의 역사에 대한 글에서)

budget 예산, 생활비

budget은 동사와 명사로 사용될 수 있으며, 개인이나 기관이 일정 기간 또는 특정 활동에 사용할 수 있는 제한된 액수의 돈을 가리킨다. budget은 중세 영어에서 leather pouch 가죽 주머니 혹은 wallet 지갑 을 뜻하는 bouget에서 유래했다. a budget은 규모나 크기에 대한 제한이 없어 정부 지출과 관련해서만이 아니라 개별 가정의 지출에 대해서도 사용될 수 있다.

to budget for (something) 무언가에 대한 예산을 짜다, 무언가를 고려에 넣다	We'll need to budget for that trip to France, we don't have enough at the moment. (conversation between family members) 이번 프랑스 여행을 위한 예산을 짜야 하는데 지금 당장에는 돈이 좀 부족하네. (가족 간의 대화)

to budget for something은 특정한 무언가를 실행하는 데 지출되는 돈의 액수를 제한한다는 것을 뜻한다. to save/save up for something 무언가를 위해 저축하다와 비슷한 뜻이다.

to stick to a budget 예산을 고수하다	Follow these 5 money-saving tips if you find it hard to stick to a budget. (text from a lifestyle website) 예산을 고수하는 게 어렵다고 생각되면 다음의 다섯 가지 돈 절약 요령을 따라해 보라. (생활 방식과 관련된 웹사이트에서 발췌)

여기에서 to stick은 '예산으로 규정된 액수를 넘어서지 않고, 그대로 고수하거나 가깝게 유지하다'라는 뜻이다. 미리 합의된 약속에서 벗어나지 말라는 명령문 Stick to the plan 계획을 충실히 따르다과 쓰임새가 비슷하다고 생각하면 된다.

monthly budget 월간 예산	I make sure to set a monthly budget to keep in control of my finances. (from a financial blog) 나는 재무를 확실히 관리하려고 월간 예산을 반드시 수립한다. (금융 관련 블로그에서 발췌)

한 달에 지출할 수 있는 돈의 액수를 가리킨다. 예산과 관련해 흔히 사용되는 timeframe기간으로는 weekly주간와 yearly연간가 있다.

household budget 가계 예산	Household budgets are shrinking due to the cost-of-living crisis. (from a newspaper article) 생활비 위기로 가계 예산이 줄어들고 있다. (신문 기사에서)

company budget기업 예산, shopping budget쇼핑 예산 등 어떤 것에 대해서도 예산이 존재할 수 있지만 household budget은 특정 가족 혹은 가정의 전체 예산을 뜻한다.

over/under budget 예산 초과/예산 이하	We regret to inform you we won't be giving bonuses this year as we are over budget. (from a corporate email) 예산이 초과돼 올해 상여금을 지급하지 못하게 된 것을 알리게 되어 유감스럽게 생각합니다. (금융 관련 블로그에서)

to be over/under budget은 '정해진 기간에 할당된 액수보다 더 많이/더 적게 지출하다'라는 뜻이다.

shoestring budget 적은 예산, 쥐꼬리만한 예산	The movie was especially impressive considering it was produced on a shoestring budget. (from an online film critic) 그 영화가 적은 예산으로 제작된 것을 고려하면 무척 인상적이었다. (온라인 영화 평론에서)

a shoestring budget은 매우 제한적인 예산, 혹은 많지 않은 액수로 짜인 예산을 뜻한다. a shoestring budget이란 표현은 shoestrings 구두끈가 무척 적은 소액으로 팔렸다는 역사적인 사실에서 유래한 것으로 알려져 있다.

wine taste on a beer budget 분수에 맞지 않게 살다	I spent £500 on these shoes but I can barely afford rent. I clearly have a wine taste on a beer budget! (from an Instagram post) 나는 이 구두를 사느라 500파운드를 썼지만 이제는 집세를 내는 것도 버겁다. 분수에 맞지 않은 짓을 한 게 분명하다! (인스타그램 게시글에서)

wine 대신 champagne을 사용할 수 있다. '자신의 경제적 수단을 넘어 감당하기 힘든 사치스런 취향을 즐기며 분수에 넘치는 삶을 살다'라는 뜻이다.

3/4
A seaside town is in uproar as the mayor has revealed that they have already spent 3/4 of the yearly budget in the first two months! (from a national news channel)
시장이 한 해 예산의 4분의 3을 처음 두 달만에 썼다고 밝히자 바닷가 마을에 큰 소동이 벌어졌습니다. (전국 뉴스 채널에서)

purse strings 돈줄, 경제권

purse strings는 여러 관용구에서 사용되는 표현으로, 가계나 기업 같은 조직의 재정이나 지출을 가리킨다. 금융권에서 사용되는 전문 용어는 아니다. 오히려 일상적인 환경에서 흔히 사용되는 구어적 표현이다. 과거의 지갑에는 끈이 있어, 돈을 꺼내거나 돈을 넣을 때 끈을 사용해 지갑을 열거나 닫았다. 이런 관습에서 purse strings라는 표현이 유래한 것으로 여겨진다. 이 표현은 아래에 나열한 관용구에서만 주로 사용된다. 또한 단수형으로는 사용되지 않고 항상 복수형으로만 사용된다.

to hold the purse strings **돈줄을 쥐다, 경제권을 장악하다**	You'll have to ask your mom, she controls the purse strings in the family. (Whatsapp conversation between father and child) 네 엄마한테 물어봐야 할 거다. 엄마가 우리집 돈줄을 쥐고 있으니까. (왓츠앱에서 아버지와 자식의 대화)

to hold the purse strings는 '집단이나 기관의 지출을 통제하다'라는 뜻이다. 그가 집단이 사용할 돈이 들어 있는 상징적인 purse지갑의 끈을 쥐고 있으므로, 그 purse에서 얼마를 꺼내고(얼마를 지출하고), 어떤 목적에서 사용할지를 결정할 수 있다. 이 표현은 가계 지출이란 맥락에서 아빠와 엄마 중 누가 경제권을 쥐고 있는지에 대해 이야기할 때 흔히 사용된다.

to control the purse strings 재산을 관리하다	Who controls the purse strings in your household? Let us know in the comments! (from an Instagram livestream) 여러분의 집에서는 누가 돈줄을 쥐고 있습니까? 댓글로 알려주십시오. (인스타그램 라이브방송에서)

to hold the purse strings와 같은 뜻이며, 서로 교체되어 사용될 수 있다. 하지만 to control the purse strings은 특정한 기관의 재무를 책임지고 있는 경우를 표현할 때 더 자주 사용되는 듯하다.

to loosen the purse strings 돈줄을 풀다, 재정 완화 정책을 사용하다	Shops will have to change tactics if they want consumers to loosen their purse strings. (from an online commentary on current retail habits) 소비자들이 지갑을 열기를 바란다면 상점들이 전술을 바꿔야 할 것이다. (현재 소매 습관에 대한 온라인 댓글)

'돈을 지출하다, 혹은 예전보다 더 많은 돈을 지출하다'를 뜻하는 관용구이다. 돈을 지출하려면 돈주머니의 끈을 느슨하게 풀어 to loosen 돈을 꺼내야 한다. to loosen the purse strings는 전에는 돈을 쓰는 데 무척 인색했지만 이제는 평소보다 더 많은 돈을 지출하는 사람을 가리키는 데도 사용될 수 있다.

to tighten the purse strings 돈줄을 조이다, 재정 긴축 정책을 사용하다	The government is clearly tightening the purse strings after recent budget cuts. (from a national news channel) 정부가 최근에 예산을 삭감한 뒤에 돈줄을 조이고 있는 게 분명합니다. (전국 뉴스 채널에서)

앞에서 소개된 관용구의 반대말로, '지출을 중단하다, 혹은 예전보다 돈을 덜 지출하다'를 뜻하는 관용구이다. to tighten purse strings는 '지갑을 닫고, 안에 있는 돈을 꺼내는 것을 제한하다'라는 뜻이다. 따라서 재정적으로 힘든 상황에서 개인이나 공동체가 기본적인 필수품을 구입하는 비용을 줄여야 할 때 주로 사용되는 표현이다. '돈이 부족한 상황에서 지출을 줄이다'라는 뜻으로 사용되는 to tighten one's belt 허리띠를 졸라매다와 무척 유사한 표현이기도 하다.

> **1 in 3**
> An economics professor has predicted that 1 in 3 households will have to tighten their purse strings this winter due to rising heating costs. (from a news report on energy prices)
> 한 경제학 교수는 이번 겨울에는 난방비의 인상으로 세 가구 중 한 가구가 허리띠를 졸라매야 될 것이라 예측했다. (에너지 가격에 대한 뉴스 보도에서)

pocket 돈주머니, 재력

금융과 관련된 맥락이나 표현에서 사용될 때 pocket은 상징적인 의미로 누군가 소유한 돈의 총액을 가리킨다. 옷이나 가방 혹은 책가방에 있는 pocket은 돈을 넣는 곳으로 알려져 있기 때문이다. pocket은 명사만이 아니라 형용사나 동사로도 사용될 수 있으며 금융과 관련된 다양한 표현과 관용구에서 흔히 눈에 띈다. 맥락에 따라 형식을 따지는 환경이나 그렇지 않은 환경 모두에서 사용될 수 있으며, 용례에 따라 단수형만이 아니라 복수형으로도 쓰인다.

to pocket (something) 호주머니에 넣다, 착복하다	If you are looking for a loan, beware of dishonest lenders who overcharge borrowers on their repayments and pocket the rest. (from a financial advice column) 돈을 빌릴 곳을 찾고 있다면, 대출자에게 상환금을 지나치게 많이 청구하고 나머지를 착복하는 부정직한 대출 기관을 조심하라. (금융과 관련해 조언하는 칼럼)

동사 to pocket은 문자 그대로 '무언가를 감추거나 훔치려는 목적에서 주머니에 넣다'를 뜻하지만, 비유적으로는 '부정직하고 부당한 방법으로 돈을 갈취하다, 착복하다'를 뜻하며 절도의 한 형태로도 여겨진다.

to line (some)one's pockets 사리사욕을 채우다, 남을 희생시키고 돈을 벌다	Did you hear? Dan's just been fired, he was secretly lining his pockets with bribes from his clients! (text from a colleague) 들었어? 댄이 방금 해고되었대. 고객들에게서 받은 뇌물로 몰래 사리사욕을 채운 모양이야. (동료가 보낸 문자 메시지)

'부정직하고 부당한 방법으로, 불법으로 돈을 벌다'를 뜻하는 표현이다. to line both one's own pockets만이 아니라 to line someone else's pockets라는 표현도 가능하다. 후자는 '다른 사람이 돈을 버는 것을 부정직한 방법으로 돕다, 혹은 다른 사람에게 부정직한 방법으로 돈을 주다'라는 뜻이다. 격식이 필요한 맥락과 그렇지 않은 맥락 모두에서 사용할 수 있다.

out of pocket 자비로	I had to pay for my flight out of pocket, is there a way that I can get my money back? (from an employee email claiming on inter-office expenses) 나는 비행기삯을 자비로 치러야 했습니다. 그 돈을 돌려받을 수 있는 방법이 있을까요? (회사 일로 쓴 경비를 청구하는 직원의 이메일에서)

to pay out of pocket은 '회사가 돈을 지불하게 하지 않고 자기 돈으로 지불하다'라는 뜻이다. 직원이 직접 지불한 출장비나 사무용품비, 즉 out-of-pocket expenses자기 부담 비용에 대해 상환해 달라고 고용주에게 신청할 수 있다. out-of-pocket은 격식을 따지지 않는 일상적인 맥락에서 사용되는 경우 '누군가가 부재중이거나 연락이 되지 않다'를 뜻하며, 비정상적이거나 부적절한 행동을 가리킬 때도 사용된다.

to dig deep into one's pockets 자기 돈을 꺼내 지불하다, 주머니를 뒤지다	Dig deep into your pockets today and support our fundraiser! (from a flier for a charity event) 오늘은 여러분의 주머니에서 돈을 듬뿍 꺼내 우리 모금 행사를 지원해 주십시오! (자선 행사의 전단에서)

'많은 돈을 지불하다, 전달하다'를 뜻하며, 손을 주머니에 깊이 넣어 모든 돈을 꺼내라고 요구할 때 사용되는 표현이다. 단축형 to dig deep은 유사한 뜻이지만 물리적이거나 정신적인 자원, 혹은 금전적 자원의 지출을 뜻할 때 주로 사용된다. 원래의 형태, 즉 to dig deep into one's pockets는 금전적 자원과 관련해서만 쓰인다.

deep pockets
충분한 재력, 강력한 자금원

Unfortunately, the candidate has deep pockets; she can pay a lot of money to keep a scandal out of the media. (from an online political commentary)

안타깝게도 그 후보는 주머니가 두둑해서, 많은 돈을 써서라도 그 추문이 언론에 전달되지 않도록 막을 수 있다. (온라인 정치 논평에서)

많은 돈이나 자원을 지닌 개인이나 기관을 가리킬 때 사용되는 표현이다. 이 표현이 사용된 관용구 short arms, deep pockets는 부정적인 뜻을 지니며, 탐욕스럽고 인색해 자신의 재물을 내주는 것을 좋아하지 않는 사람을 가리킬 때 주로 사용된다.

in someone's pocket
누군가의 통제하에 있는

It's ridiculous, he clearly has the police in his pocket, or he would have been arrested ages ago! (from an online Facebook post about a corrupt politician)

말도 안 된다. 경찰이 그의 손아귀에 있는 게 분명하다. 그렇지 않으면 벌써 오래전에 체포되었을 것이다! (부패한 정치인에 대한 온라인 페이스북에 게시된 글에서)

to be in someone's pocket은 '주로 뇌물 등 비윤리적인 금전의 영향으로 누군가의 통제와 영향하에 있다'를 뜻한다. 하지만 돈과는 아무런 관계도 없이, 누군가와 비정상적일 정도로 밀접한 관계가 있다는 뜻으로 사용될 수 있다.

to burn a hole in one's pocket
돈이 남아 있을 틈이 없다

> Anyone want to go to the bar? I've got 20 bucks burning a hole in my pocket. (from a friends' group chat)
>
> 술집에 같이 갈 사람? 나한테 당장 써 달라고 안달하는 20달러가 있어. (친구들의 단체 채팅방에서)

무언가, 특히 돈을 소유하고 있지만 그 돈을 쓰고 싶은 강력한 욕구가 있는 상태를 뜻하는 관용구이다. 비유적인 의미로 무언가를 계속 소유하고 있는 것이 불편하다거나 돈이 주머니에서 달아나려 한다는 뜻, 즉 쓰이고 싶어 한다는 뜻으로도 사용될 수 있다.

> **$2,000,000**
>
> A group of casino customers pocketed over $2,000,000 between them after exploiting a technical fault in the slot machines. (from an online news livestream)
>
> 한 무리의 카지노 손님들이 슬롯 머신의 기술적 결함을 악용해 200만 달러 이상을 챙겼습니다. (온라인 뉴스 실시간 방송에서)

price 가격, 돈

무언가의 price 가격는 문자 그대로나 비유적으로나 그 무엇의 구체적 값을 뜻한다. 문자 그대로의 값은 숫자로 표시된다. price는 명사만이 아니라 동사로도 사용될 수 있다. to price는 to cost의 동의어이며, to cost는 소매 거래와 기업 간 거래에 주로 사용되는 것이 다르다. 무언가가 사고 팔리는 경우, 그 물건의 가치를 표현하는 데 주로 사용되는 단어가 price이다.

| **to pay the price**
대금을 치르다, 대가를 지불하다 | If you want to get good grades, you'll have to pay the price and study hard. (conversation between parent and child)
좋은 성적을 받고 싶으면 대가를 치러야 하는 법이다. 열심히 공부해라. (부모와 자식 간의 대화) |

문자 그대로는 어떤 물건이나 서비스의 정해진 가치를 돈으로 교환한다는 뜻이다. 하지만 비유적으로는 무언가를 얻기 위해서는 노력을 기울이거나 고통을 받아야 한다는 뜻으로 사용된다. to pay the ultimate price는 '당신이 행한 짓 때문에, 혹은 당신이 특정한 목적에서 흔히 도덕적인 이유로 내린 결정 때문에 죽다'를 뜻한다.

| **to name a price**
값을 부르다 | I'm interested in buying your bike, name your price. (direct message from an online buyer)
당신 자전거를 사고 싶은데 값을 먼저 제안해 보십시오. (온라인 구매자가 보낸 문자 메시지) |

'무언가를 사거나 파는 가격을 자의로 결정하다'를 뜻하는 표현으로 격식에 얽매이지 않은 상황에서 주로 사용된다. 무언가를 거래하는 동안 구매자는 to name their price 그 물건의 값을 부르다 하고 판매자는 그 물건을 the price에 기꺼이 판매할 것인지를 결정한다. 물론 그 반대의 경우도 가능하다. 이런 형태의 거래에서 price와 주로 함께 쓰이는 동사는 to choose나 to set보다 to name이다.

Wallet

to price (something) up/down 가격을 인상하다/내리다	We've had to temporarily price up our vegetables due to an issue with our suppliers. We apologize for any inconvenience this causes. (email from a supermarket customer services representative) 공급업체의 문제로 일시적으로 채소 가격을 올려야만 합니다. 이로 인해 불편을 끼쳐 죄송합니다. (슈퍼마켓 고객 서비스 담당자가 보낸 이메일)

이 맥락에서 to price는 '어떤 물품에 가치를 책정하다'라는 뜻으로 쓰인 동사이다. to price something up은 '무언가의 가격을 올리다'라는 뜻이고, to price something down은 그 반대를 뜻한다. 개별 물품이나 대용량 모두 사용될 수 있다.

to drive prices up/down 가격을 끌어올리다/끌어내리다	A decrease in demand for petrol has driven prices down as more people take up cycling. (from an article on fuel prices) 많은 사람이 자전거를 타면서 휘발유 수요가 감소해 휘발유 가격이 떨어졌다. (연료 가격에 대한 기사에서)

to drive prices up은 '무언가의 가격을 어쩔 수 없이 인상하다'라는 뜻이며 to price up과 혼동해서는 안 된다. to price up은 누군가의 의지로 가격 인상을 선택하고 결정한 경우이지만 to drive prices up은 '누군가의 행동이나 특정한 상황에서 어떤 물품의 수요가 증가해 무언가의 가격이 인상되다'라는 뜻이다.

pricey
값비싼

The food was delicious but I thought the drinks were a bit pricey, especially the wine! (from an online restaurant review)
음식은 맛있었다. 그러나 음료는 약간 비싼 것 같았다. 특히 포도주가! (온라인 식당 리뷰에서)

pricey는 무언가의 값이 비싸다는 것을 뜻하는 속어이다. 무언가의 값이 실제 가치보다 높다는 뜻이 함축되어, 흔히 부정적인 뜻으로 사용된다.

every man has his price
돈으로 매수할 수 없는 사람은 없다

The mayor appears to be incorruptible, but every man has his price, I wonder what his would be? (from a crime novel)
시장은 매수할 수 없을 것처럼 보이지만, 세상에 돈으로 매수할 수 없는 사람은 없다. 그의 가격은 얼마가 될지 궁금하다. (범죄 소설에서)

충분한 돈이나 선물이 제공되면 누구나 영향을 받아, 도덕적 원칙에 위배되는 행동을 하게 된다는 것을 뜻하는 약간 냉소적인 표현이다. 누구에게나 매수될 만한 price가격가 있다는 뜻이다.

a small price to pay
더 큰 것을 위한 작은 희생

I got a great deal on my insurance, and it's a small price to pay for healthy teeth! (online review for a private dentist)
나는 보험에서 큰 혜택을 보았다. 보험료는 건강한 치아를 위해 지불한 작은 비용이다. (개인 치과 진료에 대한 온라인 리뷰)

금전적인 의미에서나 기타 비용에서 무언가로부터 얻은 혜택이 그 비용보다 훨씬 큰 경우를 가리킬 때 사용하는 표현이다.

a price on (someone's) head
현상금, 누군가의 머리에 걸린 값

The escaped convict has yet to be captured, despite the price the government has put on his head. (from a national radio show)
정부가 탈출한 기결수에 현상금을 걸었지만 그는 아직 체포되지 않았습니다. (전국 라디오 방송에서)

이 관용구에서 price는 누군가를 체포하거나 죽일 경우 제공되는 보상을 뜻하며, 이때 그 누군가는 대체로 법을 어긴 사람이다. 상당히 오래전부터 사용된 표현이며 역사적으로 범죄자를 참수하는 형벌에서 유래한 것으로 보인다(따라서 the price는 그의 머리에 대한 값이 된다).

35%
House prices in the countryside have been driven up by an average of 35% due to an increase in people moving out of the city. (from the finance section of a national newspaper)
도시를 떠나는 사람들이 증가함에 따라, 시골 지역의 집값이 평균 35퍼센트나 올랐다. (전국 신문의 금융면에서)

dime 다임

a dime은 미국과 캐나다에서 10센트짜리 동전이나 1달러의 10분의 1에 해당하는 가치를 뜻할 때 흔히 사용되는 속어이다. 10분의 1을 뜻하는 라틴어 decimus에서 파생된 단어이기도 하다.

to spare a dime 작은 돈을 내주다, 할애하다	Can you spare a dime for people in need? (from a charity fundraiser advertisement) 어려움에 처한 사람들을 위해 작은 돈을 베풀어주시겠습니까? (자선 기관 모금 행사 광고에서)

to spare a dime은 실질적으로 do you have a spare dime you can give me?(나에게 줄 수 있는 여분의 돈이 있습니까?)의 단축형이다. 누군가에게 나눠줄 수 있는 소액의 돈이 있는지를 물을 때 사용하는 일상적인 표현이다. 이 표현은 미국이 대공황을 겪던 1930년대에 쓰인 노랫말에서 유래한 것으로, 당시 실업이 만연해 다른 사람에게 돈을 구걸할 수밖에 없던 사람들을 언급할 때 사용되었다.

on (someone or something's) dime 누군가 혹은 무언가의 돈으로	I always order the most expensive meal on business trips, it's all on the company dime! (from a conversation between colleagues) 나는 출장을 가면 항상 가장 비싼 음식을 주문하고, 모두 회삿돈으로 계산해! (동료들 간의 대화)

to be on someone's dime은 '누군가의 돈으로 부담하다'라는 뜻이다. 다시 말하면, 무언가가 화자의 돈이 아니라 누군가의 돈으로 지불된다는 뜻이다. 위의 예문을 예로 들면, 회사가 출장 중의 식비를 부담한다.

dime store 싸구려 잡화점, 다이소 같은 곳	She appeared to be wearing dime-store clothing to the movie premiere. (from a celebrity fashion blog) 그녀는 싸구려 잡화점에서 구입한 듯한 옷을 입고 영화 시사회에 나타났다. (유명인의 패션 블로그에서)

a dime store는 a five and dime store로도 표기되며, 미국에서 모든 물건이 5-10센트에 팔렸던 과거의 할인점을 가리킨다. 지금도 값싼 물건이나 가치가 떨어지는 것을 경멸적으로 가리킬 때 형용사로 간혹 사용된다. 인플레이션 때문에 시간이 지남에 따라 dime store가 dollar store가 되었고, 이제는 dollar store가 똑같이 값싼 물건을 가리키는 형용사로 사용된다는 점에 주목해야 한다.

not worth a dime 아무런 가치도 없는	This cleaner's services are not worth a dime. (from a comment on a cleaning business's Instagram post) 이 청소업체의 서비스는 한 푼의 가치도 없다. (청소업체 인스타그램의 게시글에 대한 댓글)

너무 쓸모가 없어 그 가치가 최소한의 액수에도 미치지 못하는 것을 가리키는 표현이다. 격식을 따지지 않는 편안한 맥락에서 사용된다. 정확히 10센트의 가치를 지닌 것을 가리키는 a dime's worth와 혼동해서는 안 된다.

a dime a dozen 흔해 빠진 것, 싸구려	Romance novels are a dime a dozen these days, but I was pleasantly surprised by this one. (from an online book review) 요즘 로맨스 소설은 쌔고 쌨지만, 이 로맨스 소설에는 정말 기분 좋게 놀랐다. (온라인 서평에서)

무언가 혹은 누군가가 a dime a dozen하다는 것은 너무 흔해서 아무런 가치가 없다는 뜻이다. 문자 그대로는 '10센트로 12개의 무언가를 살 수 있다'라는 뜻으로, 믿기지 않을 정도로 싸다는 뜻이 함축된 표현이다.

on a dime 즉시, 갑자기	These politicians change their minds on a dime these days, I don't trust that any of them will keep their promises after the election. (from a Facebook post) 요즘 그 정치인들이 갑자기 마음을 바꾸었지만, 선거가 끝난 뒤에도 그들이 약속을 지킬 거라고는 믿지 않는다. (페이스북 게시글에서)

on a dime은 무척 신속하게 일어나는 현상을 가리킬 때 사용되는 표현이다. 주로 자동차를 조작하는 상황에서 무척 짧은 거리 a very small distance를 가리킬 때도 사용되며, 애초에 이 뜻으로 사용되었다. 자동차가 무척 좁은 공간에서, 비유해서 말하면 10센트짜리 동전 크기의 공간에서 멈추거나 회전할 수 있다는 주장에서 유래한 표현이다.

to drop a dime (on someone) 누군가를 밀고하다, 비판하다	Don't worry, I'm not going to drop a dime on you, just tell me what you did! (quote from a police movie) 걱정하지 마라. 너를 고발하지 않을 거니까 네가 무슨 짓을 했는지 말해봐라! (경찰 영화에서 인용)

이 관용구의 원래 의미는 전화를 거는 행위를 가리켰다. 과거에 공중전화 요금이 처음에 10센트였기 때문이다. 그 이후 '누군가를 배신하다, 팔아먹다'라는 뜻으로 바뀌며, 경찰에게 전화를 걸어 누군가에 대해 신고하는 행위를 가리키게 되었다.

1 in 10

1 in 10 young people are estimated to be living on their parents' dime due to extortionate rent prices. (from a newspaper report on the property market)

10명의 청년 중 한 명이 터무니없이 높은 집세 때문에 부모의 지원을 받아 생활하는 것으로 추정된다. (부동산 시장에 대한 신문 기사에서)

dollar 달러

dollar는 미국을 비롯해 많은 나라에서 사용되는 화폐 단위의 공식적인 명칭이다. 정확한 명칭은 미국에서는 the US dollar, 캐나다에서는 the Canadian dollar, 오스트레일리아에서는 the Australian dollar가 된다. dollar라는 단어 자체는 16세기 보헤미아 왕국에서 사용되던 thaler라는 화폐 단위에서 유래했다. dollar는 많은 영어권에서 통화를 가리키는 주된 단어이기 때문에 dollar가 포함된 관용구가 많은 편이다.

dollars' worth
달러의 가치

10 years ago, 50 dollars' worth of groceries could feed a family for a week, now it will barely cover two days. (from a Reddit post on the state of the economy)

10년 전에는 50달러 상당의 식료품이면 한 가족이 일주일 동안 먹을 수 있었지만, 요즘에는 이틀을 겨우 버틸 정도이다. (경제 상황에 대해 레딧에 게시된 글에서)

어떤 상품이 어느 정도의 가치가 있는지를 가리킬 때 사용되는 표현이다. 달러로 환산한 가치를 알려주는 표현으로, 50 dollars' worth of groceries는 the groceries are worth 50 dollars라고 말해도 똑같은 뜻을 전달할 수 있다.

top dollar 최고 한도액	I paid top dollar for these seats but was extremely disappointed. (from a theater show review) 나는 이 좌석을 구하려고 최고 한도액을 지불했지만 너무도 실망스러웠다. (연극 공연 리뷰에서)

격식을 초월한 일상적인 표현으로 많은 액수의 돈을 뜻하고, 주로 동사 to pay와 함께 사용된다. 지불해서 얻은 물건이 가격대에서 꼭대기에 있다는 뜻으로 사용되고, 주로 상품과 서비스에 쓰인다. 미국과 캐나다는 물론, dollar가 유통되는 화폐가 아닌 영국에서도 사용될 수 있는 표현이다.

the almighty dollar 만능의 달러, 금전 만능	Politicians have always been slaves to the almighty dollar. (from an interview with a career lobbyist) 정치인들은 예부터 항상 전능한 달러의 노예였다. (직업 로비스트와의 인터뷰에서)

돈이 가장 중요한 것으로 인식되고, 거의 신처럼 숭배되는 것을 빈정대는 관용구이다. 다른 모든 것을 포기하면서까지 돈에 전적으로 몰두하는 사람을 조롱하는 데 사용되는 표현이기도 하다.

dollar for dollar
비용과 가치를 고려할 때,
가성비를 고려할 때

Dollar for dollar, you won't find a better vehicle for your money! (advertisement from a local car dealership)
가성비를 고려할 때 당신 돈으로 이보다 나은 자동차를 구할 수는 없을 겁니다! (지역 자동차 딜러의 광고)

가격과 비교해 무언가의 가치를 가늠할 때 사용하는 표현이다. 예컨대 무언가를 dollar for dollar로 구입한다는 것은 그 물건의 정확한 가치만큼 돈을 지불했다는 뜻이 된다.

dollar signs
달러 기호, 돈독

I could see the dollar signs in his eyes when he found out how much money he could earn if he gets into business school. (Facebook message between friends)
경영 대학원에 들어가면 무척 많은 돈을 벌 수 있다는 걸 그가 알게 되었을 때 나는 그의 눈에서 달러 표시가 보이는 것 같더라고. (페이스북에서 친구들이 주고받은 메시지)

문자 그대로는 달러로 환산된 액수에 해당하는 숫자 앞에 쓰인 기호를 가리킨다. 하지만 누군가 어떤 기회로부터 얼마나 많은 돈을 얻을 수 있는가를 생각하는 상황에서 관용어적으로 사용되기도 한다. seeing dollar signs 혹은 having dollar signs in (one's) eyes라는 맥락에서 주로 사용된다.

to bet your bottom dollar
확신하다, 반드시 ...하다

You can bet your bottom dollar that Jane will be late to the meeting, she always is! (from a Teams message between colleagues)
제인은 회의에 틀림없이 지각할 거야. 항상 그러니까! (동료들 간에 주고받은 문자 메시지)

'무언가가 틀림없이 일어나다'를 뜻하는 관용구이다. 문자 그대로는 '무언가가 너무도 확실해 도박에서 질 것이라 걱정하지 않고 그가 가진 마지막 달러(the bottom dollar of their stack of money, 돈더미에서 마지막까지 남은 최후의 돈)까지 베팅하다'를 뜻한다.

to look/feel like a million dollars
상태가 아주 좋아보이다/ 매력적으로 보이다, 느껴지다

I love this photo of you, you look like a million dollars! (comment on an Instagram post)
이 사진이 마음에 든다. 정말 매력적으로 보인다! (인스타그램 게시글의 댓글)

someone looks like a million dollars는 '누군가의 외적인 가치를 언급하며 무척 매력적으로 혹은 과시하는 것처럼 보이다'라는 뜻이다. 더 일상적인 표현에서는 dollars가 흔히 bucks로 대체된다는 것도 주목할 만하다.

another day, another dollar
평소와 다름없는 하루

Work today was a bit boring but not too bad. Another day, another dollar. (from a conversation between friends)
오늘 일은 약간 지루했지만 그렇게 나쁘지는 않았어. 별일 없이 그럭저럭 보낸 하루였다. (친구들끼리의 대화에서)

반복적이고 따분한 일을 하며 대단찮은 돈을 번 평범한 하루를 보냈다는 뜻이 함축된 관용구이다. 이 표현은 하루 1달러가 그런대로 괜찮은 평균 임금이던 시대에 처음 쓰였다.

> **$16,500**
> We are looking for any information on an unknown suspect who stole 16,500 dollars' worth of equipment from a local school last night. (from a police appeal on social media)
> 어젯밤 지역 학교에서 1만 6,500달러 상당의 장비를 훔친 신원 미상의 용의자에 대한 정보를 구하고 있습니다. (소셜 미디어에 올라온 경찰의 호소문에서)

Money

money grubber 수전노

a money grubber는 탐욕스럽게 혹은 비윤리적으로 돈을 모으는 데 지나치게 집중하는 사람을 가리킨다. 부정적인 뜻을 지닌 단어로, 모욕적인 말로 주로 사용된다. 돈에만 관심을 두고 다른 문제에는 관심이 없는 사람이란 뜻이 함축된 단어이기도 하다. grubbing은 digging의 한 형태이고 grub은 땅 속의 작은 벌레(유충)를 뜻한다. 따라서 a money grubber는 더러운 것 a dirty에서 돈을 찾아 억척스레 땅을 파는 사람 someone who relentlessly digs for money으로 생각할 수 있다. 따라서 비유적으로는 비도덕적으로 돈을 탐하는 사람이 된다. 때로는 money grabber로 표기되기도 한다. money grubber와 money grabber는 영어 사용자에게 흔히 혼동되지만 같은 것을 뜻한다. 다시 말하면, 조금의 차이도 없는 똑같은 종류의 사람이나 조직을 가리킨다.

| **greedy money grubber** 탐욕스레 돈을 긁어모으는 사람, 수전노 | I thought this councilman would be different, but he's just another greedy money grabber. (Facebook comment on local politics post) 나는 이 시의원이 다를 거라고 생각했지만, 그도 역시 돈에 욕심이 많은 사람에 불과했다. (페이스북에 올라온 지역 정치 게시글에 대한 댓글) |

money grubbing은 탐욕스런 행위an avaricious act이다. 따라서 강조하려는 의도에서 greedy탐욕스러운라는 단어와 짝지워지는 것은 충분히 이해된다. money grubber 앞에 greedy라는 단어를 덧붙여 누군가 다른 사람에게 손해를 끼치면서까지 money grubbing하는 것을 강조한 것이다.

| **unscrupulous money grubber** 부도덕하게 돈을 긁어모으는 사람 | Our host can only be described as an unscrupulous money grubber. (review of holiday tour on Tripadvisor) 우리 집주인은 부도덕한 돈벌이꾼으로만 표현될 수 있을 뿐이다. (트립어드바이저에 올라온 홀리데이 투어에 대한 평가) |

unscrupulous부도덕한, 무원칙한는 격식을 따지는 것처럼 들리는 긴 단어이다. 실제로도 윤리 의식이 전반적으로 없는 상태를 가리키는 문어적인 단어이다. 따라서 an unscrupulous money grubber는 다른 사람에게 돈을 요구하는 경우에 윤리적 경계가 없는 사람을 가리킨다. 이 표현은 개인만이 아니라 기업체와 단체를 지칭할 때도 사용될 수 있다.

money grubbing scheme 돈을 긁어모으는 책략, 돈벌이 수단	Professional certifications–are they just a money grubbing scheme? (headline from a LinkedIn article) 전문 자격증은 돈벌이 수단에 불과한가? (링크드인에 실린 글의 제목)

a money grubbing scheme으로 표현된 것은 순전히 사람들로부터 돈을 뽑아낼 목적으로 고안된 것을 가리킨다. 그렇다고 반드시 부정직한 방법으로 돈을 갈취하는 것은 아니다. 다만 도덕률, 일반적인 기준, 복지 같은 다른 고려 사항에 전혀 관심을 기울이지 않는다는 뜻이 함축된 표현이다.

money grubbing industry 돈을 긁어모으는 산업	The pharmaceutical industry has been criticized as a money-grubbing industry due to the high cost of medications. (news article) 제약 산업은 고가의 약값 때문에 돈을 탐욕스레 긁어모으는 산업으로 비판받았다. (뉴스 기사)

a money grubber는 사람만 아니라 조직에게도 사용된다. 그러나 어떤 산업 전체가 윤리적 기준에 아랑곳하지 않고 돈을 버는 데 주된 목적이 있다면, 그 산업 전체에도 a money grubber라는 표현이 사용될 수 있다. 어떤 산업이 소비자에게 피해를 줄 정도로 규제를 받지 않는 경우 money grubbing이라 수식할 수 있을 것이다.

money grubbing mentality 돈을 악착같이 벌겠다는 사고방식	Sometimes a money grubbing mentality is what you need to succeed. (advice from a corporate colleague) 때로는 돈을 악착같이 벌겠다는 사고방식이 성공을 위해 필요해. (회사 동료의 조언)

사람이나 조직, 혹은 산업의 궁극적인 목표가 돈을 버는 것에 있는 사고방식 a mindset 을 가리키는 표현이다. 부정적인 뜻을 담고 있지만 돈을 버는 것이 비즈니스 성공의 열쇠인 기업 환경에서는 호의적으로 받아들여질 수 있다.

> **3 out of 5**
> 3 out of 5 people think that commercial airline companies are money grubbers. (statistic from news article)
> 5명 중 3명은 민간 항공회사를 돈벌이가 되는 사업이라 생각한다. (뉴스 기사에서 인용된 통계)

make it rain 돈을 뿌리다

to make it rain은 여러 의미를 지닌 장난기가 섞인 관용구이다. 첫째는 문자 그대로의 의미로, 돈이 비처럼 내리도록 주변에 던지는 행위와 관련이 있다. 호화로운 기념 행사에서나 엄청난 부를 과시하고 싶을 때 이렇게 행동하지만, 실제로는 텔레비전이나 영화에서만 실행된다. 둘째는 비유적인 의미로, 일반적으로 호사스럽거나 대담한 지출을 가리킬 때 사용된다. 많은 돈을 주고 디자이너가 새로 출시한 구두나 고급 자동차를 구입한 경우를 생각해 보라. 자랑 showing off 하고 싶은 마음에 금액을 생각하지 않고 돈을 지출하는 행위가 to make it rain이다. 셋째는 비교적 최근에 사용되기 시작한 의미로, 다른 사람이 개인적으로 조직을 위해 성공하고 부자가 되라고 격려하는 의도에서 사용된다. 가령 동료가 사업상 중요한 거래를 마무리짓도록 말로라도 지원하고 싶다면, 거래를 체결하면 큰돈을 벌게 될 거라는 뜻에서 to make it rain이라 말할 수 있다.

to make it rain 돈벼락을 맞다	I think that if we move into the emerging market in India we could really make it rain. (comment from fellow employee in a fin tech company) 인도 신흥 시장에 진출하면 정말 돈벼락을 맞을 수 있을 것 같은데. (핀테크 기업의 동료 직원 의견)

대부분의 경우 이 표현은 단독으로 하나의 동사로 사용되며 함께 사용되는 단어나 구가 많지 않다. 위의 예문에서 to make it rain은 세 번째로 소개한 뜻으로 사용된 것이고, 상당한 액수의 돈을 벌다 to make substantial amounts of cash 와 동의어이다.

to make it rain money/cash/dollars 돈/현찰/달러를 비처럼 뿌리다	This party was insane, people were literally making it rain dollars on the deck of the yacht. (Instagram caption by someone who went to an ostentatious party) 이 파티는 미쳤다. 사람들이 문자 그대로 요트의 갑판에 달러를 뿌려대고 있었다. (호화로운 파티에 참석한 사람이 인스타그램에 올린 글)

문자 그대로 돈을 뿌려대는 행위 the act of throwing money를 전달하는 데 최적인 표현이다. 일반적으로, 돈이나 현찰이 비처럼 내린다고 구체적으로 명시하면 문자 그대로 돈이나 현찰을 뿌리고 있다는 뜻이 된다. 그러나 비처럼 내리는 것이 무엇인지 명시되지 않은 표현 to make it rain을 사용하면, 그 표현은 비유적인 의미로 이해될 가능성이 더 높아진다.

to make it rain at the club **클럽에서 돈을 뿌리다**	Tonight's the night, we're heading to the hottest club in town. Watch us make it rain at the club! (quote from a TikTok video) 오늘밤 우리는 이 동네에서 가장 화끈한 클럽에 갈 거다. 우리가 그 클럽에 돈을 뿌리는 걸 봐라! (틱톡 동영상에서 인용)

to make it rain은 스트립쇼를 하는 나이트 클럽 strip clubs에서 부를 과시하려고 댄서들에게 현찰을 뿌리는 행위에서 유래했을 수 있다. 이 표현은 2000년대 중반 mid-noughties, 2004-2006년 힙합을 통해 널리 알려졌기 때문인지 클럽과 파티장 및 호화로운 성공 축하연에서 주로 사용된다.

to make it rain on someone **누군가에게 돈을 뿌리다**	In this episode, we'll discuss the controversial decision by the government to make it rain on specific interest groups. (from introduction of political podcast) 이번 회에서는 특정 이익 집단에 돈을 뿌리기로 한 정부의 시끌벅적한 결정에 대해 논의해 보려 합니다. (정치 팟캐스트의 첫 부분에서)

to make it rain on someone은 '과시적인 지출을 누군가에게 향하게 하다'라는 뜻이다. '누군가에 무언가를 선물하다', '누군가에게 후하게 자금을 지원하다'라는 뜻으로도 사용될 수 있다. 물론, 축하하는 뜻에서 누군가에게 지폐를 뿌리는 행위를 가리킬 수도 있다.

rainmaker
돈을 벌게 해 주는 사람

We've just hired a consultant and he's a real rainmaker. (colleagues discussing business in the lift)
얼마 전에 컨설턴트를 고용했잖아. 그는 정말 돈벼락을 내리는 사람이야. (엘리베이터에서 업무를 논의하는 동료들의 대화)

영어에서 rain비과 wealth부 사이에는 느슨한 관련성이 있다. 그 이유는 rain이 곡식과 추수와 풍년에 유리하기 때문인 듯하다. 따라서 a rainmaker는 부를 창출할 수 있는 사람을 가리킨다. 또한 다른 사람들은 이해할 수 없는 신비롭고 거의 마법적인 능력으로 엄청난 부를 만들어내는 사람이란 뜻이 함축된 단어이기도 하다. 이 단어는 19세기에 사용되기 시작했지만, 지금도 여전히 기업 환경에서 뛰어난 재능을 발휘하는 사람을 가리킬 때 사용된다.

$2.6 million

You could make it rain in the club with this week's jackpot of 2.6 million Australian dollars! (from weekly Australian lottery)
이번 주에 260만 오스트레일리아 달러의 잭팟을 터뜨리면 클럽에서 돈을 뿌릴 수 있을 겁니다. (오스트레일리아 주간 복권에서)

tight-fisted 인색한

돈을 쓰는 것을 꺼리는 사람을 가리킬 때 일상어에서 사용되는 형용사이다. 비유적으로는 '돈을 내놓고 싶지 않은 것처럼 돈을 꽉 쥐고 있다'라는 뜻이 함축된 표현이다. tight-fisted는 형용사 형태로만 사용된다는 데 주의해야 한다. 따라서 She has a tight fist라고 말하는 것은 잘못된 표현이다. tight-fisted는 변이형으로 뜻과 용례가 완벽하게 똑같은 close-fisted가 있고, 단축형 tight도 마찬가지이다.

tight-fisted (with money) 돈에 인색한, 쪼들리는	Since my husband lost his job, we've had to be tight-fisted with money. (from a group chat between friends) 남편이 직장을 잃은 이후로 우리는 돈에 쪼들릴 수밖에 없었어. (친구들끼리의 단체 채팅방에서)

to be tight-fisted with money는 '돈을 주거나 쓰는 것을 꺼리다'라는 뜻이다(비유적으로는 '돈을 꽉 잡고 놓지 않다'). 아래 예문에서 보듯이 돈만 아니라 다른 것도 to be tight-fisted with ...로 표현할 수 있다.

tight-fisted with compliments 칭찬에 인색한	The lecturer has always been tight-fisted with compliments, but now he's grading everyone too harshly. (student chatroom comment) 그 강사는 전에도 항상 칭찬에 인색했지만 이번에는 모두에게 성적을 너무 가혹하게 주고 있어. (학생들의 채팅방)

to be tight-fisted가 금융이 아닌 다른 맥락에서 사용된 경우로, 좀처럼 칭찬하지 않거나 칭찬하는 것을 꺼린다는 뜻이다. to be tight-fisted는 정상적으로는 관대함이 기대되는 상황에서 그렇지 않은 경우를 가리킬 때 주로 사용된다. 따라서 칭찬이든 금전이든 가치 있는 것을 누군가가 나누는 것을 꺼린다면 그 사람에게 to be tight-fisted를 사용하기 적합하다.

tight-fisted boss **인색한 사장**	The job was interesting, but the boss was too tight-fisted with bonuses. (from a Glassdoor review of company) 그 일은 재밌었지만 사장은 보너스에 너무 인색했다. (어떤 기업에 대한 글래스도어의 평가)

a tight-fisted boss는 직원들에게 급여 인상, 복지 제공, 자원 할당 등 어떤 형태로든 직원들을 너그럽게 대할 의지도 없고 관대하지도 못한 고용주를 가리킨다.

tight-fisted budget **긴축 예산**	Sadly, the budget for this year is quite tight-fisted so we can't afford to hire more staff. (from a company email) 안타깝게도 올해 예산은 상당히 빠듯해서 직원을 더 고용할 여유가 없습니다. (회사가 보낸 이메일에서)

tight-fisted라 표현되는 예산은 '특정한 목적에 할당하기에 충분한 돈이나 재원이 없다'라는 뜻이다. tight-fisted budget은 예산을 짜는 사람이 그다지 너그럽지 않았다는 뜻이 함축된 표현이기도 하다. 따라서 누군가 절약할 의도였거나 의도하지 않게 자금이 부족한 것 때문에 a tight-fisted budget이 편성될 수 있다.

tight-fisted approach
인색한 접근법, 처리 방법

> The minister showed a tight-fisted approach when allocating money for schools. (from a political news show)
> 장관은 예산을 교육에 배정할 때 인색하게 처리했습니다. (정치 관련 뉴스 프로그램에서)

a tight-fisted approach는 너그럽지 못한 접근법이나 태도를 가리키며, 이런 방식으로 접근하는 사람은 돈을 저축할 목적에서 돈이나 재원을 제공하는 것을 꺼린다.

> **39**
> At least 39 state schools closed in the past three years due to the tight-fisted budget of the education minister. (from a political news show)
> 교육부 장관의 긴축 예산 때문에 적어도 39개의 주립 학교가 지난 3년 동안 문을 닫았습니다. (정치 뉴스 프로그램에서)

shell out 지출하다, 거금을 지불하다

'무언가에 대해 돈, 대체로 거금을 지불하다'를 뜻하는 구동사이다. 부정적인 의미가 함축된 표현으로, 마지못해 본의 아니게 그 돈을 지불했고 그렇게 지불한 돈이 예상 밖이었다거나 과도했다는 뜻으로 사용된다. 이 구동사는 돈을 다른 곳으로 옮기려고 주머니나 지갑을 비우는 행위에 비유될 수 있는 the shelling of peas or seeds 완두콩이나 씨앗의 껍질 까기 에서 유래했다는 것이 가장 일반적인 의견이다. 대체로 격식을 따지지 않는 일상어로 사용된다.

to shell (something) out 지출하다	I had to shell out almost $1,000 in unexpected travel costs when my flight was canceled. I would not recommend this airline! (from an online review) 첫 항공편이 취소되어 예상하지 못한 여행 경비로 거의 1,000달러를 지출해야 했다. 이 항공사를 추천하지 않을 거다! (온라인 리뷰에서)

금액을 to shell과 out 사이에 써도 되고, to shell out 뒤에 써도 올바른 표현이다. 예컨대 I shelled £10 out은 물론이고, I shelled out £10라고도 말할 수 있다. 둘 사이에 의미 차이는 없고, 단어들을 두 방법으로 배열하는 것은 일종의 관습에 불과하다. 의심스런 경우에는 전자가 더 일반적이므로 전자를 사용하면 된다(to shell something out).

to shell out (something) for ...을 위해 무언가를 지출하다	I shelled out a lot of money for your education, I expect you to study! (a Whatsapp message between parent and child) 너를 가르치느라 많은 돈을 썼다. 공부를 좀 해라! (부모와 자식이 왓츠앱에서 주고받은 문자 메시지)

for는 돈이 지출되는 목적을 명시하기 위해 덧붙여진 것이다. 앞의 예와 마찬가지로, I shelled out £10 for...만 아니라 I shelled £10 out for... 라고도 말할 수 있다.

| **to be forced to shell out** 어쩔 수 없이 지출하다, 지출하도록 강요받다 | The well-known celebrity was forced to shell out £20,000 after being fined for reckless driving. (from an online magazine) 그 널리 알려진 유명 인사는 난폭 운전으로 2만 파운드의 벌금을 내야 했다. (온라인 잡지에서) |

to be forced는 to shell out과 흔히 함께 사용되는 동사 중 하나이다. to shell out이 일반적으로 부정적이고 부담스런 형태의 지불을 뜻하기 때문이다. 따라서 이런 종류의 지불은 대체로 강제적$_{forced}$이다. people who are forced to shell out은 마지못해 돈을 내거나, 예상을 뛰어넘는 큰돈을 지불하는 사람이다.

> **$352**
> Homeowners will be forced to shell out an extra $352 on average this winter due to rising heating costs. (from a newspaper article)
> 난방비 인상으로 주택 소유자는 올겨울에 평균 352달러를 추가로 더 지불해야만 했다. (신문 기사에서)

chip in 돈을 갹출하다, 돈을 조금씩 내다

돈과 관련된 구동사로, '다른 사람들과 함께 무언가에 대해 작은 몫을 기여하다'라는 뜻이다. 조각난 것의 작은 부분을 뜻하는 명사 chip의 용례에서 유래한 구동사이기도 하다. 따라서 to chip in은

'더 큰 무언가에 작은 부분을 기여하다'라는 뜻이 된다. to chip in은 일상적인 맥락에서 사용되며, 금전적 기여만 아니라 공유된 목표를 이루기 위해 행하는 어떤 행동도 가리킬 수 있다.

to chip in (an amount) 어떤 액수를 갹출하다	If we all chip in £10, we should be able to get Jane a nice gift. (from a WhatsApp group chat) 우리 모두가 10파운드씩 갹출하면 제인에게 멋진 선물을 할 수 있을 거야. (왓츠앱에서 단체 채팅)

여기에서 to chip in은 각 사람이 10파운드를 내면 모두 합해 제인을 위한 선물을 사는 목표를 성취할 수 있게 된다는 뜻이다. 특정한 목표를 성취하기 위해 관련된 사람 모두가 조금씩 기여한다는 뜻이 함축된 표현이다.

to chip in on (something) 무언가에 보태다	First-time buyers are being forced to ask their parents to chip in on their deposits due to the increase in property prices. (real estate news article) 부동산 가격의 상승으로, 생애 첫 주택 구입자는 부모에게 보증금을 납부하는 데 도와달라고 부탁해야 할 처지이다. (부동산 관련 기사)

on은 납부해야 할 대상 앞에 쓰인다. 돈이 사용되는 목적지를 명시하고 싶을 때 사용되는 표현이다. to chip in on의 흔한 대상은 식당에서 함께 지불해야 할 계산서, 가계비, 기부금, 선물비 등 관련된 사람들이 돈을 조금씩 갹출해 만들어야 할 자금이다.

| **to chip in with (something)** 무언가를 들먹이며 끼어들다 | Feel free to chip in with your thoughts – I enjoy reading your comments! (from a YouTube livestream) 여러분 생각을 자유롭게 말해 보세요. 여러분의 댓글을 읽는 게 재밌어요. (유튜브 실시간 방송에서) |

to chip in은 '대화에 끼어들다'라는 뜻으로도 사용될 수 있다. 한 사람이 어떤 주제에 대한 주된 발언자이고, 다른 사람들은 예의 바르게 끼어들어 자신의 생각을 덧붙이는 상황에서 주로 사용된다. 이런 뜻의 용례에서는 on 대신 with가 사용되어야 한다. 요컨대 to chip in with 뒤에는 아이디어나 언어적 기여가 쓰이고, to chip in on 뒤에는 공유된 기금이나 금전적 기여가 쓰인다.

121 Mbps

If we all chip in, we can afford the more expensive package and get internet speeds of 121 Mbps. (message from a housemate)
우리 모두가 조금씩 갹출하면 더 비싼 패키지를 구입해서 인터넷 속도를 121Mbps까지 올릴 수 있어요. (공동거주인이 보낸 문자 메시지)

under the table 뇌물로, 은밀히

under the table에 있는 것은 감추어지고 부정직한 concealed and deceitful 것이다. 따라서 under the table은 여러 이유에서 다른 사람들에게 감추어진 금융 활동을 가리키는 데 주로 사용되는 표현이다. under the table은 단순한 비밀 거래부터 불법적이고 사기성을 띤 거래까지 광범위한 형태의 거래 transaction를 표현한다. 기업 환경에서는 불법 거래를 서술할 때 주로 사용되지만, 온갖 종류의 비밀스런 보상이나 불법적인 금전 수수 등에도 광범위하게 사용될 수 있다. 식당 관리자가 팁 통에서 팁을 훔치는 행위도 under the table에 해당한다.

under the table payment(s) 뇌물	This paper has evidence of under the table payments being made to an unnamed government official. (investigative journalism article) 이 서류는 익명의 정부 관리에게 뇌물이 주어졌다는 증거이다. (탐사 보도 기사)

어떤 활동이 은밀히 이루어지고 있는지를 명확히 할 목적에서 under the table로 하는 것이 다른 행동이 아니라 payments라고 명시하는 것이 유용할 때가 있다.

deal under the table 뒷거래, 물밑 거래	It is clear from the evidence that the defendant made a deal under the table to avoid regulatory scrutiny. (excerpt from judgment in corporate law case) 피고가 규제 기관의 조사를 피하려고 뒷거래를 했다는 게 증거로 보아 명백하다. (기업 소송 사건의 판결에서 발췌)

a deal under the table은 은밀하고 비밀스런 off the record 합의를 가리킨다. 위의 예는 공식적인 법적 판결문에서 인용한 것이지만, 엄격히 말해 이 구절은 격식에 얽매이지 않은 다소 일상적인 표현이다. 그렇

지만 불법 행위를 덜 직접적인 방식이나 덜 비난적인 투로 표현하며 불법 행위하는 것을 암시할 때 주로 사용된다.

> **under the table arrangement**
> **이면 합의, 이면 거래**
>
> Part of my job is to discover any under the table arrangements within a business. (presentation by an auditor)
> 기업 내에서 벌어진 이면 합의를 찾아내는 게 제 업무 중 하나입니다. (회계 감사관의 프레젠테이션)

위에서 다룬 deal under the table과 유사한 뜻으로 쓰이는 표현이다. 세금이나 법적 의무를 회피하는 행위처럼 겉으로 드러나지 않고 감추어진 행위를 가리킨다. 이런 형태의 합의를 an under the table arrangement라 표현하는 것이 일반적이고, 동의어로는 deal under the table이 있다.

> **9,000 (러시아 루블)**
>
> Under Medvedev's presidency, the average under the table bribe in Russia was around 9000. (from Wikipedia page about State corruption)
> 메드베데프 대통령이 재임하던 기간 동안, 러시아의 평균 뇌물 액수는 약 9,000루블이었다. (국가 부패에 대한 위키피디아 설명에서)

set back 비용이 들다

본질적으로 구동사 to set back은 덜 형식적으로 사용되는 to cost의 동의어이다. This watch will cost $500(이 시계는 500달러이다)라고 말할 수 있듯이, 똑같은 뜻으로 This watch will set you back $500라고도 말할 수 있다. 비용을 부담할 사람이나 대상은 to set과 back 사이에 명사나 대명사로 추가하면 된다. 종종 you가 사용되지만, 이때의 you는 반드시 특정한 개인을 지칭하는 것이 아니라 비용을 부담하고 구입하기를 바라는 일반적인 사람을 가리킨다. 예컨대 상점 점원이 당신에게 This watch will set you back $500라 말하더라도 반드시 당신you을 뜻하는 것은 아니다. 그 시계를 구입하려면 누구나 그 가격을 지불해야 한다는 뜻으로 말한 것이다.

to set (someone) back a fortune 누군가에게 거금을 들이게 하다	I just saw the latest smartphone, and it's so tempting, but it'll set you back a fortune. (X post) 얼마 전에 최신형 스마트폰을 보았다. 무척 매혹적이었다. 그러나 그걸 구입하려면 거금을 들여야 한다. (X에 올라온 게시글)

이 예에서 to set you back a fortune은 스마트폰이 고가라는 것을 모든 사람에게 알리기 위해 사용된 표현이다. 위의 설명에서 언급했듯이 you는 총칭의 뜻으로 사용되었다.

to set (someone) back a pretty penny 누군가에게 많은 돈/상당히 큰 액수의 돈을 들이게 하다	This holiday to the Maldives set me back a pretty penny, but it was totally worth it. (online review of package holiday) 이번 휴가를 몰디브에서 보내느라 상당히 많은 돈을 썼지만 그만한 가치가 있었다. (패키지 휴가에 대한 온라인 리뷰)

위의 구절과 똑같은 뜻이지만 구어적 표현으로 흔히 사용된다. a pretty penny는 그 자체로 관용구이다. 무언가의 값이 a pretty penny라면 비싼 것이다. 전체적으로 이 구절은 생동감이 느껴지는 표현이며, 무언가가 무척 비싸다는 것을 분명하고 확실하게 말할 때 주로 사용된다.

to set (someone) back a few 누군가에게 상당한 돈을 들이게 하다	Nice car–I bet that set you back a few. (conversation with neighbor about new car) 차가 멋진데요. 돈 좀 쓰셨겠습니다. (새 자동차를 두고 이웃과 나눈 대화)

무언가를 하려면 상당한 비용이 들지만 그 액수를 명확히 표시하고 싶지 않는 경우에 this will set you back a few라고 말할 수 있다. 아직 끝나지 않은 말처럼 들려서 a few "what"?가 덧붙여질 것 같다. 더 당혹스런 것은 것은, 여기에서 a few가 a lot의 뜻으로 쓰인다는 것이다. 맥락에 따라 달라지지만, 이 표현은 수백 혹은 수천 달러를 뜻하는 데 일반적으로 사용된다.

$95.50

You want to buy that drill? Sure. That'll set you back, uhh, $95.50.
(speaking with shop assistant at hardware store)
저 드릴을 구입하고 싶으십니까? 가격이 ... 음, 95.50달러입니다.
(철물점에서 직원과의 대화)

Dutch 인색한

Dutch는 금융과 관련된 영어 관용구에서 간혹 사용되는 형용사이다. 이 단어는 영국과 네덜란드가 무역에서 경쟁 관계에 있던 17세기부터 사용된 것으로 추정된다. 영국인들은 네덜란드 사람 Dutch people 을 인색하다고 생각했고, 그런 뜻에서 그들을 가리키는 경멸적인 표현으로 Dutch를 사용했다. 이 형용사는 지금까지도 인색 ungenerosity 이란 뜻이 함축된 채로 사용된다.

to go Dutch
비용을 각자 부담하다

Tip: try not to go Dutch at restaurants when on a date. (from a romance blog)
조언: 데이트할 때 식당에서 비용을 각자 부담하지 않도록 하라. (연애 관련 블로그에서)

커플이나 집단이 to go Dutch한다는 것은 한 사람이 계산서에 쓰인 금액 전부를 지불하지 않고 각자가 자기 몫만큼을 지불하는 방식으로 계산서를 분할한다는 뜻이다. 과거에는 데이트할 때 여성이 식사비에서 자기 몫을 지불하는 것이 드물었기 때문에 여자가 자기 몫을 지불하면 주목할 만한 사건이었다. 그 때문에 지금도 데이트하는 상황에서 흔히 사용되는 표현이다.

Dutch treat
각자 부담하는 회식, 자기 몫은 자기가 지불하는 사교법

I'd love to go out to dinner with you, but can we make it a Dutch treat? (from a direct message on a dating app)
나는 당신과 함께 저녁 식사를 하고 싶습니다. 그러나 그 비용을 각자 부담할 수 있을까요? (데이트 앱에서 비밀 메시지)

a Dutch treat는 각자 자신의 몫을 지불하는 식사 a meal 나 향응 a treat 을 가리킨다는 점에서 to go Dutch와 비슷한 뜻이다.

Dutch reckoning
뭉뚱그려진 계산서, 억측

I was not impressed with the Dutch reckoning we were given at the end of our stay at this hotel. (from a TripAdvisor review)
이 호텔에서 숙박을 끝냈을 때 우리가 받은 계산서에 그다지 놀라지 않았다. (트립어드바이저의 리뷰에서)

a Dutch reckoning은 항목별로 명세서가 작성되지 않고 청구액이 터무니없이 높은 계산서를 뜻한다. 여기에서 Dutch는 앞의 두 관용구와는 약간 다른 방식으로 쓰였지만 돈에 대해 역시 관대하지 못한 접근을 가리키는 것은 같다.

87%
87% of students report that they prefer to go Dutch on a first date to keep things equal. (from an online magazine article)
87퍼센트의 학생이 모든 것을 평등하게 유지하기 위해서라도 첫 데이트에서 비용을 각자 부담하는 것을 선호한다고 대답했다. (온라인 잡지에 실린 기사에서)

fork out 돈을 들이다

to fork out은 '상당한 액수의 돈 a significant chunk of money 을 쓰다'를 뜻하는 구동사이다. 이때의 지출에는 마지못함 reluctance 이나 짜증 annoyance 이 종종 수반된다. 따라서 당신이 어떤 지불을 forking out으로 표현하면 돈을 그다지 내주고 싶지 않다는 뜻이 숨어 있다. to fork에 함축된 또 다른 뜻은 일회성 지불과 관련이 있다. 집세는 반복되는 비용인 반면 자동차 수리비는 일회성 비용이다. 따라서 자동차 수리비는 부담하고 싶지 않은 일회성 비용이므로 이와 관련한 논의에서는 to fork out을 사용하는 것이 조금 더 낫다.

to fork out money 돈을 치르다	I was enjoying the game until it asked me to fork out money to continue playing. (App store game review) 나는 게임을 계속하려면 돈을 내라고 요구받기 전까지 그 게임을 즐겼다. (앱스토어 게임 리뷰)

유사한 구동사 to cough up 돈을 마지못해 내놓다과는 달리 to fork out은 돈에 대해 이야기할 때만 사용된다. 그렇지만 위의 예문에서 보듯이 돈이 지출되는 상황을 구체적으로 명시할 수도 있다. 이 표현을 사용할 때 구체성이나 강조를 위해 돈의 액수를 수량화할 수도 있다. 예를 들면 My wife and I forked out a lot of money for this vacation(아내와 나는 이번 휴가에 많은 돈을 썼다), We forked out three hundred dollars on this vacation(우리는 이번 휴가에 300달러를 썼다) 등과 같이 쓸 수 있다.

to fork out for ...에 돈을 들이다.	Remember that you need to fork out for things like safety gates when your child becomes old enough to crawl. (baby guidance blog) 아이가 기어다닐 정도가 되면 안전문 같은 것에 돈을 들일 필요가 있다는 걸 기억하라. (유아 양육을 위한 블로그)

돈을 지출하는 목적이나 대상을 강조하려고 할 때 to fork out 뒤에 for를 써서 돈을 지출하는 대상에 대해 구체적으로 언급하면 된다.

to fork out on ... 에 돈을 쓰다	I'm so glad I forked out on this vacation. (Instagram post) 이번 휴가에 기꺼이 돈을 썼다. (인스타그램 게시글)

to fork out on도 돈의 지출 이유를 설명하는 데 사용되지만, 다양한 항목이나 범주에 돈을 쓴다는 뜻에서 to fork out for보다 더 일반적으로 포괄적인 의미를 갖는다. 달리 말하면, to fork out for만큼 돈을 지출하는 대상을 구체적으로 명시하지 않을 때 쓰인다. 게다가 forking out이나 forking out for에는 마지못한 지출이라는 뜻이 함축되지만 forking out on에는 그 이상의 적극성 a willingness이 포함된다. 미묘한 차이이지만 주목할 만한 가치가 있는 차이이다.

to fork out (someone's) share 누군가의 몫을 지불하다	Everyone is required to fork out their share for the group gift to Bob. (work email) 밥에게 줄 단체 선물을 준비하려면 모두가 각자의 몫을 내야 합니다. (업무용 이메일)

to fork out은 공동 지불 a communal payment이 필요한 상황에서 간혹 사용된다. 여기에서 to fork out someone's share는 각자가 자신의 몫을 지불하는 과정을 표현하는 방법일 수 있다.

to fork over
지불하다, 넘겨주다

The rides were fun, but we had to fork over too much money for entry to the theme park. (TripAdviser review of theme park)
놀이 기구는 재있었다. 그러나 테마 파크의 입장료로 너무 많은 돈을 지불해야만 했다. (테마 파크에 대한 트립어드바이저 리뷰)

to fork out을 대신해 쓸 수 있는 표현이고, 뜻은 거의 똑같다. to fork over에는 돈이나 물품을 쓰는 데 주저하거나 꺼리는 마음이 조금 더 강하게 내포된다는 점에서 to fork out과 다르다.

8.89 million
Over 8.89 million people forked out on a new Samsung Galaxy S23 Ultra in 2023. (technology article)
889만 명 이상이 2023년에 새로 출시된 삼성 갤럭시 S23 울트라를 구입했다. (테크놀로지에 관련한 기사)

cough up 돈을 내놓다, 토해 내다

속어로 쓰이는 to cough up은 대체로 '마지못해 돈을 내놓다'라는 뜻이며, 격식을 따지지 않는 일상적인 상황에서만 사용된다. to cough up food음식을 토하다, to cough up blood피를 토하다 등에서 보듯이 to cough up은 문자 그대로의 의미에 불쾌한 의미가 담겨 있다. 따라서 to cough up에는 무언가가 불쾌한 방식으로 만들어지고 있다는 뜻이 함축되어 있다. to cough up은 to fork out과 매우 유사한 상황에서 사용되지만 미묘한 차이가 있다. to cough up에 빚진 것이나 예정된 것을 지불하는 것이란 뜻이 더 많이 담겨 있다. 따라서 coughing up에는 지불을 요청하거나 요구하는 상대방, 그러므로 마지못한 금전의 이전을 강요하는 상대방의 존재가 전제된다.

to cough up the cash 현금을 내놓다	Let's hope the government coughs up the cash this year, our cities need better public transport. (from a political podcast) 올해에는 정부가 돈을 풀기를 기대해 보자. 우리 도시들에는 더 나은 대중 교통이 필요하다. (정치 팟캐스트에서)

cash는 돈을 뜻하는 다른 단어, 예컨대 dough나 dollars로 대체될 수 있다. 마지못해 얼마를 지불해야 하는지 명시하고 싶을 때는 to cough up 뒤에 명확한 금액을 사용할 수 있다(예: to cough up $50, 50달러를 내놓다).

to cough up the information 실토하다, 정보를 마지못해 털어놓다	We haven't forced the suspect to cough up the information yet, but we'll keep interrogating him. (from a crime drama) 아직까지는 용의자가 정보를 털어놓게 압박을 가하지 않았지만 앞으로도 계속 심문할 겁니다. (범죄 드라마에서)

to cough up은 '돈을 내놓다'라는 뜻만이 아니라 '정보를 토해 내다'라는 뜻으로 사용될 수 있다. 누군가가 to cough up information할 때 그 정보는 마지못해 혹은 오랜 설득이 있은 뒤에 내놓는 것이다.

time to cough up
돈을 갚을 시간이다

I won the bet, Jane, time to cough up!
(conversation between friends)
내기에서 이겼어, 제인. 이제 돈을 갚아야지!
(친구들 사이의 대화)

친구들 사이에서 허물없이 흔히 주고받는 감탄문으로 it is time to cough up의 축약형이다. 누군가에게 빚진 돈을 갚으라고 요구하며 가볍게 던지는 말이다.

$2.75 million

A company had to cough up 2.75 million dollars in fines after its tax evasion was discovered. (X post from a news channel)
탈세가 적발되어 275만 달러의 벌금을 내야 했습니다. (뉴스 방송에서 인용한 X의 게시글)

Individual

- Payment Verbs
- Salaries and Riches
- Financial Difficulties

Payment Verbs

charge 요금, 청구하다

charge는 명사나 동사로 사용될 수 있다. a charge는 어떤 서비스나 물품에 대해 지불해야 하는 금액을 뜻하고, to charge는 실행이 완료된 서비스나 판매 중인 상품에 대해 구체적인 액수를 지불하라고 누군가에게 요청하는 행위를 뜻한다. to charge는 공식적인 거래를 표현하는 데 사용되는 용어이다.

to charge (someone) 누군가에게 청구하다	The cashier charged me £50 when the shoes only cost £40, but they refused to reimburse me! (complaint email to a clothes store) 구두 값이 40파운드밖에 되지 않았지만 계산원은 나에게 50파운드를 청구했습니다. 그런데도 나에게 환불해 주지 않았습니다! (양품점에 보낸 항의 이메일)

이 예문에서 동사로 사용된 charge는 정식 거래에서 상품이나 서비스를 구입한 사람에게 돈을 요청하거나 요구하는 행위를 뜻한다. 격식을 따지지 않는 환경에서 친구에게 돈을 요구할 때는 to charge a friend가 적합하지 않고 to ask for the money라고 말하는 게 더 낫다.

to charge for (something) ...에 대한 요금을 청구하다	The hotel reserves the right to charge customers for any damage to the room. (terms and conditions section of a hotel website) 호텔에는 객실 훼손에 대한 요금을 고객에게 청구할 권리가 있다. (호텔 웹사이트의 운영 조건 항목)

to be charged for something은 사전 합의가 있든 없든 간에 '어떤 상품이나 서비스에 대해 정해진 액수를 지불하라는 요청을 받다'를 뜻한다. 예컨대 위의 예문에서 the charge는 사전에 합의된 지불금이 아니라 지불하는 사람의 부당한 사용이나 훼손으로 인해 뜻밖에 추가된 비용을 가리킨다.

fixed charge 고정비, 고정 요금	With a fixed charge of only $10 a month, you can watch as many TV shows as you want. (advertisement for a streaming service) 한 달에 단 10달러의 고정 요금으로 원하는 만큼 많은 텔레비전 프로그램을 시청할 수 있습니다. (스트리밍 서비스에 대한 광고)

a fixed charge에는 여러 의미가 있다. 첫째로는 정기적으로 지불되는 변하지 않는 금액을 뜻할 수 있다. 비즈니스와 관련된 용어로 쓰이면 시행되는 사업 규모와 상관없이 임대료처럼 변하지 않는 비용을 가리킨다. 더 전문적인 뜻으로는 대출 기관(예: 은행)이 회사의 특정 자산(예: 부동산)을 소유하지는 않은 상태에서 통제할 수 있는 담보의

한 형태(고정 담보)를 가리킨다. 따라서 그 회사가 대출금 상환을 중단하면 대출 기관은 그 자산을 압류하며 지불금으로 삼을 수 있다. a fixed charge와 대조되는 a floating charge^{부동 담보}는 특정 자산 하나를 담보로 삼지 않고 여러 종류의 자산을 한꺼번에 담보로 제공하는 경우를 가리킨다.

additional charge **추가 요금**	There is an additional charge for customers who wish to use the pool. (from a spa website) 수영장을 사용하려는 고객은 추가 요금을 부담해야 합니다. (휴양 시설의 웹사이트에서)

an additional charge는 때때로 extra charge라고도 표현되며, 어떤 상품이나 서비스에 대해 처음 언급된 가격에 추가되는 비용을 뜻한다. an additional charge는 예측된 것일 수도 있지만 그렇지 않을 수도 있다.

minimum charge **최저 요금, 기본 요금**	There was a minimum charge of $30 to get free delivery, so I ordered a few extra books. (from a WhatsApp message between friends) 무료 배송을 받으려면 최소한 30달러어치를 구입해야 했다. 그래서 나는 책을 추가로 몇 권 더 주문했다. (왓츠앱에서 친구들끼리 주고받는 문자 메시지에서)

minimum charge는 고객이 어떤 상품이나 서비스에 대해 지불해야 하는 최소 금액을 가리킨다. 신용카드 사용액의 상환과 관련해서는 더 구체적으로 사용되어, 카드 소유자가 빚진 미지불 잔액에 대한 이자가 특정 한도 아래로 떨어질 때 신용카드 발급사에 매달 지불해야 하는 최소 금액을 뜻한다.

service charge
봉사료, 관리비

> Please note, a discretionary service charge of 12.5% will be added to your bill. (from a restaurant menu)
>
> 참고하십시오. 12.5퍼센트의 선택형 서비스 요금이 계산서에 추가됩니다. (식당 메뉴판에서)

a service charge는 어떤 상품이나 서비스를 구입할 때 서비스를 제공받은 대가로 지불해야 하는 추가 비용을 가리킨다. 식당에서 웨이터가 음식을 우리에게 가져다준 서비스에 대해 지불하는 돈이 대표적인 예이다. 세입자가 임대하는 부동산의 유지를 위해 집주인에게 지불해야 하는 돈도 a service charge 관리비 로 표현된다.

free of charge
무료로

> Apologies for the wait; please enjoy this glass of champagne free of charge. (from a conversation between server and customer)
>
> 기다리게 해서 죄송합니다. 이 샴페인 좀 드셔보십시오, 무료입니다. (웨이터와 손님 간의 대화)

이 구문은 무언가가 무료이므로, 손님이 그것에 대해 지불할 필요가 없다는 뜻이다. 손님이 기대하지 않은 물건이나 서비스가 추가로 제공되는 상황에서 간혹 사용되는 표현이다.

$260

> Travelers beware: customers are forced to pay an average of $260 in additional charges when traveling with certain airlines. (from a price comparison website)
>
> 여행객 주의 사항: 일부 항공사로 여행할 경우 고객은 평균 260달러를 추가로 지불해야 한다. (가격 비교 웹사이트에서)

fee 수수료, 요금

a fee는 서비스나 무언가를 할 권리에 대한 대가로 전문가나 전문 기관에 지불하는 금액을 뜻한다. cost와 price는 서비스와 상품에 대해 지불하는 돈이란 점에서는 똑같지만 좀 더 총칭적인 개념으로 쓰인다. fee는 대체로 상품보다 서비스와 관련해 쓰이지만, 비슷한 뜻을 지닌 많은 단어가 그렇듯이 fee도 charge, cost 등과 상당히 자유롭게 교체되어 사용될 수 있다. 그러나 charge나 cost와 달리 a fee는 항상 명사로만 사용되고 동사로는 변화되지 않는다.

to waive a fee 수수료를 면제하다	As you've been a customer of our bank for 20 years, I will waive the fee for your overdraft. (an email from a bank manager) 20년 동안 우리 은행의 고객이었던 까닭에 당좌대월에 대한 수수료를 면제해 드리겠습니다. (은행 관리자가 보낸 이메일)

to waive a fee는 '특별한 서비스에 대해 일반적인 경우에는 고객이 지불해야 하는 돈을 징수하지 않거나 요구하지 않기로 하다'라는 뜻이다. to waive는 to cancel 취소하다이나 to omit 생략하다 대신 이런 상황에서 가장 흔히 사용되는 동사이다.

to impose a fee 수수료를 부과하다	Certain airlines will impose a fee if you want to change your flight. (from a travel blog) 항공편을 바꾸려고 할 때 어떤 항공사는 수수료를 부과한다. (여행 블로그에서)

'어떤 서비스나 권리를 누리는 특전에 대해 일정한 금액을 요구하다'라는 뜻이다. 이 지불금은 대체로 의무적인 것이어서 서비스의 제공자가

요구하게 된다. 이 맥락에서 to impose a fee는 to charge a fee와 서로 교체되어 사용될 수 있다.

cancellation fee 취소 수수료	Please be aware there is a cancellation fee if you cancel within 24 hours. (from an online booking system of a restaurant) 24시간 이내에 취소할 경우 취소 수수료가 있다는 걸 양지하기 바랍니다. (식당의 온라인 예약 시스템에서)

cancellation fee는 어떤 서비스를 사용하기로 사전에 맺은 약속을 취소하는 경우 고객이 추가로 지불해야 하는 금액을 특별히 가리킨다. cancellation fee는 서비스 제공자가 입은 금전적 피해를 보상하는 수단이다.

outstanding fee 미지불된 수수료	I am afraid you cannot continue to use my services until you have paid your outstanding fees. (from an email to a client from their lawyer) 아직까지 지불되지 않은 수수료를 납부할 때까지는 상담 서비스를 더는 제공해 드릴 수 없습니다. (변호사가 고객에 보낸 이메일)

an outstanding fee는 서비스를 제공한 개인이나 기업에게 일정 기간이 지난 뒤에도 고객이 빚지고 있는 금액을 뜻한다.

tuition fee
수업료, 등록금

Universities have been forced to lower tuition fees due to widespread discontent from students and parents. (from an online newspaper)
학생들과 부모들로부터 빗발치는 불만에 대학들은 등록금을 인하해야만 했다. (온라인 신문에서)

대학이나 그 밖의 교육 기관이 학생들에게 그곳에서 공부하기 위해 지불하라고 요구하는 금액을 가리키는 표현이다.

for a (small) fee
약간의 비용으로

For a small fee, we can gift-wrap your purchases. (from a store website)
약간의 비용으로, 구입한 물건을 선물 포장할 수 있습니다. (어떤 상점의 웹사이트에서)

다른 비용이 들지 않을 것이라 생각하던 상황에서 무언가에는 비용이 든다는 것을 설명하려고 할 때 말머리에 for a fee약간의 비용으로를 사용하는 경우가 있다. 간혹 for a something fee로 사용되지만, 이때 something은 small이란 뜻을 지닌 형용사로 사용된 것이다. 따라서 this item is yours, for a large fee라는 표현은 사용되지 않는다. for a fee와 for a small fee가 흔히 사용되고, 이 둘은 같은 뜻이다.

no win, no fee
승소하지 않으면
수수료를 받지 않음

Call us to start your claim with a no win, no fee solicitor now! (roadside billboard advertisement for a local criminal lawyer)
승소하지 않으면 수수료를 받지 않는 변호사가 대기 중인 저희에게 전화를 걸어 소송을 당장 시작하십시오. (지역 형사 변호사의 옥외 광고판)

변호사가 의뢰인을 대신해 소송에서 승리하지 못하면 수임료를 받지 않는다는 약속, 즉 a conditional fee 조건부 수수료 혹은 a contingency fee 성공 사례금를 가리킬 때 사용하는 일상적 표현이다. 소송에서 패하면 변호사는 의뢰인에게 수수료를 청구할 수 없다.

> **4 in 5**
> 4 in 5 students agree that tuition fees should be abolished. (from a government report on education)
> 학생 5명 중 4명은 등록금을 폐지해야 한다는 데 동의한다. (교육에 대한 정부 보고서에서)

squander 낭비하다

to squander는 '돈이나 자원을 어리석게 낭비하다'라는 뜻이다. 돈을 무익한 목적에 기부하거나 무언가를 완전히 유익하게 활용하지 못한 경우를 가리킨다. 16세기 중세 영어에서 to scatter 흩뿌리다를 뜻하던 squandren으로부터 파생된 단어로, 어떤 자원으로부터 유의미한 결과를 얻지 못한 채 그 자원을 허비했다는 실망감이 함축된 단어이기도 하다. to squander는 약간 예스런 냄새를 풍기지만 격식을 따지는 맥락에서 때때로 사용된다.

to squander (something) 무언가를 낭비하다	You've already squandered the $50 I gave you, I'm not lending you any more money! (WhatsApp conversation between parent and child) 너에게 준 50달러를 벌써 다 썼구나. 너한테 더는 돈을 주지 않겠다! (왓츠앱에서 부모와 자식 간의 대화)

to squander 뒤에는 구체적인 액수의 돈이 언급되지만 resources 자원 같은 일반적인 개념도 쓰일 수 있다는 것에 주목해야 한다.

to squander (something) away 무언가를 탕진하다	The mayor has squandered away the taxpayers' money this year; I don't think he should be re-elected. (from an interview with a voter) 올해 시장은 납세자들의 돈을 완전히 탕진했습니다. 시장이 재선될 거라고는 생각하지 않습니다. (한 유권자와의 인터뷰에서)

덧붙여진 away는 자원이 낭비되었다는 것을 강조하는 역할을 한다. 관련된 명사는 to squander와 away 사이에 쓰일 수 있다.

to squander on (something) ...에 낭비하다	Don't squander your money on unwise investments! Here are some tips to get the most out of your shares. (from a finance blog) 당신 돈을 현명하지 못한 투자에 낭비하지 마십시오! 당신 주식을 최대한 활용하는 요령을 알려드리겠습니다. (금융 관련 블로그에서)

돈이나 자원이 어디에 낭비되었는지 정확히 전달하고 싶을 때 사용되는 표현이다. on 대신 for를 사용하면 잘못된 표현이 된다.

to squander one's chances 기회를 날리다	Feel like you're squandering your chances of getting into college? Sign up to our online tutoring sessions! (from an online advertisement for tuition) 대학에 들어갈 기회를 날리고 있다는 기분이 드십니까? 우리가 운영하는 온라인 교습에 등록하십시오. (교습에 대한 온라인 광고에서)

기회 a chance/an opportunity 도 to squander의 대상일 수 있다. to squander a chance는 현명하지 못한 이유나 사소한 이유로 무언가를 성취할 가능성을 놓쳤다거나 무언가를 하려는 제안이 거절되었다는 뜻이 함축된 표현이다.

to squander time 시간을 낭비하다	I keep squandering my time on video games instead of studying for my exams. Does anyone have any tips on how I can focus better? (from a Reddit post) 나는 시험 공부를 하지 않고 비디오 게임에 시간을 계속 낭비하고 있다. 집중할 수 있는 비결을 나에게 알려줄 사람이 있을까? (레딧에 올라온 게시글에서)

시간 time도 to squander의 대상이 될 수 있다. to squander time은 '마감 시간을 앞두고 시간을 효과적으로 사용하지 못하거나 전반적으로 비생산적인 것에 많은 시간을 허비하다'를 뜻한다.

450 hours

450 hours of doctors' time have been squandered this year due to patients missing their appointments. (from a statistic on a hospital website)

올해 환자들이 진료 약속을 지키지 않은 때문에 의사들은 총 450시간을 헛되이 낭비했다. (병원 웹사이트의 통계 자료에서)

hustle 부정한 수단으로 돈을 벌다

hustle은 동사나 명사로 사용될 수 있고 여러 의미가 있다. '누군가를 거칠게 떠밀다/밀어제치다'라는 행동을 표현하는 데 주로 사용된다. 그러나 금융과 고용이란 맥락에서는 '경력을 쌓거나 많은 돈을 벌려고 역동적으로, 대체로 극단적일 정도로 일하다'라는 뜻으로 쓰인다. 일상적인 어법에서는 부정한 수단으로 돈이나 이익을 챙기는 행위를 가리킬 수 있다. 따라서 직업이나 기업 행위와 관련된 상황에서는 긍정적인 의미를 내포한 활동이나 생산성을 뜻하고, 부정적으로는 부정직한 도용 dishonest appropriation을 뜻하는 속어로 사용된다.

hustle culture
허슬 컬처, 개인 생활보다 업무를 중시하고 열정적으로 일하는 것을 높이 평가하는 문화

Millennials are blaming "hustle culture" for their burnout at work. (from a commentary on the job market)

밀레니엄 세대는 직장에서의 탈진을 '허슬 문화'의 탓으로 생각한다. (취업 시장에 대한 해설에서)

grind culture와 동의어로, 사람들이 선택한 직업에서 성공하려고 업무 이외의 삶을 희생하면서까지 하루하루를 최대한 열심히 일해야

한다는 신념을 가리킨다. 이런 생활 방식은 도시에서 일하는 상대적으로 젊은 세대에게 인기를 누렸다.

| **side hustle**
부업 | Here are 10 ideas for side hustles to help you make some extra cash. (from a Buzzfeed article)
돈을 추가로 버는 데 도움을 주는 부업에 대한 10가지 아이디어 (버즈피드에 실린 기사에서) |

a side hustle은 우리가 추가로 소득원을 확보하기 위해 주업 main job 이외에 취하는 직업이나 사업을 가리킨다. 일반적으로 a side hustle은 주된 직장보다 융통성이 있어 정규 근무 시간 이외에 이루어진다.

| **constant hustle**
꾸준한 노력, 끊임없는 분투 | Keeping fit is a constant hustle, you've got to keep pushing yourself at the gym to see results. (Instagram post from a fitness influencer)
탄탄한 몸을 유지하려면 끊임없이 노력해야 한다. 결과를 얻으려면 체육관에서 꾸준히 씨름해야 한다. (신체 단련 인플루언서의 인스타그램 게시글) |

constant hustle은 목표를 달성하려면 한결같은 마음가짐으로 예외적인 노력을 계속해야 한다는 생각을 가리킨다. 따라서 그렇게 해내기 어렵다는 뜻이 함축된 표현이기도 하다.

| **hustler**
사기꾼, 재주꾼 | Matt is a real hustler, he brought us three new clients today! (conversation between employer and employee)
매트는 진짜 대단한 재주꾼이다. 오늘도 새 고객을 세 명이나 데려왔다! (고용주와 직원 간의 대화) |

a hustler는 꿈을 이루기 위해 무척 열심히 일하는 사람이다. 그러나 부정직하고 불법적인 방법을 사용해서 사람들에게서 돈을 뜯어내는 사람을 뜻할 수도 있다. 동사 to hustle도 똑같은 뜻으로 쓰일 수 있다는 것에 주의해야 한다(기운차게 일하다, 부정한 수단으로 돈을 얻다).

**hustle and bustle
북적북적, 북새통**

Tired of the hustle and bustle of the city? Book a room with us today to enjoy your countryside getaway! (from an online hotel advertisement)
이 도시의 번잡함에 진절머리가 나십니까? 오늘 저희에게서 방을 예약하시고 시골에서의 휴가를 즐기십시오! (온라인 호텔 광고에서)

시내 같은 공공 영역에서 많은 사람이 끊임없이 빚어내는 소음과 법석을 뜻하고, 빠른 속도로 진행되는 활동이 많다는 뜻이 함축된 관용구이다. 여기에서 hustle과 bustle은 각기 비슷한 뜻을 지닌데다 운율이 맞기 때문에 하나로 합해져서 역시 같은 의미로 사용된다.

32%
It's estimated that around 32% of young people are having to supplement their income with a side hustle. (from an online article on passive income)
약 32퍼센트의 젊은이가 부업으로 소득을 보충해야만 하는 것으로 추정된다. (소극적 소득에 대한 온라인 기사에서)

grind 고되고 따분한 일

grind는 지난 수십 년 전부터 경제에서 따분하게 반복되는 일을 표현하는 단어로 사용되는 빈도가 크게 증가했다. 동사 to grind로도 사용되며 이때는 '궁극적으로는 보상이 따르지만 재미없는 일을 하며 많은 시간과 노력을 투입하다'를 뜻한다. 열심히 공부하는 행위는 grinding으로 표현된다. 하지만 단수형 명사이지만 간혹 대문자로 쓰이는 The Grind는 장시간 반복적인 일을 수행하며 경제 기계의 톱니처럼 돌아가는 과정을 가리킨다. 단수 형태로 쓰이면 일반적인 문화적 관행의 한 형태로서 완곡하게 말하는 것이고 힘든 일 hard work 을 어떻게 보느냐에 따라 긍정적인 뜻이나 부정적인 뜻으로 해석된다. 따라서 어느 쪽일 가능성이 높은지를 판단하려면 grind가 사용된 맥락에 주의를 기울여야 한다.

to grind 연마하다	To beat this boss, you'll need to grind experience points in the lower levels. (video game walkthrough) 이 두목을 물리치려면 더 낮은 레벨에서 경험치를 쌓아야 한다. (비디오 게임의 사용 설명서)

문자 그대로는 순환 circularity 과 반복 repetition 이란 뜻이 함축된 단어이다. 제분소에서 grindstone 숫돌, 맷돌 을 사용해 밀 wheat 을 갈아 밀가루 flour 로 만드는 행위를 떠올려주는 단어이기도 하다. 이 과정에서 밀은 서서히 점진적으로 밀가루로 바뀐다. 오늘날 우리 하루하루의 삶이 the process of grinding으로 비유적으로 표현된다. to grind는 직업에서든, 비디오 게임에서 무언가를 만들거나 수집하는 것과 같은 추상적인 작업에서든 '어떤 작업을 꾸준히 헌신적으로 해내다'라는 뜻으로도 쓰인다.

to grind it out 좋지도 않은 것을 대량으로 생산하다, 결실을 얻다	Startup founders often have to grind it out for years before they see significant revenue. (from LinkedIn post) 신생 기업 창업자들은 상당한 수익을 거두기 전까지 지루한 일을 반복해야 하는 경우가 많다. (링크드인 게시글에서)

You can grind something무언가를 연마하다 이라고 말할 때 일, 공부, 비디오 게임에서 경험치 등이 something에 해당한다. 일반적으로 to grind만을 사용해도 괜찮지만 grinding의 최종 목표, 예컨대 터널 끝의 빛(the light at the end of the tunnel, 쓰라린 고통 뒤의 광명)을 가리킬 때는 to grind it out이라고 말할 수 있다. 성과, 보상, 종결점을 문장에서 언급하고 싶을 때 to grind it out을 사용하면 된다.

the grind 장시간 동안 반복되는 일	Many people suffer from stress and burnout from the grind. (quote from self-help book) 많은 사람이 장시간 동안 반복되는 일로 인해 스트레스와 탈진으로 고생한다. (자기계발 서적에서 인용)

위의 설명에서 언급했듯이, the grind는 일반적으로 열심히 일하는 과정을 가리킨다. grind 앞에 정관사 the가 주어지면 더 부정적인 뜻으로 사용되는 경향을 띤다. 따라서 the grind는 업무에서 피할 수 없는 조건으로 여겨지고 그 때문에 업무 스트레스와 박탈감, 심지어 우울증과 불안증의 원인으로도 종종 지목된다.

the daily grind 힘든 일상, 매일 반복되는 고역	Back to the daily grind tomorrow! (Instagram caption after person has just come back from vacation) 내일, 힘든 일상으로 돌아간다! (휴가에서 돌아온 사람이 인스타그램에 올린 글)

the daily grind는 반복되는 기간이 강조된 the grind를 가리키는 일반적인 방법이다. 시간의 표현에서 days는 순환적이고 선형적인 특성 때문에 때때로 단조롭고 반복적인 것으로 여겨진다.

to keep (someone's) nose to the grindstone 악착같이 일하다	To succeed in the highly competitive SEO industry, you have to keep your nose to the grindstone and stay updated with algorithm changes. (from SEO advice forum) 경쟁이 치열한 검색엔진 최적화(search engine optimization, SEO) 산업에서 성공하려면 악착같이 일하며 알고리즘 변화에 대해 뒤처져서는 안 된다. (SEO 연구 포럼에서)

'오랜 기간 동안 지속적으로 열심히 일하다'를 뜻하는 관용구이다. 기원에 대해서는 논란이 많지만, grindstone숫돌에 칼을 가는 행위에 몰두하는 사람은 얼굴을 숫돌에 가까이 붙이고 주의력을 집중한다는 생각에서 유래한 것으로 추정된다. 따라서 이 관용구는 무언가를 개선하려고 일정한 기간 동안 주의력을 유지한다는 뜻으로도 사용된다.

> **10-20 hours**
> In some games, players spend an average of 10-20 hours or more grinding for in-game currency. (gaming magazine article)
> 어떤 게임에서 플레이어들은 게임에 통용되는 돈을 확보하기 위해 게임하는 데 평균 10-20시간 이상을 보낸다. (게임 잡지에 실린 기사)

Salaries and Riches

scrounge 공짜로 얻어내다

동사로 쓰인 to scrounge는 돈이나 음식 같은 것을 얻기 위해 돈을 지불하거나 일하지 않고 다른 사람의 관대함에 의존해 구걸하거나 부탁해서 얻어내는 것을 뜻한다. to scrounge는 돌려줄 생각도 없이 무언가를 빌리는 행위도 의미할 수 있다. 따라서 부정적인 의미를 지니고, 당사자가 구두쇠이거나 게으른 사람이란 뜻이 함축된 동사이기도 하다.

to scrounge for (something) ...을 구하러 다니다	The mayor was left scrounging for funding after the city's recent financial losses. (from a local news broadcast) 최근의 재정적 손실로 인해 시장은 자금을 구하러 다녀야 했다. (지역 뉴스 방송에서)

to scrounge for an item or resource는 '다른 사람의 관대함에 의존하거나 속임수를 써서, 비용을 치르지 않고 공짜로 무언가를 얻으려고 애쓰다'라는 뜻이다.

to scrounge off (someone/ something) ...에게 구걸하다, ...에게서 얻어내다	There are too many people scrounging off the government instead of looking for jobs. (from speech by a politician) 일자리를 찾는 대신 정부에 의지하는 사람들이 너무 많습니다. (정치인의 연설에서)

to scrounge off someone은 '구걸하거나 압력을 가해 혹은 그 사람의 선의를 이용해 원하는 것을 얻으려고 그 사람에게 의지하다'라는 뜻이다.

to scrounge (something) up/ together 모으다	I can probably scrounge together enough money for the concert, so I'd like to reserve a ticket! (from a comment on a Facebook events page) 나는 연주회에 가는 데 충분한 돈을 모을 수 있을 것 같다. 그래서 티켓을 예매하고 싶다! (페이스북의 이벤트 페이지에 올라온 댓글에서)

to scrounge 뒤에 부사 up이나 together가 더해진 구절로, 나중에 특정한 목적을 위해 사용하려고 자원, 대체로 돈을 모으는 행위를 가리키는 데 사용된다. 항상 돈에만 적용되는 구문은 아니다. 예컨대 to scrounge up a meal 식사를 준비하다 이라는 표현이 가능하다. 이렇게 쓰인 동사 to scrounge에서는 부정적인 뜻이 조금이나마 희석된다.

| **to be on the scrounge** 공짜로 얻어내다, 우려내다 | Becky looks like she's on the scrounge, don't give her any of your food! (from a conversation between friends) 베키는 공짜로 얻어낼 심보인 것 같아. 베키에게 조금도 동정을 베풀지 마. (친구들 사이의 대화) |

to be on the scrounge는 scrounging하는 행위, 즉 다른 사람에게서 공짜로 무언가를 얻으려고 시도하는 사람을 표현하는 또 하나의 방법이다.

| **scrounger** 구걸꾼, 빈대 | I don't like hanging out with Mark, he's such a scrounger and I end up paying for everything! (from a Snapchat group chat) 나는 마크와 어울리는 걸 좋아하지 않아. 마크는 상습적 빈대여서 결국 내가 모든 것의 값을 치르게 된다고! (스냅챗의 단체 채팅방에서) |

scrounger는 다른 사람에게 의지해 돈이나 자원을 구하는 경향을 띤 사람을 가리키며, 습관적으로 그렇게 행동한다는 뜻이 함축된 단어이기도 하다.

9

Always scrounging for money at the end of the month? Here are 9 ways to make your salary last until payday. (from an article on savings tips)
월말이면 항상 돈을 구걸하고 다니는가? 월급날까지 급여를 남기는 9가지 방법을 소개하면 다음과 같다. (저축과 관련한 조언을 담은 기사에서)

scrimp 절약하다, 아끼다

동사 to scrimp는 '무언가에 돈을 써야 할 때 절약하며 돈이나 자원을 아끼고 최소한의 것으로 살아간다'라는 뜻이다. 원어민조차 to scrimp와 곧잘 혼동해 사용하는 동사 to skimp에는 경제적인 이유가 아니라 수전노처럼 행동하며 필요한 만큼의 자원이나 노력도 투입하지 않기 때문에 이기적이란 의미가 함축되어 있다. 하지만 두 동사의 형용사, 즉 scrimpy와 skimpy는 서로 교체되어 사용될 수 있다.

to scrimp on …을 아끼다	Tenants are being forced to scrimp on heating this year due to rising rent costs. (from a report on the cost of living) 임대료 상승으로 인해 올해 세입자들은 난방비를 아끼는 수밖에 없을 것이다. (생활비에 대한 보고서에서)

to scrimp 뒤에 'on + 절약해 사용해야 하는 품목'이 쓰이는 경우가 많다.

to scrimp and save 아껴가며 모으다, 검소하게 생활하다	After a long year of scrimping and saving, I finally had enough to afford a new car! (from an Instagram post) 꼬박 한 해 동안 절약하고 저축한 끝에 마침내 자동차를 새로 구입하기에 충분한 돈을 모았다! (인스타그램에 게시된 글에서)

두 동사 to scrimp와 to save는 관용적으로 이렇게 짝지워져 쓰이고, 특정한 목적을 위해 충분한 돈을 모으려고 일정한 기간을 특별히 절약하며 보냈다는 것을 강조한다.

scrimpy
긴축하는, 인색한

The hotel staff were very helpful but they were a bit scrimpy on the free toiletries. (from a TripAdvisor review)
호텔 직원들은 적극적으로 도움을 주었지만 무료 세면도구에는 좀 인색했다. (트립어드바이저 리뷰에서)

무언가가 불충분하고 야박하다는 것을 표현할 때 상당히 드물게 사용되는 형용사이다.

> **$53,520**
> This town has donated a total of $53,520 to hurricane relief efforts after the residents scrimped and saved to contribute their own money. (from a charity's Instagram post)
> 그 도시 주민들은 자체적으로 절약해서 모은 돈, 총 5만 3,520달러를 허리케인 구호 활동에 기부했다. (자선 단체 인스타그램에 게시된 글에서)

wealth 부, 재산, 재물

wealth는 개인이나 집단이 보유한 많은 양의 돈이나 자원을 가리킨다. wealth는 명사이고, 형용사인 wealthy는 많은 돈을 소유한 사람을 표현하는 일반적인 단어로 사용된다. wealth는 한 사람이 지닌 자산 asset의 총가치를 가리키는 단어로도 사용될 수 있다.

| **display of wealth**
부의 과시, 돈 자랑 | In a noticeable display of wealth, the celebrity hosted a party on their private yacht. (from a tabloid magazine)
부를 노골적으로 과시하며 그 유명인은 개인 요트에서 파티를 열었다. (타블로이드판 잡지에서) |

다른 사람들에게 돈이 많다는 것을 보여주려고 과시하듯이, 혹은 불쾌감을 자아낼 정도로 의상과 자동차, 운전기사 등 값비싼 상품이나 서비스를 드러내는 경우에 사용되는 표현이다.

| **considerable wealth**
상당한 부 | With the increase in trade routes, many merchants acquired considerable wealth. (from a history textbook)
무역로가 증가함에 따라 많은 상인이 상당한 부를 축적했다. (역사 교과서에서) |

wealth 자체가 많은 양의 돈을 뜻한다. 그럼에도 그 앞에 강화 형용사 an amplifying adjective 를 사용하면 개인이 보유한 riches 부, 재물 의 규모를 강조하는 역할을 한다. considerable 이외에 substantial이나 enormous 같은 강화 형용사를 사용할 수도 있다.

| **redistribution of wealth**
부의 재분배 | Taxation, in principle, aids the redistribution of wealth. (from an economics blog)
원칙적으로 과세 제도는 부의 재분배에 도움을 준다. (경제 블로그에서) |

진보적인 정책 progressive policy 을 논의할 때 흔히 사용되는 용어로, 부를 어떤 개인이나 집단에서 다른 사람이나 집단으로 이전하는 것을 뜻한다. 누진세 progressive tax 가 대표적인 예이며 다양한 형태의 정부세 state appropriation 도 부를 재분배하는 수단이 될 수 있다.

to accumulate wealth
부를 축적하다

Follow these investment tips to increase your income and accumulate wealth. (from a financial podcast)
소득을 늘리고 부를 축적하려면 다음의 투자 조언을 따르십시오. (금융 관련 팟캐스트에서)

to accumulate wealth는 net worth순자산를 늘리기 위해 저축이나 부동산 같은 자산의 가치를 시간이 지남에 따라 늘리는 것을 의미한다. 같은 의미로 to build wealth를 사용할 수도 있다.

a wealth of (something)
풍부한/많은 무엇

Our libraries contain a wealth of knowledge for students wishing to study on campus. (from a university prospectus)
우리 학교의 도서관들에는 대학에서 공부하려는 학생들을 위해 많은 지식을 담고 있습니다. (대학 안내서에서)

우리는 돈 외에도 a wealth of something많은 무언가을 갖고 있을 수 있다. 이 표현은 something에 해당하는 품목이나 개념을 충분히 갖고 있다는 것을 뜻할 뿐이다.

to be rolling in wealth
부가 넘쳐나다, 굉장한 부자이다

The CEO must be rolling in wealth after the most recent profits. (text conversation between colleagues)
대표는 가장 최근에 거둔 수익으로 엄청난 부자가 되었을 게 분명해. (동료들 사이의 문자 대화)

문자 그대로 돈더미에서 굴러다닐 수 있을 정도로 많은 재산을 지녀 큰 부자인 사람을 표현할 때 사용하는 관용구이다. 똑같은 뜻을 지닌 비슷한 형태의 관용구로는 to be rolling in it이 있다.

7.5%

Open our new fixed-rate 7.5% savings account to start building your wealth. (announcement from a banking website)

새로운 고정 금리 7.5퍼센트로 은행 계좌를 개설해 부를 축적하십시오. (은행 웹사이트의 안내문)

rich 부유한

rich는 많은 돈이나 자원을 보유한 개인이나 기관을 묘사할 때 가장 흔히 사용되는 형용사 중 하나이다. rich는 본래 부정적인 단어가 아니지만 부정적인 함의 connotation 를 지니는 경우가 있다. the rich 부자들 는 많은 돈을 지닌 상류층 사람들을 가리키는 집합 명사이지만, 그 집단이 지나치게 특권을 누리고 하층 계급으로부터 적극적으로 착취한다는 함축된 뜻을 지니기 때문이다.

filthy rich 대단히 부유한, 더럽게 부자인	I want become a lawyer when I'm older, so I can be filthy rich. (from a child's report on career goals) 어른이 되면 변호사가 되고 싶다. 그럼 큰 부자가 될 수 있을 테니까. (어린아이의 장래 목표에 대한 글에서)

여기에서 filthy는 '누군가 무척 부유하다'라는 것을 강조하는 강화사 amplifier로 쓰였다. 같은 뜻으로 stinking rich라는 표현을 사용할 수

도 있다. filthy가 더해지며 filthy rich는 부자의 월권과 방종에 대한 악감정이나 죄책감이 함축된 의미를 갖게 된다.

to strike it rich 횡재하다, 일확천금을 하다	If you want to strike it rich on the stock market, try investing in these companies. (from an investment blog) 주식 시장에서 큰돈을 벌고 싶으면 이 회사들에 투자해 보십시오. (투자 블로그에서)

채굴을 하다가 to strike gold노다지를 캐다 한 것처럼 갑자기 예기치 않게 부자가 되는 경우를 뜻한다. 동사 to strike는 무언가를 빠르게 즉각적으로 발견하는 상황을 표현할 때 사용된다.

get-rich-quick 일확천금의	Here are 5 of the best get-rich-quick schemes that actually work! (from a Buzzfeed article) 실제로 효과가 있는, 일확천금을 현실로 만들 수 있는 최고의 다섯 가지 방법을 소개합니다! (버즈피드에 실린 글에서)

이 구절의 뒤에는 scheme계획, idea아이디어 등이 자주 쓰인다. 많은 돈을 짧은 기간에 만들 수 있는 방법을 표현할 때 사용되는 표현이다.

the rich get richer (and the poor get poorer) 부익부 빈익빈, 부자는 더 부자가 되고 가난한 사람은 더 가난해지다	Have you seen the increase in savings rates for customers with more than £50,000 in the bank? No wonder the rich get richer! (from a conversation between friends) 은행에 5만 파운드 이상을 예치해 둔 고객의 저축률이 증가한 걸 알고 있어? 부자가 더 부자가 된다는 건 조금도 놀랍지 않아. (친구들 간의 대화에서)

부유한 사람은 계속 더 많은 돈을 벌 수 있는 반면 가난한 사람은 더 깊은 가난의 늪으로 밀려 들어가는 어려움에 직면하는 방향으로 사회가 이루어졌다는 생각을 피력하려고 할 때 사용되는 표현이다.

| **to eat the rich**
부자들을 먹어치우다 | Heads of major corporations are worth billions, yet they deny their employees health insurance. This is why we need to eat the rich! (from a Reddit post)
대기업 총수들은 수십억 달러의 자신을 보유하고 있으면서도 직원들에게 건강 보험을 제공하지 않는다. 이런 이유에서도 우리는 부자들을 잡아먹어야 한다! (레딧에 게시된 글) |

문자 그대로 받아들여지지는 않는다. 현 자본주의 상황에 불만을 품고, 일부에게 부도덕하다고 여겨지는데다 막강한 부와 권력까지 거머쥔 사람들에게 저항해 반란을 일으키자고 독려하는 사람들의 구호로 사용되는 관용구이다.

| **(as) rich as Croesus**
큰 부자인 | I don't know why we still have to pay for our own lunches when the CEO is as rich as Croesus! (from a colleague Facebook group chat)
대표가 엄청나게 부자인데 우리가 아직도 우리 돈으로 점심을 먹어야 하는 이유를 모르겠다! (페이스북에서 동료들의 단체 채팅방에서) |

고대 리디아 왕국의 왕으로 엄청난 재물을 보유한 것으로 유명했던 크로이소스로부터 유래한 관용구이다. 요즘에는 무척 부유한 사람을 과장되게 표현하는 관용구로 쓰인다.

> **$578,000**
> An unsuspecting delivery driver has struck it rich after buying a lottery ticket on a whim and winning $578,000. (from a TV news feature)
> 순진한 배달 기사가 충동적으로 복권을 사서 57만 8,000달러에 당첨되며 일확천금을 거머쥐었습니다. (텔레비전 특집 뉴스에서)

mint 주조소, 조폐국, 많은 돈

mint는 영어에서 여러 의미로 쓰인다. 금융과 관련한 맥락에서 a mint는 거액의 돈을 뜻하는 속어이고, a mint라고도 하는 a mint factory주조소**가 동전을 찍어내는 것이란 사실에서 유래한 것이다. 특히 영국에서 mint는 '무언가가 대단하고 놀랍다'라는 것을 의미할 수도 있다.**

to cost a mint **거금이 들다, 비싸다**	The car they sold me is brilliant to drive, but the insurance costs a mint! (from an online car dealership review) 그들이 나에게 판매한 자동차는 운전하기는 정말 편하지만, 보험료가 엄청나다! (온라인 자동차 판매점의 리뷰)

to cost a mint는 (주어로 쓰인 대상이) '무척 비싸다'라는 뜻이다. 문자 그대로는 '주조소에 있는 모든 동전만큼의 가치가 있다'라는 뜻이다.

to make a mint 큰돈/떼돈을 벌다	I would recommend asking at video game stores, you can make a mint selling your retro electronics. (from a reddit post about how to make money quickly) 비디오 게임 상점에서, 복고풍 전자 제품을 팔면 큰돈을 벌 수 있을지를 물어보기를 권한다. (돈을 빨리 벌 수 있는 방법에 대해 레딧에 게시된 글에서)

같은 뜻, 즉 '거액의 돈을 벌다'라는 뜻으로 to earn a mint를 사용할 수도 있다. 이 맥락에서 to make mints라고 말하는 것은 잘못된 것이다. 돈과 관련된 뜻에서 mint는 부정관사와 함께 항상 단수로만 사용되어야 한다.

to mint it 많은 돈/큰돈을 벌다	The banks must be minting it now they've raised mortgage rates! (from an X post) 은행들이 이번에 대출 이자율을 인상해서 엄청난 돈을 벌 게 분명하다! (X에 게시된 글)

to make a mint와 마찬가지로 to mint it도 '많은 돈을 벌다'라는 뜻이다. 이 맥락에서는 it 이외에 어떤 단어도 to mint와 함께 쓰일 수 없고, 두 단어가 항상 함께 사용된다. minting it에는 많은 돈을 버는 것이 일회성이 아니라 연속된 과정이란 뜻이 함축되어 있다.

minted 아주 부자인	I bet John's party will be good, his parents are minted! (text message between friends) 존의 파티는 정말 재밌을 거야. 존의 부모가 엄청 부자거든! (친구들 사이의 문자 메시지)

부자인 사람, 적어도 말하는 화자보다 더 부자인 사람을 표현하는 데 사용되는 일상적인 단어이다. 미국보다 영국에서 더 흔히 사용된다.

| mint condition 양호한 상태 | Childrens' toys for sale: still unopened and in mint condition. (from a post on Ebay) 아이들 장난감 세일: 아직 개봉도 되지 않아 상태가 양호합니다. (이베이에 올라온 게시글) |

아직 완전히 새것 같은 상태에 있어 방금 제작된 것처럼 보이는 물건을 묘사하는 데 사용되는 구절이다. 수집가들이 동전이 the mint_{주조}소를 떠날 때의 상태와 똑같은 경우 They were in mint condition이라고 묘사하던 방법에서 유래한 것으로 알려져 있다. 구매자에게 물건의 상태가 좋다는 확신을 주려고 거래 transaction에서도 사용된다.

> **1.7**
> Local businesses are minting it as holiday spending increases by 1.7 times as much as this time last year. (from the business section of a local newspaper)
> 작년 동기 대비 휴일 소비가 1.7배나 증가해 지역 기업들이 많은 돈을 벌고 있다. (지역 신문의 경제면에서)

strapped 돈에 쪼들리는

재정과 관련된 환경에서 strapped는 '돈에 쪼들리다'를 뜻하는 속어이다. 단독으로도 사용될 수 있지만 아래에서 보듯이 strapped for cash_{현금이 없는}라는 구절로 흔히 사용된다. 문자 그대로 말하면

strapped는 어떤 식으로든 무언가에 묶여 있다는 뜻이며, 가용 자금이 바닥난 경우에 쓰이면 힘들고 제약적이란 뜻이 된다.

to be strapped for (something) 무언가에 쪼들리다	Strapped for cash while studying? Apply today for one of our part-time jobs in the food hall! (from a job advert on a student bulletin board) 공부하는 동안 돈이 아쉬운가요? 우리가 푸드홀에서 제시하는 아르바이트 중 하나에 오늘 당장 지원해 보세요! (학생 게시판의 구인 광고에서)

위의 예문에서 보듯이 to be strapped와 함께 사용되는 가장 흔한 단어는 cash 현금이다. 하지만 to be strapped for something에서 time을 비롯해 부족한 것이면 무엇이든 something을 대신할 수 있다.

financially strapped 재정적으로 궁핍한, 경영난에 시달리는	Financially strapped businesses are being forced to borrow more from the bank despite the recent increase in interest rates. (from a podcast on the state of the economy) 최근의 금리 인상에도 불구하고 경영난에 시달리는 기업들은 은행으로부터 더 많은 돈을 빌려야 하는 처지입니다. (경제 상황에 대한 팟캐스트에서)

궁극적으로는 strapped와 같은 뜻이다. 앞에 쓰인 수식어는 개인이나 집단에게 부족한 것을 강조하는 역할을 한다. cash-strapped도 결국에는 똑같은 의미라 할 수 있다(금전적으로 어려운, 재정난에 처한).

100s

100s of businesses claim they are strapped for resources this winter as employment levels hit an all-time low. (from a news report on the job market)

100대 기업이 올겨울에 자원 부족에 쪼들린다고 하소연하며, 고용 수준도 사상 최저치에 도달했다. (고용 시장에 대한 뉴스 보도에서)

Financial Difficulties

redundancy 정리해고, 감원 조치

영국을 비롯한 영연방 국가에서 더 흔히 사용되지만 redundancy는 미국에서도 사용된다. redundancy는 직원의 성과나 행실과 관련이 없기 때문에 to be sacked 해고/파면되다와는 같은 것이 아니다. 고용주가 일정한 규모의 직원 수를 계속 유지하거나 활용할 여력이 더는 없을 때 redundancy가 시도된다. redundancy에는 고용주가 직원에게 위로금을 제공하는 경우가 많다.

to make (someone) redundant 누군가를 정리해고하다	After I was made redundant last year, I decided to become self-employed and work for myself instead. (from an online interview with a young entrepreneur) 작년에 정리해고된 이후에 저는 자영업자가 되어 직접 돈을 벌어보기로 했습니다. (젊은 기업가와의 온라인 인터뷰에서)

누군가를 정리해고하는 행위, 즉 일정한 금액의 위로금을 안겨주는 대신 직장에서 정리해고하는 행위를 가리키는 표현이다. 이 뜻으로 redundancy와 함께 사용될 수 있는 동사는 to make가 유일하다. 예컨대 to give someone redundancy는 올바른 표현이 아니다.

to face redundancy 정리해고에 직면하다	Hundreds of employees of the supermarket chain face redundancy as the company is forced to cut costs. (from the business section of a newspaper) 회사가 비용 감축을 실시할 수밖에 없어 슈퍼마켓 체인에서 일하는 수백 명의 직원이 정리해고에 직면하게 되었다. (신문 경제면에서)

to face는 redundancy와 함께 흔히 사용되는 동사이고 to face redundancy는 개인이 정리해고를 당할 가능성이 있다는 것을 뜻하며, 결국 to face the possibility of losing their job(직장을 잃을 가능성에 직면하다)과 같은 뜻이 된다.

to take redundancy 정리해고를 받아들이다	Those who choose to take redundancy will receive three months' wages. (from a company-wide email) 정리해고를 받아들이는 쪽을 선택한 직원들은 3개월 치의 임금을 받게 될 것입니다. (회사가 직원 전부에게 발송한 이메일에서)

'일정한 금액을 받는 대가로 현재의 일자리를 포기하는 선택안을 받아들이다'라는 뜻이다. to accept redundancy 혹은 to volunteer for redundancy라고도 말할 수 있다.

widespread redundancy 광범위한 정리해고	The reduction in government funding will result in widespread redundancies in the public sector. (from a YouTube current affairs channel) 정부 지원금이 줄어들면 공공 분야에서 광범위한 정리해고가 뒤따를 것이다. (유튜브의 시사 채널에서)

어떤 기업이나 분야에서 대규모로 정리해고가 실시되는 경우를 표현할 때 사용되는 구절이다. mass redundancies 혹은 large-scale redundancies라는 표현을 사용할 수도 있다.

redundancy notice 정리해고 통지	I've just been given a redundancy notice– I'll have to start looking for another job. (from a text conversation between family members) 방금 정리해고 통지를 받았어. 곧바로 다른 일자리를 찾기 시작해야 할 것 같아. (가족 간의 문자 대화에서)

a redundancy notice는 고용주가 직원에게 정리해고될 예정이라고 알려주는 수단이다. 통지 기간 the notice period 은 법률 및 직원이 회사에 근무한 기간에 따라 다르다.

redundancy package 정리해고 보상금	The redundancy package seems quite generous. Maybe I should accept it and find a new job. (from a conversation between colleagues) 정리해고 보상이 상당히 괜찮을 것 같은데. 정리해고를 받아들이고 새 직장을 찾아야겠다. (동료들 사이의 대화에서)

Financial Difficulties

a redundancy package는 직원이 정리해고될 때 받는 것으로, 상당한 액수의 돈 redundancy pay만이 아니라 다른 혜택, 예컨대 회사 자동차나 노트북을 계속 사용할 권리 등이 포함될 수 있다.

> **41%**
> Recent redundancies within the company have led to an increase in profits by 41%. (from a presentation to the CEO)
> 회사에서 최근에 실시한 정리해고로 수익이 41퍼센트나 증가했습니다. (최고경영자에게 행한 프레젠테이션에서)

poor 가난한

재정과 관련된 맥락에서 poor는 많은 돈을 보유하지 않은 개인이나 집단을 묘사할 때 사용되는 형용사이다. 반대말은 rich 부유한이고 poor와 rich는 누군가의 재산 수준을 표현하는 일반적인 단어이다. 또한 쓰임새가 무척 일반적이어서 빈곤과 관련된 여러 미묘한 상황만이 아니라 inferiority 열등함이나 deficiency 결함까지 표현할 수 있는 다목적 단어이다.

the poor 가난한 사람들	This country's social security system does not lend itself to helping the poor. (from a political podcast) 이 나라의 사회 보장 제도는 가난한 사람들을 돕는 데 적합하지 않다. (정치 팟캐스트에서)

the poor는 정치적 담론에서 사회의 최하층 계급을 가리키는 집합 명사이다. 일반적으로 사람들이 자신의 욕구를 지키려 할 때는 동정적인 뜻(불쌍한, 가련한)으로, 흔하지는 않지만 우월감에 젖은 속물적인 사람들은 경멸하는 뜻(형편없는, 실력없는)으로 poor를 사용한다.

dirt poor **찢어지게 가난한**	I'm dirt poor at the moment, I can't even afford heating! (from a live news interview with a member of the public in a highstreet) 지금 나는 찢어지게 가난합니다. 난방할 여유조차 없습니다! (시내 번화가에서 한 일반인과 가진 생방송 뉴스 인터뷰에서)

이 맥락에서 dirt는 지독히 가난하다는 것을 강조하는 강화사로 사용된 것이다. dirt poor는 강조의 한 형태로 사용된 것일 수 있다. dirt는 poor와 항상 짝짓고, filthy는 rich와 항상 짝짓는다는 것에 주목할 필요가 있다. 두 형용사는 쓰임새에서 비슷하지만 서로 바뀌어 사용되지는 않는다.

cash poor **현금 거지, 재산은 있지만** **현금이나 유동 자산이** **없는**	It's going to be a while before I can get money for the deposit, I'm cash poor at the moment. (from an email to an events company) 착수금을 마련하려면 시간이 좀 걸릴 것 같습니다. 지금은 현찰이 없습니다. (이벤트 회사에 보낸 이메일에서)

cash poor는 poor와 같은 뜻이 아니다. 정확히 말하면, 돈이 현금으로 쉽게 전환되지 못하는 부동산 같은 자산에 묶여 있는 상황을 가리키는 표현이다. 따라서 cash poor이더라도 재정적으로는 prosperous 부유한, 번영한 한 사람이 있을 수 있다. cash poor는 asset rich 자산 부자, cash poor 현금 거지라는 표현의 일부로 사용될 수도 있다.

house poor 하우스 푸어, 집을 마련하는 데 돈이 너무 들어 가난한	5 ways to reduce bills and avoid becoming house poor this winter. (from a electric company website) 올겨울에 전기 요금을 줄이고 하우스 푸어가 되지 않는 다섯 가지 방법. (전기회사 웹사이트에서)

cash poor와 달리 house poor는 소득에서 상당한 부분을 대출금과 에너지 비용 등 집과 관련된 비용에 사용하는 까닭에 자동차 보험 같은 다른 곳에 사용할 돈이 넉넉하지 않아 재정적으로 어려운 상태에 있는 것을 가리키는 표현이다.

the poor man's (something) 가난한 사람의 ...	This dip is the poor man's caviar. (from an online food review) 이 소스는 가난한 사람의 캐비어이다. (온라인 음식 리뷰에서)

비교하는 맥락에서 원래의 것보다 더 값싸거나 질적으로 떨어지는 것으로 여겨지는 것이나 사람을 가리키는 데 사용되는 표현이다. 소유물, 음식, 사람 등이 something에 해당될 수 있다.

1 in 8

Due to rising electricity bills, 1 in 8 people would describe themselves as "house poor" according to a recent poll. (from a report on the energy crisis)

최근의 여론 조사에 따르면, 전기 요금의 인상으로 8명 중 1명이 자신을 '하우스 푸어'라고 표현했다. (에너지 위기에 대한 보고서에서)

sack 파면, 해고

sack은 영어에서 여러 의미로 사용되지만, 재정과 관련된 맥락에서는 동사나 명사로 사용되며 '고용주가 직원을 해고(하다)'를 뜻하는 속어로도 쓰인다. 과거에 노동자들이 자신의 연장을 a sack 커다란 포대 에 넣어 갖고 왔다가 용역이 더는 필요하지 않게 되면 다시 연장을 a sack에 넣어 가져갔던 사실에서 유래한 단어로 알려져 있다.

to sack (someone) for (something) 무언가를 이유로 누군가를 해고하다	Unfortunately, I have had to sack John for stealing from the company. (from a colleague Facebook Messenger group chat) 안타깝게도 회사 재산을 도둑질한 이유로 존을 해고해야만 했다. (페이스북 메신저의 단체 채팅방에서)

이 예문에서 for 뒤에는 해고 이유가 쓰인다. 따라서 똑같은 뜻으로 to be sacked because of something 혹은 to be sacked due to something이라 쓰일 수도 있다.

to sack (someone) from (something) 누군가를 ...에서 해고하다	I believe I was unfairly sacked from my job; how can I claim compensation? (from an email by a client to a lawyer) 나는 내 일자리에서 부당하게 해고되었다고 생각합니다. 어떻게 해야 배상을 요구할 수 있을까요? (고객이 변호사에게 보낸 이메일)

이 맥락에서 from 뒤에는 해고된 직책이나 회사가 언급된다. from something을 덧붙이지 않고 to sack someone이라 말해도 잘못된 표현은 아니다.

Financial Difficulties

| **to get/give the sack** 해고되다/해고하다 | I once got the sack from two jobs in the same week. (from a Reddit "confessions" post) 언젠가 나는 한 주에 두 곳에서 해고를 당했다. (레딧에 올라온 '고백' 글) |

이 맥락에서 the sack은 해고dismissal를 뜻하는 속어이다. 따라서 to give the sack이나 to receive the sack은 '누군가를 해고하다', '일자리에서 해고되다'라는 뜻이 된다. 이때 the sack은 단수로만 사용된다.

| **to sack (someone) on the spot** 누군가를 현장에서/ 즉석에서 해고하다 | Here's what not to do on your first day of work to avoid being sacked on the spot! (from an online magazine article) 그 자리에서 해고되지 않기 위해 출근 첫날 하지 말아야 할 행동을 정리하면 다음과 같다! (온라인 잡지에 실린 기사에서) |

직원이 아무런 경고도 받지 못한 채 느닷없이 해고되는 상황을 묘사할 때 사용되는 표현이다. on the spot은 즉시immediately를 뜻한다. 이 상황은 to be sacked immediately로도 표현될 수 있지만 on the spot을 사용하는 것이 더 보편적이고 자연스럽다.

| **sacking(s)** 해고, 파면 | The recent sackings are reportedly due to a number of employees getting out of hand at the Christmas party. (from a local newspaper) 전하는 바에 따르면, 최근의 해고 사태는 다수의 직원이 크리스마스 파티에서 통제할 수 없을 정도로 제멋대로 행동했기 때문이다. (지역 신문에서) |

sacking은 해고dismissal를 뜻하는 또 하나의 속어로, 명사로만 사용된다. the sack과 달리 sacking은 단수와 복수, 모두로 사용될 수 있다.

> **$600,000**
> An ex-employee is suing his company for $600,000 after claiming he was sacked unlawfully. (from a national newspaper)
> 옛 직원이 부당하게 해고되었다고 주장하며 회사를 상대로 60만 달러를 청구하는 소송을 제기하려 한다. (전국 신문에서)

scam 신용 사기

a scam은 돈을 벌거나 이득을 취하려고 사람들을 속이려는 의도로 시행되는 활동이나 책략을 가리킨다. 대체로 불법적인 활동이며, 사람들을 속여 은행 정보를 넘기게 하는 술책이 대표적인 예이다. scam은 동사로도 쓰이며 돈이나 자원을 빼내려고 사람들을 속이는 행위를 가리킨다.

to scam on (someone) ...에게 사기를 치다	I've just been scammed on by the girl I was dating–I gave her $1000 to book a couple's holiday and she's gone without me! (from a Facebook post) 나는 데이트하던 여자에게서 방금 사기를 당했다. 커플 휴가를 예약하라고 그녀에게 1,000달러를 주었는데 나를 두고 감쪽같이 사라졌다! (페이스북에 게시된 글)

to scam on ...은 '거짓말로 돈을 뽑아낼 목적에서 개인이나 집단을 속이다'라는 뜻이다. on someone을 덧붙이지 않고 to scam만을 사용해도 올바른 표현이다.

to scam (someone) out of (something) 누군가를 속여 무언가를 빼내다/탈취하다	Hundreds of people have been scammed out of their savings due to a fake investment programme. (from a local newspaper) 수백 명이 가짜 투자 프로그램 때문에 저축한 돈을 사기 당했다. (지역 신문에서)

to be scammed out of something에서 something에는 돈이나 자원이 주로 쓰인다. 다시 말해, out of 뒤에는 사람들이 속임수에 넘어가 사기꾼, 즉 자신을 속인 사람에게 넘긴 품목이 항상 쓰인다.

to scam (someone) into (something) 누군가를 속여 무언가를 하게 하다	Don't let car salesmen scam you into paying extra. (from a car price comparison website) 자동차 영업 사원에게 속아 돈을 더 지불하지 않도록 하십시오. (자동차 가격 비교 사이트에서)

부정직한 방법을 사용해 무언가를 얻어내려고 누군가 특정한 행동을 하도록 설득하는 행위를 표현할 때 사용되는 구절이다. 속임수를 써서 돈을 넘겨받는 경우가 대표적인 예이다. into 뒤에는 순진한 사람이 속임수에 넘어가 하는 행위가 주로 쓰인다.

to fall for a scam 사기에 넘어가다/ 말려들다	Be aware of texts asking for your bank details—many people have fallen for scams like this recently. (from a Facebook post of a local police force) 은행 정보를 요구하는 문자 메시지에 주의하십시오. 최근 들어 많은 사람이 이런 사기 수법에 말려들었습니다. (지역 경찰이 페이스북에 게시한 글에서)

이 맥락에서 to fall for ...는 'a trick 속임수이나 a fraud 사기 같은 것을 잘못 믿거나 그런 것에 속아 넘어가다'라는 뜻이다. 간단히 to be scammed 라고 표현해도 상관없다.

insurance scam 보험 사기	The employee is only pretending he was injured at work, it's an insurance scam! (witness statement from a civil court case) 그 직원은 업무 중에 다친 척하는 것일 뿐입니다. 보험 사기입니다! (민사 법원 사건에서 증인의 진술)

internet scam 인터넷 사기, pension scam 연금 사기 등 다양한 유형의 scam 중 하나로 자주 일어나는 사건이다. an insurance scam은 보험 회사로부터 보험금 payout 을 받아내려고 자동차 사고를 꾸미거나 의료비를 허위 청구하는 등 보험과 관련된 온갖 형태의 사기를 가리킬 수 있다.

What's the scam? 무슨 일인가?	Last time the fare cost $10, but now you're asking for $15. What's the scam? (conversation between customer and seller) 지난번에는 요금이 10달러였는데 지금은 15달러를 요구하는군요. 사기가 아닙니까? (고객과 판매원 사이의 대화)

무언가 이상하거나 의심스러울 때 어떻게 된 것이냐고 묻는 방법의 하나로 사용하는 표현이다. What's the deal?(어떻게 된 겁니까? 무슨 일입니까?)과 비슷한 뜻이지만 약간의 속임수가 개입되었을 것이란 의심이 함축된 표현이다.

> **$87,000**
> It is estimated that victims of a widespread investment scam have lost a combined amount of $87,000. (from a national newspaper)
> 대대적인 투자 사기의 피해자들이 손해 본 금액의 합계는 8만 7,000달러인 것으로 추정된다. (전국 신문에서)

cheat 속임수, 사기

to cheat는 '다른 사람을 속이거나 부정직하게 행동함으로써 돈이나 성공을 노리다'라는 뜻이다. to cheat는 다양한 맥락에서 쓰일 수 있다. 예컨대 재정과 관련한 맥락에서 누군가를 속여 돈이나 자산을 탈취하거나 훔치는 행위를 가리킬 수 있다. 이런 뜻에서는 **to scam**

과 무척 유사하다. 한편 명사로 쓰인 경우에는 보상을 얻으려고 부정하게 행동하는 사람(사기꾼, 속임수를 쓰는 사람)을 가리킨다.

to cheat (someone) out of (something) 누군가를 속여 무언가를 빼내다/탈취하다	My business partner cheated me out of my full share of the profits for this month claiming it was "for tax reasons". (email to a lawyer from their client) 사업 파트너가 '세금 문제'라고 나를 속이고는 이번 달 수익에서 내 몫을 가로챘습니다. (고객이 변호사에게 보낸 이메일)

부정직하게 누군가로부터 훔치거나 탈취하는 수준을 넘어 속임수를 써서라도, 적법하게 신세진 것을 돌려줘야 하는 것을 인정하지 않거나 누군가 마땅히 받아야 할 것을 받지 못하게 방해하는 행위를 가리킨다. 따라서 위의 표현은 누군가가 현재 보유한 돈이나 자원을 잃는 것보다 아직 받지 못한 것을 잃게 되는 속임수에 넘어가는 상황을 묘사할 때 주로 사용된다.

to cheat at (something) 무언가에서 속이다	I'm not coming to poker night if Bill is there. He always cheats at cards! (from a Facebook messenger group chat) 빌이 그곳에 있다면 포커의 밤에 가지 않을 생각이다. 빌은 카드 게임을 할 때 항상 속임수를 쓰니까! (페이스북 메신저 단체 채팅방에서)

'경쟁에서 승리하거나 이익을 얻기 위해 부정직하게 행동하다/규칙을 따르지 않다'를 뜻하는 구절이다. 게임이나 스포츠에서 주로 사용되지만 누군가 속임수를 쓰는 상황을 나타내기 위해 사용될 수도 있다.

to cheat on (something)
…에서 부정행위를 하다

A prominent political figure has been caught cheating on his taxes. (from a national news broadcast)
저명한 정치인이 세금을 포탈한 게 적발되었습니다. (전국 뉴스 방송에서)

유리한 위치에서 부정한 이득을 취하려고 규칙을 무시한다는 점에서는 to cheat at something과 비슷한 뜻을 갖는다. 그러나 to cheat at은 게임이나 스포츠에서 시작이나 끝이 정해지지 않는 행사에서 주로 사용되는 반면, to cheat on은 누군가 속임수를 쓰는 특정한 행사나 행위를 지칭할 때 사용된다는 점에서 다르다. 따라서 something이 일반적인 경우에는 one cheats at games 게임에서 속임수를 쓰다가 되고 something이 상대적으로 구체적인 경우에는 one cheated on the exam 시험에서 부정행위를 했다이 쓰인다. 하지만 to cheat on은 불륜 관계를 묘사할 때 가장 흔히 사용된다(예; one cheats on their partner, 반려자를 속이고 바람을 피우다).

34%
A shocking 34% of customers have been cheated out of higher savings rates. (from a report on a local bank)
놀랍게도 34퍼센트의 고객이 속아서 더 높은 이율을 적용받지 못했다. (지역 은행에 대한 보고서에서)

Household

- Transactions and Assets
- Financial Planning and Circumstances
- Banking and Insurance

Transactions and Assets

expenditure 지출, 경비

재정과 관련된 글에서 expenditure는 돈을 지출하는 행위나 지출된 돈 자체를 가리키는 명사로 쓰인다. expenditure는 spending 지출을 한층 격조있게 말하는 전문용어처럼 들리며 개인과 가계, 기업, 심지어 국가의 지출을 표현하는 데도 사용된다. 요컨대 무척 폭넓게 사용되는 단어여서 사업 보고서와 회계, 언론과 학술 논문 등 형식을 따지는 맥락에서도 expenditure가 사용된 예를 찾는 것은 그다지 어렵지 않다.

to cut expenditure
경비를 줄이다

We need to cut our expenditure this month if we want to afford a new kitchen. (from a conversation between a couple)
주방을 새로 꾸미려면 이번 달 지출을 줄여야 할 필요가 있다. (부부 간의 대화에서)

'돈을 모을 목적에서 혹은 자금 부족으로 지출을 줄이다'라는 뜻이다. 여기에서 to cut은 to get rid of 제거하다, to eliminate 없애다, to make less of 줄이다를 뜻하는 구동사 to cut out과 비슷한 뜻으로 쓰인 것이다. to reduce, to curb, to limit처럼 비슷한 뜻을 지닌 단어들을 to cut 대신 사용해도 괜찮다.

to monitor expenditure 지출을 감시하다	We'll be monitoring expenditure on this project from now on because you seem to be going over budget. (from a company email) 지금부터 이 프로젝트에 대한 지출을 감시하려 합니다. 예산을 초과하는 것 같아서입니다. (기업 이메일에서)

to monitor는 무언가의 진척 상황을 예의 주시하며 관찰한다는 뜻이다. 따라서 to monitor expenditure는 정해진 예산에서 벗어나지 않기 위해 수입과 비교해 outgoings 지출에 주목한다는 뜻이다. 비슷한 뜻으로 to track expenditure라 말할 수도 있다.

expenditure on (something) 무언가에 대한 지출	Government expenditure on social housing has increased in the city. (from a political journal) 이 도시에서는 공공 주택에 대한 정부 지출이 증액되었다. (정치 관련 학술지에서)

이 구절에서 on 뒤에는 돈이나 자원이 지출되는 구체적인 품목이 뒤따른다. 한편 expenditure of something은 지출되는 자원의 형태를 표현할 때 사용된다.

| **high expenditure** 높은 지출 | Has anyone else noticed they have unusually high expenditure this month? Is inflation to blame? (from an X post) 이번 달에 유난히 지출이 많은 걸 눈치채신 분 있습니까? 인플레이션 탓일까요? (X에 게시된 글에서) |

높은 수준의 지출 high levels of spending 을 표현하는 데는 large와 huge 같은 단어를 사용해도 상관없다. 반대말은 당연히 low expenditure 이다.

| **capital expenditure** 자본 지출 | You need to include the purchase of our new store within our capital expenditure for this year. (from an company editorial note on a Google Docs report) 올해의 자본 지출에 새로운 매장의 구입을 포함시켜야 할 것이다. (구글 독스로 작성한 보고서에 대한 짤막한 평가에서) |

흔히 CapEx라는 약어로 표기되는 이 용어는 회사가 부동산 같은 자산을 취득하거나 유지하기 위해 행하는 구매 행위를 가리킨다. capital expenditure는 장기적인 투자와 관계가 있다는 점에서 급여 같은 일상적인 지출을 가리키는 operating expenditure 운영 지출/경비 와 다르다.

> **$3,276,000**
> Total expenditure on elementary schools equalled $3,276,000 this quarter. (from a report on education spending)
> 초등학교에 투입된 총지출이 이번 사분기에 337만 6,000달러에 달했다.

tax 세금

tax는 중요한 관용어와 더불어 영어로 알아두면 좋은 무척 유용한 단어이다. 간단히 정의하면, tax는 공공지출에 필요한 자금을 충당하기 위해 개인과 기업이 정부에 강제적으로 납부하는 금액이며 소득, 재화와 용역의 가격, 기업의 수익 등과 같은 것을 기준으로 부과된다. 국가에 의무적으로 납부하는 모든 형태의 납부금은 일종의 tax라 할 수 있다. 의무적인 납부금의 목적이나 맥락을 구체적으로 규정하는 단어가 tax 앞에 붙는 경우가 많다. 소득에 대해 납부하는 income tax소득세가 대표적인 예이다.

to impose tax 과세하다, 세금을 부과하다	The government revealed its plans to impose a new tax on imports. (from a national newspaper) 정부는 수입품에 새로운 세금을 부과할 계획이라고 밝혔다. (전국 신문에서 인용)

to impose는 to tax와 함께 쓰이는 대표적인 동사로, 개인이나 기업에 과세taxation를 도입하거나 시행하는 경우를 표현한다. to impose 대신 to levy, to place를 사용해도 동일한 효과를 기대할 수 있다. 요컨대 to impose/levy/place a tax는 정부에 세금을 부과하는 권한이 있다는 똑같은 뜻으로 쓰인다.

sales tax 판매세	Why don't they include sales tax on price tags in the US? (from a Reddit post) 왜 미국에서는 가격표에 판매세를 포함하지 않는가? (레딧에 게재된 글에서)

미국에서 sales tax는 재화와 용역에 부과되는 세금으로, 구매할 때 가격의 일정한 비율로 계산되어 납부된다. 그 비율은 주(州)마다 다르다. 영국에서는 부가가치세 Value-Added Tax, VAT, 오스트레일리아에서는 재화 및 용역세 Goods and Services Tax, GST 라고도 쓴다. 각국마다 고유한 세금 제도 tax regime 가 있어 그에 따른 용어도 제각각일 수 있다.

back tax
체납 세금

The government says I owe them $3,000 in back taxes. Are they correct? (from an email to an individual's accountant)
정부 발표에 따르면, 저는 3,000달러의 세금을 체납하고 있습니다. 그 액수가 정확한가요?
(개인 회계사에게 보낸 이메일에서)

back tax는 납부 기한 내에 정부에 납부하지 않은 세금이며 대체로 이전 회계연도 financial year 를 기준으로 계산된 세금이다. 체납에는 벌칙금이 부과되고, 납부금에 대해 가산 금리 added interest 가 적용될 수 있다. back tax는 단수만이 아니라 복수로도 사용될 수 있다. tax는 그 자체로는 불특정한 금액을 지칭할 수 있기 때문에 영어에서 tax와 taxes 사이에는 실질적인 차이가 거의 없다.

tax bracket
과세 등급, 과세 구간

Just got a raise at work, but now I'm in a higher tax bracket. (from an X post)
직장에서 급여가 인상되었지만, 과세 등급이 더 높아졌다. (X에 게시된 글)

누진세 제도하에서는 급여 수준에 따라 다양한 세율로 소득에 과세된다. tax bracket은 이런 다양한 세율을 반영하며 소득이 더 높은 과세 등급에 속한 사람은 상대적으로 낮은 등급에 속한 사람보다 더 많은 세금을 납부해야 한다. 일부 국가에서는 tax bracket을 a tax band 라고도 한다.

tax return **세금 신고서**	Confused about filing a tax return this year? Come to us for comprehensive financial advice. (from an advert for an accountancy firm) 올해 세금 신고를 하는 데 어려움이 있습니까? 그렇다면 저희를 찾아와 포괄적인 재무 상담을 받으십시오. (한 회계회사의 광고)

a tax return은 해당 회계연도 tax year에 벌어들인 소득과 납부할 세금을 정부에 보고하기 위해 매년 작성해야 하는 공식적인 양식을 가리킨다. to do (one's) taxes는 세금 신고서를 작성하는 작업을 가리키는 일반적인 표현이다.

nothing is certain but death and taxes **죽음과 세금을 제외하면 확실한 것은 없다**	I'm confident I got the job, but nothing is certain but death and taxes! (from a family WhatsApp chat) 그 일자리를 구할 거라고 확신하지만, 죽음과 세금을 제외하고 확실한 게 있나요! (왓츠앱에서 가족 간의 채팅)

(우리가 언젠가는 죽고, 세금은 반드시 납부해야 한다는 사실을 제외하면) 우리 삶에서 모든 것이 불확실하다고 말하고 싶을 때 이 관용구가 사용된다. 미국 정치인 벤저민 프랭클린 Benjamin Franklin, 1706-1790의 유명한 명언에서 유래한 표현이다.

13 hours

The IRS has estimated that taxpayers will spend an average of 13 hours completing their tax returns this year. (from an article from an accounting firm website)

국세청은 올해 납세자들이 세금 신고서를 작성하는 데 평균 13시간을 보내게 될 것으로 예측했다. (한 회계 회사의 웹사이트에 실린 기사)

cost of living 생활비, 생계비

cost of living은 적정한 생활 수준을 유지하기 위해 의식주 및 의료에 소요되는 비용을 충당하는 데 필요한 금액을 뜻한다. cost of living은 시대와 지역에 따라 다르다.

| **average cost of living** 평균 생활비 | The average cost of living in the US is far higher than many can currently afford. (from a charity appeal) 미국의 평균 생활비는 현재 많은 사람이 감당할 수 있는 수준보다 훨씬 높다. (한 자선 단체의 호소문에서) |

상대적으로 넓은 지역 전체에서 중간 정도의 생활비 a mean cost of living 를 가리킬 때도 이 표현이 사용될 수 있다.

cost of living increase
생활비 상승

A recent increase in the cost of living has led to unusually high numbers of people accessing food banks. (from a government report)
최근에 생활비가 상승하며 푸드 뱅크를 이용하는 사람의 수가 비정상적으로 많아졌다. (정부 보고서에서)

생활비의 상승을 표현할 때 to increase 대신 to surge나 to rise 같은 단어도 사용할 수 있다. 반대로 cost of living이 to decrease 감소한다고 말할 때는 to ease나 to let up이란 표현도 사용할 수 있지만, 두 표현에는 cost of living이 사람들에게 금전적 압박을 가한다는 사실을 강조하는 목적이 함축되어 있다.

high/low cost of living
높은/낮은 생활비

I want to move to a country with a lower cost of living! (from an X post)
생활비가 덜 드는 나라로 이주하고 싶다! (X에 게시된 글)

a high cost of living은 기본적인 생필품 비용이 소득에 비해 더 빠른 속도로 올랐다는 것을 뜻한다.

cost of living crisis
생활비 위기

To help with the cost of living crisis, the government is offering one-off payments to people below a certain income. (from the government website news bulletin)
생활비 위기를 타개하는 것을 지원하기 위해, 정부는 일정 소득 이하의 사람들에게 일회성 지원금을 지급하고 있습니다. (정부 웹사이트의 뉴스 게시판)

기본적인 생필품 비용이 가계 소득보다 훨씬 빠른 속도로 상승하며 전국적으로 광범위하게 재정적 어려움이 발생한 상황을 가리킬 때 사용되는 표현이다.

cost of living adjustment 생계비 조정, 생계비 지수의 상승에 따른 임금 인상	The cost of living adjustment for those receiving social security will be larger this year. (from a US government website) 사회 보장 연금을 받는 사람들을 위한 생계비 조정이 올해에는 더 커질 것이다. (미국 정부의 한 웹사이트에서)

흔히 COLA라고도 부르며, 생활비를 따라잡기 위해 임금을 인상하는 제도를 가리키는 표현이다. 예컨대 미국 정부는 매년 생계비가 증가한 만큼 특정한 비율로 보조금을 인상한다. 똑같은 이유에서 임금을 인상해 주는 기업도 적지 않다.

> **4.6%**
> Experts calculate that the cost of living in California has increased by 4.6% this year. (from a state-wide consumer report)
> 전문가들의 계산에 따르면, 올해 캘리포니아의 생활비는 4.6퍼센트 상승했다. (주 전체 소비자 보고서에서)

bill 고지서, 청구서, 지폐

재무적 맥락에서 a bill은 두 가지 주된 의미를 갖는다. 하나는 재화나 용역에 대해 지불해야 할 총금액에 대한 요구서 또는 서면 명세서이다. 공공 요금 납부 utility payment, 의료비, 소매 거래 등과 같이 재화나 용역에 대해 돈이 지급되는 대부분의 맥락에서 이 뜻으로 bill이란 단어가 사용될 수 있다. 다른 하나로는 한 장의 지폐 a single piece of paper money를 뜻하는 명사로 사용될 수 있다. 예컨대 a one dollar bill 1달러짜리 지폐, a twenty dollar bill 20달러짜리 지폐로 쓰인다.

| **to foot the bill** 비용을 부담하다, 돈을 치르다 | Don't worry, I'll foot the bill for the meal. (from a WhatsApp message between friends) 걱정하지 마, 음식값은 내가 치를 테니까. (왓츠앱에서 친구 간에 주고받은 메시지) |

주로 금액이 상당한 경우, 일상적인 대화에서 to pay the bill을 대신해 사용되는 표현이다. 이때 foot은 총비용이 합산된 계산서에서 가장 아랫부분을 가리킨다. 같은 뜻으로 to settle the bill이라는 표현을 사용할 수도 있다.

| **to bill (someone)** 누군가에게 청구하다, 누군가에게 계산서를 보내다 | The repairman had the audacity to bill me for the extra time when it was caused by his mistake. (from an online review of a repair company) 수리공은 자신의 실수로 인해 추가로 작업한 시간에 대해서도 대담하게 나에게 비용을 청구했다. (한 수리업체의 온라인 리뷰에서) |

Transactions and Assets

to charge someone이라고도 말할 수 있으며 '재화나 용역을 제공한 대가로 돈을 청구하다'라는 뜻이며, 이때 지불해야 할 금액이 구체적으로 명시된 청구서가 보내지는 경우가 많다.

to run up a bill 청구서가 쌓이다	My daughter's run up a huge bill on her phone, I had to confiscate it! (from a post on a parental advice forum) 내 딸의 휴대폰에 엄청난 요금이 청구되어, 핸드폰을 압수해야 했습니다! (부모들이 조언을 주고받는 토론장에 올라온 게시글)

특정한 서비스를 과도하게 사용함으로써 큰 빚이나 요금이 쌓인 상태를 가리킬 때 사용되는 일상적인 표현이다.

weekly/monthly/ annual bill 주간/월간/연간 청구서	We will carry over this amount to your next monthly bill. (communication with utility company) 이 금액은 다음달 청구서로 이월될 겁니다. (공공기업과 커뮤니케이션)

bill 앞에 빈도를 뜻하는 형용사(예: monthly, weekly, yearly)를 붙여 납입금이 얼마나 자주 요청되는지를 표현할 수 있다. monthly bills가 가장 일반적이고, 에너지 요금 energy bill 등에 대한 가계 지출 household outgoings을 차지한다.

**utility bill
공공요금, 공과금**

Here are five ways to make your apartment warmer without increasing your utility bills. (from a Buzzfeed article)
공공요금을 아끼면서도 아파트를 더 따뜻하게 난방하는 다섯 가지 방법을 소개하면 다음과 같다. (버즈피드에 게재된 기사)

많은 종류의 bill 중 하나에 불과하다. energy bill에너지 요금, household bill가정에 청구되는 공공요금, repair bill수리비 등에서 보듯이 bill 앞에 다양한 형용사를 사용해 요금이 청구되는 부분을 명시할 수 있다.

1 in 8
1 in 8 households claim they are struggling to pay their utility bills this month. (from a national news TV segment)
이번 달에는 여덟 가구 중 한 가구가 공과금 납부에 어려움을 겪고 있다. (텔레비전 부문 전국 뉴스에서)

rent 집세, 임차료, 임대료

영어에서 rent의 일차적인 의미는 임대 계약a lease agreement 에 따라 어떤 부동산을 독점적으로 사용하는 대가로 집주인에게 tenant 세입자, 임차인가 지불하는 돈이다. 따라서 부동산과 관련된 맥락에서 이런 종류의 지불금을 가리켜 사용되는 단어이다. 하지만 rent가 동사로 사용된 경우에는 일시적인 재화와 용역에 대해 지불하는 행위를 가리킨다. 예컨대 You can rent a car 자동차를 임차할 수 있다 에서 a car 대신 a suit 정장, some camera equipment 카메라 장비 가 쓰일 수 있다.

to pay rent 임대료를 지불하다, 방값을 내다	I work extra hours to pay rent for my luxury apartment in the heart of the city. (caption from lifestyle vlog post) 나는 도심에 위치한 고급 아파트의 임대료를 내려고 추가로 일한다. (생활 방식을 다루는 브이로그에 게시된 영상의 제목)

someone pays it이라는 표현에서 it의 자리에 rent가 사용된 경우이다.

to collect rent 임대료를 징수하다, 수금하다	The landlord hired a third-party service to collect rent on their behalf, streamlining the payment process for both parties. (from real estate property forum discussion) 집주인은 용역 회사를 고용해서 임대료를 대신 수금하는 역할을 맡김으로써 양측 모두를 위해 지불 과정을 간소화할 수 있었습니다. (부동산과 관련된 토론회에서)

동사 to collect는 a rent payment 집세, 임대료를 받는 행위를 표현할 때 사용된다. to collect는 집주인과 임차인의 관계와 관련해 가장 자주 사용되는 동사일 것이다.

to rent out
...을 임대하다, 세놓다

Homeowners often decide to rent out their properties on vacation rental platforms to generate additional income. (from article about the rise of Airbnb)

주택 소유자들이 추가로 소득을 창출할 목적에서 공유 숙박 플랫폼에 주택을 세놓는 경우가 많다. (에어비앤비의 성장에 대한 기사에서)

to rent out은 일정한 대가를 받고 어떤 물건이나 부동산을 사용할 수 있게 해 주는 행위를 표현할 때 사용되는 구동사이다. 따라서 집주인이나 물건의 소유자를 renter 대여업자 보다 doer 행위자로 표현할 때 사용되는 구동사이기도 하다.

to fall behind on rent
임대료/집세가 밀리다

Thousands fall behind on rent during cost of living crisis. (newspaper headline)

생활비 위기로 수천 명이 임대료를 체납. (신문 머리기사)

to fall behind는 '무언가를 행하는 데 늦어지다'를 뜻하는 구동사이다. 금전적인 어려움으로 인해 누군가가 예정된 집세를 납부하는 것이 늦어진 상황을 개략적으로 전달할 때 주로 사용된다.

$11,000

33-year-old rents out 4 properties and earns $11,000 every month. (magazine article headline)

33세의 청년이 4채의 부동산을 임대해 매달 1만 1,000달러를 벌어들인다. (잡지에 실린 기사의 머리기사)

mortgage 대출, 대출금

a mortgage는 부동산을 구입하는 데 사용되는 대출(금)의 일종으로, 정해진 기간 동안 이자를 더해 상환되는 것이 일반적이다. 대출자가 제때 상환하지 못하면 대출 기관, 주로 은행은 부동산을 회수할 수 있다 to take back the property. 반면에 대출금을 모두 상환하면 to pay off the loan 대출자는 부동산을 완전히 소유하게 된다. mortgage는 아래의 예에서 보듯이 저당잡힌다는 뜻의 동사로도 사용될 수 있다.

mortgage rate 부동산 담보 대출 금리	Mortgage rates have dipped this month, which means it is the ideal time to buy a house. (from a financial advice blog) 이번 달에 담보 대출 금리가 떨어졌다. 주택을 구입하기에 이상적인 때라는 뜻이다. (금융에 관해 조언하는 블로그에서)

mortgage rate는 대출 기관이 주택 자금 융자 a home loan 에 부과하는 금리를 가리킨다. mortgage rate는 시간에 따라, 또 경제 상황과 대출자의 신용 점수에 따라 달라질 수 있으며 대출자가 매달 상환해야 하는 액수에 큰 영향을 미친다.

fixed-rate mortgage 담보 대출 고정 금리	Fixed-rate mortgages are preferable to those who want a long-term loan. (from the mortgage advice section of a bank website) 담보 대출 고정 금리는 장기 대출을 원하는 사람들에게 선호된다. (은행 웹사이트에서 주택 담보 대출에 대해 조언하는 부문에서)

fixed-rate mortgage는 전체 대출 기간 동안 고정된 금리가 적용되는 부동산 대출을 가리킨다. 따라서 대출 기간 내내 매달 상환금이 동일하게 유지된다는 뜻이기도 하다. 반대말인 a variable-rate mortgage 담보 대출 변동 금리에서는 상황에 따라 금리가 오르내릴 수 있다.

mortgage payment **담보 대출 상환금**	Many are struggling with mortgage payments due to the recent increase in interest rates. (from a report on housing) 최근에 금리가 오른 까닭에 많은 사람이 담보 대출금 상환에 어려움을 겪고 있다. (주택에 대한 보고서에서)

때로는 a mortgage repayment로 표현되기도 하며, 대출금을 갚기 위해 대출 기관에 매달 납부해야 하는 금액을 가리킨다. 대출자가 선택한 대출 유형에 따라 mortgage payment가 고정된 금액일 수도 있지만 금리의 변동에 따라 달라질 수도 있다.

mortgage application **담보 대출 신청**	Call this number today for free advice on your mortgage application. (from a banking website) 오늘 이 번호로 전화해서 부동산 담보 대출 신청에 대해 무료 상담을 받으십시오. (은행 웹사이트에서)

부동산을 구입할 때 대출 기관에 융자를 요청하는 신청(서)을 가리키는 표현이다. mortgage application은 상당히 포괄적인 과정으로, 대출 기관이 기꺼이 융자해 줄 수 있는 금액을 계산할 수 있도록 소득 증명서, 자산 목록, 신용 기록 등이 제공되어야 한다.

to take out a mortgage
담보 대출을 받다

When looking to take out a mortgage, it is important to consider your current financial situation. (from a post in a finance Subreddit)
담보 대출을 받으려 한다면 당신의 현재 재정 상황을 고려하는 게 중요하다. (금융과 관련된 서브레딧에 게시된 글에서)

to take out은 mortgage나 다른 형태의 loan 대출과 함께 사용되어 대출 기관으로부터 돈을 빌리는 행위를 표현하는 동사이다. to borrow a mortgage/take a mortgage는 올바른 표현이 아니라는 사실에 주목해야 한다. 담보 대출을 받는 과정을 표현할 때는 반드시 to take out이 사용되어야 한다.

to mortgage (something)
...를 저당잡히다,
...를 담보로 대출을 받다

We had to mortgage our house to pay for Jane's medical bills, but look how healthy she is now! (from an Instagram post)
제인의 병원비를 지불하기 위해 우리는 집을 저당잡혀야 했지만, 이제 제인이 얼마나 건강해졌는가를 보라! (인스타그램에 게시된 글)

to mortgage something은 '융자를 얻기 위해 in order to secure a loan 주택이나 땅을 담보로 제공하다'라는 뜻이다. 한편 더 많은 돈을 빌리기 위해 대출 조건을 변경하는 과정을 영국에서는 remortgaging 재저당, 미국에서 refinancing 재융자이라 한다.

$1,378

The average household has a monthly mortgage payment of $1,378. (from a recent US census)

평균적인 가정이 매달 상환하는 대출금은 1,378달러이다. (최근에 실시된 미국 인구 조사에서)

collateral 담보, 담보물

금융과 관련된 맥락에서 collateral은 대출금을 상환하지 못하는 경우 대출 기관의 재산이 된다는 계약하에 돈을 빌리려는 사람이 대출 기관에 제공하는 값나가는 부동산이나 자산을 뜻한다. collateral은 은행을 비롯한 대출 기관이 돈을 빌려주면서 지나치게 큰 위험을 떠안지 않으려는 목적에서 대출자에게 요구하는 것이다. 주택 담보 대출 mortgage의 경우에는 주택 자체가 the collateral이고, 대출자가 더는 대출금을 상환하지 못하는 경우 대출 기관이 collateral에 주어진 주택을 회수할 수 있다.

| **to put up collateral** 담보를 제시하다/내놓다 | Many banks require you to put up collateral when applying for a loan: here is a list of acceptable assets to use. (from a financial advice column) 당신이 대출을 신청할 때 많은 은행에서 담보를 제공하라고 요구한다. 담보로 사용하는 것이 허용되는 자산을 소개하면 다음과 같다. (금융과 관련한 칼럼에서) |

to put up은 담보 collateral를 제공하는 행위를 표현할 때 흔히 사용되는 동사구이다. 담보로 제공하는 자산을 언급할 때 to put (something) up as collateral이란 표현을 사용할 수도 있다.

to accept (something) as collateral 무언가를 담보로 받아들이다	We accept various different assets as collateral: see below for our full list. (from a bank website) 우리는 여러 형태의 자산을 담보로 받습니다. 그 전체 목록은 아래를 참조하십시오. (은행 웹사이트에서)

은행들은 융자금을 제공하기 전에 to accept an asset as collateral 어떤 자산을 담보로 받아들이다 한다. 한편 to reject (something) as collateral 무언가를 담보로 거절하다, to submit (something) as collateral 무언가를 담보로 제출하다이라는 표현도 가능하다.

marketable collateral 시장성/환금성 있는 담보	We shall be closely monitoring the value of your stocks if you offer them as marketable collateral. (from an email from a banker) 당신이 주식을 담보로 제시하면 주식의 가치를 면밀히 검토할 것입니다. (은행이 보낸 이메일에서)

marketable collateral은 정상적인 시장 조건에서 판매될 수 있는 주식이나 채권, 다시 말하면 현금으로 쉽게 전환할 수 있는 금융 자산을 가리킨다. 주식의 가치가 하락할 수 있기 때문에 주식 같은 금융 자산의 제공은 위험할 수 있다.

| collateral for (something) 무언가에 대한 담보 | I'm going to offer up my jewelry as collateral for a loan. Do you think this is sensible? (from an online personal finance forum) 보석류를 담보로 제공해서 대출을 받으려고 합니다. 합리적인 선택이라 생각하십니까? (온라인 개인 금융 토론회에서) |

이 맥락에서 전치사 for 뒤에는 대출자가 요구하는 것, 예컨대 loan 대출, mortgage 담보 대출가 쓰인다. 이때 for 대신 against를 사용해도 같은 의미를 전달할 수 있다.

> **$50,000**
> We accept assets valued at more than a minimum of $50,000 as collateral for our larger loans. (from a banking FAQ page)
> 저희는 고액 대출의 담보로 최소 5만 달러 이상의 자산을 받습니다.
> (한 은행의 FAQ에서)

equity 자기 자본

간단히 말하면, equity는 부동산이나 사업에 투자된 총가치를 뜻한다. 따라서 equity는 개인이나 조직이 온갖 형태의 부채를 차감한 뒤 보유하는 자산의 총액이 된다. 기업과 관련한 맥락에서 equity는 shareholders' equity 주주 자본로 불리며 투자자에게 기업의 소유와 잠재적 이익에 참여하는 방법을 제공한다.

| **to have equity in (something)** ...에 지분을 보유하다 | Recent profits will benefit those of you who have equity in the company. (email from a CEO) 최근의 수익은 회사의 지분을 보유한 여러분에게 도움이 될 것입니다. (최고경영자가 보낸 이메일에서) |

to have equity는 자신의 공동/개별 소유를 표현할 때 사용되는 동사구이다. 이때 equity는 고정된 금액이 아니며 소유한 자산의 가치나 소유자가 출자한 금액에 따라 증가하거나 감소할 수 있다.

| **shareholders' equity** 주주 자본, 주주 지분 | There is a simple equation for calculating the shareholders' equity of a company. (from an accounting textbook) 회사의 주주 자본을 계산하는 간단한 방정식이 있다. (회계 교과서에서) |

stockholders' equity라고도 하며 총자산 total assets에서 부채 liabilities를 뺀 회사의 가치를 가리키는 용어이다. 회사가 청산되는 경우에 주주들이 받을 수 있는 금액이기도 하다.

| **home equity** 주택 자산/자본 | Paying off your mortgage will increase your home equity. (from a mortgage advice website) 주택 담보 대출금을 다 상환하면 주택 자산이 늘어납니다. (주택 담보 대출 상담 웹사이트에서) |

home equity는 누군가 실제로 소유하고 있는 주택의 가격을 뜻하며 주택이 지닌 총가치에서 남은 주택 담보 대출금을 빼는 방식으로 계산된다.

equity loan
자기 자본 대출

I had to take out an equity loan to pay for Julie's college tuition. (from a WhatsApp message between friends)
줄리의 대학 등록금을 내려고 나는 자기 자본 대출을 받아야 했다. (왓츠앱에서 친구들 간의 메시지)

a home equity loan주택 자기 자본 대출 혹은 second mortgage 2순위 담보 대출 라고도 하며, 대출자가 자기 집에 구축한 equity를 collateral담보로 사용하는 형태의 대출을 가리킨다.

equity capital
자기 자본, 투입 자본

Here is a summary of the equity capital we have raised this year. (from an email to a CEO)
올해 우리가 조달한 자기 자본을 요약하면 다음과 같습니다. (최고경영자가 보낸 이메일에서)

equity share capital이라고 부르며, 회사의 자본a company's capital 혹은 자금funds 중에서 회사의 일부 소유권을 넘기며 투자자에게 주식을 매각함으로써 조달한 부분을 가리킨다.

equity investment
주식 투자, 지분 투자

Equity investments can be a great source of extra income. (Investopedia article)
주식 투자는 훌륭한 추가 수입원일 수 있다. (인베스토피디아에 실린 글)

어떤 기업의 주식을 매수하는 방식으로 그 회사에 투자한 돈을 가리킨다.

12.4%

The value of our shareholders' equity has increased by 12.4% in the last year. (from a company report)
우리 주주들의 지분 가치는 지난해 12.4퍼센트 상승했다. (기업 보고서에서)

income 소득, 수입

간단히 말해서 income은 개인이나 기업이 벌거나 받은 돈을 뜻하며 개인이나 기업이 지출하거나 나눠줘야 하는 돈과는 상반된 개념이다. 즉 wage 임금 나 salary 급여와 달리 income은 고용해서 벌어들인 돈만 아니라 모든 형태의 자금원 source of money 을 가리키므로 투자 investment 와 임차인에게서 받은 임대료 rent from tenants, benefits 수당, 복리 후생로 취득한 돈까지 포함된다. income은 대체로 특정한 기간 내에 주어지는 것을 가리킨다(예: a monthly income, 월수입/월소득)

| **to generate income** 소득을 창출하다 | Nowadays, more and more people approaching retirement are looking for other ways to generate an income alongside their pension. (from the US social security website) 요즘에는 은퇴를 앞두고 연금 이외의 소득을 창출할 다른 방법을 찾는 사람이 점점 더 많아지고 있다. (미국 사회 보장 웹사이트에서) |

to generate income은 자신이나 회사를 위해 돈을 버는 행위를 가리킨다. 투자를 비롯해 돈을 벌어들이는 행위는 income-generating 소득/수입 창출이라 표현할 수 있다.

| **to supplement (one's) income** **소득/수입을 보충하다** | I've heard that freelance writing is a good way to supplement your income, why not try it? (from a text conversation between friends) 프리랜서로 글을 쓰는 게 수입을 보충하기에 좋은 방법이라고 들었는데, 시도해 보지 못할 게 있을까? (친구들 간의 문자 대화에서) |

'주된 소득 main income 이외에 추가적인 수입원을 획득하다'를 뜻하는 동사구이며 to supplement는 이런 현상을 표현하는 데 일반적으로 사용되는 동사이다. to supplement (one's) income은 주된 소득보다 적은 액수의 돈을 버는 경우를 표현할 때 주로 쓰인다.

| **source of income** **소득원/수입원** | Tutoring can be a great source of income while you're studying. (from a university prospectus) 개인 교습은 학교를 다니면서 훌륭한 수입원이 될 수 있다. (대학 안내서에서) |

소득이 발생하는 모든 곳을 가리킨다. 정규직 full-time employment을 a primary source of income 주된/1차적인 소득원으로 확보한 상태에서 저작권 사용료 royalty 등을 a secondary source of income 부수입원으로 지닐 수 있다.

| **discretionary income**
재량 소득 | Typically, couples with no children have a higher amount of discretionary income. (from a lifestyle magazine)
자녀가 없는 부부의 재량 소득이 더 많은 것은 일반적인 현상이다. (생활 방식을 취급하는 잡지에서) |

discretionary income은 개인이나 가계가 세금을 납부하고 음식과 의복 등 기본적인 비용을 처리한 뒤 남은 돈의 액수를 가리킨다. disposable income 가처분 소득과 혼동되는 경우가 많지만 disposable income은 세후 소득 income after taxes 이다.

| **taxable income**
과세 소득/과세 대상 소득 | You must report all of your taxable income in your tax return. (from the IRS website)
소득 신고서에 모든 과세 대상 소득을 신고해야 합니다. (IRS 웹사이트에서)
＊IRS: Internal Revenue Service, 국세청 |

간단히 말하면 taxable income은 과세 대상이 될 수 있는 모든 소득원을 뜻한다. 미국에서 taxable income으로는 임금과 팁, capital gains 양도 소득, 고정 자산 매각 소득, royalties 저작권 사용료 등이 포함된다. 한편 nontaxable income 비과세 소득에는 생명보험금 life insurance payments 이나 선물 같은 것이 포함된다.

| **private income**
불로 소득, 비근로 소득 | With the right investments, one can subsist entirely on a private income. (from a personal finance book)
제대로 투자하면 비근로 소득만으로도 살아갈 수 있다. (개인 금융을 다룬 서적에서) |

private income은 저작권 사용료, 투자 등 봉급 이외의 소득원에서 얻은 소득을 가리킨다. unearned income이라고도 표현된다.

12

Here are 12 ways you can supplement your income this year. (from a Buzzfeed article)

올해 소득을 보충할 수 있는 12가지 방법을 소개하면 다음과 같다. (버즈피드에 게시된 글)

money tree 돈나무, 돈이 생기는 근원

a money tree는 쉽게 벌 수 있는 돈이나 무한한 돈의 근원을 뜻한다. Money doesn't grow on trees 돈은 나무에서 자라지 않는다 라는 관용구처럼 돈이나 자원을 무한히 쏟아내는 것은 없다는 사실을 강조하기 위한 과장된 비유로 사용되는 표현이다. 무한해 보이거나 쉽게 손에 넣을 수 있을 것처럼 보이는 부의 원천 a source of wealth 을 묘사하는 데도 사용된다. money tree는 단독으로도 사용되지만 형용사를 동반할 수도 있다.

magic money tree 가상/마법의 돈나무	Sadly, there is no magic money tree that can pay for more hospitals. (from a politician's speech) 안타깝게도 더 많은 병원을 지원할 수 있는 마법의 돈 나무는 없습니다. (한 정치인의 연설에서)

간혹 money tree는 앞에 magic이란 형용사를 덧붙여 돈을 구하는 것이 불가능하다는 것을 은유적으로 강조할 수 있다.

huge money tree 거대한 돈나무	The entertainment industry can be a huge money tree for those who know how to work it. (from a commentary on careers in entertainment) 연예 산업은 어떻게 작업해야 하는가를 아는 사람들에게는 어마어마한 돈나무가 될 수 있다. (연예 산업계의 경력에 대한 설명에서)

형용사 huge는 은유적인 money tree가 엄청난 액수의 돈을 벌어들이고 있다는 것을 강조하는 데 사용될 수 있다. 비슷하지만 훨씬 더 큰 강조 효과를 유도하려면 limitless무한한라는 단어가 사용될 수 있다.

to shake the money tree 돈나무를 흔들다, 큰돈을 벌다	He's rich because he knows how to shake the money tree. (from an exposé on a wealthy businessman) 그가 부자인 이유는 돈나무를 흔드는 법을 알기 때문이다. (부유한 사업가에 대한 해설 기사에서)

to shake the money tree는 '주어진 온갖 기회를 쫓으며 성공을 이루기 위해 끈질기게 노력하고, 많은 돈을 벌기 위해 열심히 일하다'라는 뜻이다. 상대적으로 덜 사용되지만 유사한 뜻으로 to shake the plum tree자두 나무를 흔들다라는 표현도 있다.

> **$13,476**
> The couple's business has turned out to be quite the money tree, earning them a total of $13,476 in one month. (from a feature on independent businesses)
> 그 부부의 사업은 상당한 돈나무라는 것을 입증하며 한 달 동안 총 1만 3,476달러를 벌어들였다. (독립 사업체들에 대한 특집 기사에서)

small fortune 상당한 재산, 꽤 많은 돈

다른 뜻을 암시하는 형용사가 포함되어 있지만 a small fortune은 상대적으로 많은 금액의 돈을 뜻한다. small fortune을 사용하는 경우와 기본적인 명사 fortune만을 사용하는 경우는 맥락에 따라 달라진다. small fortune은 일반적으로 상대적인 용어로 사용되며, 그 때문에 이 구문을 사용하는 사람에게만 많은 돈으로 보일 수 있다. 예컨대 50달러는 객관적으로 큰돈이 아니지만 특정한 사람에게나 특정한 대화 상황에서는 a small fortune이 될 수 있다. 반면에 fortune이나 large fortune은 객관적으로 큰 액수의 돈을 가리킬 때 사용될 가능성이 크다. small fortune은 문제의 돈이 예상보다 많을 때도 과장하려는 의도로 사용될 수 있다.

to spend/pay a small fortune 꽤 많은 돈을 지출하다/지불하다	I paid a small fortune for this hotel room so I expected more from the staff. (from a TripAdvisor review) 이 호텔 방에 상당한 돈을 지불했기 때문에 호텔 직원들에게 더 많은 것을 기대했다. (트립어드바이저 리뷰에서)

to pay a small fortune은 예상보다 더 많은 금액이나 불만스러운 금액을 지출해야만 했던 상황을 과장해 표현할 때 일반적으로 사용된다.

to cost (someone) a small fortune 누군가에게 꽤 많은 비용을 들이다	The kids' school uniforms cost a small fortune this year–is there any way we can buy second-hand ones? (from a school chatroom) 올해 아이들의 교복이 좀 비싼데 중고로 살 수 있는 방법이 없을까요? (학교 채팅방에서)

앞의 예와 비슷하게 to cost (someone) a small fortune도 턱없이 비싼 물건이나 서비스를 표현할 때 사용된다. 그 돈을 지출하는 사람의 관점에서 상대적으로 많은 액수라는 것을 뜻한다.

to make/earn a small fortune 꽤 많은 돈을 벌다	I made a small fortune last month just by selling my old tech here! (from a review of an online marketplace) 지난달에 내 오래된 전자 기기를 여기에서 팔아 꽤 많은 돈을 벌었다! (온라인 시장 리뷰에서)

이미 짐작했겠지만 이 표현도 예상을 벗어나 상당한 액수를 벌어들이고, 특히 그 액수가 판매한 상품이나 서비스의 지각된 가치 perceived value에 비해 큰 금액에 해당하는 긍정적인 상황에서 사용된다.

to be worth a small fortune 상당한 재산 가치가 있다	Your coin collection must be worth a small fortune by now, how much will you sell it for? (from a direct message on Facebook) 당신이 수집한 동전들이 이제는 그 가치가 상당할 겁니다. 얼마에 판매하실 생각입니까? (페이스북의 비밀 메시지에서)

거듭 말하지만, 이 표현도 무언가가 상당한 재산적 가치가 있다는 것을 과장해 강조하려는 의도에서 사용된다.

1.6

Holidaymakers will be forced to spend a small fortune this summer, as airlines charge an average of 1.6 times the cost of tickets compared to last year. (from a national news report)
항공사들이 작년에 비해 항공권 가격을 평균 1.6배 인상함에 따라 올 여름 휴가객들은 상당한 비용을 지출해야 할 것입니다. (전국 뉴스 보도에서)

loan 대출/융자, 대출하다, 빌려주다

동사와 명사로 모두 사용되는 loan은 돈을 빌리는 쪽이 대출 기관에 빚을 진 뒤 이자를 더해 빚진 돈을 상환해야만 한다는 협약하에 두 당사자 간 진행된 돈의 이전을 가리킨다. loan은 금융과 관련된 맥락에서 흔히 사용되지만 loan의 대상은 반드시 돈 money 이 아니라 다른 자산 asset 일 수도 있다. 우리는 특정한 조건으로 은행과 계약을 체결하고 a formal loan을 얻거나 친구에게서 an informal loan을 얻을 수도 있다. 동사로 사용된 to loan은 to lend와 같은 뜻이다.

to take out a loan
대출을 받다. 빚을 내다

If you are looking to take out a loan with us, there are certain criteria you will have to meet. (from a letter from a bank)
우리에게서 대출을 받으려 한다면 다음 몇 가지 기준을 충족해야 합니다. (은행이 보낸 편지에서)

to take out은 loan과 함께 흔히 사용되며, 이런 식으로 돈을 빌리는 행위를 가리킨다. to take up a loan과 같은 뜻으로 to obtain a loan 혹은 to secure a loan 같은 동사구를 사용할 수도 있다.

to repay a loan **대출금을 상환하다**	I recommend that you repay this loan by the end of the month to maintain your good credit score. (from an email from a accountant) 좋은 신용 점수를 유지하려면 이번 달 말까지 이 대출금을 상환하는 게 좋겠습니다. (회계사가 보낸 이메일에서)

to pay off a loan과 같은 의미로 쓰이며 간단히 정리하면 '빌린 돈을 이자와 함께 대출 기간에 돌려주다' to give back to the lender라는 뜻이다. 간략히 to pay a loan이라고 말할 수 있지만 자주 쓰이는 편은 아니다.

to float (someone) a loan **누군가에게 돈을 빌려주다**	Is anyone willing to float me a loan for a new car? I can't get to work without one. (from a family WhatsApp group chat) 새 자동차를 사려고 하는데 나한테 돈을 빌려줄 사람? 자동차가 없으면 출근할 수 없거든. (왓츠앱의 가족 채팅방에서)

'누군가로부터 대출을 받다' to receive a loan from someone 혹은 '누군가에게 돈을 빌려주다' to lend money to someone라는 뜻으로, 주로 미국 영어에서 격식을 따지지 않는 편한 분위기에서 사용된다. 상반된 뜻을 지니지만 어느 뜻으로 사용되었는지는 맥락을 통해 파악될 수 있다.

| **home/car loan**
 주택 담보 대출/자동차 구입 자금 대출 | Here's how to get a great deal on your car loan. (from an online finance magazine)
 자동차 구입 자금을 많이 대출받는 방법을 소개하면 다음과 같다. (온라인 금융 잡지에서) |

미국에서 a home loan은 mortgage 주택 담보 대출의 다른 표현으로, 주택을 구입하는 데 필요하지만 수년 내에 상환해야 하는 돈을 빌리는 행위를 뜻한다. 비슷하게 a car loan(혹은 auto loan)은 자동차를 구입하기 위해 대출 기관으로부터 빌리는 돈을 뜻하며 역시 정해진 기간 내에 상환해야 한다.

| **on loan from (something)**
 무언가로부터 대출을 받아/임대하여 | I've only got the car on loan from a friend until I can afford my own. (from a text message to an employer)
 제 자동차를 구입할 여유가 있을 때까지 친구에게서 빌린 자동차를 이용했습니다.
 (고용주에게 보낸 문자 메시지에서) |

to be on loan은 (주어로 쓰인 것이) 누군가로부터 혹은 다른 곳으로부터 빌리거나 to be borrowed 임대한 것 to be rented out이란 뜻이다. 이 표현은 금융 자산에만 사용되는 범위를 넘어 어떤 물품에나 적용될 수 있다 any item can be on loan. 심지어 어떤 행사 때문에 직원을 빌려주는 경우에는 사람도 주어 위치에 쓰일 수 있다.

25

It takes an average of 25 years to repay a home loan in the US. (from an online mortgage advisor)
미국에서 주택 담보 대출금을 상환하는 데는 평균 25년이 걸립니다.
(온라인 주택 담보 대출 상담가로부터)

nest egg 비상금, 밑천

은퇴, 주택 구입 등 특정 목적을 위해 혹은 단순히 비상 상황을 대비해 저축하는 돈을 뜻하는 관용어이다. nest egg는 암탉이 더 많은 알을 낳도록 유도할 목적에서 암탉의 둥지에 알을 넣어두는 오래된 관습에서 유래한 표현이다. 이 오래된 관습과 현재 사용되는 이 표현 사이에 정확한 관련성이 있는지는 확실하지 않다. 그러나 nest egg는 궁극적으로 더 큰 보상을 얻어내기 위해 무언가를 따로 떼어 놓는다는 것을 뜻할 수 있다.

to build a nest egg 비상금/종잣돈을 모으다	It is useful for couples to build a nest egg when thinking about buying a home. (from an online mortgage guide) 부부가 주택 구입을 고려할 때 종잣돈을 모아가는 게 필요합니다. (온라인 주택 대출 안내에서)

to build는 nest egg와 함께 사용되어 '돈을 저축하다'를 뜻하는 동사이다. to grow나 to create도 사용될 수 있지만 to build만큼 자주 사용되지는 않는다. 그렇다고 to save up a nest egg라고 직설적으로 말하는 표현은 적합하게 들리지 않는다.

to put aside a nest egg 비상금을 따로 떼어두다/챙겨두다	Don't worry about the cost of repairs luckily, I put aside a nest egg for this kind of emergency. (from an email to a plumber) 수리 비용에 대해서는 걱정하지 마십시오. 다행히 이런 비상 상황을 대비해 비상금을 챙겨두었습니다. (배관공에게 보낸 이메일에서)

to put aside도 nest egg와 함께 사용되는 동사이다. to put aside a nest egg는 '필요한 경우에만 사용하려고 저축하는 형태로 여분의 돈extra money을 모아두다'라는 뜻이 함축된 표현이다. 같은 뜻으로 to set aside a nest egg를 사용할 수도 있다.

| **large/little nest egg**
많은/적은 비상금 | I had a little nest egg which I used for this trip across Europe. (from an Instagram post)
비상금을 조금 모아 이번 유럽 여행에 사용했다. (인스타그램에 게시된 글) |

다양한 형용사를 사용해 nest egg의 규모를 표현할 수 있다. 해당 액수를 소유한 사람의 재산과 비교해 규모가 결정되기 때문에 a little nest egg도 상당한 액수의 돈일 수 있다.

| **retirement nest egg**
은퇴 자금, 노후 자금 | Many people are claiming that they have a smaller retirement nest egg than they planned due to recent financial difficulties. (from a local newspaper)
최근 재정적인 어려움으로 인해 계획했던 것보다 은퇴 자금이 적다고 푸념하는 사람이 많다. (지역 신문에서) |

여러 형태로 마련하는 nest egg 중에서 가장 일반적인 형태는 은퇴 retirement 이후를 위한 것이다. retirement nest egg는 일을 그만둔 이후에도 재정적인 안정을 도모할 목적에서 축적해 두는 것이다. 이 자금은 a retirement nest egg만 아니라 a nest egg for retirement 라고도 할 수 있다.

> **$296,877**
> In the US, the average retirement nest egg for people over 65 is $296,877. (from the pension section of a banking website)
> 미국에서는 65세 이상의 평균 은퇴 자금은 29만 6,877달러이다. (은행 웹사이트의 연금 부문에서)

piggy bank 돼지 저금통

문자 그대로 a piggy bank는 어린아이들이 쓰고 남은 잔돈 spare change을 넣어두는 저금통 money box을 가리키며 대체로 돼지 모양을 띤다. 한편 piggy bank는 은행 계좌를 비롯해 공식적인 돈 저장소에 다양한 형태로 보관된 저축이나 여유 자금을 뜻하는 비유로도 사용된다.

to break open the piggy bank 돼지 저금통을 부수어 열다	We'll have to buy a new boiler to replace the old one, time to break open the piggy bank. (from a conversation between family members) 낡은 보일러를 교체해야겠다. 새 보일러를 구입하려면 돼지 저금통을 깨서 열어야겠지. (가족 간의 대화에서)

'무언가를 지불하기 위해 저축한 돈을 이용하다'를 뜻하는 표현이다. 물리적인 piggy bank가 대체로 유리 glass나 도자기 porcelain로 만들어져서 안에 든 돈을 꺼내 사용하려면 바닥에 던져 깨뜨려야 했던 사실에서 유래한 표현이다.

to empty/raid the piggy bank 돼지 저금통을 비우다	I had to raid the piggy bank to pay for this costume, but it was worth it! (from an Instagram post) 이 옷을 사려고 돼지 저금통을 털어야 했지만 그만한 가치가 있었다! (인스타그램에 게시된 글에서)

앞에 소개된 동사구와 비슷한 뜻으로, 아이들이 저축한 동전이 채워진 '돼지 저금통을 비우다' to empty the piggy bank 와 같이 '무언가를 구입하기 위해 저축한 돈을 인출하거나 다른 형태의 자원을 다 쓰다'를 뜻하는 표현이다.

piggy banking 돈을 분할해 보관하는	Interested in the piggy banking method? Download our app to split up your money. (from an advertisement for a banking app) 분할 저축 방법에 관심이 있으신가요? 우리 앱을 다운로드하여 돈을 나눠보십시오. (은행 웹사이트의 광고에서)

the piggy banking method는 예산에 따라 돈을 분할해 관리하는 방법이다. 예컨대 자신이 보유한 금융 자산을 청구서, 여행, 사치품 등 각 항목에 따라 별개의 piggy bank(혹은 bank account)에 나누어 보관하는 방법을 뜻한다.

$15.50

On average, it is estimated that children who use piggy banks save approximately $15.50 per month, fostering early financial literacy habits. (financial education pamphlet)
평균적으로, 돼지 저금통을 사용하는 어린아이는 매달 약 15.50달러를 저축하며 금융 이해력을 조기에 쌓아가는 것으로 추정된다. (금융 교육 팸플릿)

hoard 비축물, 비축하다

hoard는 명사만 아니라 동사로도 사용될 수 있다. a hoard는 개인이나 집단이 직접 보관하려는 목적에서 현금이나 귀중품 같은 특정한 품목을 대량으로 모아 감추어 둔 경우를 가리킨다. 한편 to hoard는 '가치가 크다고 생각하는 물건들을 나중에 사용할 목적으로 모아서 혼자만을 위해 보관하다'를 뜻한다. 동사 to hoard에는 부정적인 함의가 있어 다른 사람에게 베풀지 않고 이기적인 목적에서 물건들을 축적하거나 불건전한 강박 unhealthy compulsion 에 사로잡혀 불필요한 물건들을 비축한다는 뜻이 함축되어 있다.

to hoard (something) 무언가를 비축하다, 쌓아두다	The city museum has been accused of hoarding important collections. (from a review of a town) 시립 박물관은 중요한 수집품들을 사장(死藏)해 두고 있다는 비난을 받았다. (한 도시에 대한 평가에서)

돈이나 귀중품만 아니라 무엇이든 to hoard의 대상이 될 수 있다. to hoard는 혼자만을 위해 이기적으로 무언가를 쌓아두는 사람을 비난하는 과장된 표현으로 사용될 수 있다.

hoard of (something) 무언가의 비축/ 비장(祕藏)	My grandad still keeps a hoard of cash under his bed. He doesn't trust banks! (from a conversation between friends) 우리 할아버지는 아직도 침대 밑에 현금을 감춰 두고 있어. 은행을 믿지 않아! (친구들 간의 대화에서)

the hoard가 무엇으로 이루어졌는지 표현할 때는 'of + 수집된 품목' 이 사용된다. 이 경우에도 hoard는 과장된 표현 form of exaggeration 으로 사용될 수 있다.

large/vast hoard 다량의 비축물/저장물	A vast hoard of coins was discovered buried under a parking lot. (from a local newspaper) 엄청난 양의 동전이 주차장 아래에 묻혀 있는 것이 발견되었다. (지역 신문에서)

다양한 형용사를 사용해 the hoard의 규모를 표현할 수 있다. 특히 large나 small 및 그 동의어들이 적절하게 쓰일 수 있다.

hoarder 무언가를 모으는 사람/ 사재기하는 사람	Landlords can be considered hoarders of property, which drives up prices. (from an opinion piece on the housing market) 임대주들은 부동산을 사재기하는 사람으로 간주될 수 있으며, 그렇게 부동산 값을 끌어올린다. (주택 시장에 대한 의견에서)

hoarder는 어떤 품목을 hoard 사재기, 축적 하는 사람에게 붙여진 명칭이다. 요즘에는 특정한 품목을 수집하려는 강박 compulsion 이 있거나 물건을 버리는 것을 좋아하지 않는 사람을 가리키는 데 주로 사용된다.

$63,293

The hoard of gold found buried in the woman's backyard is said to be worth a total of $63,293. (from a local TV news channel)
이 여성의 뒷마당에 묻힌 상태로 발견된 황금은 총 6만 3,293달러의 가치가 있다고 합니다. (지역 텔레비전 뉴스 채널에서)

fund 자금/기금, 자금을 제공하다

fund는 동사와 명사로 모두 사용될 수 있다. 동사 to fund로 사용된 경우에는 '특정한 목적을 위해 돈을 제공하다'를 뜻한다. 명사로 사용되더라도 비슷하게 특정한 목적에 지정된 돈의 액수를 가리키며, 격식이 필요한 맥락이나 일상적인 대화, 모두에서 사용된다. 복수형 funds는 개인이나 조직의 재원 financial resources 을 한층 일반적으로 가리키는 표현이 된다.

to raise funds 기금을 모금하다	We are having a bake sale tomorrow to raise funds for the new town hall. (Facebook events page) 새 청사 건립 기금을 모금하기 위해 내일 베이크 세일을 개최할 예정입니다. (페이스북 행사 안내란) * bake sale: 기금을 모으기 위해 직접 구운 빵이나 케이크 등을 판매하는 행사

특정 목적을 위한 funds 기금 를 모금하고 늘리는 행위를 뜻하며 이때 흔히 사용되는 동사는 to raise이다. fundraising은 그런 행위를 묘사할 때 사용되는 명사이며 주로 자선 행위 charitable activities 와 관련된 맥락에서 사용된다.

to allocate funds 자금/기금을 할당하다	They haven't allocated enough funds for this project, so we shall have to apply for more. (Teams meeting) 이 프로젝트에 충분한 자금이 할당되지 않았습니다. 따라서 우리는 더 많은 자금을 신청해야 할 겁니다. (Teams 회의)

to allocate는 funds와 함께 사용되어 여러 개인이나 프로젝트 혹은 부문에 자원을 배당하는 과정 processing of assigning resources 을 표현한다.

**to crowdfund
크라우드 펀딩을
실시하다**

I'd recommend using this site if you want to crowdfund your film project. (review of a website)
이번 영화 제작에 크라우드 펀딩을 실시하고 싶다면 이 사이트를 이용하는 것을 추천합니다. (한 웹사이트에 대한 평가)

특정 목적이나 프로젝트를 위해 많은 사람으로부터 자금을 모금하는 행위를 가리키는 동사이다. 이때 펀딩에 참여하는 사람들은 각자 상대적으로 적은 금액을 투자하고, crowdfund는 주로 인터넷을 통해 이루어진다.

**trust fund
신탁 자금**

Young people with a trust fund have an advantage in the housing market. (from a financial advice column)
신탁 기금을 가진 젊은이들은 주택 시장에서 유리하다. (투자에 대해 조언하는 칼럼에서)

간단히 말해, a trust fund는 개인이나 조직이 다른 개인이나 조직을 대신해 돈이나 부동산 같은 자산을 관리하는 제도적 장치를 가리킨다. 부모가 나중에 증여하려고 자식을 위해 a trust fund를 설정하는 경우가 대표적인 예이다.

| **college fund**
대학 학자금 통장, 대학 기금 | The money I get from my part-time job goes towards my college fund. (from a conversation between friends)
내가 아르바이트로 번 돈은 내 대학 학자금 통장으로 들어간다. (친구들 간의 대화에서) |

college fund는 미국에서 대학 등록금 college tuition fees 을 납부하기 위해 청년이나 그들의 부모가 보유한 공동 기금 a common fund 을 뜻한다. 일반적으로 college fund는 일반적인 계좌에 저축된 돈으로 이루어질 수 있지만 교육 목적을 위해 세금 혜택이 제공되는 특정한 저축 예금 계좌 a savings account 를 뜻할 수도 있다.

| **insufficient funds**
부족한 자금, 자금 부족 | Your card has insufficient funds to complete the transaction. (notification from a banking app)
카드의 잔액이 부족하여 거래를 완료할 수 없습니다. (은행 앱의 알림) |

은행에서 사용하는 용어로, 어떤 물건을 구매하는 데 필요한 돈이 개인의 계좌에 부족하다는 것을 뜻한다. 때로는 non-sufficient funds 라고 표현되기도 한다.

> **$2,546**
> We are delighted to announce that we have raised a total of $2,546 for our new classroom. (from an email from a school about a fundraising event)
> 새 교실 건립을 위해 총 2,546달러를 모금했다는 소식을 알려드리게 되어 기쁩니다. (모금 행사와 관련해 학교가 보낸 이메일에서)

dues 회비

영어에서 due는 다양한 뜻으로 쓰이지만 dues는 거의 언제나 복수로 사용되는 금융 용어 financial term 이다. dues는 한 개인이 협회 society 나 동아리 club 같은 어떤 조직에 소속되어 회원 자격을 유지하기 위해 납부해야 하는 지불금을 뜻한다. dues는 특정한 간격을 두고, 예컨대 연간으로 납부되는 것이 일반적이다.

to pay (one's) dues 회비를 납부하다, 열심히 일한 보상을 받다	You have paid your dues for twelve years in this company, I think you deserve that promotion. (from a discussion with an employer) 당신은 이 회사에서 12년 동안 성실히 근무했으므로 승진할 자격이 충분하다고 생각합니다. (고용주와의 상담에서)

문자 그대로는 '조직에 머무는 데 필요한 금액을 납부하다'를 뜻하지만 관용어로 사용되어 '누군가 열심히 일함으로써 무언가를 얻었다'(to have earned something through hard work)를 뜻하기도 한다.

to collect dues 회비를 징수하다	The club uses an online system to collect dues from its members. (from an organization's website) 본 동호회는 온라인 시스템을 사용해 회원들로부터 회비를 징수합니다. (어떤 조직의 웹사이트에서)

to collect는 동사로 dues와 흔히 짝을 이루어 조직의 회원들로부터 지불금을 받거나 축적하는 행위를 표현한다.

membership dues
회원 회비

You'll need to keep up with your membership dues if you want to remain part of our society. (from an email from a society secretary)
우리 학회의 일원으로 남고 싶으시면 회비를 계속 납부하셔야 합니다. (학회 총무가 보낸 이메일에서)

회비의 성격을 명확히 하기 위해 membership dues만이 아니라 union dues 노조 회비, club dues 동호회 회비 라고도 쓰일 수 있다.

annual dues
연회비

Our annual dues will soon be increased to match rising demands for membership. (from a society noticeboard)
회원이 되려는 사람이 증가하는 데 발맞추어 연회비를 곧 인상할 예정입니다. (협회 게시판에서)

'회비' 앞에 '연간' 또는 '매월'과 같은 시간 부사를 붙여서 얼마나 자주 납부해야 하는지를 지정할 수 있다. dues가 얼마나 자주 지불되는가를 구체적으로 명시하기 위해 dues 앞에 annual 매년, monthly 매월 같은 형용사를 덧붙일 수 있다.

$8,265

A man has been arrested after setting up a fraudulent boating club and collecting dues totalling $8,265. (from a national newspaper)
한 남자가 사기성 보트 클럽을 설립하고 총 8,265달러의 회비를 걷은 뒤 체포되었다. (전국 신문에서)

Financial Planning and Circumstances

destitution 극빈, 궁핍

destitution은 극심한 빈곤 severe poverty 을 강조해 표현할 때 주로 사용되는 단어이다. to be destitute 극빈하다 는 식량과 물과 주거지 등 삶에 필요한 기본적인 필수품이 부족한 상태를 뜻한다. destitution에는 전쟁이나 기아, 자연재해 같은 재앙이 문제의 극심한 가난을 초래했다는 뜻이 함축된 경우가 많다. 따라서 destitution은 범세계적인 구호와 자선, 사회경제적인 분석, 문학 등에서 흔히 눈에 띄는 단어이다. 게다가 강렬한 설득력과 감정을 자극하는 여운을 띠는 단어여서 극심한 빈곤을 강조해 표현하기에 적합하다.

completely destitute 극빈한, 찢어지게 가난한	Many families were completely destitute in the inter-war years and inflation was incredibly high. (excerpt from historical non-fiction) 두 세계 전쟁 사이의 기간에 많은 가정이 극심한 가난에 시달렸고, 인플레이션율도 엄청나게 높았다. (역사 논픽션에서 발췌)

destitute는 단독으로 사용해도 관련된 사람이 지독히 가난하다는 뜻을 전달하기에 충분하다. 따라서 completely 완전히, 몹시라는 단어를 덧붙인 이유는 설득력 있게 강조하기 위한 것에 불과하다. 개인이나 가족이 아무것도 없는 상태, 즉 소득도 없고 자산도 없이 최소한의 재물만을 소유한 상태라는 뜻을 전달할 때 사용하는 표현이다.

to leave (someone) destitute 누군가를 궁핍하게 만들다	The war has left us destitute. (interview with a refugee) 전쟁으로 우리는 지독한 가난과 싸워야 했습니다. (난민과의 인터뷰)

누군가 혹은 무언가로 인해 금전적으로 대단히 심각한 지경에 떨어진 상황을 표현할 때 사용되는 구절이다. 죽음이나 이혼, 의견 충돌이 주어로 사용되는 맥락에서 주로 쓰인다.

the destitute 극빈층, 극빈한 사람들	What will this new government do for the destitute? (political speech) 이 새 정부가 빈곤층을 위해 무엇을 할까요? (정치 연설)

집합 명사 a collective noun 로, the poor와 거의 같은 뜻이라 생각하면 된다. the destitute는 사회(혹은 문장이나 맥락에서 다른 곳에 구체적으로 명시된 특정한 집단)에서 무척 빈곤한 조건에 있는 모든 사람을 가리킨다.

to be destitute of ...이 없다	The landscape was destitute of vegetation after the prolonged drought. (environmental science research paper) 장기간의 가뭄으로 풍경에서 초목이 사라졌다. (환경과학 연구 보고서)

간혹 destitute는 문자 그대로가 아닌 뜻으로 사용되며 무언가가 부족하다 a lack of something 라는 뜻을 전달한다. 이때 something은 위의 예문에서 사용된 초목 vegetation 부터 morals 도덕심 와 feelings 감성 까지 무엇이든 될 수 있다.

homelessness and destitution 집도 없고 아무것도 없는 상태, 노숙과 빈곤	This documentary follows the lives of those grappling with homelessness and destitution. (documentary film script) 본 다큐멘터리는 집도 없고 아무것도 없는 상황에 시달리는 사람들의 삶을 추적한다. (다큐멘터리 영화 대본)

homelessness 노숙 는 destitution 극빈 의 좋은 예이다. 구조적으로 빈곤한 조건에 대해 언급할 때는 두 단어가 함께 쓰이는 경우가 많다.

2.5 times

Studies have shown that African Americans are 2.5 times more likely to live in destitution than white people. (study by central government bureau)

여러 연구에서 밝혀졌듯이 아프리카계 미국인은 백인보다 가난하게 살아갈 확률이 2.5배 더 높다. (중앙 정부 기관의 연구)

bust 불황

거시경제적 맥락macroeconomic context에서 bust는 시장과 기업 및 경제 활동의 붕괴로 인해 경기가 후퇴하거나 급격히 후퇴한 기간을 가리킨다. bust와 대조적 관계에 있는 a boom호황은 경기가 긍정적이고 폭발적으로 성장하는 시기를 뜻한다. 미시경제학에서 bust는 지불 능력을 상실한 개별 기업을 가리키는 일상적인 단어로도 흔히 사용된다. 기업이 to go bust파산하면 부채를 갚을 수 없고 거래를 중단하며 일반적으로 재무 관리자의 통제하에 있게 된다. 한편 재무와 무관한 맥락에 사용되는 경우 bust는 극렬한 파손violent breakage을 뜻하는 속어로 사용된다. 따라서 bust에는 a company or wider market has "broken" in some way(기업이나 시장이 어떤 식으로든 깨졌다/끝장났다)라는 뜻이 함축되어 있다.

to go bust
파산하다

We need to be careful: other hedge funds have gone bust recently. (discussion between directors of a hedge fund)
우리도 주의해야 합니다. 최근에 여러 헤지 펀드가 파산했으니까요. (헤지 펀드 이사들 간의 대화)

bust 파산한가 상태를 가리키지만 어떤 기업을 being bust라고는 거의 표현하지 않는다. 파산한 상태를 묘사할 때는 그 과정을 서술하고, 어떤 기업이 to have gone bust 혹은 to become bust라고 표현하는 경우가 더 일반적이다. 동사 to go는 현재완료형으로 사용되어(the company has gone bust, 그 회사가 파산했다) 과거의 사건(회사의 도산)이 현재 상태까지 어떻게 계속되는가를 표현한다. 한편 to go의 과거형 went가 이 경우에 사용되면 그 회사가 거래를 중단한 과거의 시점을 더 강조하는 것이 된다.

housing bust
주택 경기 침체/불황

The 2008 financial crash caused the last major housing bust. (excerpt from non-fiction book about the economy)
2008년의 금융 붕괴가 가장 최근에 발생한 주요 주택 경기 침체의 원인이었다. (경제에 대한 논픽션 서적에서 발췌)

bust는 경제 붕괴 혹은 미시경제 붕괴를 뜻하는 일반적인 단어이지만 특정 분야의 불황을 묘사하는 데도 사용될 수 있다. 가장 흔히 논의되는 분야 중 하나는 housing bust, 즉 주택 시장의 붕괴이다. a housing bust는 부동산 가치의 하락 등 주택과 관련된 부정적인 추세를 서술하는 데 좋은 표현 방법이다.

| **commodity bust** 원자재 시장 침체 | This is what a commodity bust would look like for Canada's economy. (title of economic analysis article) 원자재 시장의 침체가 캐나다 경제에 어떤 영향을 미칠까. (경제 분석 기사의 제목) |

a housing bust가 주택 가격의 붕괴를 가리킨다면 a commodity bust는 원자재의 가격과 수요가 하락한 현상을 가리킨다. 원자재 시장의 침체는 그 자체로 경제에 영향을 미칠 수 있다.

| **boom and bust** 호황과 불황 | One of the key features of capitalist economies is the boom and bust cycle. (from university lecture on economics) 자본주의 경제의 핵심적인 특징 중 하나는 호황과 불황의 주기입니다. (대학 경제학 강의에서) |

boom and bust는 가끔 a boom and bust cycle로도 표현된다. 자유시장 경제 free market economy 혹은 혼합 경제 mixed economy에서 경제 활동의 확대와 후퇴가 순환적으로 되풀이되며 prosperity 호경기와 recession 불경기이 주기적으로 반복되는 패턴을 가리키는 데 사용되는 표현이다. 경제 활동의 변동성을 강조하는 표현으로, 경제학자들의 주요 토론 주제이기도 하다. 거시경제의 동향에 대해 언급할 때도 이 용어를 사용할 수 있다.

> **7,000**
> On average, around 7,000 businesses go bust every year in the UK. (business journalism article)
> 영국에서는 매년 평균적으로 약 7,000개의 기업이 파산한다. (기업 관련 보도 기사)

arrears 체납금

arrears는 지불이 아직 처리되지 않고 지불 기한이 지난 돈을 뜻한다. 다시 말하면, 정해진 시간 내에 지불이 이루어지지 않은 경우를 가리킨다. arrears는 임대료와 빚, 기업과 대출 기관 사이의 거래 등 금융과 관련된 맥락에서 주로 사용되는 용어이다. 누군가 to be in arrears란 상황에 있다는 것은 재무적 의무를 지키는 것을 지체하고 있다는 뜻이다. arrears라는 단어가 사용되면 지불이 예정보다 늦어졌다는 뜻이 일반적으로 전달된다. 예컨대 임차인이 임대료를 제때 지급하지 못하거나 대출자가 융자금을 예정된 시기에 상환하지 못하면 to be in arrears 연체 중라 말할 수 있다.

payment arrears
지불 연체, 대출금 상환 연체

The company faced financial difficulties, resulting in payment arrears for several months. (report by auditors)
회사가 재정적 어려움에 직면해 몇 달 동안 대출금 상환을 연체했다. (감사 보고서)

arrears는 payment 지불란 단어와 함께 쓰이기 때문에 arrears를 사용하면 굳이 payment라는 단어를 덧붙일 필요가 없다. 따라서 어떤 면에서 payment arrears는 유용한 조합이 아니다. 그렇지만 영어 사용자들 사이에서 특히 기업 및 전문가 영역에서는 payment arrears가 흔히 사용된다.

rent arrears
임대료 연체, 체납

I'm struggling to get by and my rent arrears are getting higher, any advice? (online post about financial advice)
그럭저럭 살아가는 것도 힘들어 임대료를 연체한 금액이 점점 많아지고 있어요. 어떻게 하면 좋을까요? (재정과 관련해 온라인에 게시된 글)

rent arrears는 부동산 임대와 관련된 맥락에서 지불금이 지연된 경우에 주로 사용되는 표현이다. 임차인이 집주인에게 제때 지불하지 못해 미지불된 돈_{outstanding money}을 가리키는 표현이다.

**loan arrears
대출금 상환 연체**

Here's what you can do if you fall into loan arrears. (from banking website advice)
대출금 상환을 연체한 경우 취할 수 있는 방법을 소개하면 다음과 같습니다. (은행 웹사이트에 소개된 조언에서)

loan arrears는 '대출금의 상환이 이루어지지 않았다'라는 것을 뜻한다. 은행을 비롯한 대출 기관이 관련된 맥락에서 개인이나 기업이 사용하는 표현이다.

**to be in arrears
연체 중이다**

Our accounts are in arrears. What should we do? (email between business directors)
우리 계좌가 연체 중입니다. 어떻게 하면 좋겠습니까? (기업 이사들 간의 이메일)

돈을 빚지고 있는 상황이면 to be in arrears라 말할 수 있다. 따라서 arrears는 개인이나 기업이 처한 상태_{to be in}이므로 주로 동사 to be와 함께 사용된다.

**to fall into arrears
지급이 밀리다, 지체되다**

Honey, I'm afraid we're falling into arrears. (conversation between husband and wife that co-own a business)
여보, 우리가 연체하게 될까 걱정돼요. (기업을 공동으로 소유한 부부 간의 대화)

Household

누군가에게 빚을 지게 되는 과정을 표현할 때 사용되는 관용구이다. 예정된 지불금을 상환하지 못하는 것은 넘어지는 행동 the act of falling 과 무척 유사하며 본의가 아닌 행동이란 점을 강조하는 표현이기도 하다. to get into arrears가 같은 뜻으로 쓰이는 경우가 적지 않다.

> **12%**
> Over 12% of renters are thought to be in rent arrears. (statistic from housing study)
> 12퍼센트 이상의 임차인이 임대료를 체납하고 있는 것으로 추정된다. (주택 연구 통계)

pension 연금

a pension은 정부, 기업 혹은 개인 기금에서 은퇴한 사람에게 정기적으로 지급하는 돈을 뜻한다. 직장 생활 working life 을 하는 동안 자신의 pension에 정기적으로 기여한 사람에게 일반적으로 pension이 주어지지만, 고용주가 직원들의 pension 형성에 기여하는 경우도 많다. 고용주에 따라 다르지만, pension과 관련해서는 다양한 형태의 계약과 추가로 더해지는 보조금 added benefits 이 있다.

| **to get/receive a pension** 연금을 받다/수령하다 | To start receiving your pension, you have to be a certain age. (from a government website) 연금을 받기 시작하려면 일정 연령이 되어야 합니다. (정부 웹사이트에서) |

to get/receive는 흔히 pension과 함께 사용되며 은퇴한 사람에게 주어지는 돈을 가리킨다. 이 맥락에서 to earn a pension이라고 말하는 것은 올바르지 않은 표현이다.

| **to pension (someone) off** 퇴직하고 연금을 받게 하다, 연금을 주어 명예퇴직시키다 | I'm getting too old for this job, soon I'll be pensioned off and replaced. (from a conversation between friends) 이제 이 일을 하기에는 너무 늙었어. 곧 명예퇴직을 당하고 다른 사람으로 교체되겠지. (친구들 간의 대화에서) |

pension이 동사로 사용된 예이며, '고령이나 좋지 못한 건강을 이유로 누군가를 직장에서 해고하고 연금을 지급하다'라는 뜻이다. 동사 to pension은 오래되어 낡거나 더는 필요하지 않아 버려진 물건을 표현할 때도 사용된다.

| **public/private pension** 공적/사적 연금 | I would recommend working for a company which offers a private pension to increase the money you receive when you retire. (from a financial blog) 은퇴한 뒤 받는 돈을 늘리려면 사적 연금을 제공하는 회사에 취직해 일하는 것을 추천한다. (재무 관련 블로그에서) |

미국에서 public pension 공적 연금은 주정부나 지방 정부에서 일하는 사람들에게 제공되는 연금인 반면, private pension 사적 연금, 개인 연금은 민간 부문에서 기업이 제공하는 연금이라는 점에서 둘은 다르다. 일반적으로 public pension의 경우 보조금이 더 많고 고용주의 부담금이 더 크다.

pension plan/ scheme 연금 제도	Many local governments offer pension plans to their employees. (from an employment guide) 직원들에게 다양한 연금 제도를 제공하는 지방 정부가 많다. (고용 안내서에서)

pension plan은 고용주가 직원들에게 제공하는 혜택들로 이루어지는 제도(연금 제도)를 뜻하며, 직원이 퇴직할 때 지급할 돈을 마련하는 장치이다.

on a pension 연금으로, 연금을 받는	Individuals on a pension will find the next few months difficult as energy bills are set to increase. (from a national newspaper) 에너지 요금이 인상될 예정이기 때문에 연금 생활자는 앞으로 몇 달 동안 어려움을 겪을 것이다. (전국 신문에서)

to be on a pension은 (주어로 사용된 사람이) 정부나 민간 부문으로부터 퇴직 연금 retirement payment 을 받고 있다는 뜻이다.

pensioner 연금 수급자/수령자	We offer pensioners a discount on all items. (from a store advertisement) 연금 수급자에게는 모든 품목에 대해 할인을 제공합니다. (어떤 상점의 광고에서)

pensioner는 일반적으로 영국에서 더 많이 사용되는 용어로, 은퇴해서 pension연금을 받고 있는 사람을 가리킨다. 때로는 노령자the elderly를 뜻하는 일반적인 표현으로도 사용된다.

> **23%**
> It is estimated that 23% of people under the age of 40 are not contributing enough to their pensions. (from a report on retirement habits)
> 40세 미만 인구의 23퍼센트가 자신의 연금에 충분히 기여하지 못하고 있는 것으로 추정된다. (은퇴 습관에 관한 보고서에서)

will 유언장

will은 영어에서 명사로 사용되어 누군가 자신이 사망한 뒤 돈과 재산이 어떻게 처리되기를 원하는지를 구술한 법적 서류a legal document를 뜻하는 단어이다. will은 흔히 금전적 상황에 영향을 미치며, 사망자의 재산wealth과 유산estate이 상속자inheritor들에게 분배되는 방법을 결정한다.

to make a will 유언장을 작성하다	We recommend that anyone with children or other dependents should make a will as soon as possible. (law firm website) 자녀나 그 밖의 부양 가족이 있는 사람은 가능한 한 빨리 유언장을 작성해 두는것이 좋습니다. (법률 회사 웹사이트에서)

to make a will은 자신이 사망한 뒤 자산과 소유물을 물려받을 사람을 지정하는 법적 서류를 작성하는 행위를 뜻한다. 같은 뜻으로 to write a will이나 to draw up a will을 사용할 수도 있다.

to execute a will 유언장을 집행하다	It is important to think carefully about who you select to execute your will. (email from a lawyer) 유언장을 집행할 사람으로 누구를 선정할지에 대해 신중하게 생각하는 것이 중요합니다. (변호사가 보낸 이메일)

지명된 사람들에게 재산을 분배하는 등 고인의 바람을 수행하는 행위를 뜻하는 표현이다. 이 역할을 책임지고 담당할 사람을 executor 유언 집행자라 한다.

to contest/challenge a will 유언장에 이의를 제기하다	My partner left me a lot of money but his parents are contesting the will, what should I do? (from a Reddit post) 제 동반자가 저에게 많은 돈을 남겼습니다. 그러나 그의 부모가 유언장에 이의를 제기하고 있습니다. 어떻게 하면 좋을까요? (레딧에 게시된 글에서)

누군가 유언장의 내용에 동의하지 않고 법적 절차 legal procedure에 따라 법원에 유언장 변경을 신청하고자 한다는 것을 뜻하는 표현이다.

to cut (someone) out of one's will 누군가를 유언장에서 배제하다/빼다	The actor claims he has been cut out of his father's will due to his behavior. (from a celebrity magazine) 그 배우는 자기 행동 때문에 부친의 유언장이 변경되어 자신이 배제된 것이라 주장한다. (유명인 잡지에서)

to cut을 문자 그대로 물리적인 뜻(자르다)으로 번역해서는 안 된다. to cut (someone) out of one's will은 '의견 충돌이나 단순히 좋아하지 않는다는 이유로 재산 분배에서 누군가를 배제하려고 유언장을 변경하다'라는 뜻이다. 같은 뜻으로 to write someone out of their will을 사용할 수도 있다.

in a/the will 유언장에서	This necklace was left to me by my grandmother in her will. (from an Instagram post) 이 목걸이는 할머니가 유언장에서 내게 남기신 것이다. (인스타그램 게시된 글에서)

전치사 in은 a will에 담긴 내용물, 즉 이 문장에서는 주어로 사용된 this necklace와 연결된다. 이때 will의 내용에는 남겨진 재산만 아니라 그 재산을 받는 사람까지 포함된다. 이 맥락에서 무언가가 on the will에 있는 것으로 표현하는 것은 올바르지 않다.

last will and testament 유서, 유언장	This is the last will and testament of John Smith. (from a will reading) 이것이 존 스미스의 유서입니다. (유언장 낭독에서)

last will and testament는 기본적으로 a will 유언장의 동의어이다. 역사적으로 오래전부터 사용된 법률적이고 공식적인 문구에 불과하다. 일반적으로 법적 서류의 위쪽에 제목으로 사용된다.

> **1 in 6**
> It was found that 1 in 6 adults have not yet written their will. (from an advertisement for a law firm)
> 성인 6명 중 1명이 아직 유언장을 작성하지 않은 것으로 나타났습니다. (법률 회사의 광고에서)

inheritance 유산

an inheritance는 사망한 사람으로부터 받는 돈이나 자산을 뜻한다. inheritance는 누군가의 유언장에서 결정될 수도 있고, 자산 asset이 배우자나 자식에게 자동으로 전해질 수도 있다. 동사 to inherit는 inheritance를 받는 행위를 가리킬 때 사용된다(상속받다, 물려받다).

to receive an inheritance 상속/유산을 받다	I received an inheritance from my grandmother and have booked myself a cruise to celebrate. (conversation with friend) 나는 할머니한테서 유산을 물려받은 걸 자축하려고 크루즈를 예약했어. (친구와의 대화)

누군가 사망한 뒤에 그로부터 돈이나 부동산property을 물려받는 행위를 가리키는 표현이다. to inherit는 같은 의미로, 간결하기 때문에 일반적으로 더 자주 사용된다.

to come into an inheritance 유산을 상속받다	I came into an inheritance at a young age, which meant I had the money to set up this animal sanctuary. (from a speech at a charity event) 저는 어린 나이에 유산을 물려받았습니다. 그러니까 이 동물 보호소를 설립할 돈이 있었다는 뜻입니다. (자선 행사의 연설에서)

to receive an inheritance와 동의어로 쓰이는 문구이다. 유산을 받는 순간이 더 강조되는 표현은 to receive an inheritance이다. inheritance 대신 fortune이나 money 같은 단어가 사용될 수 있으며 어떤 단어가 사용되더라도 '누군가의 죽음으로 인해 유산을 받았다'라는 뜻이 함축된 구절이 된다.

to spend (one's) inheritance 유산을 쓰다	I spent my inheritance on plastic surgery, and now I regret it. (from a confessions page of a magazine) 유산을 성형 수술에 썼는데 지금 후회하고 있습니다. (한 잡지의 고백란에서)

an inheritance는 property부동산나 assets자산만 아니라 일정 액수의 돈a sum of money으로 이루어진다. 따라서 to spend라는 동사를 사용하는 것이 맞다. 그러나 위의 예문에서 to pay an inheritance라고 말하는 것은 옳지 않다.

large inheritance
거액의 유산

Her large inheritance helped her to pay for acting school. (from a celebrity biography)
많은 유산을 받은 덕분에 그녀는 연기 학교에서 공부할 학비를 마련할 수 있었다. (한 유명인의 전기에서)

small 적은, huge 막대한, sizeable 상당한, 꽤 많은 같은 형용사를 사용해 inheritance의 규모 size를 표현할 수 있다.

an inheritance from (someone)
누군가로부터 받은 유산

I used the inheritance from my grandmother to pay for college. (from a conversation between friends)
할머니에게서 물려받은 유산을 대학 학비로 사용했어. (친구들 간의 대화에서)

an inheritance는 누군가가 유언장에 남길 수 있으므로 누군가로부터 from someone 받은 유산이라 말하는 것이 논리적으로 맞다. 하지만 같은 뜻으로 the inheritance of my grandmother라고 말하는 것은 올바르지 않다.

3/4

A woman has admitted that she has used 3/4 of her sizeable inheritance to build a theme park. (from a local magazine)
한 여성이 자신이 받은 상당한 유산의 4분의 3을 사용해 테마파크를 지었다는 것을 시인했다. (지역 잡지에서)

bequest 유증, 유산

a bequest는 유언장을 통해 누군가에게 금전이나 부동산을 남기는 행위만이 아니라 유언장에 남겨진 재산 자체도 가리킬 수 있다. bequest와 inheritance는 유사한 맥락에서 사용될 수 있다. 하지만 inheritance는 어떤 수단을 통해, 예컨대 유언장을 통하거나 법에 의해 자동적으로 누군가에게 전해지는 재산을 가리키는 반면 bequest는 유언장에 남겨진 돈이나 재산을 구체적으로 가리킨다. 동사 to bequeath는 a bequest를 남기는 행위(유증하다)를 뜻한다.

to leave/make a bequest 유산을 남기다/유증하다	I want to make a bequest to the Red Cross; how do I do that? (from an email to a lawyer) 적십자사에 유산을 기증하고 싶은데 어떻게 해야 합니까? (변호사에게 보낸 이메일에서)

to leave a bequest/make a bequest는 둘 모두 유언장에서 특정한 사람에게 금전이나 재산을 남기는 행위를 표현하는 데 사용될 수 있다.

to receive a bequest 유산을 받다	Apparently I have received a bequest in someone's will. (from a WhatsApp message) 누군가가 유언장에서 나에게 유산을 남긴 것 같아. (왓츠앱의 메시지에서)

to receive an inheritance의 뜻으로 to receive a bequest를 사용할 수도 있다. 다른 식으로는 to be bequeathed (something)라고 표현할 수도 있다.

| **bequest of (something)** ...라는 유산 | We are happy to announce that a bequest of $5,000 has been left to the church for our refurbishments. (from a church bulletin board) 우리 교회의 재단장을 위해 5,000달러의 유산을 교회에 남겼다는 것을 알리게 되어 정말 행복합니다. (교회 게시판에서) |

증여되는 gifted 재산 유형에 대한 자세한 내용을 전치사 of 뒤에 덧붙여 bequest가 어떻게 구성되는지를 구체적으로 명시할 수 있다.

| **generous bequest** 넉넉한 유산 | Her will included a generous bequest to a local children's charity. (from an obituary) 그녀의 유언장에는 지역 어린이 자선 단체에 남기는 넉넉한 유산이 있었다. (부고 기사에서) |

inheritance에서 그렇듯이 bequest의 경우에도 다양한 형용사를 사용해 그 규모를 표현할 수 있다.

| **specific bequest** 특정 유증 | If you wish to pass down a family heirloom, you can make a specific bequest in your will. (from a legal advice blog) 집안의 가보를 물려주고 싶다면 유언장에 특정 유증을 시행할 수 있다. (법률 조언 블로그에서) |

bequest에는 여러 유형이 있다. a specific bequest는 유언장에서 특정인에게 특정 품목 a specific item 을 상속하는 것을 가리킨다. 반면에 a general bequest는 유언장에 언급되듯이 특정한 액수의 돈을 누군가에게 남기는 것을 뜻한다(일반 동산 유증).

> **$1**
> Tensions were high in the family as it was revealed after a woman's death that she left a bequest of just $1 to her only daughter. Was this some kind of snub? (from a TV news report)
> 한 여성이 사망한 뒤 자신의 외동딸에게 단 1달러만을 유산으로 남겼다는 사실이 밝혀지면서 가족 내에 긴장이 고조되었습니다. 일종의 호된 꾸지람이었을까요? (텔레비전 뉴스 보도에서)

dowry 지참금

a dowry는 결혼할 때 신부 bride의 가족이 신랑 bridegroom에게 주는 돈이나 재산을 뜻한다. a dowry은 많은 나라와 특정한 공동체에서 흔히 볼 수 있는 관습 a custom이지만, 이때 적용되는 관례 practice와 법칙은 지역마다 다르다.

to pay a dowry 지참금을 내다, 지불하다	Nowadays, families do not need to pay a dowry when their daughters get married. (from a history textbook) 오늘날에는 딸이 결혼할 때 그 가족이 지참금을 지불할 필요는 없다. (역사 교과서에서)

to pay만이 아니라 to give나 to bring도 신랑이나 그의 가족에게 a dowry를 주는 행위를 표현할 수 있다. 동사 to dower가 간혹 같은 뜻으로 사용되지만 실제로 사용되는 경우는 무척 드물다.

small/large dowry 작은/큰 지참금	I want to marry her, but my parents say she only has a small dowry. (from a conversation between friends) 나는 그 여자와 결혼하고 싶은데 부모님은 그녀가 가져오는 지참금이 적다고 하네. (친구들 간의 대화에서)

dowries는 a specific value_{특정한 가치, 금액}일 필요는 없지만 해당 지역의 기대치와 비교해 작거나_{small} 크다_{large}고 판단될 수 있다.

dowry system 지참금 제도	The dowry system is an important custom in many countries. (from a documentary) 지참금 제도는 지금도 많은 나라에서 중요한 관습이다. (다큐멘터리에서)

일반적으로 dowry system은 특정 지역이나 문화권에서 a dowry를 주는 관습_{established practice}을 가리킨다. 엄격히 말해 dowry system은 system_{제도}보다 practice_{관행}에 가깝다.

23,000

We have already had over 23,000 signatures to end the dowry system in our country. (from an online petition)
우리나라에서 지참금 제도를 폐지하기 위해 이미 2만 3,000명 이상에게서 서명을 받았습니다. (온라인 청원에서)

alimony 위자료, 이혼 수당

alimony는 이혼이나 법적 별거 legal separation 이후에 배우자에게 지불하라고 법원이 명령하는 금전적 지원 financial support 을 뜻하는 용어이다. alimony는 일정한 간격을 두고 정기적으로 지급 regular payment 할 수도 있고 일시불 one-off payment 로 지급할 수도 있다. spousal support 배우자 부양비 혹은 maintenance 양육비 라고도 한다. 드물지만, 여러 번으로 분할해 지급되는 경우에는 복수형으로 쓰이기도 한다.

to receive alimony 위자료를 받다	I receive alimony every month from my ex-wife, it's helped with rent. (from a conversation between friends) 나는 전처로부터 매달 위자료를 받고 있지. 그 돈이 집세를 내는 데 도움이 되더라고. (친구들 간의 대화에서)

법원의 명령에 따라 배우자로부터 돈을 지급받는 행위를 뜻하는 표현이다. to receive alimony payments라고도 말할 수 있다.

to award (someone) alimony ...에게 위자료를 줄 것을 명령하다	If you wish for the court to award you alimony, we shall have to gather more evidence of your finances. (from an email from a lawyer) 법원의 위자료 지급 명령을 받아내고 싶다면 당신의 재정 상태를 증빙할 자료를 더 많이 챙겨 두셔야 합니다. (변호사가 보낸 이메일에서)

법원이 배우자에게 alimony를 할당하기로 결정한 경우를 가리킬 때 사용되는 표현이다. 이런 맥락에서 가장 흔히 사용되는 동사가 award지급 판정을 내리다이다.

alimony payment
위자료 지급, 위자료 지불금

I'm low on cash this month, what would happen if I missed an alimony payment? (from a Reddit post)
이번 달에 현금이 부족합니다. 위자료를 지급하지 않으면 어떻게 되나요? (레딧 게시글에서)

alimony payment는 정기적으로나 일시불로 배우자에게 지급되는 돈을 뜻한다. a maintenance payment라고도 한다.

temporary alimony
임시 위자료

If you earn considerably less than your spouse, you may be entitled to temporary alimony during the divorce process. (from a legal advice column)
배우자보다 수입이 현저히 적다면 이혼 절차 중 임시 위자료를 받을 수 있다. (법률 조언 칼럼에서)

부부가 별거하며 이혼 소송divorce proceedings이 끝나기를 기다리는 동안 수입이 상대적으로 낮은 배우자가 금전적인 안정을 확보할 수 있도록 법원의 명령에 의해 지급되는 위자료가 temporary alimony이고, permanent alimony영구 위자료보다 더 흔히 명령된다. 이혼이 확정되면 일반적으로 temporary alimony도 종료된다.

lump-sum alimony
일시불 위자료

> Here are some reasons why you should request lump-sum alimony instead of regular payments. (from a divorce blog)
> 정기적인 지급 대신 일시불 위자료를 요청해야 하는 몇 가지 이유를 소개하면 다음과 같다. (이혼 블로그에서)

an alimony in gross, an alimony buyout이라고도 한다. lump-sum alimony는 소액을 오랫동안 정기적으로 지급하는 방식이 아니라 한 번에 큰 금액 a lump-sum 을 지급하는 alimony를 가리키는 표현이다.

> **87%**
> 87% of people who receive alimony are women. (from a Wikipedia article)
> 위자료를 받는 사람의 87퍼센트가 여성이다. (위키백과의 한 항목에서)

prenup 혼전 합의서, 혼전 계약서

prenup은 속어로, 공식적으로 사용되는 prenuptial agreement의 줄임말이며, 더 자주 사용된다. prenup은 결혼하기 전에 이혼할 경우에 재산을 어떻게 분할할 것인지를 배우자 간에 합의한 계약을 뜻한다. prenup은 미국에서 가장 흔히 사용된다. 다시 말하면 prenup이 미국에서는 상당한 정도로 확립된 관행이란 뜻이다.

to sign a prenup 혼전 계약서에 서명하다	Only sign a prenup once you've read the terms carefully. (financial advice blog) 모든 조항을 꼼꼼히 읽은 후에만 혼전 계약서에 서명하십시오. (재무에 관련해 조언하는 블로그)

모든 계약이 그렇듯이 이혼할 경우 재산 분할에 관해 배우자와 합의한 사항을 합법화_{to legitimize} 하려면 to sign a prenup하는 것이 일반적이다.

to get a prenup 혼전 계약서를 작성하다	Isn't it strange how many people decide to get a prenup these days? (comedy podcast) 요즘 많은 사람이 혼전 계약서를 작성하기로 결정하는 게 이상하지 않나요? (코미디 팟캐스트)

이 맥락에서 사용된 동사 to get은 혼전 계약서_{prenuptial agreement}를 작성하는 과정을 실행하는 행위를 가리킨다. someone gets a prenup with their spouse_{누군가가 배우자와 혼전 계약서를 작성하다}는 간단히 a couple gets a prenup이라고도 말할 수 있다.

to ask (someone) for a prenup 누군가에게 혼전 계약서를 요구하다	Any ideas on how I can ask my girlfriend for a prenup before we get married? (online question and answer forum) 결혼 전 여자 친구에게 혼전 계약서를 요구하려는 데 좋은 아이디어가 있을까요? (질문-대답의 온라인 토론장)

'미래의 배우자에게 혼전 계약서를 작성할 것인지를 묻다'라는 뜻이다. 더 많은 소득이나 자산을 지닌 사람이 혼전 계약서를 요구하는 것이 일반적인 현상이지만 항상 그렇지는 않다.

to enforce a prenup
혼전 계약서를 집행하다

> The court refused to enforce the prenup, which makes things difficult for me! (from a post in a Facebook group)
> 법원에서 혼전 계약서의 집행을 거절해서 난감함! (페이스북 단체방에 게시된 글)

이 맥락에서 동사 to enforce는 '두 배우자가 prenup의 조건을 반드시 따르게 한다'를 뜻한다. 예컨대 배우자 중 한쪽의 개인적인 의사 혹은 법원의 명령에 의해 '혼전 계약서는 집행될 수 있다' the prenup can be enforced... 는 것을 의미한다.

prenup agreement
혼전 계약서

> Click here to download a template prenup agreement. (from a legal advice website)
> 혼전 계약서 견본을 다운로드받으려면 여기를 클릭하세요. (법률 자문 회사의 웹사이트에서)

prenuptial agreement의 또 다른 단축형이다. 하지만 prenup만큼 자주 사용되는 것도 아니고, 관용적으로 올바른 표현으로 들리지도 않는다.

17%

> 17% of married couples report signing a prenup. (from an online article on divorce statistics)
> 결혼한 부부의 17퍼센트가 혼전 계약서에 서명한 것으로 알려진다. (이혼 통계에 관한 온라인 기사에서)

bankruptcy 파산

bankruptcy는 돈이 없는 상태를 뜻한다. bankruptcy가 되면 그 조직은 대출금, 즉 은행에게 빌린 빚을 갚을 수 없는 상태라는 것을 뜻한다. insolvency ^{지불 불능}와 마찬가지로 bankruptcy는 그 자체로 법률적 의미를 지닌 공식적인 전문 용어로도 쓰인다. 예컨대 법원에서 a company or individual is bankrupt ^{기업이나 개인이 파산하다}라고 공식적으로 선고하면 그에 따라 법령이나 계약에서 여러 형태의 제약을 연쇄적으로 받을 수 있다. bankruptcy는 공식적인 전문 용어이지만 일상의 대화에서 자금이 특히 부족하다는 것을 과장해 말하는 데도 사용될 수 있다.

to bankrupt (someone/something) 누군가/ 무언가를 파산시키다	You have bankrupted the company! (angry confrontation between board directors) 당신 때문에 회사가 파산한 겁니다! (이사들 사이의 격한 다툼)

to bankrupt가 타동사로 사용되면 bankruptcy를 유발한 어떤 행위와 그 행위를 행한 주체에게 관심이 쏠리게 된다. 그 주체는 사람일 수도 있고(예: The terrible manager bankrupted the company, 그 끔찍한 관리자가 회사를 파산시켰다), 어떤 사건이나 상황, 불운 등 다소 추상적인 것이 될 수도 있다(예: High commercial rent costs bankrupted the company, 높은 임대료가 회사를 파산시켰다).

to be bankrupt 파산하다	I'll be bankrupt if I keep paying your college fees. (grumbling father in discussion with son) 네 등록금을 계속 부담하면 내가 파산할 것 같구나. (아들과 대화하며 투덜대는 아버지)

문자 그대로 받아들일 수도 있고 과장되게 사용된 예로 해석할 수도 있다. 과장되게 사용된 경우에는 아버지가 대출금을 갚지 못해 법원에서 파산 선고를 받았다는 뜻이 아니라, 아버지가 돈이 부족해 등록금을 마련하는 데 힘들다는 것을 뜻할 뿐이다.

| **morally bankrupt**
도덕적으로 파산한/
파멸한 | Do you think this industry is morally bankrupt? (post in Reddit discussion)
이 업계가 도덕적으로 파산했다고 생각하는가?
(레딧의 토론방에 게시된 글) |

재무와 관련이 없는 맥락에서 흔히 사용되며 이때 bankrupt는 empty, lacking결핍된, 부족한의 동의어로 쓰인 것이다. to be morally bankrupt는 '도덕심이 없다' to be without morals, '도덕적 체계를 전혀 신경쓰지 않고 행동하다' to behave without caring about any moral framework whatsoever라는 뜻이다. 따라서 무정한 사람이나 조직을 표현하는 데 적합한 방법이다.

| **to be declared**
bankrupt
파산 선고를 받다 | Financial relief is available to individuals who have been declared bankrupt. (from government financial assistance website)
파산 선고를 받은 사람은 재정 지원을 받을 수 있습니다. (정부의 재정 지원 웹사이트에서) |

수동태로 쓰인 표현으로, 개인이나 회사가 스스로 파산을 결정하는 것이 아니라 법원에 파산 신청을 한 이후 법원으로부터 파산 결정을 받았다는 것을 뜻한다. 따라서 someone is declared bankrupt는 '누군가에게 돈이 없다는 실증적 증거가 있다'라는 뜻이 된다.

to file for bankruptcy **파산을 신청하다**	We have seen many small businesses filing for bankruptcy this year, and we expect the trend to continue. (business journalism) 올해 많은 소기업이 파산을 신청했고, 이런 추세가 계속될 것으로 예상된다. (기업 관련 보도)

파산 선고_{a declaration of bankruptcy}를 신청하는 과정을 표현하고 싶을 때 이 구절을 사용하면 된다. to file for ...에서 '신청하다'라는 뜻을 추측하기가 쉽지 않지만 이 관용구는 공식적인 문서_{filing}를 제출하는 행위와 관계가 있고, 이때 for는 목적을 가리킨다.

25 out of 200

In this city, on average, 25 out of 200 SMEs are facing bankruptcy. (from report on SMEs)
이 도시에서는 중소기업은 평균적으로 200곳 중 25곳이 파산에 직면해 있다. (중소기업에 대한 보고서에서)

* SMEs: Small and Medium-sized Enterprises, 중소기업

Banking and Insurance

interest 이자

금융과 관련한 맥락에서 interest는 대출자 a borrower가 돈을 빌리는 특혜에 대해 추가 비용으로 지급해야 하는 금액을 가리킨다. interest는 차용한 총액의 비율로 계산되고, 대출 기관 the lender에 상환해야 총액에 더해진다. interest는 연간이나 월간, 심지어 일간으로 정해진 기간에 대해 계산되고 부과된다. 이자라는 뜻에서 interest는 단수 형태로만 사용된다.

to accrue interest 이자가 발생하다	You have accrued interest on your unpaid credit card. To avoid this in future please pay in full at the end of the month. (from a message in a banking app) 신용카드 대금을 납부하지 않아 이자가

Household

발생했습니다. 앞으로 이런 사태가 야기되지 않도록 월말에 전액을 결제해 주십시오. (은행 앱으로 전해진 메시지)

정해진 기간이 지난 뒤에도 지급되지 않거나 받지 못한 대출금이나 채권에 대해 이자를 부과하는 행위를 가리킨다. 이자는 대출금에 대해 부과되는 것 to accrue interest on the loan 이고, 그렇게 부과된 이자 자체 the interest itself 는 accrued interest 미지급 이자 라 표현될 수 있다.

to pay interest on (something) …에 대해 이자를 지급하다	If you take out a student loan for this course, you will have to pay interest on it. (from a college FAQ page) 이 과정을 위해 학자금 대출을 받으면 그에 대한 이자를 지급해야 합니다. (대학 FAQ란에서)

돈을 빌리면 그 대출금에 대해 이자를 지급하는 것 to pay interest on the loan 은 당연한 것이다. 이 구절은 '빌린 돈에 더해서 대출금에 대한 이자를 추가로 지급하다'라는 뜻이다. on 뒤에는 a loan 대출금 이나 a mortgage 담보 대출금 처럼 상환되어야 할 것이 쓰이는 게 일반적이다.

* FAQ: Frequently Asked Questions, 자주 묻는 질문들

interest rates 이자율, 금리	The increase in interest rates does not bode well for those with a mortgage. (from a financial column of a newspaper) 이자율 상승은 대출 받은 사람들에게는 좋은 징조가 아니다. (신문에 게재된 금융 관련 칼럼에서)

대출자에게 이자로 부과되는, 대출금의 비율을 가리키는 용어이며, 대체로 백분율로 표시된다. the interest rate가 높아지면 대출자가 대출 기관에 갚아야 할 돈도 늘어난다.

to calculate interest 이자를 계산하다	Before you borrow, it's important to calculate the interest to work out what you would have to repay. (from a YouTube video on loans) 돈을 빌리기 전에 상환해야 할 이자를 계산하는 게 중요합니다. (대출에 대한 유튜브 동영상에서)

'대출금에 대해 얼마나 많은 이자가 부과될 것인지를 계산하다'라는 뜻이다. the interest rate 이자율 와 빌리려는 총액을 알면 이자를 계산해낼 수 있다.

compound interest 복리 이자, 복리	Many of our savings accounts offer compound interest: here are some that we recommend. (from a banking website) 우리 은행은 다수의 저축 계좌에서 복리 이자를 제공합니다. 그 중 몇 가지를 추천합니다. (은행 웹사이트에서)

compound interest는 원금에 일정한 기간마다 이전에 더해진 이자까지 더해 계산된 이자를 가리킨다. compound interest에 비교되는 simple interest 단리 는 원금에 대해서만 계산되고 이전에 획득한 이자는 고려하지 않는 이자이다. 예컨대 a savings account with compound interest 복리 저축예금 계좌 에서는 이자 계산 기간마다 증가한 총액에 대해 이자가 계산되는 반면, simple interest 단리 가 적용되는 예금 계좌에는 매번 오로지 원금에 근거한 고정된 이자만이 주어진다.

3.2%

Interest rates have gone up to 3.2% this year, which means now is the perfect time to open a new savings account. (bank advertisement)

올해 금리가 3.2퍼센트로 올랐습니다. 다시 말하면, 지금이 통장을 새로 개설할 적기입니다. (은행 광고)

credit 신용, 융자

credit은 금융과 관련한 맥락에서도 많은 의미로 쓰인다. 가장 흔히 사용되는 예가 대출자 lender와 차입자 borrower 간의 계약과 관련된 것으로, 이 관계에서 개인이나 기업은 훗날 이자를 더해 원금을 상환하겠다고 약속하며 일정한 금액의 돈이나 물품을 빌린다. credit은 주로 debit과 반대쌍을 이루는 단어로 쓰이며(대변과 차변) 이 둘은 금융 거래에서 정반대의 형태를 띠는 것이다.

to extend credit 신용을 확대하다, 외상을 주다	Certain banks are offering credit to small businesses to help them through the recession. (from a local news report) 어떤 은행들은 소기업이 불황을 이겨내는 데 도움을 주려고 융자를 제공하고 있다. (지역 신문 보도에서)

처음에 계약한 것보다 더 긴 기간 동안 돈을 빌려주는 것을 뜻하는 표현이다. 또 누군가에게 무언가에 대한 대금을 미리 지불하도록 요청하는 대신 나중에 지불하는 것을 허용하는 것을 뜻하기도 한다.

credit score 신용 점수	Here are five ways to improve your credit score before you apply for a mortgage. (from a financial blog) 대출을 신청하기 전 신용 점수를 개선하는 다섯 가지 방법이 있다. (금융 관련 블로그에서)

a credit score는 신용 기록과 현재의 부채 등과 같은 요인들을 기초로 개인에게 부여된 숫자를 가리킨다. 대출 기관은 담보 대출mortgage 등의 형태로 누군가에게 돈을 빌려줄 것인가를 결정할 때 a credit score를 사용한다. a credit score는 때때로 a credit rating신용 등급과 같은 의미로 사용되지만, a credit rating은 주로 기업(혹은 몇몇 표준 분석틀에서는 국가 전체)에 문자의 형태로 부여되며 해당 기업이나 국가에 돈을 빌려주는 결정의 위험 정도를 대출 기관에 알려주는 역할을 한다.

credit card 신용카드	If you pay with a credit card, make sure you pay it back at the end of each month to avoid paying extra interest. (financial advice column) 신용카드로 지불할 경우 연체 이자를 물지 않으려면 매달 말에 상환해야 한다는 것을 잊어서는 안 된다. (금융에 관련해 조언하는 칼럼에서)

a credit card는 현금이나 수표 대신 카드로 지불하는 방식을 가리키는 용어이다. a credit card는 무언가에 대한 대가를 지불할 때 자신의 은행 계좌에서 돈을 인출하지 않고 카드를 발급한 은행이나 신용카드 회사로부터 돈을 빌려 지불하는 형식을 띠기 때문에, 자신의 은행 계좌에서 돈을 인출하는 카드인 a debit card직불카드와 대조된다.

| **on credit**
신용으로, 신용 대출로 | I bought the car on credit so I'll be paying it off for a while. (conversation with friend)
나는 자동차를 신용 대출로 샀다. 따라서 한동안 그 돈을 갚아야 한다. (친구와의 대화) |

무언가를 on credit으로 구입한다는 것은 공식적인 합의에 따라 나중에 돈을 정기적으로 상환하기로 약속하는 것을 뜻한다는 점에서 다음에 다루어지는 in credit과 다르다.

| **in credit**
돈을 맡겨놓은, 더 많은 돈을 지급한 | The most recent statement from the electricity company said that we're in credit this month, so we don't owe them any money. (WhatsApp group chat with housemates)
전기 회사로부터 최근에 받은 명세서를 보니, 우리가 이번 달에 과오납 상태여서 지급할 요금이 없었어. (주부들의 왓츠앱 단체 채팅방에서) |

on credit과 달리, 정반대로 in credit은 개인이나 단체가 돈을 빚진 상태가 아니라 과거에 너무 많이 지불해서 오히려 회사가 개인에게 돈을 빚진 상태에 있는 것을 뜻한다. 이런 경우는 에너지 청구서 energy bill 등에서 흔히 발생한다.

| **interest-free credit**
무이자 융자, 대출 | With our card, you'll have 3 months of interest-free credit! (advert for a credit card)
우리 신용카드를 사용하면 3개월 무이자 혜택을 누릴 수 있습니다! (신용카드 회사의 광고) |

0% interest credit이라고도 표현된다. 신용카드 회사 등에서 돈을 빌려주며, 일정 기간 동안 상환에 대한 이자를 부과하지 않는 경우를 가리킨다.

line of credit
마이너스 통장, 대출 한도 설정액

Unfortunately, the bank has closed our line of credit, and we shall have to shut down in two months. (from a company-wide email to employees)
안타깝게도 은행이 우리 마이너스 통장을 폐쇄해서, 우리는 두 달 뒤에 문을 닫아야 할 실정입니다. (회사가 전 직원에게 보낸 이메일)

a credit line으로도 표현되며, 은행을 비롯한 대출 기관이 개인이나 기업에게 빌릴 수 있도록 허용한 확정된 금액을 뜻한다. 일시불a lump-sum로 주어지는 a loan대출금과 달리, 개인이나 회사는 credit line대출한도이 설성한 범위를 벗어나지 않는 한 필요할 때마다 대출 기관으로부터 많이 혹은 적게 빌릴 수 있고, 빌린 금액에 대해서만 이자가 부과된다.

735

The average credit score in the US is 735, according to our most recent findings. (from a report from a credit card company)
가장 최근의 조사 결과에 따르면, 미국의 평균 신용 점수는 735이다. (한 신용카드 회사의 보고서에서)

debit 차변, 인출 금액

일상의 용어에서 debit은 은행 계좌나 다른 형태의 pot of money 돈통 혹은 많은 돈 에서 공제하는 지불금을 가리킨다. to debit someone은 외형적으로 누군가의 계좌로부터 돈을 인출하는 행위를 뜻한다. 간단히 말해 to credit은 계좌에 돈을 더하는 행위이므로, debit은 credit의 반대라 생각하면 편하다. 그러나 debit은 재무 관리만이 아니라 자금의 이동을 추적하는 데도 필수적인 개념이다. 또한 회계 accounting 와 복식 부기 double entry system of bookkeeping 에서 부채의 감소나 자산의 증가를 뜻할 수 있어 더 복잡한 의미를 갖는다.

debit payment/ transaction 직불 결제/직불 거래	I did not receive a confirmation email after I made the debit payment. (from customer complaints chat box on website) 직불 결제를 했지만 그 이후에 확인 이메일을 받지 못했습니다. (웹사이트의 고객 불만 채팅란에서)

직불과 관련된 은행 계좌에서 곧바로 빠져나가는 결제를 뜻하는 표현이다. debit payment는 관련된 은행 계좌에서 곧장 처리되는 반면 credit payment에는 차용금 borrowed funds 이 포함된다는 점에서, debit payment는 credit payment 신용 결제 와 대조되는 개념이다.

debit card 직불카드	This self-checkout machine accepts debit cards only. We apologize for any inconvenience. (paper notice in a convenience store) 이 무인 계산대는 직불카드만 사용할 수 있습니다. 불편을 끼쳐 드려 죄송합니다. (편의점에 게시된 종이 안내문)

은행에서 발급하는 두 종류의 카드 중 하나이다. 은행에서 먼저 돈을 빌리고 나중에 갚아야 하는 신용카드 credit card와 달리 debit card는 은행 계좌에서 곧바로 인출되며 결제되는 경우에 사용된다.

to debit (an/the) account 계좌에서 인출하다	Once the shipment has been dispatched, the vendor will debit the account. (terms and conditions of commercial supply agreement) 화물이 발송된 뒤 판매자가 그 계좌에서 인출한다. (공급 계약서의 거래 조건)

정관사와 부정관사에 대한 일반적인 규칙에 따라, 특정 계좌가 지정되었는지 여부에 따라 관사의 형태(a/the)가 결정된다.

debit memorandum 차변표, 차변 메모	In the event of a billing discrepancy, we will issue a debit memorandum to correct the charged amount. (software subscription service's billing policy) 청구액이 불일치하는 경우에는 차변표를 발행해 청구액을 수정할 것입니다. (소프트웨어 상용 서비스의 청구 정책)

약어로 a debit memo 혹은 a debit note라고도 하며, 지불해야 할 금액을 조정할 목적으로 발행하는 전표를 뜻한다. 두 종류의 주된 맥락인 소매 은행 거래 retail banking transcation 와 상거래 commercial transaction 에서 주로 사용되는 표현이다. 은행 거래에서는 은행이 고객에게 청구액, 위약금, 수수료 등이 인상된 것을 알릴 목적으로 발행하고, 일반적인 상거래에서는 청구액의 오류, 상품에 대한 불만이 있거나 재화와 서비스를 추가로 요구하는 경우 송장에서 지불해야 할 금액을 조정할 목적에서 발행된다.

$75.42

Your account has been debited $75.42. Please find a detailed fee breakdown below. (excerpt from an invoice)
계좌에서 75.42달러가 인출되었습니다. 자세한 수수료 내역은 아래에서 확인하십시오. (송장에서 발췌)

co-payment 본인 부담금

co-payment는 민간 의료 시스템을 갖춘 국가에서 주로 의료비 healthcare costs와 관련해 사용되는 용어이다. 환자가 의사와의 진찰 약속, 외과 수술 등과 같은 의료 서비스를 받은 비용을 지불해야 할 때 환자가 가입한 보험사가 비용의 대부분을 부담하지만, 관련된 비용 전부를 항상 부담하지는 않는다. 보험에 가입한 환자에게 추가로 요구되는 부담금을 co-payment본인 부담금라 한다. 그 액수는 환자가 가입한 보험 프로그램에 따라 달라진다.

co-payment scheme 본인 부담금 제도	Our co-payment scheme makes quality medical insurance more affordable. (from medical insurance brochure) 당사의 본인 부담금 제도를 이용하면 양질의 의료 보험 혜택을 더 적정한 가격에 누릴 수 있습니다. (의료 보험 안내서)

co-payment와 함께 쓰인 a scheme은 본인 부담금이란 프로그램 전체를 하나의 금융 상품으로 지칭하는 것이 된다.

copay 본인 부담금	Copay amounts may differ for different medical services–it is important to check your policy carefully. (online insurance advice blog) 본인 부담금은 어떤 의료 서비스를 받느냐에 따라 다를 수 있다. 따라서 보험증권을 꼼꼼하게 살펴보는 것이 중요하다. (보험과 관련해 온라인으로 조언을 제공하는 블로그)

copay는 co-payment의 축약형으로, 때로는 신속하게 말하거나 글을 쓸 때 사용된다. copay는 정보를 제공하는 문서나 대화 등에서 co-payment를 격의 없이 표현할 때, 더 정확히 말하면 이런 맥락에서 미국에서 흔히 사용된다.

medication co-payment 의약품 본인 부담금	I changed insurance providers and the medication co-payment is lower now. It's such a relief. (chat with colleague at work) 나는 보험사를 바꾸었고, 그래서 지금은 의약품 본인 부담금이 더 낮아졌어. 정말 안심이 돼. (직장 동료와의 채팅)

a medication co-payment는 처방약 값에서 환자가 부담해야 하는 비용을 가리키며, 의료 보험 약관에서 결정된다.

dental co-payment 치과 본인 부담금	The company offers dental co-payments to take care of your oral hygiene. (from description of company benefits package) 회사가 직원들의 구강 위생을 책임진다는 뜻에서 치과 본인 부담금을 제공합니다. (회사의 복지 혜택에 대한 설명에서)

co-payment 앞에 형용사를 사용함으로써 무엇에 대해 본인 부담금이 지불되어야 하는가를 명시하는 것이 일반적이다. 따라서 a dental co-payment는 치과 치료에 관한 것이 된다. a specialist co-payment 전문의 본인 부담금 는 전문의로부터 치료를 받을 경우 부담해야 할 비용을 가리킨다.

> **$20**
> So you'll need to pay $20 copay for your doctor's visit today.
> (exchange with receptionist at a medical practice)
> 따라서 환자분은 오늘 담당 의사에게서 진료를 받을 때 20달러는 본인 부담금으로 지불해야 합니다. (병원에서 접수 담당자와의 대화)

deductible 공제 금액, 면책 금액

보험에서 사용되는 개념이다. a deductible은 보험사가 보험금을 지급하기 전 피보험자가 지불해야 하는 금액을 가리킨다. a deductible은 보험사와 피보험자가 분담하는 비용의 한 형태이며, 의료비가 발생할 때마다 계산되는 것이 아니라 피보험자가 보험금을 청구할 때 한 번만 계산된다는 점을 제외하면 본인 부담금 co-payment과 무척 유사하다. 보험사는 a deductible이란 명목으로 이 비용을 요구하기 때문에 피보험자는 the deductible amount 공제액, 공제 금액를 초과하는 더 많은 보험금을 청구할 가능성이 커진다.

deductible amount 공제액, 공제 금액	Deductible amounts vary based on what they cover, the particular insurer and how much your monthly premiums are. (from financial advice article) 공제액은 보장 범위, 보험사, 매월 납부하는 보험료의 크기에 따라 달라진다. (금융과 관련해 조언하는 기사에서)

공제 금액에 대해 논의하며 숫자에 특별한 관심을 유도하고 싶다면 deductible amount란 표현을 사용해 보라.

high/low deductible 높은/낮은 공제액, 자기 부담금	I prefer car insurance with a low deductible; it means less out-of-pocket expense in case of an accident. (conversation with friend) 자동차 보험은 자기 부담금이 낮은 게 더 좋아. 사고가 나는 경우 따로 지불해야 할 비용이 더 적다는 뜻이거든. (친구와의 대화)

a deductible이 높으냐 낮으냐에 따라 매월 납부하는 보험료 monthly premium 액수가 달라진다. a deductible이 높으면 보험료가 적어지고, 반대의 경우도 마찬가지이다. 결국 deductible을 높이면 보험료를 줄일 수 있지만 보험금이 필요한 경우 deductible로 인해 더 많은 비용을 떠안아야 할 수 있으므로 고객은 적절한 균형점을 찾아야 한다.

annual deductible 연간 공제액	Your annual deductible will be $6,000. (from phone conversation with insurance broker) 연간 공제액은 6,000달러가 될 겁니다. (보험 중개인과의 전화 대화에서)

deductible은 1년을 단위로 일정한 수준으로 설정되는 경우가 많다. 따라서 deductible이 이런 식으로 표현될 때는 공제되는 금액이 매년 달라질 수 있다는 것을 강조하는 것이 된다.

deductible reset 공제액 재설정	Will a mid-year change cause a deductible reset on my policy? (question from online financial discussion forum) 보험 기간 중에 변경이 있으면 공제액도 재설정해야 합니까? (온라인 금융 토론장에서 제시된 질문)

피보험자가 a deductible을 지불한 경우에는 보험 기간(대체로 1년) 동안 보험금을 추가로 청구한다는 이유로 a deductible을 다시 지불할 필요가 없다. 하지만 사전에 합의된 시간이 지난 뒤에는 a deductible이 결국 재설정된다. 따라서 추가로 보험금을 청구하려면 새롭게 설정된 공제액을 지불해야 한다. 이 과정을 a deductible reset이라 한다.

deductible waiver 공제액 면제/면책	A collision deductible waiver can really help you avoid high deductibles on your car insurance. (from insurance advice website) 충돌 사고의 공제액 면책 프로그램은 자동차 보험의 높은 공제 금액을 피하는 데 실질적인 도움이 될 수 있다. (보험과 관련해 조언하는 웹사이트에서)

보험 회사는 여러 특정한 상황에서 보험금을 청구할 때 적용하던 공제액을 면제하는 a deductible waiver를 제시할 수 있다. a deductible waiver는 보험 회사가 보험 약관에 따라 보험금을 지급하기 전 고객으로부터 본인 부담금을 요구하지 않기로 결정한다는 뜻이다. 자동차

보험에서 충돌 사고와 관련해 어떤 보장에도 가입하지 않은 운전자와 충돌한 경우 그에 따른 손해를 보상하는 개념으로 가장 흔히 사용되는 표현이다.

> **$7,000**
> My medical deductible is $7,000, but I don't think that I could pay that if I became ill. (text message between friends)
> 내 의료비 공제액은 7,000달러야. 하지만 내가 병들면 그 정도까지는 감당할 수 없을 것 같아. (친구들 사이의 문자 메시지)

account 계좌, 은행 계좌

간단하게는 an account, 완전하게는 bank account라고 하며 은행이 개인의 돈을 예치해 두고 그 개인이 필요하면 언제라도 그 돈을 인출할 수 있게 해 주는 제도적 장치를 뜻한다. 역시 금융과 관련한 맥락에서 account는 거래, 수익, 손실 등을 추적하는, 회사나 자산의 재무적 활동에 대한 기록을 가리키는 또 다른 뜻(장부, 계정)을 갖는다.

to open/close an account 계좌를 개설하다/계좌를 해지하다	I'd like to open an account with your bank, what identification do I need? (from a consultation with a banker) 이 은행에 계좌를 개설하고 싶습니다. 어떤 신분증이 필요한가요? (은행원과의 상담에서)

to open과 to close는 합의하에 돈을 맡기려는 은행에 계좌를 개설하거나 해지하는 행위를 표현할 때 사용되는 동사이다.

to credit (something) to one's account 무언가를 누구의 계좌에 입금하다	We have processed the refund and the money has been credited to your account. (email from an online store) 환불 처리를 했으며 해당 금액이 귀하의 계좌에 입금되었습니다. (온라인 상점이 보낸 이메일에서)

간단히 정리하면 '급여, 환불금, 선물 등으로 인해 누군가의 은행 계좌에 돈이 더해지다'를 뜻하는 표현이다. 반대말로는 to debit something from one's account(무언가를 누군가의 계좌에서 인출하다)가 있다. 청구서 같은 것으로 인해 돈이 누군가의 계좌에서 빠져나가는 경우를 가리킨다.

expense account 경비 계정, 비용 계정	You may put the lunch with the client on your expense account. (from a Team's message from an employer) 고객과 함께한 점심 식사비는 경비 계정에 넣어도 됩니다. (고용주가 팀에게 보낸 메시지에서)

직원은 업무를 수행하는 과정에서 발생한 비용, 예컨대 업무와 관련된 출장비the cost of travel를 이 항목에 기록함으로써 고용주로부터 변제받을 수 있다.

checking account 당좌 예금, 당좌 예금 계좌	There have been an unusual number of transactions from your checking account today. (notification from a bank app) 오늘 귀하의 당좌 예금 계좌에서 비정상적으로 많은 거래가 발생했습니다. (은행 앱을 통한 통지)

영국에서는 a current account, 미국에서는 checking account로 알려진 은행 계좌의 일종으로, 돈의 입출금을 편하게 하며 다양한 종류의 청구서를 결제하는 등 일일 거래 daily transaction에 사용할 목적으로 돈을 단기적으로 보관하는 계좌를 가리킨다. 따라서 a savings account 저축예금 계좌와 대조되는 개념으로, a checking account는 이자를 제공할 가능성이 낮다. a checking account에 예치된 돈의 액수는 기업 활동에 따라 변동이 심할 수 있다.

joint account
공동 계좌

My husband and I have a joint account to pay for all our bills, it makes things so much easier. (from a conversation between friends)
남편과 나는 공동 계좌를 개설해 두고 모든 청구서를 결제하고 있어. 많은 일을 훨씬 수월하게 처리할 수 있더라고. (친구들 간의 대화에서)

joint account는 두 명 혹은 그 이상이 함께 개설한 은행 계좌를 뜻한다. 물론 개설자 모두가 계좌에 예치된 돈을 인출하거나 계좌에 새로운 돈을 입금할 수 있다. joint account는 부부나 동업자들이 주로 사용한다. 계좌의 성격을 명확히 하기 위해 joint bank account 공동 예금 계좌라 말할 수도 있다.

4/5

It is estimated that 4/5 of married couples in the US have a joint bank account for shared expenses. (from a presentation to a bank CEO)
미국에서는 5분의 4의 부부가 공동 경비를 처리하기 위한 공동 예금 계좌를 갖고 있는 것으로 추정됩니다. (은행 최고경영자를 상대로 한 프레젠테이션에서)

savings 저축한 돈, 예금

to save money돈을 저축하다는 결국 to keep money돈을 보관하다로, spending지출, 소비과 반대되는 개념이다. 동사 to save로 사용되는 경우는 소매로 물건을 구입하는 맥락에서, 즉 소매 상점들이 물건을 더 싸게 구입함으로써 얼마를 to save(즉 not to spend)할 수 있는가를 강조하는 맥락에서 주로 사용된다. 하지만 명사로 사용되는 경우는 개인 금융과 관련된 맥락에서 주로 사용되며, 일상의 일반적인 지출로부터 따로 떼어둔 돈(저축)을 뜻한다. savings에는 '누군가가 미래에 무언가에 지출할 목적에서 그 돈을 보유하고 있다'라는 뜻이 함축되어 있다. 이런 점에서 savings는 investments투자와 다르다. investments는 더 많은 돈을 축적할 목적에서 따로 떼어두는 자금인 반면 savings는 이자를 바탕으로 액수를 늘려간다.

| **to save up**
(돈을) 모으다 | I want to go to Japan but I need to save up for it. (conversation between friends)
일본에 가고 싶어. 하지만 일본에 가려면 먼저 돈을 모아야 하겠지. (친구들 간의 대화) |

동사 to save는 단독으로도 사용할 수 있지만(예: I saved $100, 나는 100달러를 모았다) 전치사 up를 덧붙여 사용하는 것이 일반적이다. to save up은 to save와 의미가 거의 같지만 '특정한 무엇을 위해 저축한다' to save for something specific 라는 장기적인 목표를 강조할 경우에 쓰인다.

life savings 노후 대비 저축, 평생 모은 돈	I lost my entire life savings investing in crypto. (from Reddit confessions post) 나는 암호화폐 투자로 평생 모은 돈을 몽땅 잃었다. (레딧에 자기 고백으로 게시된 글에서)

life savings는 누군가 반드시 평생은 아니더라도 오랜 기간 동안 저축한 돈을 뜻한다.

savings account 저축 예금, 저축 예금 계좌	Opening a personal savings account is a smart way to grow your savings. (from online banking website) 개인적으로 저축 예금 계좌를 개설하는 것이 저축을 늘리는 현명한 방법입니다. (온라인 은행 웹사이트에서)

두말할 필요 없이 a savings account는 저축을 위한 계좌이다. 이런 계좌들은 일반적으로 돈을 인출 withdrawal 할 수 있는 횟수가 제한되고, 낮지만 안정적인 이자율을 보장한다.

to dip into savings 저축한 돈을 축내다/ 인출하다	Marie had to dip into her savings to cover the cost of her medical bills. (from case study on medical costs in the US) 메리는 병원비를 충당하려고 저축한 돈을 인출해야 했다. (미국 의료비에 대한 사례 연구에서)

to dip into savings는 '누군가 예측하지 못한 비용을 충당하려고 저축한 돈의 일부를 사용하다'라는 뜻이다. dipping은 숟가락으로 가볍게 떠내는 동작을 가리키므로 savings in a pot 어떤 목적을 위해 모아놓은 돈을 떠올리는 데 유용한 역할을 할 수 있다. 결국 dipping은 소스에 감자튀김을 살짝 적시는 것처럼 소액의 돈을 퍼내는 동작 scooping out 이다.

to save up a nest egg
비상금/밑돈을 모으다

We settled down and started saving up a nest egg for our children's education. (excerpt from autobiography)
우리는 정착한 뒤에 아이들을 교육시키기 위한 밑돈을 모으기 시작했다. (자서전에서 발췌)

nest egg는 가족이나 가정을 위해 사용할 목적을 띤 장기 저축long term savings을 뜻하는 관용적 표현이다. a nest둥지, 보금자리에 담긴 뜻이 가정적인 특성homeliness을 떠올려주기 때문에 주택과 자녀 및 은퇴와 관련된 저축을 표현하는 데 주로 사용된다.

4 in 5
4 in 5 people dipped into their savings last year. (from financial analysis journalism)
작년에는 5명 중 4명이 저축한 돈에 손댔다. (재무 분석 보도에서)

withdraw 인출하다

동사 to withdraw는 금융과 관련된 맥락에 쓰일 때 은행 계좌, 투자금, 금융 기관에서 돈을 꺼내는 행위를 가리킨다. the event of withdrawing인출한 결과은 명사로 withdrawal인출 이라 한다. to withdraw는 상당히 중립적인 단어로, 전문 용어도 아니고 구어적인colloquial 냄새를 풍기지도 않는다. 그렇지만 금융과 은행 업무와 관련해 to withdraw와 함께 사용되는 결합어를 알아두면 무척 유용하다.

to withdraw from ...로부터 인출하다	I plan to withdraw from my pension in a few years–any advice? (comment on online financial planning blog post) 수년 내에 연금을 받기 시작할 계획인데 조언해 줄 게 있습니까? (온라인 재무 계획과 관련한 블로그에 게시된 글에서)

돈이 인출되는 곳을 명확히 표현할 경우에는 to withdraw 뒤에 전치사 from이 사용되어야 한다. from 대신 out of를 사용할 수도 있다.

to make a withdrawal 예금을 인출하다	Hi, I can't make a withdrawal from my account because of technical issues. Please can you assist? (from phone call with a consumer bank's customer service team) 안녕하십니까. 기술적인 문제로 제 은행 계좌에서 돈을 인출할 수 없습니다. 도움을 주실 수 있을까요? (소비자 은행 고객 서비스 팀과의 전화 통화에서)

to make a withdrawal은 to withdraw (from)와 뜻이 실질적으로 똑같다. 명사형 withdrawal 을 사용함으로써 은행 계좌나 다른 금융 지주financial holding로부터 돈을 인출할 때는 관련된 절차가 있다는 것을 은근히 강조하는 표현이 된다. to make a withdrawal에서는 의도와 목적 및 구조화된 행동이 함축되고, 어떤 절차와 과정이 한층 명확하게 인식된다.

to withdraw funds 자금을 회수하다, 재정 지원을 중단/철회하다	Central government is threatening to withdraw funds from the regions. (political journalism) 중앙 정부는 지방 정부들로부터 자금을 회수하겠다고 위협하고 있습니다. (정치 보도)

금융과 관련한 맥락에서 동사 to withdraw의 목적어는 money인 경우가 일반적이다. 그러나 funds라는 단어가 money를 약간 격식 있게 표현하는 동의어로 흔히 사용된다. funds라는 단어가 사용되어, to withdraw funds는 정부가 몇몇 지역에서 돈을 빼거나 to pull money out of certain areas, 기업이 마이너스 통장에서 돈을 인출 to extract money out of credit lines 하는 경우처럼 공식적으로 돈을 철회하는 표현이 된다.

cash/ATM withdrawal 현금/자동 입출금기 인출	We are a cash-only business: any customers without cash, please make an ATM withdrawal. (shop notice for customers) 저희 가게는 현금만 받습니다. 현금이 없는 고객님들은 자동 입출금기에서 돈을 인출하시기 바랍니다. (한 상점의 고객 안내문)

ATM(Automated Teller Machine, 자동 입출금기, 미국에서는 a cash dispensing machine, 현금 지급기)에서 돈을 꺼내는 행위를 뜻하는 표현이다. 전문 용어를 사용해 이 행위를 상당히 격식 있게 표현하는 방법이지만 일상 대화에서는 I'm going to go and get some cash out(돈을 좀 찾아올게요) 혹은 이와 유사하게 말하는 것이 일반적이다.

£500

You can withdraw up to £500 per day from your current account. (from bank's website explaining rules for withdrawal limit from a bank account) 현재 계좌에서 하루에 최대 500파운드까지 인출할 수 있습니다. (은행 계좌에서의 인출 한도 규정에 대해 설명하는 은행 웹사이트에서)

overdraft 당좌 대월, 초과 인출

자신이 은행 계좌에 보유한 금액보다 더 많은 돈을 은행 계좌에서 인출한 때 an overdraft가 발생한다. 그 결과로 은행 계좌가 결손deficit인 상태가 된다. 고객에게 이렇게 돈을 일시적으로 빌리는 것을 허용하는 은행이 많다. 이 경우에도 한도limit와 수수료fee가 당연히 정해진다. 계좌가 이 상황에 있을 때 초과 인출된overdrawn 상태라 한다.

to go into (one's) overdraft 초과 인출하다	It is important to avoid going into your overdraft unless absolutely necessary. (bank account policy document) 절대적으로 필요한 경우가 아니면 초과 인출을 피하는 것이 중요하다. (은행 계좌 정책 문서)

개인이 자신의 계좌에 보유한 금액보다 더 많은 돈을 인출하거나 지출해 to be in their overdraft초과 인출 상태 상황에 있음을 뜻하는 표현이다. 다시 말해, 은행에 돈을 빚진 상태라는 뜻이다. 같은 뜻으로 to be overdrawn으로 표현해도 잘못된 것은 아니다.

to run up an overdraft 초과 인출/당좌 대월을 사용하다	My husband ran up an overdraft on our joint account and now we owe the bank nearly $2,000! (from a Buzzfeed article) 남편이 우리 공동 계좌에서 초과 인출해서, 지금 은행에 거의 2,000달러를 빚지고 있어요! (버즈피드에 게재된 글에서)

to run up an overdraft는 앞에서 예로 든 to go into (one's) overdraft와 유의어라고 생각해도 무방하다. 누군가가 an overdraft해서 은행 계좌에 보유한 돈보다 더 많은 돈을 지출했다는 것을 뜻한다.

to extend an overdraft 초과 인출 한도를 확대하다	I've asked the bank to extend my overdraft, Christmas is going to be expensive. (from a WhatsApp message between friends) 은행에 초과 인출 한도를 늘려달라고 부탁했어. 크리스마스에 돈이 많이 들어갈 테니까. (왓츠앱에서 친구들이 주고받은 문자 메시지)

초과 인출의 한도를 증액하는 행위를 뜻한다. 은행이 고객에게 더 큰 결손을 인정하며 더 많은 돈을 빚지는 것을 허용한다는 뜻이 함축된 표현이기도 하다. 이 맥락에서는 to extend 대신 to increase를 사용할 수도 있다.

to pay off an overdraft 초과 인출을 상환하다/ 갚다	Banks are urging customers to pay off their overdrafts before the new rules are introduced. (from a local newspaper) 새로운 규정이 도입되기 전에 은행들이 고객에게 초과 인출을 상환하라고 독촉하고 있다. (지역 신문에서)

빚을 청산하고 to settle one's debts 더는 결손 상태에 있지 않으려면 to pay off one's overdraft를 해야만 한다. 같은 뜻으로 to pay back an overdraft라고 말할 수도 있지만 간단히 to pay an overdraft라고 하는 경우는 극히 드물다.

overdraft fee 초과 인출 수수료	Here are a list of banks which don't charge overdraft fees. (consumer advocacy website) 초과 인출 수수료를 부과하지 않는 은행 명단은 다음과 같다. (소비자 보호 웹사이트)

an overdraft fee는 은행 계좌에 보유한 금액보다 더 많은 돈을 사용한 경우에 발생하는 요금, 혹은 청구 금액 a charge 을 뜻한다. overdraft가 은행과 사전에 합의해 결정된다면 각종 수수료 fees 는 대체로 낮은 편이다.

overdraft limit
초과 인출 한도

Unfortunately, you have exceeded your overdraft limit and you shall have to pay the fee. (from an email from a bank)
안타깝게도 초과 인출 한도를 초과하셨으므로 수수료를 지불하셔야 합니다. (은행이 보낸 이메일에서)

은행은 개인의 계좌에서 허용되는 결손의 a limit 한도를 정해두고 그 이상의 금액을 빚지면 위약금 penalties 을 추가로 징수한다.

47%

A survey has revealed that 47% of students have gone into their overdrafts at least once this year. (from a study on student finances)
설문 조사에서 밝혀졌듯이 47퍼센트의 학생이 올해 한 번 이상 초과 인출을 시도하였다. (학생의 재정 상황에 대한 연구)

balance 잔고, 잔금

영어에서 balance는 다양한 뜻으로 사용된다. 그러나 재무와 관련한 맥락에서 balance는 은행 계좌나 신용카드 계좌에서 사용 가능하거나 지불해야 할 금액을 가리킨다. 한편 부기 bookkeeping 와 관련한 맥락에서는 장부에서 잔고를 맞추는 행위 the act of balancing an account를 가리키는 데도 사용될 수 있다.

to pay the balance 잔금을 치르다	Sorry, I need to pay the balance on my card before I make any more big purchases. (from a text message between friends) 미안, 신용카드 대금을 먼저 치러야 물건을 더 구입할 수 있어. (친구끼리 주고받은 문자 메시지에서)

주로 신용카드와 관련해 사용되며 '관련 계좌에 남은 잔금을 지불하다'를 뜻한다. 여기에서는 to pay 대신 to settle을 쓰더라도 똑같은 뜻을 전달할 수 있다.

account balance 계정 잔고, 통장 잔액	Check your account balance at least once a week to track your spending. (from an article on budgeting tips) 적어도 일주일에 한 번은 통장 잔액을 확인하여 돈을 어떻게 지출했는지 추적해 보라. (예산 관리 요령에 관한 기사에서)

an account balance는 특정한 시점에 모든 형태의 금융 계좌에 들어 있는 사용 가능한 돈을 가리키며 bank account balance라고도 한다.

outstanding balance 미결제 잔액, 미불 잔고	Sign into your account to view your outstanding balance. (notification from a credit card company) 고객님의 계좌에 들어가면 미결제 잔액을 확인할 수 있습니다. (신용카드 회사에서 보낸 통지)

신용카드로 사용해서 지불해야 할 총금액을 뜻하는 표현이다. 아직 지불되지 않은 까닭에 outstanding아직 처리되지 않은, 미해결된 한 것으로 볼 수 있다. 따라서 a current balance라고도 부른다. outstanding balance는 다른 유형의 빚other types of loan에 대해 지불해야 할 금액을 가리키는 데도 간혹 사용된다.

positive/negative balance 플러스/마이너스 잔고	I've noticed a negative balance on my credit card statement, what does this mean? (from an online finance forum) 신용카드 명세서에 잔액이 마이너스로 된 표시된 곳이 있는데 이게 무슨 뜻인가요? (온라인 금융 토론장에서)

맥락에 따라 의미가 달라지는 표현이다. 은행 계좌bank account와 관련해 쓰일 때 a positive balance는 '계좌에 0원 이상의 돈이 있다'라는 뜻이고 a negative balance는 '계좌에 있는 돈보다 더 많은 돈을 썼다'라는 뜻이다. 그러나 신용카드와 관련한 맥락에서 쓰일 때 a negative balance는 '카드 소유자가 필요한 금액보다 더 많은 금액을 지불해서, 카드 회사가 카드 소유자에게 실질적으로 빚을 진 상태이다'라는 뜻이다. 다시 말하면 카드 소유자가 '카드 회사에 예금 혹은 신용이 있다'to be in credit라는 뜻이 된다.

balance sheet 재무상태표	Investors often study a company's balance sheet to determine whether it is sensible to buy shares. (from an economics textbook) 투자자들은 주식을 매수하는 것이 현명한지 판단하기 위해 종종 회사의 재무상태표를 연구한다. (경제학 교과서에서)

a balance sheet는 한 기업의 자산assets과 부채liabilities 및 주주 자본shareholders' equity을 요약해 보여주는 재무제표a financial statement를 뜻한다. a balance sheet가 균형balance을 이루려면 자산이 부채와 주주 자본의 합과 같아야 한다. a balance sheet는 기업의 실적을 계산하는 데 사용되는 중요한 재무제표이다.

balance transfer 잔액 이체	To save money on interest, it can be useful to request a balance transfer. (from a financial blog) 이자로 나가는 돈을 절약하려면 잔액 이체를 요청하는 것이 유익할 수 있다. (금융 관련 블로그에서)

간단히 말하면 a balance transfer는 돈을 절약할 목적에서 빚을 기존 신용카드로부터 이자율이 상대적으로 낮은 새로운 계좌로 옮기는 행위를 뜻한다.

> **$366,000**
> A woman was left amazed after a mistake by her bank left her with an account balance of $366,000 instead of $366. (from a local newspaper)
> 한 여성이 은행의 실수로 통장에 366달러가 아니라 36만 6,000달러의 잔고가 남겨진 것을 보고 깜짝 놀랐다. (지역 신문에서)

deposit 예치금, 보증금

재무적 맥락에서, 명사로 쓰인 deposit는 두 가지 의미를 갖는다. 첫째는 은행 계좌로 지불되는 돈을 뜻하고, 둘째는 매입이나 계약에서 첫 지불금으로 제공되는 돈을 뜻한다. 이때 나머지는 차후의 날짜 a later date 에 지급하겠다는 약속이 더해진다. deposit는 동사로도 사용되어 어딘가에 돈을 맡기는 행위를 표현한다.

| **to make a deposit** 계약금을 치르다, 예금하다 | You can make a deposit with us in-store or online. (from a banking website) 영업점이나 온라인을 통해 저희 은행에 입금할 수 있습니다. (은행 웹사이트에서) |

현금을 직접 전달하거나 온라인 이체 electronic transfer 를 통해 은행 계좌에 돈을 넣는 행위를 가리키는 표현이다. 같은 의미로 to deposit money라고도 말할 수 있다.

| **to pay a deposit** 보증금을 내다, 선금을 치르다 | For bookings exceeding 8 people, we require you to pay a deposit. (from a restaurant's booking webpage) 8명을 초과하는 예약의 경우에는 보증금을 내셔야 합니다. (식당 예약을 위한 웹페이지에서) |

앞의 동사구와 비슷하게 들리지만 to pay a deposit는 약간 다른 맥락에서 사용된다. 이 상황에서 a deposit는 예약이나 매입을 확정하기 to secure a booking or purchase 위해 주된 지불금 main payment 에 앞서 요구되는 돈을 뜻한다. 따라서 a deposit에 해당하는 금액은 to make가 아니라 to pay가 되고 to deposit는 to pay의 동의어가 아니다.

| **to put down a deposit (on something)** ...에 대해 보증금/계약금을 걸다 | Before you put down a deposit, I want to view the house again. (from a conversation between a couple) 보증금을 내기 전에 집을 다시 보고 싶어요. (부부 간의 대화에서) |

매입에 앞서 상당한 돈이 an upfront payment 선불금로 요구되는 상황에서 사용되는 표현이다. to pay a deposit도 이 맥락에서 사용될 수 있지만, the deposit가 상대적으로 큰 액수의 구입, 예컨대 집을 구입할 경우에 해당할 때는 주로 to put down과 함께 사용된다. 주택을 구매하는 과정에서는 to put down a deposit가 가장 자주 사용된다.

| **to forfeit a deposit** 보증금을 몰수당하다 | Unfortunately, the unclean state of the house means that you'll have to forfeit the deposit. (from an email from a landlord) 안타깝지만, 집이 불결한 상태라면 보증금을 몰수당할 수 있습니다. (집주인이 보낸 이메일에서) |

상당히 격식을 차린 표현으로, '구매에 앞서 지불한 선불금 upfront payment을 회수할 수 있는 권리를 상실했다'라는 뜻이다. 예컨대 식당을 예약하며 선금을 지급한 to pay a deposit 뒤 약속한 날짜에 임박해 갑작스레 at late notice 예약을 취소하면 식당은 선불금을 고객 손실 loss of customers에 대한 보상으로 돌려주지 않을 수 있다. 같은 뜻으로 to lose a deposit라고도 말할 수 있다.

| **refundable deposit** 환불 가능한 보증금 | We require a refundable deposit when you book a room with us. (from a hotel website) 저희 호텔에 객실을 예약할 때 보증금이 요구되지만 환불이 가능합니다. (호텔 웹사이트에서) |

a deposit가 형용사 refundable로 수식되면 구매자가 합의된 조건을 준수하는 한, 즉 주된 지불금을 결제하기 전에 취소하지 않으면 주된 지불금이 결제되는 즉시 구매자에게 a deposit가 환불된다는 뜻이다.

> **5%**
> Most lenders require you to put down a deposit of at least 5% when applying for a mortgage. (from a real estate website)
> 대부분의 대출 기관은 담보 대출을 신청할 때 최소한 5퍼센트의 보증금을 내라고 요구한다. (부동산 회사의 웹사이트에서)

installment 할부금, 분할 불입금

an installment는 일반적으로 부채를 상환하는 방법으로, 합의된 기간 동안 지불해야 하는 다수의 균등한 지급금 중 1회분을 가리킬 때 사용된다. installment는 금액이 상당한 대형 구매에서 주로 사용된다. 따라서 구매자가 installment를 지급하고 있는 동안에도 그 물건을 사용하는 경우가 많다.

to pay in installments **할부로 지불하다**	The salesman said I could pay for the car in installments so I should be able to afford it. (conversation between friends) 판매원은 나에게 자동차 값을 할부로 지급할 수 있다고 말했으니까 자동차를 구입할 여유가 있을 거야. (친구들 사이의 대화)

전치사 in이 installment와 함께 주로 사용되어 지불 형태를 가리킨다. 같은 뜻으로 by를 사용할 수도 있다.

installment plan 할부 구입/판매	Our installment plan is an easy way to spread the cost over 12 months. (credit card company website) 저희가 제시하는 할부 방법은 12개월에 걸쳐 비용을 분산할 수 있는 편한 방법입니다. (신용카드 회사 웹사이트)

기업이 제품을 판매할 때 구매자에게 비용을 할부로 상환 to pay back in installments 하라고 제안하며 제시하는 구체적인 약정이 installment plan이다.

monthly installments 월납, 월 할부	Splitting your payment into monthly installments requires a credit check. (conversation with a phone company customer advisor) 지불금을 월납으로 분할하려면 신용 조회가 필요합니다. (휴대폰 통신사 고객 상담원과의 대화)

installment는 정해진 간격을 두고 지불되기 때문에 지불되는 빈도를 명시하는 형용사, 예컨대 monthly, weekly 등과 함께 사용되는 경우가 많다.

0%

Many companies offer installment plans at 0% interest. (online personal finance advisor)
많은 회사에서 무이자 할부를 제공하고 있습니다. (온라인 개인 재무 상담사)

royalty 저작권 사용료

a royalty는 copyrighted works저작권이 있는 저작와 intellectual property지적 재산, 천연자원 같은 자산을 사용하는 권리에 대해 개인이나 기업에게 지불하는 값을 뜻한다. royalty는 그 자산을 사용함으로써 창출되는 수입에 대해 일정한 비율로 합의되는 경우가 대부분이다. 어떤 노래가 라디오나 다른 매체를 통해 재생될 때 그 노래에 관련된 음악가에게 지급되는 돈이 대표적인 예이다. royalty와 residuals는 유사하지만 혼동해서는 안 된다. residuals는 텔레비전 프로그램이나 영화가 처음 방영된 이후에도 계속 배포될 때 그 작품의 제작에 참여한 배우와 작가 등에게 지급되는 돈(재전송료, 재방송료)으로, 그 금액은 일반적으로 관련 노조가 협상해 결정된다.

to earn royalties 저작권 사용료를 받다	Earning royalties can be a great source of passive income. (personal finance blog) 저작권료 수입은 상당한 소극적 소득원이 될 수 있다. (개인 금융 블로그)

royalties는 income소득, 수입의 한 형태이므로, 같은 뜻으로 to receive나 to get이 사용될 수도 있다.

royalty payment 저작권료 지급	The frequency of your royalty payments will depend on the terms of the agreement. (email from a book publisher) 저작권료를 지급하는 빈도는 계약 조건에 따라 달라집니다. (도서 출판사에서 보낸 이메일)

royalty payment는 지적 재산 같이 자산을 사용한 대가로 지불하는 돈을 구체적으로 가리키는 표현이다.

| **royalties from (something)** ...로부터 발생한 저작권료 | Royalties from my music only make up a small proportion of my income. (meeting with a tax lawyer) 내 음악으로 발생한 저작권료는 내 수입에서 작은 부분을 차지할 뿐입니다. (세무 변호사를 면담한 때) |

royalties와 함께 사용된 전치사 from 뒤에는 소득원 source of the income이 명시될 수 있다. 전치사 on이나 for를 사용해도 똑같은 뜻을 전달할 수 있다.

| **in royalties** 저작권료로 | I made enough in royalties last year to pay for a new car. (conversation between friends) 작년에 자동차를 새로 뽑을 수 있을 정도로 저작권료를 많이 받았지. (친구들 간의 대화) |

in royalties는 '저작권료라는 형태로 수입이 들어왔다' the form the earnings are in는 것을 표현하는 방법이다. 이때, 벌어들인 금액을 구체적으로 표현할 수도 있다(I made $5,000 in royalties, 나는 저작권료로 5,000달러를 벌었다).

| **advance against royalties** 저작권료에 대한 선급금, 선인세 | We can help you to judge whether you've been offered a fair advance against royalties. (intellectual property law firm website) 저작권 사용료에 대해 적정한 선급금을 제안받았는지 판단하는 데 우리가 도움을 드릴 수 있습니다. (지적 재산권을 전문으로 취급하는 법률 회사의 웹사이트) |

an advance against royalties는 예술가나 작가에게 선불금 upfront sum 으로 지급되는 구체적인 지급금을 가리킬 때 사용되며 그 금액은 향후의 저작권료 지급 royalty payments 에서 상쇄된다. advance (against royalties)가 완전히 정산되면 저작권자는 추가로 royalties를 받기 시작할 수 있다.

$8 billion
Spotify paid a total of $8 billion in royalties last year. (finance magazine)

스포티파이는 지난해 총 80억 달러의 저작권 사용료를 지불했다. (금융 전문 잡지)

＊Spotify: 음원 스트리밍 플랫폼

Neighborhood

- Retail Concepts
- Financial Gains
- Local Economy

Retail Concepts

retail 소매

명사로 사용된 retail은 매장이나 온라인에서 상품을 일반인들에게 직접적으로 판매하는 행위를 뜻한다. 한편 동사로 사용되는 경우, to retail은 '일반 소비자에게 무언가를 판매하다'를 뜻한다. retail은 형용사로도 사용되어 일반인에게 상품을 직접적으로 판매하는 행위와 관련된 것을 표현한다. wholesaling도매은 기업체에 상품을 판매한다는 점에서 retail과 다르다. 그렇다고 retail이 소비자의 구매 행위를 표현하는 데만 사용되는 것은 아니다. retail stocks는 일반인도 거래 및 보유할 수 있는 주식을 가리킨다.

to work in retail 소매업종에서 일하다	Customers don't scare me anymore: I work in retail. (from a stand-up comedy performance) 이제 더는 손님에게 겁먹지 않습니다. 지금 소매업종에 일하거든요. (스탠드업 코미디 공연에서)

어떤 사람이 retail sector 소매 부문에서 일한다는 것을 뜻하는 표현이다. 다시 말하면 판매와 관련된 모든 형태의 일자리를 뜻하지만, 일반적으로는 매장 shop floor에서 일하며 고객을 직접적으로 상대하며 판매하는 직업을 뜻한다.

retail store 소매점	Here are the retail stores in your area. (from a search engine result) 당신이 사는 지역의 소매점을 소개하면 아래와 같습니다. (검색 엔진 결과에서)

a retail store는 의복이나 음식 같은 상품을 일반인에게 판매하는 사업장을 뜻한다. 가볍게 a store 혹은 a shop이라고도 한다.

retail value/price 소매가/소매 가격	I was pushy with the salesman and managed to get my car for less than the retail value! (from a WhatsApp message between friends) 판매원을 강하게 밀어붙여 자동차를 소매가보다 싸게 구입했지! (왓츠앱에서 친구들 간에 나눈 문자 메시지에서)

retail value나 retail price는 a retail store 소매점에서 판매되는 상품 가격을 뜻한다. retail value과 구분되는 a wholesale price는 소매업자가 제조업체로부터 대량으로 구매할 때 지불하는 가격으로, retail value보다 낮다. 소매업자는 이렇게 구입한 상품에 가격표를 붙인 뒤 최종 소비자 the end customer에게 판매한다.

retail giant 대형 소매점	Here are some disadvantages of doing business with a retail giant. (from an article in a business magazine) 대형 소매점과 거래할 때의 단점은 다음과 같다. (비즈니스 잡지에 실린 기사에서)

기업 환경에서 a giant는 규모가 큰 성공한 기업체를 가리킨다. 따라서 a retail giant는 소매 부문에서 상당한 시장 점유율market share을 지닌 성공한 기업체를 표현할 때 사용된다.

retailer 소매업체, 소매업자	Amazon is currently one of the world's biggest retailers. (from an article on global retail companies) 현재 아마존은 세계에서 가장 큰 소매업체 중 하나이다. (세계적인 규모의 소매 기업들을 다룬 기사에서)

retailer는 일반인에게 상품을 판매하는 개인이나 기업을 가리키는 용어이다. retailer는 big이나 small처럼 규모를 나타내는 형용사, 혹은 food retailer이나 clothing retailer처럼 판매하는 상품과 관련된 형용사와 함께 사용될 수 있다.

retail therapy 쇼핑을 통한 기분 전환, 기분 전환을 위한 쇼핑	Need some retail therapy? Come on down to your local mall! (from an advertisement for a shopping center) 쇼핑으로 기분을 바꾸고 싶으신가요? 여러분의 옆에 있는 쇼핑몰에 오십시오! (쇼핑 센터 광고에서)

기분을 풀거나 스트레스를 해소하기 위해 쇼핑을 하는 행위를 뜻하는 관용적 표현이다. 그렇다고 retail therapy가 진짜 therapy치료법

를 말하는 것이 아닌, 반어적인 어조를 띤다. 온라인 쇼핑이나 매장 쇼핑이나 똑같이 retail therapy로 볼 수 있다.

> **9.1%**
> In the past year, online retail has seen a growth of 9.1%. (from a report on consumer spending habits)
> 지난 한 해 동안 온라인 소매업은 9.1퍼센트의 성장률을 보였다. (소비자 소비 습관에 관한 보고서에서)

impulse buy 충동 구매

때로는 an impulse purchase라고도 하며, 구매자가 미리 계획하지 않은 상태에서 갑작스런 변덕으로 무언가를 구매하는 행위를 뜻하는 표현이다. 많은 소매점이 특정한 제품을 눈에 띄게 광고하거나 전시함으로써 impulse buy를 유도한다. impulse buy는 self-indulgence 방종이나 manipulation of consumers 소비자 조작의 한 형태로 간주되어 부정적인 뜻으로 쓰인다.

to make an impulse purchase 충동적으로 구매하다	Before you make an impulse purchase, consider whether you really need it. (from a self-help book) 충동 구매를 하기 전에 정말 필요한 것인지를 생각해 보라. (자기계발서에서)

충동적으로 on a whim 무언가를 구매하는 행위를 뜻할 때 사용되는 표현이다. impulse가 동사로 사용된 to impulse buy는 일반적으로 덜 사용된다. I impulse bought라고 말하는 것은 전혀 관용적 표현이 아니며, 필요한 단어를 추가해 조금 더 구체적으로 표현해야 한다.

to encourage impulse buying 충동 구매를 유도하다	It can be handy to place items near checkouts to encourage impulse buying. (from a retail manual) 계산대 근처에 상품을 배치하면 어렵지 않게 충동 구매를 유도할 수 있다. (소매점 운영 설명서에서)

impulse buying은 충동적으로 무언가를 구매하는 행위를 뜻한다. to encourage impulse buying은 비즈니스 맥락에서 소비자를 대상으로 마케팅하는 방법의 하나를 설명할 때 사용되는 표현이다. to increase impulse buying이라고도 말할 수 있다.

to avoid impulse buying 충동 구매를 피하다	I'd recommend making a list before you go shopping to avoid impulse buying. (from a money-saving blog) 충동 구매를 피하려면 쇼핑하기 전에 목록을 작성하는 것이 좋습니다. (돈을 절약하는 방법에 관한 블로그에서)

앞의 예와 달리 소비자가 돈을 절약하기 위해 충동적으로 구매하지 않으려고 시도하는 행위를 가리킨다.

impulse buyers
충동 구매자

Reports show we've made a large proportion of our profits from impulse buyers. (from a marketing presentation)
보고서에 따르면 우리는 충동 구매자들로부터 수익의 많은 부분을 올렸습니다. (마케팅 프레젠테이션에서)

an impulse buyer는 무언가를 충동적으로 구매한 사람 한 명을 단순히 가리킬 뿐이다. 복수로 사용된 impulse buyers는 마케팅 기법의 표적이 되는 집단을 뜻할 수 있다.

> **1 in 5**
> 1 in 5 consumers admit to making an impulse purchase in the past week. (from a report on spending habits)
> 소비자 5명 중 1명은 지난 일주일 동안 충동 구매를 한 적이 있다고 인정한다. (소비 습관에 관한 보고서에서)

goods 상품, 재화

복수형으로 쓰인 goods는 판매하기 위해 제작된 상품을 단순히 뜻할 뿐이다. goods는 경제와 관련한 논의에서 가치의 대상 및 가치를 만들어내는 절차를 뜻하는 **goods and services**재화와 용역 란 표현으로 service와 함께 언급되는 경우가 많다. goods는 유형의 물품을 가리키고, services는 다른 사람이 제공하는 활동이란 점에서 둘은 다르지만, 둘 모두 소비자에게 혜택을 제공한다는 점에서는 같다. 경제학적 맥락에서 goods는 셀 수 없는 명사로 복수도 사용되는 것이 일반적인 원칙이다.

to buy/sell goods 상품을 구매하다/팔다	Here is a list of online platforms where you can sell your goods. (from a Buzzfeed article) 당신이 제작한 제품을 판매할 수 있는 온라인 플랫폼 목록을 소개하면 다음과 같다. (버즈피드에 게재된 기사에서)

one can buy or sell goods 상품을 구매하거나 팔 수 있다 라는 표현에서 보듯이 goods는 항상 복수로 쓰이며 to buy a good이라는 표현은 잘못된 것이다.

manufactured goods 제품, 공산품	It can be cheaper to purchase manufactured goods from abroad. (from an analysis on imports) 공산품을 해외에서 구입하면 더 저렴할 수 있다. (수입품에 대한 분석에서)

manufactured goods는 원자재 raw materials 를 사용해 주로 공장에서 대량으로 on a large scale 제작한 제품을 뜻한다. manufactured goods와 구분되는 primary goods 기본재 는 자연에서 발견되는 원자재를 가리키며 금속과 목화, 원유가 대표적인 예이다.

luxury goods 사치품, 명품	There has been a decrease in demand for luxury goods due to recent inflation. (from a report on spending) 최근의 인플레이션으로 인해 사치품에 대한 수요가 줄어들었다. (지출에 대한 보고서에서)

luxury goods는 보석류, 유명 디자이너의 의상, 고급 자동차 등 욕구는 높지만 꼭 필요하지는 않은 값비싼 물건을 뜻한다. 소득이 증가하면 이런 물건들에 대한 수요가 증가하며, 부유층이 압도적으로 많이 구매하는 경향을 띤다.

cheap/expensive goods 값싼/값비싼 상품, 저렴한/고가의 상품	They offer cheap goods but they are low in quality. (from an online review of a retail store) 저렴한 상품이 제공되지만 품질이 좋지 않다. (소매점에 대한 온라인 리뷰에서)

품질을 나타내기 위해 goods와 함께 사용될 수 있는 대표적인 형용사들이다.

imported/exported goods 수입/수출 상품	Click here to calculate the tax on your imported goods. (from a government website) 수입한 상품에 대한 세금을 계산하려면 여기를 클릭하십시오. (정부 웹사이트에서)

imported goods는 어떤 국가에서 제조되어 다른 국가의 거주자가 구매하는 상품을 뜻하며, 일반적으로 세금이 부과된다. 따라서 때로는 foreign goods 외래품라 불리기도 한다. 한편 exported goods는 누군가의 본국home country에서 제조되어 다른 국가의 누군가가 구매하는 상품을 가리킨다.

to deliver the goods 제 할 일을 하다, 상품을 인도하다	He made a lot of promises during the election campaign, but now he needs to deliver the goods. (from a political YouTube channel) 그는 선거 운동 기간 동안 많은 약속을 했습니다. 이제부터는 그 공약들을 이행해야 합니다. (정치 관련 유튜브 채널에서)

약속을 이행하거나 to fulfill a promise, 누군가가 기대하거나 원하는 것을 실행하는 행위를 뜻하는 관용어구이다. to deliver 대신에 to come up with를 사용할 수도 있다.

> **3.46%**
> The global luxury goods market is expected to grow by 3.46% in the coming year. (from an online economic statistics webpage)
> 전 세계 명품 시장은 내년에 3.46퍼센트 성장할 것으로 예상된다. (온라인 경제 통계 웹페이지에서)

services 서비스, 용역

goods and services에서의 services는 소비자에게 제공되는 활동이나 지원을 가리키며 물리적 형태를 띤 상품 goods의 제조와는 관계가 없다. services에는 법률 자문 legal advice, 청소 cleaning, 개인 교습 tutoring 등과 같은 활동이 포함될 수 있다. goods와 달리 services는 복수형만이 아니라 단수형으로도 쓰일 수 있다.

to offer (one's) services 서비스를 제공하다, 제안하다	I would like to offer my company's services for your next event. (from an email from a catering service) 다음 행사에 저희 회사의 서비스를 제공하고 싶습니다. (출장 연회 서비스 회사가 보낸 이메일에서)

Neighborhood

to offer는 이 맥락에서 services와 함께 사용되는 전형적인 동사이다. 누군가의 services를 사용하도록 상대를 설득하는 행위를 뜻하는 경우로 to offer 대신 to sell을 사용할 수도 있다.

to provide a service 서비스를 공급하다, 제공하다	We provide repair services to all our customers. (from a sign in an electronics store) 저희는 모든 고객에게 수리 서비스를 제공합니다. (전자제품 매장의 간판에서)

고객에게 이로운 활동 a beneficial activity 을 수행하는 행위를 표현할 때 service와 함께 사용되는 전형적인 동사가 to provide이다. 일상 언어에서 to provide의 동의어로 쓰이는 동사는 거의 없다.

to use a service 서비스를 이용하다	Those wishing to use our service must call this number. (from an advert for a cleaning company) 저희 서비스를 이용하고 싶으신 분은 이 번호로 전화 주십시오. (청소 회사의 광고에서)

to use는 고객이 누군가의 서비스를 고용해 employing the services 혜택을 누리는 경우를 표현할 때 service와 함께 사용되는 전형적인 동사이다. to make use of a service라고도 표현할 수 있다.

legal services 법률 서비스, 법률 상담	If you are in financial difficulties, you can access free legal services from these law firms. (from a pro-bono citizens advice website) 재정적으로 어려움을 겪고 있다면 아래의 법률 회사들로부터 무료 법률 서비스를 받을 수 있습니다. (무료 시민 상담소 웹사이트에서)

legal services는 제공되는 services의 유형을 명확히 하기 위해 services와 함께 사용할 수 있는 많은 형용사의 하나에 불과하다. 다른 예로는 cleaning services 청소 서비스, catering services 출장 연회 서비스 등이 있다.

excellent service **탁월한 서비스**	The room was lovely, and the staff provided excellent service. (from an online review of a hotel) 방은 정말 훌륭했고, 직원들은 탁월한 서비스를 제공했다. (한 호텔 온라인 리뷰에서)

위의 예와 마찬가지로 service의 질적 수준을 표현하는 데 사용할 수 있는 형용사는 excellent 이외에도 많다. 여기에서 service는 상점이나 식당에서 손님을 응대하는 tending to customers 행위를 특별히 가리킨다.

service industry **서비스 산업, 서비스업**	Working in the service industry can be hard work, but some customers give good tips! (from a conversation with friend who is a waiter) 서비스 업계에서 일하기는 힘들 수 있지만, 적잖은 고객에게 두둑한 팁을 받을 수 있지! (웨이터로 일하는 친구와의 대화에서)

service industry에는 소비자에게 a service를 제공할 뿐 상품을 제조 to manufacture products 하지 않는 기업들이 포함된다.

(for) services rendered **제공된 서비스(에 대하여)**	Please find attached to this email my invoice for services rendered. (from an email from a lawyer) 제공된 서비스에 대해, 이 이메일에 첨부된 청구서를 참조해 주십시오. (변호사가 보낸 이메일에서)

services rendered는 개인이나 기업이 고객을 위해 수행한 작업을 뜻한다. 관련된 service가 완료된 뒤 고객에게 비용을 청구하는 상황에서 주로 사용되는 표현이다. 이때 service provider서비스 제공자는 최종 보고서와 services rendered에 대한 청구서를 작성하며 청구액은 초기에 예상한 비용과 다를 수 있다.

> **30%**
> Legal services provided by independent firms are on average 30% cheaper than the largest firms. (from a legal advice column)
> 독립된 법률 회사가 제공하는 법률 서비스 비용은 초대형 법률 회사보다 평균 30퍼센트 저렴하다. (법률 자문과 관련한 칼럼에서)

sell 팔다, 납득시키다

동사 to sell은 '돈을 받은 대가로 누군가에게 무언가를 주다' 혹은 '아이디어 같은 것을 받아들이도록 누군가를 설득하다'를 뜻한다. to sell은 소매업에서 사용되는 많은 구동사에서 쓰이며, 그 예로 to sell on…을 되팔다, to sell off…을 싸게 팔아치우다 등이 있다. sell은 명사로도 사용되며 판매하는 행위 act of selling를 뜻한다. 이때는 명사 sale의 뜻과 유사하다.

| **to sell (something) for**
무언가를 ...으로 판매하다 | I sold my car for $8,000 using this online marketplace. (from an online testimonial)
이 온라인 시장에서 내 자동차를 8,000달러에 팔았다. (온라인 사용 후기에서) |

동사 to sell과 전치사 for 사이에 명사나 대명사가 놓이고, 전치사 for 다음에는 돈의 액수가 표기된다. 동사 to sell 뒤에 곧바로 전치사 at을 사용하고, 어떤 상품이 매각된 금액을 뒤이어 붙일 수 있다(to sell at 10 dollars, 10달러에 팔다).

| **to sell at a loss**
손해를 보고 팔다 | We were in a rush to move, and so we had to sell our house at a loss. (from an Instagram post)
우리는 이사를 서둘러야 했다. 그래서 손해를 보고 집을 팔아야 했다. (인스타그램에 게시한 글에서) |

to sell at a loss는 원가보다 낮은 가격에 무언가를 팔았거나 이익을 남기지 않고 팔았다는 뜻이다. 따라서 to sell below cost 원가 아래로 팔다 라고도 말할 수 있다.

| **to upsell**
더 고가의 상품을 사게 하다 | The sales assistant upsold me a more expensive TV; they were very persuasive! (from a conversation between friends)
판매 보조원이 더 비싼 텔레비전을 나한테 팔았어. 아주 설득력이 있었거든! (친구들 간의 대화에서) |

upselling은 '고객을 설득해 원래 구매하려던 상품이나 서비스보다 더 값비싼 것을 구매하게 만들다'를 뜻하는 판매 전략이다. 아래에 소개되는 cross-selling과 간혹 혼동해 쓰이기도 한다.

to cross-sell 더 많은 상품을 사게 하다	Remember to try cross-selling to customers to increase our revenue. (from an employee manual) 매출을 늘리기 위해 고객에게 더 많은 상품을 추가로 구매하도록 설득하는 것을 잊어서는 안 된다. (직원 교육 지도서에서)

upselling과 달리 cross-selling은 고객이 구매하려는 상품과 관련된 물건들을 추가로 구매하도록 설득하는 행위를 뜻한다.

hard sell 강매, 적극적인 판매	I tried the hard sell on a customer today, but I think I need more practice. (from an employee WhatsApp group chat) 오늘 한 손님에게 강매를 시도했지만, 더 많은 연습이 필요한 것 같습니다. (왓츠앱의 직원용 단체 채팅방에서)

영업에서 a hard sell은 고객이 즉시 무언가를 구매하도록 압박을 가하려고 직접적이고 강력한 접근 방식을 사용하는 판매 전략이다. 부드럽고 은근하게 설득하거나 제안하는 판매 전략인 a soft sell 온건한 판매 방법과는 반대되는 개념이다. a hard sell은 설득해서 받아들이도록 유도하기가 어려운 것을 표현하는 데도 사용될 수 있다.

sell-by date 유통 기한	If you want your food to be fresh, it is sensible to check the sell-by date. (from a cooking blog) 신선한 식품을 원하면, 유통 기한을 확인하는 게 좋습니다. (요리 블로그에서)

a sell-by date는 부패성 품목에 판매할 수 있는 마지막 날을 명기해 붙인 표식이다. a use-by date소비 기한와 달리 a sell-by date는 안전과 필연적으로 관련된 것이 아니라 상점들이 재고를 관리하기 위한 방법의 하나이다. 또한 a sell-by date는 They are past their sell-by date(그 친구들은 한물 갔어)와 같은 식으로 사람이나 물건이 더는 바람직하거나 효율적이라 생각되지 않는 시점을 격식 없이 표현하려고 할 때 사용되기도 한다.

| **to sell oneself short**
자신을 과소평가하다 | Don't sell yourself short–you deserve this promotion. (from a email from an employer)
당신 자신을 과소평가하지 마십시오. 당신은 승진할 자격이 있습니다. (고용주가 보낸 이메일에서) |

문자 그대로는 '무언가를 본래의 가치보다 낮은 값에 판매하다'를 뜻하는 관용구이지만, 어떤 사람이 자신의 능력이나 다른 사람의 능력을 과소평가하거나to underestimate, 경시하는to undervalue 상황을 표현할 때도 사용된다.

32%
Our reports show that upselling has increased our revenue by 32%. (from a presentation to a sales team)
우리 보고서에 따르면, 더 고가의 상품을 구매하게 유도하는 전략으로 매출이 32퍼센트나 증가했습니다. (영업팀을 상대로 한 프레젠테이션에서)

omnichannel 옴니 채널

간혹 하이픈이 더해져 omni-channel로 표기되기도 한다. omnichannel은 소매업과 마케팅 분야에서 비교적 최근에 생겨난 개념으로, 고객에게 오프라인 매장, 웹사이트, 앱, 소셜 미디어 플랫폼 등 다양한 커뮤니케이션 채널을 넘나들며 끊기지 않는 경험 a seamless experience 을 제공하는 사업 방법을 가리킨다. 모든 채널이 통합되어 있기 때문에 고객은 구매 과정에서 시시때때로 다양한 채널을 넘나들며 검색하고 구매할 수 있다. omnichannel은 multichannel 다중 채널과 다른 개념이다. multichannel은 상품이 여러 온라인과 오프라인 채널에서 판매되지만, 그 채널들이 고객에게 끊기지 않는 경험을 제공하는 방식으로 연결되어 있지는 않다는 점에서 omnichannel과 다르다. 한편 single-channel 단일 채널은 오프라인 상점처럼 한 곳의 채널에서만 해당 상품을 판매하는 사업 방식을 가리킨다.

**omnichannel retail
옴니 채널 소매업**

Omnichannel retail is a way to significantly improve customer satisfaction. (from a business textbook) 옴니 채널을 이용한 소매 방식은 고객의 만족도를 크게 향상시킬 수 있는 방법이다. (경영학 교과서에서)

omnichannel retail은 상품이 다수의 채널을 통해 통합된 방식으로 판매되는 소매 방식 a type of retail 을 가리킨다.

omnichannel strategy 옴니 채널 전략	We need to introduce an omnichannel strategy if we are going to compete with other retailers. (from an employee email) 다른 소매업체와 경쟁하려면 옴니채널 전략을 도입해야 합니다. (직원 이메일에서)

an omnichannel strategy는 고객에게 통합된 채널을 통한 구매 경험을 제공하는 마케팅 전략이다. an omnichannel retail strategy, 혹은 an omnichannel marketing strategy라 말할 수도 있다.

omnichannel experience 옴니 채널 경험	We aim to provide an omnichannel experience for our customers. (from a business' webpage) 우리는 고객에게 옴니채널 경험을 제공하는 것을 목표로 합니다. (한 기업의 웹페이지에서)

an omnichannel experience는 an omnichannel strategy를 사용하는 기업이 고객에게 제공해 고객이 경험하게 되는 모든 것을 망라한다.

omnichannel customer 옴니 채널 고객	Recent reports find that omnichannel customers spend more money than single channel customers. (from a marketing team meeting) 최근 보고서에서 보듯이, 옴니 채널 고객이 단일 채널 고객보다 더 많은 돈을 쓰는 것으로 나타났습니다. (마케팅 팀의 회의에서)

an omnichannel customer는 an omnichannel experience를 제공하는 기업에서 상품을 구매하는 고객을 가리킨다.

9.4%

Brands that employ an effective omnichannel strategy can increase their annual revenue by up to 9.4%. (from a marketing firm website)

효과적인 옴니 채널 전략을 채택한 브랜드들은 연간 매출을 최대 9.4퍼센트까지 끌어올릴 수 있었다. (마케팅 회사의 웹사이트에서)

brick-and-mortar 오프라인, 재래식 소매

brick-and-mortar는 온라인이 아니라 물리적인 건물 내에서 운영되며, 얼굴을 맞댄 환경에서 상품이나 서비스를 판매하는 전통적인 사업 방식을 가리킨다. **grocery store** 식품점, **bank** 은행, **bookstore** 서점가 대표적인 예에 속한다. brick-and-mortar는 건물을 짓는 데 일반적으로 사용되는 자재들(벽돌과 모르타르)을 가리키는 단어이기도 하다.

brick-and-mortar store 오프라인 매장	Despite an increase in online shopping, many businesses are still opening brick-and-mortar stores. (from an economic journal) 온라인 쇼핑의 증가에도 불구하고 많은 기업이 여전히 오프라인 매장을 운영하고 있다. (경제 관련 매체에서)

brick-and-mortar store는 online store 온라인 매장와 다르며, 온라인과 달리 물리적인 건물 안에 위치한 상점이나 업체를 가리킨다.

brick-and-mortar business model 오프라인 비즈니스 모델	An advantage of the brick-and-mortar business model is the opportunity for face-to-face interactions with customers. (from a marketing website) 오프라인 비즈니스 모델의 장점이라면 고객과 직접 대면해 소통하는 기회를 갖는 것입니다. (한 마케팅 회사의 웹사이트에서)

brick-and-mortar business model은 고객이 몸소 in-person 방문해 쇼핑할 수 있는 물리적 매장을 적어도 한 곳 이상 유지하는 접근법을 뜻한다. brick-and-mortar business model은 online business model 온라인 비즈니스 모델과 다르다.

brick-and-mortar sales 오프라인 판매	In recent years, brick-and-mortar sales have increased at a slower rate to online sales. (from a report on public spending) 최근 수년 동안 오프라인 판매는 온라인 판매에 비해 더딘 속도로 증가하였다. (공공 지출에 관한 보고서에서)

online sales 온라인 판매와 달리, 물리적 매장에서 이루어지는 판매를 가리키는 표현이다. in-store sales 매장 내 판매, 점포 판매라고도 한다.

brick-and-mortar banking 오프라인 뱅킹, 오프라인 은행 업무	I still prefer brick-and-mortar banking as it feels a lot safer than accessing my money online. (from an X post) 나는 아직도 오프라인 뱅킹을 선호한다. 온라인으로 내 돈을 관리하는 것도 오프라인으로 은행 업무를 보면 더 안전하다는 기분이 들기 때문이다. (X에 게시된 글에서)

brick-and-mortar banking은 온라인으로 금융 거래를 처리하지 않고 물리적인 은행 a brick-and-mortar bank을 방문해 자신의 돈을 처리하는 전통적인 방식을 가리킨다.

> **$6.37 trillion**
> In the US, brick-and-mortar sales account for $6.27 trillion each year. (from the finance section of a national newspaper)
> 미국에서 오프라인 은행의 매출은 매년 6조 2,700억 달러에 달한다.
> (전국 신문의 금융면에서)

point of sale 판매 시점, 판매 시점 정보 관리

혼히 약어로 POS라 쓰이는 point of sale은 고객이 소매 거래에서 상품이나 서비스를 제공 받은 대가로 결제하는 위치 또는 시점을 가리키는 개념이다. 따라서 point of sale은 구매 과정에서 마지막 단계이고, 거래의 완료 completion of the transaction 에 해당한다. point of sale은 이처럼 거래 과정을 뜻할 뿐만 아니라 금전 등록기 cash register, 카드 판독기 card reader, 웹에 기반한 상점에서의 정산 플랫폼 check-out point 등 거래를 운영하고 기록하는 데 사용되는 물리적인 시스템이나 전자 시스템도 가리킨다. POS는 수익이 높은 상품에 대해 고객이 중요한 구매 결정을 내리는 시점이기 때문에 마케팅 부문에서도 자주 다루어진다. 따라서 POS의 형식은 소비자 행동 consumer behavior 에 영향을 미칠 수 있다.

POS system
POS 시스템

We propose implementing a new POS system to streamline transactions. (from Business Process Reengineering (BPR) report)

거래를 간소화하기 위해 새로운 POS 시스템 도입을 제안한다. (BPR 보고서에서)

＊Business Process Reengineering(BPR): 업무 절차 재설계

기업의 업무 프로세스를 근본적으로 재설계하여 조직과 사업을 최적으로 구성하는 경영혁신 기법. POS system은 고객의 최종 거래와 관련된 모든 기능 시스템을 가리키는 포괄적인 용어이다. 포괄적인 개념이기 때문에, 비즈니스 전략가들은 금융 거래에서 소비자 행동 consumer behavior이나 원료에서 완제품까지 재료의 관리 logistics에 대해 논의할 때 포괄적인 용어 a catch-all term로 POS system을 사용한다.

POS software
POS 소프트웨어

Our POS software makes it easy to sell through Instagram and Facebook. (from business-to-business software advertisement)

우리 POS 소프트웨어를 사용하면 인스타그램과 페이스북을 통해 쉽게 판매할 수 있습니다. (B2B 소프트웨어 광고에서)

POS software는 point of sale 판매 시점에 비즈니스 거래를 관리하며, 구매를 용이하게 해 줄 뿐만 아니라 분석과 재고 관리를 위한 판매 통계도 기록한다.

POS experience
POS 경험

The POS experience is key in securing a sale. (from online business advice website)

POS 경험은 판매를 확보하는 데 중요하다. (온라인 비즈니스에 대해 조언하는 웹사이트에서)

POS experience는 온라인 POS 시스템과 밀접한 관계가 있다. 온라인 POS 시스템에서는 사용자 경험 UX이 원만한 거래와 소비자의 행복에 영향을 미치기 때문이다.

> **20%**
> Businesses with advanced POS systems experience, on average, a 20% increase in sales efficiency. (business journal article)
> 최신 POS 시스템을 갖춘 기업은 판매 효율이 평균 20퍼센트 상승하는 효과를 거두고 있다. (비즈니스 관련 보도 기사)

markup/down 가격 인상/인하

명사 markup과 markdown은 소매업에서 사용되는 용어이다. a markup은 제품의 원가와 판매 가격 사이의 차이를 뜻한다. 기업이 판매의 수익성을 확보하기 위해 그 간격을 확대하는 시도가 a markup이다. 반대로 재고 정리 세일 clearance sale 기간을 맞아 구매를 독려하고 재고를 정리하기 위해 제품의 초기 가격을 낮추는 것은 a markdown이다. 때로는 동사 형태로 to mark (something) up 무언가의 가격을 인상하다, 혹은 to mark (something) down 무언가의 가격을 인하하다으로 사용되기도 한다.

to calculate markup/down 가격 상승/인하 폭을 계산하다	To ensure that you make a profit, it is important to calculate markup to find the right price for your product. (from a business textbook) 수익을 확실히 내려면 원가와 판매가의 차이를 계산해서 제품의 적정한 가격을 찾아내는 것이 중요하다. (경영학 교과서에서)

to calculate markup/down은 제품의 초기 가격에서 더하거나 빼야 하는 금액을 계산하는 행위를 뜻한다. 계산의 결과는 목표로 하는 이익 the intended profit 이나 인하율 percentage of the reduction 에 따라 달라진다.

a markup/down of (something) 무언가의 가격 인상/가격 인하	Our store is currently offering markdowns of up to 30 percent. (from an online advertisement for a retailer) 저희 상점은 현재 최대 30퍼센트까지 인하된 가격으로 제공하고 있습니다. (한 소매업체의 온라인 광고에서)

여기에서 전치사 of는 제품 가격이 얼마나 인상되었거나 인하되었는지를 나타내기 위해 사용된다. 따라서 of 뒤에는 백분율이나 금액이 쓰인다.

a markup/down on (something) 무언가에 대한 가격 인상/가격 인하	The markup on food in restaurants is far higher than in grocery stores. (from a money-saving advice column) 식당에서의 음식 가격 인상이 식료품점보다 훨씬 높다. (비용 절감에 대해 조언하는 칼럼에서)

전치사 on 뒤에는 가격이 인상되거나 인하되는 상품이 언급된다. 때로는 같은 맥락에서 on 대신 for를 사용해도 괜찮다.

markup/down pricing **가격 인상 전략/가격 인하** **전략**	Markdown pricing is a useful tool when you need to clear your old stock. (from a business blog) 오래된 재고를 정리할 필요가 있을 때 가격 인하 전략은 유용한 도구이다. (비즈니스 블로그에서)

markup pricing은 이익을 확보하려고 최종 판매 가격에 제품 가격에 일정한 비율이나 금액을 추가로 덧붙이는 가격 책정 전략이다. 반대로 markdown pricing은 소매업체가 판매량을 늘리기 위해 제품 가격을 낮출 때 사용하는 전략으로, 수요 변화나 계절적 경향 같은 요인에 의해 결정되는 경우가 많다,

1 in 4
1 in 4 customers admit that markdowns are the biggest incentive when deciding to buy a piece of clothing. (from a poll of retail customers)
고객 4명 중 1명이 인정하듯이 의류 구매를 결정할 때 가장 큰 영향을 미치는 요인은 가격 인하이다. (소매 고객을 대상으로 한 여론 조사에서)

brand 브랜드, 상표

brand는 한 기업의 중심 요소 중 하나로, 그 기업을 쉽게 알아볼 수 있는 정체성과 관련이 있다. **brand**라는 단어는 상당히 추상적인 개념이다. **brands**는 시각적 형태를 띠며 기업의 로고와 이미지에 담기는 경우가 많지만, 그 기업의 운영 방식과 고객 호감도에도 존재한다. **brand**가 어떤 기업에 대한 인식이라면 **branding**은 그런 인식에 변화를 주려는 적극적인 과정이다. 좋은 **branding**은 기업에 큰 가치를 부여하기 때문에 기업은 **brands**를 구축하고 개선하며 유지하는 데 많은 노력을 기울이기 마련이다.

brand recognition/ awareness 브랜드 인지도	Maybe we should focus on improving our brand recognition? (discussion between commercial directors at board meeting) 브랜드 인지도를 개선하는 데 집중해야 하지 않을까요? (이사회에서 영업 이사들 간의 토론)

간혹 brand awareness라고도 불리는 brand recognition은 고객이 어떤 브랜드를 알아보고, 그 브랜드에서 기업의 상품이나 서비스를 떠올리는 능력을 가리킨다. 기업들은 판매량과 시장 점유율 market share을 높이기 위해 brand recognition을 최대한 높이려고 애쓴다.

brand image 브랜드 이미지	Have you noticed that some cars don't match their brand image? (Reddit post) 몇몇 자동차가 브랜드 이미지와 어울리지 않는다는 걸 알아차리셨습니까? (레딧에 게시된 글)

brand image는 기업 브랜드에 대한 인식을 가리킨다. brand image가 반드시 시각적일 필요는 없지만 고객이 그 기업이 제공하는 상품이

나 서비스의 진수로 인식하는 것이어야 한다. brand image는 마케팅 전문가marketer와 광고 전문가advertiser에게 변화를 주고 개선해야 하는 영원한 숙제이다.

brand positioning 브랜드 포지셔닝	Through strategic marketing efforts, the company achieved optimal brand positioning in the market. (company performance report) 전략적 마케팅 활동을 통해 회사는 시장에서 최적의 브랜드 포지셔닝을 이루어냈다. (회사의 성과 보고서에서)

brand positioning에 대해 언급할 때는 소비자들이 brand들을 별개의 것으로 분리해서 생각하지 않는다는 점이 강조된다. brand positioning은 어떤 brand가 다른 brand들과의 관계에서 차지하는 위치를 묘사할 때 사용되는 용어이다. 시장 점유율을 두고 경쟁을 벌이는 기업들은 brand가 소비자의 머릿속에서 차지하는 공간의 크기를 두고 끊임없이 다툰다. 이런 이유에서도 brand positioning은 어떤 brand가 다른 brand들과 비교해 성공하고 있느냐 아니면 고전하고 있느냐를 설명할 때 유용한 용어이다.

to build a strong brand 강력한 브랜드를 구축하다	This step-by-step guide will teach you how to build a strong brand. (from branding guide book) 이 단계별 안내서에서 당신은 강력한 브랜드를 구축하는 방법을 배우게 될 것이다. (브랜드 구축을 위한 안내서에서)

brand를 만들고 키워가는 방법에 대해 언급할 때 흔히 사용되는 구문이다. a strong brand강력한 브랜드는 인지도가 높고 긍정적인 함의와 연관성을 띠는데다 기업이 시장에서 중요시하는 특징selling point과도

관계가 있어 소비자의 지갑을 열게 만든다. brand와 가장 흔히 함께 사용되는 동사는 to build로, to build a strong brand에는 소비자들에게 인지도를 쌓아가는 점진적이고 체계적인 과정을 강조하는 뜻이 담겨 있다.

to put a face to the brand 브랜드에 얼굴을 주다	Using a charismatic spokesperson can help put a face to the brand, making it more relatable to consumers. (advice from a marketing consultant) 카리스마가 있는 대변인을 이용하면 브랜드에 얼굴을 주어, 소비자에게 더 친근감을 줄 수 있을 겁니다. (마케팅 컨설턴트의 조언)

인지도가 높은 유명인 a recognizable personality 을 브랜드에 연결하는 과정을 뜻하는 관용구이다. 이렇게 하면 결과적으로 brand가 더 인간적인 매력을 띠며 잠재 고객층 audience base 이나 소비자층 customer base 과 더 개인적인 관계를 형성하게 될 것이란 생각이 전제된 관용구이기도 하다.

> **82%**
> 82% of consumers need to trust a brand before buying. (statistic from retail statistics website)
> 소비자의 82퍼센트가 구매하기 전에 브랜드를 신뢰해야 한다고 생각한다. (소매 관련 통계 웹사이트에서)

footfall 고객 수, 유동 인구

소매업에서 footfall은 어느 기간 동안 특정 지역을 출입한 고객의 수를 뜻한다. footfall은 소매점, 쇼핑몰, 전시장 등 상업용 공간 같은 지역을 드나드는 고객의 흐름 customer flow 을 평가하고 분석하는 데 주로 사용되는 개념이다. footfall은 물리적 장소의 인기와 효과를 통찰하는 데 도움이 되기 때문에 기업의 입장에서는 footfall을 파악하는 것이 중요하다. footfall이 매출에 중대한 영향을 미칠 수 있기 때문에 상점들은 footfall에 특별한 관심을 기울인다. footfall은 대체로 high나 low로 측정된다.

high/low footfall 많은/적은 유동 인구	Retailers often prefer high footfall areas to maximize exposure to potential customers. (commercial real estate textbook) 소매업체들은 잠재 고객에게 최대한 노출되기 위해 유동 인구가 많은 지역을 선호한다. (상업용 부동산에 대한 교과서)

footfall은 일반적으로 high와 low로 측정된다. footfall이 high하면 돈을 쓰려는 사람이 주변에 많다는 뜻이다. 반면에 footfall이 low하면 해당 지역이 한적하다는 뜻이다. high footfall을 표현할 때 high 대신 형용사 heavy가 사용되는 경우도 흔히 볼 수 있다.

to increase footfall 고객 수를 늘리다	Here are 6 easy steps to increase footfall in your store. (marketing blog post) 매장을 찾는 고객 수를 늘리기 위한 6가지 단계를 소개하면 다음과 같다. (마케팅 관련 블로그에 게시된 글에서)

increasing footfall은 대부분의 기업이 원하는 목표이기 때문에 상업적 맥락에서 자주 논의된다. 과거 분사 increased가 사용된 예도 자주 눈에 띈다. 가령 사람들로 더 붐비게 된 지역을 언급할 때는 the increased footfall이라고 표현한다.

to measure footfall 고객 수를 측정하다	The store is actively measuring footfall to optimize its layout. (from regional manager's report to retail executive) 매장의 배치를 최적화하기 위해 고객 수를 능동적으로 측정하고 있습니다. (소매업체 지역 관리자 임원진에게 보낸 보고서에서)

상점에서는 영상 장치나 CCTV를 이용한 계수 기술counting techniques로 고객 수를 측정하며, 요즘에는 인공지능을 사용해 핵심적인 추세를 파악하고 분석하며 사업상의 결정business decision에 필요한 정보를 얻고 있다.

peak footfall 최대 고객 수	Most areas experience peak footfall in November and December. (from retail analysis article on LinkedIn) 대부분의 지역에서 11월과 12월에 고객 수가 가장 많다. (링크드인에 게시된 소매업 분석 기사에서)

peak footfall은 소매업체가 고객들로 가장 붐비는 시기를 가리킨다. 예컨대 백화점이나 쇼핑몰 같은 특정 지역을 드나드는 사람들의 수가 최대치인 때를 뜻한다.

**constant footfall
일정한 고객 수**

The location gets constant footfall–I think it would be a good investment. (discussion about retail premises between two new business owners)
이 지역은 고객 수가 일정합니다. 제 생각에는 투자하기에 좋은 곳인 것 같습니다. (두 신규 사업주 간의 소매점 입지에 대한 논의)

어떤 지역을 드나드는 잠재적 노력의 흐름이 끊이지 않는 경우를 뜻하는 표현으로, 소매업체라면 누구나 탐내는 to covet 조건이다. 일반적으로 고객 수가 일정한 지역 area with constant footfall 은 상가 임대료 commercial rent costs 가 더 높다.

1.2%
Footfall decreased 1.2% last June across the country. (excerpt from retail consortium report)
지난 6월에는 전국적으로 고객 수가 1.2퍼센트 감소했다. (소매점 조합의 보고서에서 발췌)

franchise 프랜차이즈

a franchise는 사업주의 브랜드 이름과 사업 방식을 사용하는 것을 허락하는 면허권의 한 형태 a type of license 이다. 따라서 franchise를 매수한 개인이나 기업은 원 사업주의 이름으로 사업체를 운영하며, 원 사업주의 상품이나 서비스를 판매할 수 있다. 원

사업주는 franchisor라 하고, 원 사업주로부터 면허권을 사들인 사람은 franchisee라 한다. 그 둘은 조건과 수수료를 확정하는 정식 계약 a formal contract with fixed terms and fees을 체결한다. a franchise는 인력을 충원하지 to source the manpower 않고도 사업을 확장하는 방법이고, franchisee는 이미 마련된 사업 방식과 브랜드 인지도에서 이익을 얻을 수 있다.

to franchise (something) 무언가의 영업권을 주다, 무언가를 프랜차이즈화하다	Read our guide on how to franchise your business and maximise the benefits. (from a business blog) 비즈니스를 프랜차이즈화해서 이익을 극대화하는 방법에 대해 우리가 제시하는 방법을 읽어보십시오. (한 비즈니스 블로그에서)

to franchise something에서 something은 대부분의 경우에 a business 사업 방식이며, '자신의 브랜드와 제품을 다른 개인이나 기업에게 사용하는 권리를 판매해서 자신은 a franchisor가 된다'라는 뜻이다.

to start a franchise 프랜차이즈를 시작하다	I'm looking for a new challenge, so I've decided to start a franchise. (from a Facebook post) 새로운 도전을 하고 싶어, 프랜차이즈를 시작하기로 결정했다. (페이스북에 게시된 글에서)

어떤 비즈니스의 소유자에게 그의 브랜드로 가맹점을 운영하며 그의 제품이나 서비스를 판매하는 권리를 매수하는 계약을 체결한다는 뜻이다. to buy a franchise라고도 말할 수 있으며, 둘 모두 결국에는 a franchisee가 되는 행위를 가리키는 표현이다.

franchise agreement 프랜차이즈 계약	Please review the franchise agreement and consider whether you agree with the terms before signing. (from an email to a franchisee) 프랜차이즈 계약서를 검토하시고 모든 조건에 동의하시는지 심사숙고한 뒤 서명하십시오. (가맹점주에게 보내는 이메일에서)

a franchise agreement는 franchisor와 franchisee가 맺는 정식 계약 a formal contract 을 뜻한다. 이 계약을 통해 양측은 계약 조건 terms and conditions 을 정리하고, franchisee 입장에서는 franchisor의 브랜드와 제품을 사용한 권리가 부여된다.

franchise owner 가맹점주, 프랜차이즈 점주	If you become a franchise owner, you can benefit from our brand recognition and pre-existing customer base. (from a company website) 프랜차이즈 점주가 되시면 저희 브랜드 인지도와 기존 고객층을 활용하는 혜택을 누릴 수 있습니다. (프랜차이즈 회사의 웹사이트에서)

a franchisee라고도 쓰며, franchisor의 브랜드를 활용해 사업체를 운영할 권리를 매수한 개인을 뜻한다.

national franchise 전국적인 프랜차이즈 기업	McDonalds is one of the biggest national franchises in the US. (from an analysis of business models) 맥도날드는 미국에서 가장 큰 전국적인 프랜차이즈 기업 중 하나이다. (비즈니스 모델을 분석한 글에서)

franchise 앞에는 다양한 형용사가 붙여져 franchise의 유형을 구체적으로 표현하거나 운영 범위를 나타낼 수 있다. 전자의 예로는 fast-food패스트푸드, retail소매 등이 있고, 후자의 예로는 national전국, regional지역 등이 있다.

> **46,000**
> There are roughly 46,000 franchises in the UK, a clear indication of their success. (from the business section of a newspaper)
> 영국에는 대략 4만 6,000개의 프랜차이즈 기업이 있다. 이 지표는 프랜차이즈 기업이 성공하고 있다는 뚜렷한 증거이다. (신문의 경제면에서)

chain 체인점

chain은 하나의 브랜드와 경영진을 공유하는 일련의 소매업체를 통칭하는 용어a collective term이다. chains의 규모는 제각각일 수 있다. 어떤 도시에서 상대적으로 한적한 곳에 문을 여는 식당이 a very small chain소규모 체인점의 전형적인 예이다. 한편 세계 전역에 직판점outlet을 보유한 대형 다국적 소매 회사와 식품 회사도 chains이다. chain이란 단어는 하나하나의 매장이 공통된 브랜드로 '사슬'처럼 연결되어 있다는 것을 강조한다. 하지만 chain과 supply chain을 혼동해서는 안 된다. supply chain은 상품을 생산하고 유통하는 과정과 관련된 공급망을 뜻한다.

chain store
체인점

> I only shop at chain stores. (Instagram caption)
> 나는 체인점에서만 쇼핑한다! (인스타그램에 실린 글)

가장 일반적인 유형의 chain은 소매점, 식당, 호텔 및 소비자 금융을 취급하는 은행이다. chain은 규모의 경제 economies of scale 와 중앙 집중식 관리 centralized management 의 이점을 활용해 대부분의 사업에서 상당한 몫을 차지하는 비용을 간소화하고 절감할 수 있다.

chainwide
체인점 전체의

> We have had to close due to chainwide supply shortages. (business announcement on X)
> 체인점 전체에 공급이 되지 않아 문을 닫는 수밖에 없었습니다. (X에 발표한 사업 공고)

어떤 단어에 -wide를 접미어로 붙이면 영향의 범위가 해당 단어에 해당하는 것 전체로 확대된다는 뜻이 된다. nationwide 전국적인, worldwide 전 세계적인, company-wide 회사 전반의 가 대표적인 예이다. 여기에서 말하는 chainwide도 다르지 않아, 무언가가 체인에 속한 개별 매장 전체에 적용된다는 뜻이 함축된 형용사이다.

global chain
글로벌 체인

> Global chain acquires local businesses to expand its market presence and tap into regional expertise. (business article headline)
> 글로벌 체인은 시장에서의 존재감을 확대하고 지역 전문성을 활용하기 위해 현지 기업을 인수한다. (비즈니스 관련 보도 기사의 머리기사)

누구나 예상하겠지만 global chain은 매장을 세계적으로 확대하는 체인을 가리킨다.

restaurant chain
식당 체인, 레스토랑 체인

Poll: what is the worst restaurant chain? (Reddit post)
여론 조사: 최악의 식당 체인은 어디입니까? (레딧에 게시된 글)

a restaurant chain은 동일한 브랜드와 운영 방식 business practices 을 지닌 일련의 식당을 가리킨다. 대체로 소유주와 경영진과 동일하다. 두 단어의 순서를 뒤집은 chain restaurant은 체인 기업에 속한 개별 매장 individual outlet 을 가리킨다.

> **45**
> Over the past year, the retail giant expanded its presence by opening 45 new chains across various cities. (from retail blog)
> 지난 한 해 동안 그 대형 소매업체는 여러 도시에 45개의 체인점을 새로 개설해 영업 기반을 확대했다. (소매업에 관련한 블로그에서)

sale 판매, 매출, 염가 판매

sale에는 영어에서 다수의 의미가 있다. 무언가를 판매하는 행위를 뜻하지만, 소매업체나 기업이 할인된 가격 a reduced price 으로 상품이나 서비스를 판매하는 기간을 표현하는 데도 쓰인다. sale 할인 판매 은 한 해의 정해진 시기 예컨대 계절이 끝나는 때에 시행되는 것이 일반적이지만, 소매업체들은 필요하다고 판단되면 언제라도 to hold sales 할인 판매 실시 할 수 있다.

to have a sale	My favorite store is having a sale, can we go
염가로 팔다, 세일하다	later? (from a WhatsApp message between friends)
	내가 좋아하는 가게에서 지금 세일 중인데 나중에 가도 괜찮을까? (왓츠앱에서 친구들 사이에 나누는 메시지에서)

to have는 sale과 함께 사용되어 정해진 기간 동안 상품이나 서비스의 가격을 할인하는 행위를 뜻한다. to hold a sale이라고도 말할 수 있다. 그러나 이 맥락에서 to give a sale이나 to make a sale이라고 말하는 것은 옳지 않다.

on sale	Can you believe I bought this dress when it
할인 판매 중, 세일 중	was on sale? It's such good quality! (from an Instagram post)
	이 드레스를 세일할 때 샀다는 게 믿겨지나요? 품질도 정말 끝내줘요! (인스타그램에 게시한 글에서)

something is on sale은 그 무언가의 가격이 짧은 기간 동안 할인되었다는 뜻이다. 이 맥락에서는 to go와 to be가 흔히 사용되는 동사이기 때문에 a product goes on sale이라고 표현해도 무방하다. 영국에서는 something is on sale만이 아니라 something is in the sale이라 말하는 경우도 많다.

flash sale	Don't miss our flash sale, here for today
반짝 세일	only! (from an online store advertisement)
	오늘만 여기에서 진행되는 반짝 세일을 놓치지 마십시오! (온라인 상점의 광고에서)

a flash sale은 기업이 한정된 기간 동안 진행하는 할인 판매로, 오래된 재고old stock를 신속하게 처리할 목적에서 짧은 기간 동안 가격을

대폭 할인해 소비자가 충동 구매하도록 유도한다는 점에서 일반적인 세일 a typical sale과 다르다.

**clearance sale
재고 정리 할인 판매**

Can I return something I bought from you in a clearance sale? (from a store website's FAQ page)
재고 정리 할인 판매 기간에 구입한 것을 반품할 수 있나요? (한 상점 웹사이트의 FAQ란에서)
＊FAQ: Frequently Asked Questions, 자주 묻는 질문들

a clearance sale은 재고 과잉 excess stock을 해소하고 신상품을 보관할 공간을 마련할 목적에 할인된 가격으로 제품을 판매하는 행사를 가리킨다. 상점이 영업을 그만두고 남은 재고품을 신속히 처분하려고 할 때도 a clearance sale이 시행될 수 있다.

**garage sale
중고 물품 세일, 차고 세일**

Garage sales can be a great way to declutter your house and make some extra cash. (from a lifestyle magazine)
차고 세일은 집안의 잡동사니를 처리해 약간의 돈을 마련할 수 있는 괜찮은 방법일 수 있다. (생활 방식을 전문으로 다루는 잡지에서)

a yard sale 마당 세일과 비슷한 개념으로, 개인이 별로 사용하지 않은 가정용품 household items을 판매하는 행위를 가리킨다. 여기에서 sale은 가격 할인이란 뜻으로 사용된 것이 아니라 물건의 판매와 관련된 행사를 뜻한다.

70%

Join us this Saturday for our sale and get up to 70% off all clothing! (from an advertisement for a retailer)
이번 토요일에 실시하는 우리 세일 행사에 참가해 70퍼센트까지 할인된 가격으로 의류를 구입하십시오! (한 소매업체의 광고)

surge pricing 탄력 요금제

surge pricing은 기업이 어떤 제품이나 서비스에 대한 수요가 급증할 때는 그 가격을 인상하고 수요가 줄어들면 가격을 낮추는 방식으로 활용하는 정책을 가리킨다. surge pricing은 rideshare company 차량 공유 회사, tourism industry 관광업 및 그 밖의 hospitality businesses 접객업, 서비스업 에서 주로 사용된다. surge pricing은 수요만이 아니라 여러 요인에 근거해 가격에 변화를 주는 정책을 뜻하는 dynamic pricing 가변적 가격 정책 의 한 형태라 할 수 있다.

to use surge pricing
탄력 요금제를 사용하다

Many rideshare companies use surge pricing to encourage drivers to work in high demand areas. (from an article about Uber)
많은 차량 공유 회사가 탄력 요금제를 사용해 운전자들이 수요가 많은 지역에서 일하도록 유도한다. (우버에 관한 기사에서)

surge pricing은 동사 to use와 함께 사용되어 수요에 근거해 가격을 인상하는 기업의 행동을 표현한다.

surge pricing model 탄력 요금제	Using a surge pricing model can help to increase profits. (from a business blog) 탄력 요금제를 활용하면 수익을 증진하는 데 도움이 될 수 있다. (비즈니스에 관련한 블로그에서)

a surge pricing model은 수요에 비례하여 가격을 인상하는 관행 established practice을 뜻한다. a dynamic pricing model가변적 가격 정책이라고도 한다.

surge pricing strategy 탄력적 요금 전략	I believe that we should implement a surge pricing strategy to take advantage of higher demand in the summer. (from a marketing presentation) 여름에는 수요가 증가하는 현상을 이용해 탄력적 요금 전략을 시행해야 한다고 생각합니다. (마케팅 프레젠테이션에서)

surge pricing model과 비슷하게 a surge pricing strategy는 수요에 비례해 relative to demand 가격을 인상하는 특유의 전술을 뜻한다.

> **3.4%**
> It is estimated that surge pricing increases the revenue of airlines by an average of 3.4% (from a national report)
> 탄력 요금제를 도입함으로써 항공사의 매출이 평균 3.4퍼센트 향상된 것으로 추정된다. (전국 보도에서)

price gouging 바가지 가격, 부당한 가격 인상

price gouging은 위기나 긴급 상황에 기본적인 재화와 서비스에 대해 터무니없이 높은 가격을 부과하는 관행을 가리킨다. price gouging은 수요가 일시적으로 급증하거나 공급이 제한되는 상황을 이용하기 때문에 부정적으로, 즉 부당하고 착취적인 관행 unfair and exploitative practice 으로 간주된다. 동사로 쓰일 때 to gauge는 '주로 지렛대를 사용해서 무언가에 구멍을 뚫다' to force a hole in something 라는 뜻이므로, 가격이란 맥락에서는 달갑지 않고 성가시게 가격을 올리는 행위를 떠올려준다.

| **price gouging laws** **바가지 가격 금지법** | During the pandemic, price gouging laws were tightened. (economic journal article) 팬데믹 기간 동안 바가지 가격 금지법이 강화되었다. (경제 관련 보도 기사) |

대부분의 관할 구역 jurisdiction 에서 price gouging을 금지하는 법을 시행하고 있다. price gouging은 일반적으로 눈살을 찌푸리게 하고, 많은 경우 불법이기 illegal 때문에 법적인 맥락에서 흔히 언급된다. 게다가 price gouging laws는 무언가를 떠올려주는 일상적인 표현으로 들리지만 실제로는 경제 분야의 성문화된 법규 statute 에서도 전문 용어로 사용된다.

online price gouging 온라인 바가지 가격	The claimant alleges that the defendant engaged in online price gouging, unnaturally increasing prices for consumers. (extract from legal judgment) 청구인은 피고가 온라인에서 부당한 가격 인상에 관여하며 소비자 가격을 터무니없이 인상하였다고 주장한다. (법적 판결문에서 발췌)

일부 온라인 소매업체가 price gouging으로 얼마 전부터 비난을 받고 있다 to come under fire. online price gouging은 온라인 매장에서 벌어진 price gouging일 뿐이지만, 온라인 소매업체는 관할 구역이 명확하지 않은 경우가 많기 때문에 online price gouging 자체가 문젯거리이다. 따라서 이런 관행을 법적으로 해결하려는 과제 legal challenge는 무척 복잡할 수 있다.

to engage in price gouging 부당한 가격 인상에 관여하다	Are high gas prices the result of oil companies engaging in price gouging? (post in economics and politics blog) 요즘 고유가인 이유가, 석유 회사들이 담합해서 부당하게 가격을 인상한 결과일까요? (경제와 정치와 관련한 블로그에 게시된 글)

price gouging를 직접 동사로 사용하는 것은 자연스럽지 않은 듯하다. 예컨대 the company price gouged(그 회사는 바가지 요금을 매겼다)라는 문장을 생각해 보라. 이 문장이 틀린 것은 아니지만, a company is engaging in price gouging이라 말하는 것이 더 낫다 (시제에 변화를 주어 was/has been engaging이라고 말할 수도 있다). 조금 장황하지만 더 정확하고 격식에 따른 표현으로 들린다.

500%

Student ebook prices have risen up to 500% since 2020. (newspaper article)

학생용 전자책 가격이 2020년 이후 최대 500%까지 인상되었다. (신문 기사)

haggle 흥정하다

to haggle은 상품이나 서비스의 판매가 관련된 상황에서 가장 흔히 사용되는 동사이다. to haggle은 매도인 vendor 과 협상하거나 언쟁하며, 판매하는 것의 가격을 낮추는 데 동의하도록 설득하는 행위를 뜻한다. to haggle이란 단어에는 집요하고 치열한 협상 insistent or intense negotiation 이란 뜻이 함축되어 있다. to haggle은 재래 시장 같은 특정한 지역이나 상황에서만 용인되는 관행이고 대형 소매업체에서는 거의 허용되지 않는다.

| **to haggle over (something)** ...에 대해 흥정하다 | I tried to haggle over the prices, but the vendor wouldn't sell for less than the original amount. (from a WhatsApp group chat) 가격을 흥정하려고 했지만, 판매자는 원래 가격에서 조금도 깎아주지 않으려고 했어! (왓츠앱의 단체 채팅방에서) |

전치사 over는 to haggle과 함께 사용되어 입씨름되거나 협상되는 대상을 언급한다. 그 대상은 주로 a price 가격 나 an amount 총액 이다.

아래에서 다시 설명되겠지만, 이 맥락에서 over는 about과 자유롭게 교체되어 사용될 수 있다.

to haggle about (something) ...에 대해 흥정하다, 입씨름하다	Currently, politicians are busy haggling about the new trade policy. (from a political podcast) 요즘 정치인들은 새로운 무역 정책을 두고 입씨름하느라 바쁩니다. (정치 팟캐스트에서)

about은 to haggle과 흔히 함께 사용되는 또 하나의 전치사이며 그 뒤에는 협상되는 쟁점이 주로 쓰인다. 여기에서 주어진 예문은 가격 a price 에 대한 것이 아니다. to haggle의 대상은 돈 money 만 아니라 무엇이든 될 수 있다. to haggle은 어떤 형태의 합의에 이르려는 시도를 뜻하는 동사라 할 수 있다.

to haggle with (someone) ...와 흥정하다	When buying a car, it's a good idea to haggle with the salesman and get a good deal. (from a money-saving blog) 자동차를 구입할 때는 영업사원과 흥정해 괜찮은 가격을 받아내는 것이 좋다. (돈을 절약하는 방법을 다루는 블로그에서)

with 뒤에는 협상하는 상대가 쓰인다. 가격과 관련된 맥락에서는 상품을 판매하는 사람이 주로 쓰인다. 그러나 가격 이외의 다른 쟁점과 관련해서도 to haggle with someone 누군가와 입씨름하다 할 수 있다.

| **to haggle (something) down to (something)** 무언가(의 가격)을 ...까지 깎다 | I haggled the price of a new TV down to $50, can you believe it? (from an X post) 새 텔레비전의 가격을 50달러까지 끈질기게 깎았는데 믿어지십니까? (X에 게시된 글에서) |

구매자가 판매자와 협상해 제품 가격을 크게 낮춘 상황에 사용되는 표현이다. down to 뒤에는 새로 합의된 가격이 쓰인다.

> **3/4**
> 3/4 of people in London admit that they try to haggle when out shopping. (from an article on money-saving tips)
> 런던 시민의 4분의 3이 인정하듯이 쇼핑할 때 흥정을 시도한다. (돈을 절약하는 요령을 다룬 기사에서)

barter 물물교환하다

to barter는 돈을 매개 a mediator 로 사용하지 않고 상품이나 서비스를 다른 상품이나 서비스로 교환하는 특수한 형태의 거래 trade 이다. 은유적으로 사용되어 무형의 거래 intangible trade 를 표현할 수도 있다. barter는 명사나 형용사로도 사용되어 bartering 물물교환 이란 행위를 언급할 수 있다.

to barter with (someone) 누군가와 교환하다	I tried to barter with the teacher about my grade, but he wouldn't let me do any extra credit work. (from a conversation between family members) 내 성적을 두고 선생님과 거래를 하려고 했지만 선생님은 내가 추가로 학점을 따는 걸 허락하지 않았어요. (가족 간의 대화에서)

with 뒤에는 거래 상대가 주로 쓰인다. to barter with ...에서 거래 상대는 사람만 아니라 기관 institution 도 될 수 있다.

to barter for (something) ... 로 교환하다	I bartered for this sofa; I had to give them my guitar. (from a conversation between friends) 나는 물물교환으로 이 소파를 갖고 싶었어. 그래서 내 기타를 줘야 했어. (친구들 간의 대화에서)

여기서 전치사 for 뒤에는 당사자가 교환해서 받은 물건이나 서비스가 쓰인다. to barter something A for something B A를 B로 교환하다 라고도 말할 수 있으며, 이 구문에서 to barter와 for 사이에 놓이는 명사는 새로운 물건을 얻는 대가로 주어지는 물건이다. 예컨대 I bartered an apple for a banana는 '사과를 바나나로 교환하다'가 된다.

to barter (something) away 무언가를 팔아넘기다	I feel that the senator has bartered away his pride in exchange for more influence. (from a political commentary) 그 상원 의원이 더 많은 영향력을 얻으려고 자존심을 팔아넘긴 것 같다. (정치 논평에서)

to barter away도 '다른 무언가를 얻는 대가로 무언가를 넘기다'라는 뜻이다. 하지만 이 맥락에서 away가 사용된 것으로 보아, 당사자가 교

환의 결과로 가치가 더 낮은 것 something of lesser value 을 받아 결국 손해 본 것이란 뜻이 함축되어 있다.

barter system
구상 무역, 물물교환 시스템

The barter system was the main form of trade centuries ago. (from a history textbook)
물물교환은 오래전에 주된 무역 형태였다. (역사 교과서에서)

a barter system은 돈이 중간에 사용되지 않고 without the intermediate use of money 상품이나 서비스가 다른 상품이나 서비스로 거래되는 교환 시스템을 가리킨다.

6,000 B.C.
The use of the barter system can be traced back to 6,000 B.C. (from an article on economic history)
물물교환 시스템의 사용은 기원전 6,000년까지 거슬러 올라갈 수 있다. (경제사에 대한 글에서)

bargain 싸게 파는 물건, 거래, 합의

명사로 사용될 때 bargain에는 두 가지 의미가 있다. 하나는 한쪽이 상대를 위해 무언가를 하기로 합의하는 두 사람이나 집단 간의 거래를 뜻하고, 다른 하나는 원래의 가치보다 싼 값으로 판매되는 물건을 가리킬 때 사용되는 뜻이다. 한편 동사로 사용된 to bargain은 to haggle과 비슷한 뜻이지만, to bargain에는 협상의 형태가 덜 치열하다 less intense 는 뜻이 함축되어 있다. 예컨대 가격이나 더 나은 직원 복지 employee benefits 처럼 개개인에게 유리한 것의 협상 등에 사용될 수 있다.

to bargain with (someone) 누군가와 흥정하다	I bargained with the butcher and managed to get a good price on this beef. (from a conversation between family members) 정육점 주인과 흥정해서 쇠고기를 좋은 가격에 샀어요! (가족 간의 대화에서)

to bargain은 '더 나은 거래 a better deal 를 협상하다'라는 뜻이다. 전치사 with 뒤에는 협상 상대인 사람이나 집단이 쓰인다.

to strike a bargain 타협을 보다, 협상을 타결하다	The governor struck a bargain with electricity companies to reduce residents' bills. (from a local newspaper) 주지사는 전력 회사와 협상해 주민들의 전기 요금을 줄였다. (지역 신문에서)

가격이나 쟁점에 대해 '누군가와 성공적으로 합의에 이르다' to come to an agreement 를 뜻하는 표현이다. 같은 뜻으로 to make a bargain이라고 말해도 괜찮다.

bargain price 할인 가격, 특가	I love this new coat, and I got it at a bargain price! (from an Instagram post) 이 새 코트가 너무 마음에 들어요. 아주 저렴한 가격에 구입했어요! (인스타그램에 게시된 글에서)

a bargain price는 실제 가치 true value 보다 낮은 가격에 판매되어 가성비 value for money 가 좋아 보이는 것을 표현할 때 쓰인다. bargain-priced라고도 한다.

to drive a hard bargain 심하게 값을 깎다, 강력하게 밀어붙이다	New cars are expensive, but if you drive a hard bargain, you can save a few thousand dollars. (from a money-saving advice column) 새 차는 비싸다. 그러나 세게 밀어붙이면 수천 달러를 절약할 수 있다. (돈을 절약하는 방법에 대해 조언하는 칼럼에서)

to drive a hard bargain은 '누군가와 거래를 협상할 때 단호한 태도를 유지하며 양보하지 않다' determined and uncompromising 라는 뜻이다.

to hold up (one's) end of the bargain 책임을 다하다, 동의에 따른 자신의 역할을 다하다	I've done the reports, now you need to hold up your end of the bargain and present them for me. (from an employee email) 제가 보고서를 작성했습니다. 이제 당신도 당신의 책임을 다하고, 그 결과를 제게 알려줘야 합니다. (한 직원의 이메일에서)

'두 당사자 간의 합의로, 한쪽이 하겠다고 약속한 것을 수행하다' to carry out를 뜻하는 관용구이다. to keep up one's end of the bargain, 혹은 to keep up one's side of the bargain이라고도 말할 수 있다.

to get more than (one) bargained for
예상하지 못한, 주로 원하지 않은 결과를 얻다

I got more than I bargained for when I agreed to run this event–it's so much work! (from a text message between friends)
이 행사를 진행하기로 동의했을 때 예상했던 것보다 악몽이야. 일이 너무 많아! (친구들 간의 문자 메시지에서)

예상한 것보다 더 많은 것을 받거나 무언가의 예상하지 못한 결과 an unexpected outcome, 주로 부정적인 결과를 겪게 되는 상황을 표현할 때 사용되는 관용구이다.

> **16.5%**
> The mayor drove a hard bargain and managed to increase the budget by 16.5% this year! (from an event speech)
> 시장님이 강력하게 밀어붙여 올해 예산을 16.5퍼센트나 늘렸습니다! (어떤 행사의 연설에서)

auction 경매

an auction은 물건이나 부동산이 가장 높은 금액을 지불하겠다고 제시한 사람, 즉 최고 입찰자 the highest bidder에게 팔리는 공개 판매 (a public sale, 경매, 공매로도 번역)를 뜻한다. an auction에서는 여러 사람이 무언가에 대해 경쟁적으로 돈을 지불하겠다고 제시한다(bidding, 입찰). 한 사람이 나머지 사람들의 제시액을 넘어설 때까지 bidding은 계속된다. 따라서 an auction에 나온 물건의 가격은 정해진 것이 아니라, 누군가 기꺼이 지불하겠다고 제시하는 액수에 따라 달라진다. 전통적으로 auction은 경매장auction house에 관계자들이 직접 참석한 상태에서 진행되지만, 요즘에는 온라인 경매online auction도 흔하다.

auction catalog 경매 목록/카탈로그	Browse auction catalogs for hundreds of auction houses here! (advert for auction website) 수백 곳의 경매장에서 내놓은 경매 목록을 여기에서 검색할 수 있습니다! (경매 웹사이트의 광고)

전통적인 경매traditional auction에서는 판매할 품목들이 the auction catalog라고 알려진 문서에 정리되어 있다. auction catalog는 물리적인 형태를 띤 책자physical brochure일 수 있지만, 그 품목들이 온라인 카탈로그an online catalog에 정리되어 있을 수 있다.

online auction 온라인 경매	Bid online in live and timed auctions for these collectible items. (from online auction site) 아래에 정리된 수집품에 대해서는 정해진 시간에 실시간으로 진행되는 경매에 온라인으로 입찰할 수 있습니다. (온라인 경매 사이트에서)

전자 상거래 사이트e-commerce site에서는 자주 online auction을 실시하고, 이런 online auction을 통해 사람들은 정해진 시간a time period이 만료될 때까지 원격으로remotely 어떤 품목에 대해 입찰할 수 있다.

auction price
경매 가격

Buyers should pay attention to the condition of the property when assessing its auction price. (property auction advice blog post)
구매자들은 경매 가격을 평가할 때 부동산의 상황에 주목해야 한다. (부동산 경매에 대해 조언하는 블로그에 게시된 글)

경우에 따라 잠재적 구매자 prospective buyer 들은 이른바 a bidding war 입찰 전쟁 라는 것을 치르게 된다. 두 명 이상의 구매자가 경쟁을 벌이며 상대를 압도하려고 out-compete the others 신속하게 더 높은 가격을 제시한다. 이때 가격은 비정상적으로 높아진다. 이런 입찰 전쟁 bidding wars 은 입찰액 stake 이 높은 주택 시장에서 흔히 벌어진다.

auction house
경매장, 경매 회사

We are a leading auction house dealing with nineteenth century art and antiques. (Facebook page description of an auction house)
우리는 19세기 예술품과 골동품을 취급하는 선도적인 경매 회사입니다. (페이스북에 실린 한 경매 회사의 소개글)

대면 경매 in-person auction 가 개최되는 건물은 an auction house라 부른다. an auction house는 전문 경매인 specialist auctioneer 이나 경매할 물건을 구입해 판매하려고 경매를 진행하는 회사가 주로 소유하고 운영한다. 따라서 위의 예에서 보듯이 경매가 진행되는 건물만 아니라 경매를 진행하는 조직까지 auction house로 표현될 수 있다.

up for auction
경매에 붙여지다

My vintage car is up for auction next week. (Whatsapp message)
내 빈티지 자동차가 다음 주에 경매에 부쳐집니다. (왓츠앱의 메시지에서)

무언가가 경매에서 in an auction 팔릴 예정이라는 것을 표현하려면 something is up for auction이라 말하면 된다. 그 물건이 being up 되었다는 것은 무대에 올려져 전시됨으로써 검토되고 매각될 가능성이 생겼다는 뜻이다.

$963.2 billion
E-commerce and auctions are a $963.2 billion industry. (from business analysis website)
전자 상거래와 경매는 9,632억 달러 규모의 산업이다. (비즈니스 분석 웹사이트에서)

discount 할인, 할인하다

discount는 상품이나 서비스의 원래 가격이나 가치에서 할인하는 행위를 뜻하며 소매업체가 고객을 유인하기 위해 자주 사용하는 전술이다. discount는 명사나 동사로 사용된다. 명사로 사용되는 경우에는 reduction 할인, 축소 자체를 가리키고, 동사로 사용되면 가격을 내리는 행위를 뜻한다. discount는 거의 가격과 관련해서만 사용되기 때문에 소매업종에서 흔히 언급되는 단어이다. 따라서 소매점들이 discount를 제시하는 경우가 가장 흔하지만, 기업 간에 주고받는 온갖 유형의 금전 거래에도 discount라는 단어가 똑같이 사용될 수 있다.

significant discount	All shoes at a significant discount!
대폭 할인	(handwritten sign in shopwindow)
	모든 신발, 대폭 할인! (상점 진열창에 붙은 손글씨로 쓰인 쪽지)

significant는 '가격을 크게 대폭 내렸다' a large or generous reduction in price 는 것을 알릴 때 가장 흔히 사용되는 단어이다. 이 예에서는 문장이 영어로 완전하지 않는다는 데 주목할 필요가 있다. 글쓴이가 필요한 정보만을 간결하게 종이에 쓰려고 했기 때문이다. 실제로 discount라는 단어는 완전한 문장보다 이런 유형의 맥락에서 사용되는 경우가 많다.

| **special discount** | As a loyal customer, you qualify for a special discount on your next purchase. (from email marketing) |
| 특별 할인 | 고객님은 우수고객이어서, 다음 구매 시에 특별 할인을 받으실 수 있습니다. (이메일 마케팅에서) |

a special discount는 특정한 유형의 고객이나 특정한 상품에 대해 특별한 이유로 for some particular reason 제공되는 discount를 뜻한다. discount는 고객 로열티 프로그램 customer loyalty program, 판촉 promotion, 특별 행사 등에서 흔히 눈에 띄는 용어이기도 하다.

* 고객 로열티 프로그램(customer loyalty programs): 어떤 브랜드를 구입하는 고객에게 보상하는 프로그램.

| **discount code** | Use the discount code "SAVE20" at the checkout screen to get 20% off your order. (from an online pizza delivery website) |
| 할인 코드 | 결제 화면에서 할인 코드 'SAVE20'을 사용하면 주문 금액의 20퍼센트를 할인받을 수 있습니다. (온라인 피자 배달 웹사이트에서) |

고객이 무언가를 할인된 가격으로 구매할 수 있도록 제공되는 모든 유형의 코드는 discount code라 할 수 있다. discount code는 일반적으로 기업이 특정한 시간에 구매를 독려하거나 신규 고객을 유인하려고 제공된다.

discount rate 할인율	The Federal Reserve has decided to lower the discount rate to stimulate economic growth. (financial journalism) 연방준비제도이사회는 경제 성장을 촉진하기 위해 할인율을 더 낮추기로 결정했다. (금융 관련 보도에서)

discount를 포함하는 다른 관용구와 달리 discount rate는 경제학에서 특별한 의미로 사용되는 전문 용어이다. 미국 영어에서 bank rate재할인율로 불리며, 중앙은행이 일반 상업 은행들을 대상으로 주로 overnight loan익일불 대부금 혹은 short term loan단기 대출으로 빌려주는 돈의 금리interest rate를 뜻한다. discount라는 명칭에도 불구하고 discount rate는 가격 할인과 관계가 없으며, 오히려 시장 금리market rates of interest보다 높은 경우가 많다.

to offer a discount 할인을 제공하다	We offer customers a discount on Mondays and Tuesdays. (waitress speaking to customer) 월요일과 화요일에 고객에게 할인이 제공됩니다. (한 고객에게 말하는 여종업원)

월요일과 화요일에 식사하는 고객들에게 가격을 할인하기로 한 식당의 결정을 알려주는 예문이다. to offer a discount는 대체로 제한된 시간 동안이나 특정 조건하에서 할인된 가격을 제공하는 행위를 나타낸다.

| **to give a discount** 할인해 주다, 할인을 제공하다 | Many insurance companies give a discount to repeat customers. (from an insurance advice article) 많은 보험 회사가 다시 찾는 고객에게 할인을 제공한다. (보험과 관련해 조언하는 기사에서) |

to give a discount는 '어떤 재화나 서비스에 대해 할인된 가격을 고객에게 제공하다'를 의미한다. 이때 to give 대신 to offer, to provide를 사용할 수도 있다. to give a discount의 쓰임새는 동사 to discount와 약간 다르다. to discount는 상품과 관련해서만 사용된다. 예를 들면, The shop has discounted all of its damaged furniture(그 상점은 흠집이 있는 모든 가구를 할인해 주었다)라고 말할 수 있다.

| **to get a discount** 할인을 받다 | Can I get a discount on this jacket? It's ripped at the seam. (from a conversation with a sales assistant) 이 재킷을 할인받을 수 있을까요? 솔기가 뜯어졌어요. (점원과의 대화에서) |

to get a discount는 개인이 상품이나 서비스에 대해 할인된 가격을 제공받는 경우를 표현할 때 사용된다. to get을 대신할 수 있는 적절한 단어로는 to receive가 있다. 위의 예문에서 discount 뒤에 놓인 '전치사 on + 명사'는 가격이 할인된 품목을 언급할 때 주로 사용된다.

| **at a discount** 할인해서 | You can get these gym clothes at a discount if you use my online code. (from a post from an Instagram influencer) 제 온라인 코드를 사용하면 이 운동복을 할인된 가격에 구입할 수 있습니다. (인스타그램 인플루언서가 게시한 글에서) |

at a discount로 무언가를 얻거나 구입한다는 것은 그 물건을 할인된 가격 a reduced price 으로 구매했다는 것을 뜻한다. 이 구절은 to get이나 to buy 같은 동사와 함께 주로 사용된다는 것에 주목해야 한다. This product is at a discount라는 표현은 그다지 바람직하지 않고, This product is discounted(이 물건은 할인 판매 중이다)라고 말하는 편이 더 낫다.

20%
We offer a 20% discount to anyone with a valid student ID. (from a sign in a store window)
유효한 학생증을 소지한 모든 분에게 20퍼센트가 할인됩니다. (상점 창문에 붙은 쪽지에서)

wholesale 도매의, 대량의

형용사 wholesale은 상품을 소매점 retailer 이나 다른 기업체에 대량으로 판매하는 행위를 표현할 때 사용되는 단어이고, 소매점은 그렇게 구입한 상품을 더 높은 가격에 일반인에게 판매한다. wholesale은 bulk buying 대량 구입 과 다르다. bulk buying은 상품 유통 사슬의 말단에 위치한 고객이 소매업체로부터 물건을 대량으로 구매해 단가 unit price 를 낮추는 이점을 누리려는 전략을 가리킨다. 반면에 wholesale은 최종 소비자를 직접 상대하지 않고, 기업들이나 공급자들 간의 거래에만 관여한다.

| **to buy/sell (something) wholesale**
도매로 구매하다/판매하다 | Sorry, we only sell our clothing wholesale, not to individual customers. (from a direct message from a business)
죄송합니다. 저희는 의류를 개인 고객에게는 판매하지 않고, 도매로만 판매합니다. (한 기업이 보낸 비밀 메시지에서) |

to sell (something) wholesale에서 wholesale은 부사로 사용된 예이고, wholesale은 동일한 형태에서 형용사와 부사로 사용된다. to sell (something) wholesale은 '상대적으로 낮은 가격에 대량으로 무언가를 대체로 소매상에게 판매하다'를 뜻한다. 따라서 to buy (something) wholesale은 소매상이나 다른 기업체가 대량으로 물건을 구입하는 경우를 뜻하며, 소매상은 그렇게 구입한 물건을 일반인에게 판매한다.

| **wholesale trade**
도매업, 도매 거래 | Wholesale trade helps to reduce cost for retailers and simplify distribution. (from an economic blog)
도매업은 소매점이 비용을 줄이고 유통을 간소화하는 데 도움을 준다. (경제 관련 블로그에서) |

wholesaling이라고도 불리는 wholesale trade는 다른 기업체에게 상품들을 대량으로 판매하는 행위를 가리킨다.

| **wholesale price**
도매가, 도매 가격 | Restaurants often sell their food for much more than wholesale price; you can save a lot of money by cooking these dishes at home. (from a recipe website)
식당에서는 도매가보다 훨씬 비싼 가격에 음식을 판매하는 경우가 많다. 따라서 집에서

그런 음식을 직접 요리하면 많은 돈을 절약할 수 있다. (조리법을 알려주는 웹사이트에서)

wholesale price는 소매점이나 다른 기업체가 지불하는 상품 가격이다. 소매점은 그렇게 구입한 상품을 더 높은 가격, 즉 the retail price 소매 가격에 소비자에게 판매한다.

wholesale business 도매업, 도매업체	Here are 5 tips for running a successful wholesale business. (from a business magazine) 도매업을 성공적으로 운영하는 데 필요한 5가지 요령을 소개하면 다음과 같다. (비즈니스를 전문으로 취급하는 잡지에서)

a wholesale business는 다른 기업에 상품을 대량으로 판매하는 기업체를 가리킨다. a wholesale business는 공급망에서 제조업체와 소매업체 사이에 위치한다. wholesaler 혹은 wholesale supplier라고 표현할 수도 있다.

wholesale product 도매 상품, 도매 제품	We offer a range of wholesale products for retailers, to be delivered nationwide. (from an online distributor's webpage) 저희는 다양한 도매 상품을 소매업체에 제공하고, 전국으로 배송합니다. (한 유통업체의 온라인 웹페이지에서)

일반인에게 재판매하도록 소매업체에 대량으로 판매되는 모든 종류의 물건이 wholesale product에 속한다.

$692.73 billion

Wholesale suppliers made $692.73 billion in sales last month.

(from a wholesale trade report)

도매상들은 지난달 6,927억 3,000만 달러의 매출을 올렸다. (도매 거래에 대한 보고서에서)

Financial Gains

grant 보조금

명사로 쓰인 grant는 특정한 목적을 위해 개인이나 조직에 지급되는 금액 a sum of money 을 뜻한다. grant는 정부에서 주는 경우가 많지만 다른 단체에 의해 주어지는 경우도 있다. grant는 일종의 선물로 주어지는 것이라 대출 a loan 과 달리 상환할 필요가 없다. 교육적 맥락에서는 a scholarship 장학금 과 비교될 수 있지만, a grant는 merit 성적 를 기준으로 지급되는 것이 아니다.

to apply for a grant 보조금을 신청하다	When applying for a grant, remember to include detail of your community project's aims and what the money will be used for. (from a government website) 보조금을 신청할 때는 공동체가 시도하려는

프로젝트의 목표 및 보조금의 용도에 대한 자세한 설명이 포함되어야 한다는 것을 잊지 마십시오. (정부의 웹사이트에서)

개인이나 단체가 무언가를 위한 자금 funding for something 이 필요하면 보조금을 신청한다 to apply for a grant. 이를 위해 신청서를 제출하기 전 서식을 채워야 한다 to fill out a form. 같은 뜻으로 to write a grant application 혹은 to make a grant application이라 말해도 된다.

to receive a grant 보조금을 받다	I was lucky enough to receive a grant for my research project, which enabled me to make this discovery. (from a speech at a medical conference) 운 좋게도 연구 프로젝트에 대한 보조금을 받아 이 결과를 얻어낼 수 있었습니다. (의학 학회의 강연에서)

to receive는 grant와 가장 자주 함께 쓰이는 동사이다. to receive a grant는 개인이나 조직이 grant를 신청해서 받는 경우를 뜻하는 표현이다. to get a grant라고도 말할 수 있지만, 격식에서 벗어난 일상적인 표현에 더 가깝다.

a grant of (something) ...라는 보조금	They offered me a grant of $3,000 to study abroad for a year. (from a conversation between friends) 그들은 나에게 1년 동안 해외에서 공부하라며 3,000달러의 보조금을 제안했어. (친구들 간의 대화에서)

여기에서 전치사 of 뒤에는 당사자가 grant로 받는 돈의 액수가 쓰인다. 이처럼 of를 사용해 grant에 해당하는 액수를 사용하지 않고, 아예 grant에 돈의 액수를 명기할 수도 있다. 예컨대 a grant of $3,000와 똑같은 뜻으로 a $3,000 grant라고 말할 수 있다.

college grant 대학 보조금	You may need a college grant if you're applying to an expensive university. (from a student advice webpage) 등록금이 비싼 대학에 지원하려면 대학 보조금이 필요할 수 있습니다. (학생 상담 웹페이지에서)

grant에는 다양한 유형이 있고, college grant는 그중 한 예에 불과하다. grant의 유형을 나타내는 형용사는 항상 grant 앞에 사용되며, 다른 예로는 student grant 학비 보조금, government grant 정부 보조금, private grant 민간 보조금 등이 있다.

grant money 보조금	We can use the grant money to rent the hall for our meetings. (from an email to a charity member) 보조금을 사용하면 우리가 회의하는 데 필요한 강당을 빌릴 수 있습니다. (한 자선 단체 회원들에게 보낸 이메일에서)

a grant는 돈을 출처를 명확히 표현할 목적에서 grant money로 표기될 수 있다. 하지만 grant에는 money가 내포된 까닭에 위의 예에서 to use the grant라고 말해도 충분하다.

$7,500

We offer grants of up to $7,500 to students in need. (from a college website)

우리는 도움이 필요한 학생들에게 최대 7,500달러의 보조금을 제공합니다. (대학의 웹사이트에서)

award 상(賞), 수여하다

award는 명사와 동사로 사용될 수 있으며, 어떤 성취를 인정하며 주어진 것을 가리킨다. award는 성과를 냈다는 표식이나 물건으로 주어지는 경우도 있지만, 때로는 일시불의 돈 lump sums of money으로 주어지기도 한다. 학문적 과학 연구에 주어지는 award처럼 자금 지원이란 맥락에서도 award라는 단어가 사용된다. 게다가 조달을 위한 입찰 과정 procurement and tender process에서도 award가 사용된다. 이 과정에서 여러 기업이 일거리를 따내기 위해 경쟁하고, 그 경쟁에서 승리하면 프로젝트를 시행하는 데 필요한 일자리와 수수료를 확보하게 된다 to be awarded with employment and fees.

annual award
매년 주어지는 상

Every year, the university presents an annual award for academic excellence to the student with the highest scores. (university website)

매년 대학 당국은 가장 높은 성적을 거둔 학생에게 학업 우수상을 수여합니다. (대학 웹사이트)

중고등학교와 대학교 등 그 밖의 기관에서 어떤 성과를 인정하며 in recognition of some achievement 매년 수여하는 상과 관련된 표현이다.

prestigious award 권위있는 상	I'm so honored to have received this prestigious award! (Instagram post) 영광스럽게도 이 권위있는 상을 받았습니다! (인스타그램에 게시된 글)

prestigious는 존경받거나 높은 지위에 있다는 것을 뜻하는 형용사이다. award가 prestigious하느냐는 특별한 업적이나 상을 수여하는 기관 the awarding body 의 중요성과 명성에 근거해 결정된다.

procurement/tender award 조달 결정/입찰 결정	Please find attached our full submission for the tender award. (email from bidding party in a tender process) 입찰 결정에 필요한 제출 서류는 첨부 파일을 참조해 주십시오. (입찰에 참가해 낙찰된 당사자가 보낸 이메일)

procurement 조달 나 tender 입찰 란 맥락에서 수여되는 award를 가리킨다. 일반적으로 정부 계약의 경우에는 여러 기업이 규정된 절차 a regulated process 에 따라 경쟁을 벌이고, 최종 낙찰자는 award로 주어지는 계약을 확보한다 to secure a contract.

compensatory award 보상금	Check here to see if you might be eligible for a compensatory award. (citizen's advice leaflet) 보상금을 받을 자격이 되는지 확인하려면 여기를 클릭하십시오. (시민에게 필요한 조언을 담은 전단)

부당한 취급을 받은 사람들에게 보상할 때 그들에게 주어지는 돈은 a compensatory award라고 한다. 가령 고용 심판원에서 고용주의 부당 해고에 대한 보상remuneration for unfair dismissal by an employer으로 주로 사용되는 표현이다.

**award of damages
손해 배상금의 지급 판정**

The court issues an award of damages of £75,000 for breach of contract. (from legal judgment)
법원은 계약 위반에 대해 7만 5,000파운드의 손해배상금을 지급하라는 판결을 내린다. (사법적 판결에서)

a compensatory award와 비슷하지만 다소 법적인 냄새를 풍기는 표현이다. 보상금 등에 대한 법적 청구a legal claim에서, 청구인에게 손해를 만회할 목적에서 주어지는 돈은 액수에 상관없이 damages손해배상금라 부른다. 영어권 사법 체계Anglophone legal systems에서 그 돈은 법정에 의한 award지급 판정액라 할 수 있다. 따라서 법적인 맥락의 an award of damages는 손해 배상금 지급 판정이란 뜻으로 쓰인다.

$146

$146 billion was spent in procurement in the health sector last year. (government website)
지난해 보건 부문의 조달로 1,460억 달러가 지출되었다. (정부의 웹사이트)

donation 기부, 기증

donation은 대가로 어떤 것도 기대하지 않은 채 개인이나 조직에 일반적으로 금전, 물품이나 서비스 등의 형태로 제공되는 것을 뜻한다. donation은 대체로 자선 charity, 박애 philanthropy, 인도주의 humanitarianism를 목적으로 이루어진다.

charitable donation 자선 기부	The company made a charitable donation to set up a life sciences scholarship. (from company LinkedIn post) 저희 회사는 생명과학 장학금을 설립하기 위해 자선 기부를 했습니다. (회사 링크드인 게시물에서)

charitable cause 자선 조직이나 활동 나 charitable organization 자선 단체에 돈이나 자원을 대가 없이 내놓는 행위를 가리키는 표현이다. 실제로 대부분의 donation은 charitable causes로 인한 것이지만, charitable이란 단어를 덧붙임으로써 자선을 목적으로 한다는 것을 확인하며 모호성 ambiguity을 없앨 수 있다.

blood donation 헌혈	Click here to arrange a blood donation at a center near you. (local health board website) 가까운 헌혈 센터에서 헌혈을 예약하려면 여기를 클릭하십시오. (지역 보건위원회의 웹사이트)

donation이 항상 금전적일 필요는 없다. 병원이나 수술에서 다른 사람이 이용할 수 있도록 헌혈하는 행위는 a blood donation이라 한다.

Financial Gains

generous donation 아낌없는 기부	Thanks to your generous donations, we were able to provide educational resources to three underprivileged schools. (from education charity website) 여러분의 아낌없는 기부 덕분에 3곳의 소외된 학교에 교육 자료를 제공할 수 있었습니다. (교육 관련 자선 단체의 웹사이트에서)

generous donation은 실질적으로 big donation통 큰 기부과 동의어라 할 수 있다. 기부된 돈의 액수에 주목하지 않고 특별한 의미가 있는 선물significant gift을 generous라고 정중하게 표현하는 것과 같다고 생각하면 된다.

personal donation 개인적인 기부	We would like to thank the company president for her personal donation. (statement at company charity event) 회사 사장님의 개인 기부에 감사드리고 싶습니다. (회사 자선 행사의 보고)

personal donation은 개인이 자신의 주머니에서 돈을 꺼내 기부했다는 사실을 강조하는 표현이다. 자신이나 다른 사람이 어떤 대의를 위해 개인적으로 기여한 사실을 강조하고 싶을 때 이 표현이 사용된다.

to donate time (to something) 무언가에 시간을 기부하다, 할애하다	Employees volunteered to donate time to mentor students in C++. (from corporate social responsibility report) 직원들이 자발적으로 시간을 기부하여 C++를 가르치기 위해 학생들을 지도했다. (기업의 사회적 책임에 대한 보고서에서)

time시간이 기부되는being donated 경우는 드문 것이 아니다. 시간 기부 donating time는 주로 멘토링mentoring이나 노동의 형태some form of labor로 이루어진다.

> **$560,800**
> Our company is proud to announce a donation of $560,800 to support environmental conservation! (corporate press release)
> 우리 회사가 환경 보전을 지원하는 데 56만 800달러를 기부했다고 발표할 수 있어 자랑스럽습니다. (기업 보도 자료)

embezzlement 횡령

embezzlement는 일종의 금융 범죄financial crime 이다. 자금을 관리하는 임무를 위임 받은 사람이 자금을 도둑질하는 경우를 가리킨다. embezzlement는 주로 직장이나 조직에서 신뢰할 만한 위치a position of trust에 있는 사람, 예컨대 회계 직원이 자신의 이익을 위해 자금이나 자산을 불법적으로unlawfully 관리하는 경우에 주로 발생한다.

embezzlement of funds **자금 횡령**	Accountant caught for embezzlement of funds. (caption for picture in online news article) 자금 횡령으로 체포된 회계사. (온라인 뉴스 기사에 실린 사진 설명)

약간은 동어 반복tautology인 표현이다. embezzlement의 대상이 assets자산가 아니라 funds자금라는 것을 구태여 명기할 필요가 거의 없기 때문이다. 하지만 embezzlement of funds는 흔히 사용되는 표현이고, 격식을 차린 진지한 말로 들린다

| **embezzlement charges** 횡령 혐의 | Several employees are facing embezzlement charges. (regulatory compliance report by company) 여러 직원이 횡령 혐의를 받고 있습니다. (회사의 규정 준수 보고서) |

누군가 체포되어 embezzlement charges를 받으면 재판을 받게 된다. a charge는 불법 행위로 받는 혐의allegation를 뜻한다. to face an allegation or accusation혐의/고발에 직면하다이라고 말하듯이 to face embezzlement charges라고 말하는 것도 무척 자연스럽다.

| **embezzlement scandal** 횡령 스캔들, 횡령 사건 | This is the biggest embezzlement scandal of the decade: $11 billion was reportedly taken! (newspaper article) 이번 사건은 지난 10년 동안 일어난 가장 큰 횡령 스캔들이다. 전해진 바에 따르면, 110억 달러가 횡령되었다고 한다. (신문 기사) |

세간의 이목을 끄는high profile 금융 절도 사건이 벌어지면 scandal이라 불릴 수 있다. scandal은 널리 알려져 도덕적 분노를 불러일으키는 사건을 가리킨다.

1 in 4

It is estimated that 1 in 4 cases of embezzlement involve senior executives. (think-tank report on white collar crime)
횡령 사건 4건 중 1건은 고위 경영진이 연루된 것으로 추정된다. (화이트 칼라 범죄에 대한 싱크탱크의 보고서)

bribe 뇌물

a bribe는 누군가가 대가를 기대하며 다른 사람에게 돈이나 선물로 제공하는 것을 뜻하며 a bribe와 관련된 행위는 대체로 부정직한 상황에서 일어난다. 동사 to bribe는 누군가에게 그런 선물을 주는 행위를 가리킨다. 명사형 bribery도 뇌물을 주는 행위 the act of bribing를 뜻하지만 법적인 맥락에서 주로 사용되며 정치인이나 경찰처럼 권한을 쥔 사람 someone in authority에게 대가로 부정직하고 불법적인 행동을 기대하며 돈이나 선물을 주는 범죄(뇌물 수수)를 뜻한다. 하지만 bribe는 범죄적 상황만 아니라 다소 가벼운 맥락에서 은유적으로 사용될 수도 있다.

to bribe (someone) with (something) 무언가로 누군가를 매수하다	The mayor clearly bribed the voters with false promises before the election. (from an interview with a political opponent) 선거가 있기 전에 시장이 거짓된 약속으로 유권자들을 매수한 게 분명합니다. (정적과의 인터뷰에서)

Financial Gains

전치사 with 뒤에는 bribe뇌물 역할을 하는 돈이나 선물이 쓰인다. something is given as a bribe(무언가가 뇌물로 주어지다)라고도 말할 수 있는데 이 표현은 그 뇌물이 무엇을 뜻하는지 what the bribe entails 간접적으로 말하는 것과 같다.

to bride (someone) into (something) 누군가를 매수해 무언가를 하게 하다	Good news! I bribed my sister into giving us a lift to the concert. (from a WhatsApp group chat) 끝내주는 소식! 우리 누나를 매수해서 우리를 연주장까지 데려다주게 했어. (왓츠앱의 단체 채팅방에서)

to bribe (someone) into doing something for them에서 전치사 into 뒤에는 동명사가 쓰인다. into doing 대신 to-부정사를 사용해 to bribe (someone) to (do something)라고도 말할 수 있다.

to bribe (one's) way 뇌물을 쓰다	The convict reportedly bribed his way out of the prison and is now on the run. (from a local TV news report) 그 재소자는 뇌물을 주고 교도소를 빠져나와 현재 도주 중인 것으로 알려졌습니다. (지역 텔레비전 뉴스 보도에서)

to bribe (one's) way는 '어떤 이득을 얻거나 상황에 변화를 주기 위해 뇌물을 쓰다'를 뜻한다. to bribe (one's) way에는 항상 into나 out of 같은 전치사가 뒤따른다.

| **to give (someone) a bribe**
 뇌물을 누군가에게 주다 | I'm going to try and give my teacher a bribe so that he'll let me pass the class. (from a conversation between friends)
 선생님한테 어떻게든 뇌물을 줘서 그 수업을 통과하려고 해. (친구들 간의 대화에서) |

to give a bribe는 to bribe를 장황하게 표현한 것에 불과하다. the bribe를 받는 사람은 give와 a bribe 사이에 놓일 수 있다. 같은 뜻으로 to offer a bribe, to pay a bribe라고 말할 수도 있다.

| **to take a bribe**
 뇌물을 받다 | The politician has been accused of taking bribes from a local gang. (from a political YouTube channel)
 그 정치인은 지역 갱단으로부터 뇌물을 받은 혐의로 기소되었습니다. (정치 관련 유튜브 채널에서) |

the person who has been bribed뇌물을 받은 사람에 대해 언급할 때 사용되는 표현이다. to accept a bribe, to receive a bribe라고도 말할 수 있다. 위의 예문에서 전치사 from이 바로 뒤에 쓰이며 the bribe를 주는 개인이나 조직을 덧붙일 수 있다.

$47,600

Voters are scandalized after it was revealed that their local mayor received bribes totalling $47,600 to implement a new policy. (from a local newspaper)
시장이 새 정책을 시행하는 대가로 총 4만 7,600달러의 뇌물을 받은 사실이 밝혀지자 유권자들은 크게 분노했다. (지역 신문에서)

laundering 돈세탁

금융과 관련한 맥락에서 laundering이나 money laundering은 불법적으로 획득한 돈을 합법적인 출처에서 나온 것처럼 보이게 만드는 과정을 뜻한다. 동사 to launder는 범죄 행위로 얻은 돈을 더럽게 dirty 생각하여 이를 깨끗하게 세탁할 필요 need to be cleaned 가 있다는 뜻에서 사용된다. 돈은 다양한 방법, 예컨대 현금에 기반한 사업체, 즉 위장 사업체 a front 에 돈을 숨기는 방식으로 세탁된다 to be laundered.

to launder money/ funds 돈/자금을 세탁하다	The CEO has been accused of laundering funds made illegally from gang activity. (from a local newspaper) 최고경영자는 갱단 활동을 통해 불법적으로 벌어들인 자금을 세탁한 혐의로 기소되었다. (지역 신문에서)

money는 동사 to launder와 함께 가장 일반적으로 사용되는 명사이다. money 대신 funds 자금, cash 현금, proceeds 돈, 수익금 등 세탁되는 온갖 형태의 돈 any form of money that is being laundered 이 쓰일 수 있다.

to launder (something) through (something) 무언가를 통해 무언가를 세탁하다	Criminal gangs launder huge amounts of money through banks every day. (from an exposé on hidden criminal activity) 범죄 조직은 매일 은행을 통해 막대한 액수의 돈을 세탁하고 있습니다. (숨겨진 범죄 행위에 대한 폭로에서)

전치사 through는 동사 to launder와 함께 사용될 수 있으며, 그 뒤에는 불법적으로 획득한 돈을 감추는 데 이용되는 기관이나 방법이 쓰인다.

electronic money laundering 전자 화폐 세탁	The increase in online banking has unfortunately led to a rise in electronic money laundering, which is harder to detect. (from a police force website) 온라인 은행 거래의 증가는 안타깝게도 전자 화폐 세탁의 증가로 이어졌고, 이는 적발하기가 더 어렵다. (경찰국의 웹사이트에서)

때로는 transaction laundering이라고도 한다. electronic money laundering은 laundering의 한 형태로 온라인에서 돈을 불법적으로 이전하는 행위를 뜻한다. 온라인에서는 익명성 anonymity 덕분에 적발되지 않고 돈을 불법적으로 이전하는 것이 쉽다.

anti-money laundering 돈세탁 방지	I hope to introduce new anti-money laundering measures to crack down on criminal activity. (from a speech from a politician) 범죄 행위를 엄중히 단속하기 위해 새로운 자금 세탁 방지 조치들이 도입되기를 바랍니다. (한 정치인의 연설에서)

정부가 money laundering과 관련된 행위를 찾아내기 위해 시행하는 법 law과 규정 regulation을 가리키는 표현이다. 머리글자를 사용해 간단히 AML이라 표기하는 경우가 많다.

> **$238 million**
> It is estimated that an average of $238 million is laundered through banks every month. (from an AML guide)
> 매달 평균 2억 3,800만 달러의 자금이 은행을 통해 세탁되는 것으로 추정된다. (AML 안내 책자에서)

grease 뇌물, 윤활유

기계와 관련해 사용되면 grease는 기계나 기계 장치의 부품들이 원활하게 움직이도록 돕는 끈적한 윤활유 a slimy lubricant를 뜻한다. grease는 금융 거래와 관련해서는 비유적으로 사용된다. 거래 과정에서 무언가 변할 때마다 거래를 용이하게 해 주는 것은 grease로 볼 수 있다. 이때 grease는 상황이 신속하고 효과적으로 전개되도록 돕는 돈 money인 경우가 많지만, 새롭고 혁신적인 공정 process이나 전략 strategy일 수도 있다. grease가 항상 부정적인 뜻을 내포하는 것은 아니지만, 공무원들의 뇌물 수수 bribery of public officials 같은 패역한 목적 untoward purpose이나 관료적 절차를 우회하려고 사용되는 경우에는 부정적인 뜻을 갖는다.

grease payment
증회(贈賄), 뇌물 제공

If someone approaches you and offers a grease payment, you must report this to the regulatory authority. (section from online corporate compliance training)
누군가 여러분에게 접근해서 뇌물을 주겠다고 제안하면 즉시 규제 당국에 알려야 합니다. (온라인 기업 규정 준수 교육 프로그램에서)

a grease payment는 절차를 더 신속하게 진행하는 대가로 받는 보수라는 점에서 a bribe뇌물와 유사하다. a grease payment는 허가증permit, 면허증license, 여행 증명서travel document를 조금이라도 더 빨리 발급받으려고 관료적 절차를 재촉할 목적에서 돈을 지불하는 행위를 가리킬 때 종종 사용되는 표현이다. 이런 돈의 지급이 불법은 아니더라도 비윤리적unethical일 가능성이 높다. 따라서 이 표현은 추잡하고 sleazy 비도덕적nefarious으로 느껴진다.

grease money 뇌물로 제공한 돈	He reportedly paid over $5,000 in grease payments to the license provider. (from news article) 그는 면허 발급자에게 5,000달러 이상의 금품을 뇌물로 제공한 것으로 알려진다. (뉴스 기사에서)

엄밀히 말하면 grease money는 a grease payment를 위해 사용한 돈이지만 때때로 두 표현은 같은 뜻으로 사용된다. grease money를 사용하면 사용된 돈이 강조되는 반면, grease payment가 사용되면 뇌물을 지급하는 행위가 조금 더 강조된다.

greasing the wheel 바퀴에 기름을 치다, 일을 원활하게 진행하다	A well-structured loan can grease the wheels of economic development. (development bank project finance announcement) 잘 설계된 대출은 경제 발전이란 바퀴에 기름칠할 수 있습니다. (개발 은행의 프로젝트 파이낸스 발표)

조직의 운영 과정을 더 효과적이고 효율적이며 기능적으로 만들어가는 행위를 표현하는 관용구이다. 조직을 자동차에 비유하면 greasing the wheel할 때 자동차가 더 빨리 달리고 더 원활하게 작동할 것이다.

greasing the skids가 같은 뜻을 지닌 대안적 표현으로 간혹 쓰이지만 북미에서 더 자주 사용된다.

> **1 in 15**
> 1 in 15 police officers have been offered grease money. (from police training handbook)
> 경찰관 15명 중 1명은 촌지를 받은 적이 있다. (경찰 교육 편람에서)

affluence 풍족, 부

affluence는 풍요롭고 부유하며 생활 수준이 높은 상태를 나타내는 명사이다. 중립적이고 탄력적인 분위기를 띠어, 대화에서부터 정중한 글 formal writing 에 이르기까지 대부분의 상황에서 적절하게 사용된다. wealthy 부유한 와 비슷하지만 단순히 돈이 많다는 의미보다는 가족 재산이나 상속받은 재산 family or inherited wealth 이 상당하고 거주 지역이 부유하다는 뜻이 함축된 단어이다. 이런 이유에서 affluence는 꽤 오래전부터 부유했던 사람을 표현하는 데 주로 사용된다.

affluent area/ neighborhood 부유한 지역/부촌	The property is located in an affluent area, with good links to transport. (from estate agent website) 이 부동산은 부유한 지역에 위치해 있으며 교통 연결편도 좋습니다. (부동산 중개업체의 웹사이트에서)

affluence라는 단어가 가장 흔히 함께 사용되는 단어 중 하나가 location 위치 이다. an affluent area는 집이 고급스럽고 plush 값비싸며 주민들이 높은 수준의 재산을 보유한 지역을 뜻한다.

affluent lifestyle **풍족한 생활 방식**	I didn't always have such an affluent lifestyle. (Instagram caption) 내가 전에도 이렇게 풍족하게 살았던 건 아니야. (인스타그램에 올려진 설명글)

어떤 지역이 '부유하다'는 뜻에서 affluent라 표현할 수 있듯이 부유한 생활 방식 a rich lifestyle 을 언급할 때도 affluent가 사용될 수 있다. affluent lifestyles에는 사치품 luxury goods 과 호화로운 시설 lavish accommodation 이 포함되지만 반드시 호사스러울 ostentatious 필요는 없다. 요트에서 파티를 하며 100달러짜리 샴페인을 병째로 마시지 않아도 an affluent lifestyle을 누릴 수 있다. affluent lifestyle은 상위 중산층 upper middle class 의 생활 방식을 표현하기에 좋은 명사구이다.

affluence of ideas **풍부한 아이디어**	Our business thrives on an affluence of ideas. (from job post) 저희 회사는 풍부한 아이디어를 바탕으로 번창하고 있습니다. (채용 공고에서)

affluence라는 단어는 다른 발상 concept 에 대해 말할 때 비유적으로 사용될 수 있다. there is an affluence of something은 '그 무엇이 많고 풍부하다' bountiful 라는 뜻이다. 따라서 an affluence of ideas는 예컨대 어떤 종류의 프로젝트나 과제에 대해 혁신적이고 창의적인 발상이 많다는 것을 뜻한다.

affluence breeds affluence
풍요가 풍요를 낳는다

Affluence breeds affluence–properties should be high-spec. (from PowerPoint slideshow by residential property developer)

풍요가 풍요를 낳는다. 따라서 부동산은 고사양이어야 한다. (주거용 부동산 개발업자의 파워포인트 슬라이드에서)

부나 번영은 같은 종류의 of the same 것을 더 많이 끌어당기는 경향이 있다는 생각을 표현하는 데 사용되는 관용구이다. 명약관화한 법칙 a hard-and-fast rule 은 아니지만 주택의 젠트리피케이션 gentrification 같은 과정을 표현하는 데는 안성맞춤이다. 그 과정에서 중산층이 확대되며 도시에서 상대적으로 값싼 지역을 점차 점유하는 경향을 띠기 때문이다. 또한 투자와 이자를 통해 돈이 많아야 쉽게 돈을 번다는 생각이 느슨하게 loosely 반영된 관용구이기도 하다.

69.4 million

69.4 million Americans describe themselves as "affluent". (from sociology paper)

6,940만 명의 미국인이 자신을 '풍요롭다'고 생각한다. (사회학 논문에서)

lucrative 수익성이 좋은

형용사 lucrative는 많은 돈을 벌게 해 주는 것을 표현할 때 사용되며 profitable과 같은 뜻이다. lucrative는 비즈니스 환경에서

다양한 벤처 a variety of ventures 를 설명할 때도 사용될 수 있다. 명사 lucrativeness는 사용 빈도가 무척 낮다.

lucrative business **수익성이 좋은 사업(체)**	The salon is a lucrative business, but I still need a loan to expand it. (from a conversation with a banker) 미용실은 수익성이 좋은 사업이지만, 확장을 하려니까 대출이 필요하군요. (은행원과의 대화에서)

a lucrative business는 고수익 high profits 을 올리며 많은 돈을 벌어들이는 사업이나 기업을 가리킨다. profitable business라고 말할 수도 있다. 영어에서는 salon만을 사용해 hair salon이나 beauty salon을 뜻할 수 있다.

lucrative career **돈을 많이 버는 직업**	He enjoyed a lucrative career before his death and was able to leave a lot of money to his children. (from an obituary) 그는 생전에 돈을 많이 버는 직업을 지녀, 자녀들에게 많은 돈을 남길 수 있었다. (신문에 실린 사망 기사에서)

a lucrative career는 보수가 좋은 일자리를 뜻한다. 여기에서 lucrative는 high paying이나 well paid 보수가 많은 와 같은 뜻이다. lucrative job, lucrative profession이라 표현할 수도 있다.

Financial Gains

lucrative market
수익성이 높은 시장

Protein powder has become a lucrative market amongst young people. (from a lifestyle magazine)

단백질 분말은 젊은이들을 중심으로 수익성이 좋은 시장이 되었다. (생활 방식을 전문으로 다루는 잡지에서)

a lucrative market은 현재 소비자들에게 인기가 있어 수익성이 높은 시장이나 특정한 거래 분야를 가리킨다. a profitable market이나 a lucrative industry도 비슷한 뜻으로 쓰인다.

lucrative opportunity
수지맞는 기회

You could have made so much money, why did you turn down such a lucrative opportunity? (from a text message between family members)

많은 돈을 벌 수도 있었을 텐데 왜 그런 수지맞는 기회를 거절했니? (가족 구성원들 간의 문자 메시지에서)

큰돈을 벌 수 있는 가능성을 지닌 기회나 활동을 가리키는 문구이다. 같은 뜻으로 lucrative venture라고도 말할 수 있다.

highly lucrative
무척 수익성이 높은

My investments in this area have proved highly lucrative, I'm glad I took the risk. (from an online investment forum)

이 부문에서 내 투자는 수익성이 무척 높은 것으로 입증되었습니다. 위험을 감수한 게 잘된 셈입니다. (온라인 투자 토론회에서)

무언가가 무척 lucrative하다는 것을 강조하기 위해서는 highly 이외에 very나 extremely 같은 부사를 사용할 수도 있다.

> **£229.4 billion**
> The most lucrative market in the UK earns £229.4 billion per year. (from an industry analysis)
> 영국에서 가장 수익성이 높은 시장은 연간 2,294억 파운드를 벌어들인다. (한 산업계의 분석에서)

abundance 풍부, 많음

명사 abundance는 무언가의 많은 양을 의미하며 항상 단수로 사용된다. abundance는 plentifulness나 copious amount와 같은 뜻이고 해당 품목이 넘칠 만큼 많이 more than enough 있다는 뜻이 함축되어 있다. 관련된 형용사는 abundant이고, 대량으로 존재하는 것을 표현하는 데도 사용된다.

to produce an abundance (of something) 무언가를 풍성하게 생산하다	Our trees produce an abundance of fruit every year. (from a farm's website) 우리 과실 나무들은 매년 풍성한 열매를 맺습니다. (한 농장의 웹사이트에서)

to produce an abundance는 '특정한 물건이나 개념을 대량으로in large quantities 만들어내다'라는 뜻이다. to produce 대신 to provide, to create라는 동사를 사용해도 좋다.

abundance of 풍부한 …	There is an abundance of job opportunities at our new location; apply today! (from an online job advertisement) 우리가 새로 시작한 현장에는 많은 일자리 기회가 있습니다. 오늘 당장 지원하십시오! (온라인 구인 광고에서)

abundance와 함께 사용된 전치사 of 뒤에는 많은 양을 지닌 것을 뜻하는 명사가 쓰일 수 있다. 이 명사는 단수(an abundance of fruit, 많은 양의 열매)일 수도 있고, 복수(an abundance of apples, 많은 양의 사과)일 수도 있다. 이런 맥락에서 abundance의 앞에는 항상 부정관사 an이나 정관사 the가 쓰인다. 그러나 무관사로 there is abundance of …라고 말하는 것은 올바르지 않다.

in abundance 풍부하게	One material that the country has in abundance is crude oil. (from a report on international trade) 그 나라가 풍부하게 보유한 자원 중 하나는 원유이다. (국제 무역에 대한 보고서에서)

in abundance는 많은 양으로 존재하는 상태를 뜻하는 형용사나 부사로 사용될 수 있다. 또한 in과 abundance 사이에 형용사를 덧붙여 양이 많다는 것을 강조할 수도 있다.

great abundance
엄청난 양

There was a great abundance of food at the gala, but not much entertainment. (from an online review of an event)
축하 행사에 음식은 넘칠 정도로 풍성했지만 즐길거리는 많지 않았다. (어떤 행사에 대한 온라인 리뷰에서)

abundance 앞에 great 같은 형용사를 덧붙여 많은 양을 강조할 수 있다. 다른 적절한 형용사로는 extreme과 sheer를 고려해 볼 수 있다.

16%
With its abundance of bananas, Costa Rica's fruit exports make up 16% of its total trade. (from a tourism information leaflet)
코스타리카는 바나나가 풍부해, 과일 수출이 총무역량의 16퍼센트를 차지한다. (관광 정보를 담은 전단에서)

Local Economy

cash flow 현금 유동성, 현금 흐름

물이 한 곳에서 다른 곳으로 흐르듯이 water flows, cash 즉 돈 money 도 a flow라는 관점에서 표현될 수 있다. cash flow는 cash 가 프로젝트, 계좌, 기금 등에 들어오고 나가는 움직임을 뜻한다. incoming cash 들어오는 현금는 inflows 유입 혹은 income 수입 이라 하고, outgoing cash 나가는 현금는 outflows 유출 혹은 outgoings 지출라 부른다. cash flow는 돈이 어느 방향으로 흐르는 지에 대한 정보를 제공하지 않고 현금 이동 cash movement 의 전체적인 과정을 언급할 뿐이다. cash flow는 비즈니스와 재무 분석 financial analysis 및 회계 accounts 에서 가장 흔히 사용되는 단어이다. revenue 수입는 유입되는 cash flow로 보는 반면 expenditure 비용는 유출되는 cash flow로 본다.

to improve cash flow 현금 유동성을 개선하다	You can improve cash flow by reminding customers to pay on time. (from a business advice column) 고객에게 제때 결제하도록 유도함으로써 현금 유동성을 개선할 수 있다. (비즈니스에 대해 조언하는 칼럼에서)

to improve cash flow는 회사의 지출을 줄이는 동시에 유입되는 현금량 the amount of cash coming in 을 늘리는 대책을 강구한다는 뜻이다. 요컨대 outflow 유출보다 inflow 유입가 항상 더 많도록 조치를 취한다는 뜻이다. to improve 대신 to increase를 쓰더라도 같은 뜻을 유지할 수 있다.

cash flow problems 현금 유동성 문제	Late client payments are causing cashflow problems for the business. (email from senior manager) 고객들의 결제가 늦어지며 사업을 운영하는 데 현금 유동성에 문제가 야기되고 있습니다. (고위 관리자가 보낸 이메일)

cash flow problems는 사업 수입이 지지부진한 상황을 표현할 때 자주 사용하는 문구 go-to phrase 이다. 기업은 건전성을 유지하려면 cash flow가 안정적이어야 한다. 체납 late payment, 프로젝트 지연 project delays, 적은 고객 수 low customer footfall 등으로 인한 cash flow problems는 매출 turnover 과 수익 profit 만이 아니라 기업의 성공 여부를 판단하는 역량에 중대한 문제를 제기한다.

| **cash flow statement** 현금 흐름표 | As you can see from our cash flow statement, we have had a profitable month. (from a presentation to investors) 현금 흐름표에서 보듯이, 수익성이 있는 한 달을 보냈습니다. (투자자를 대상으로 한 프레젠테이션에서) |

statement of cash flows라고도 쓰인다. a cash flow statement는 회사에 들어오고 나가는 현금의 움직임을 나타낸 재무제표a financial statement이다. 채권자creditor와 투자자investor가 회사의 실적을 평가하고, 회사가 현금을 어떻게 관리하는지 평가할 때도 a cash flow statement가 사용될 수 있다.

| **discounted cash flow** 현금 흐름 할인법 | I recommend using the discounted cash flow method before deciding whether to invest. (from a financial blog) 투자 여부를 결정하기 전에 현금 흐름 할인법을 사용해 보기를 권한다. (재무 관련 블로그에서) |

discounted cash flow는 투자의 잠재적 미래 수익, 즉 투자의 가치를 추정하기 위해 특정 공식을 사용한 재무 분석의 한 형태를 가리킨다. 어떤 투자가 가치 있는지를 판단하는 데 사용되며 흔히 DCF로 약칭된다.

| **positive/negative cash flow** 초과 수입/초과 지출 현금 흐름 | We expect a negative cashflow for the first few quarters and need additional funding. (from start-up pitch to investors) 처음 몇 분기 동안에는 현금 흐름에서 지출이 많을 것으로 예상되므로 추가적인 자금 지원이 필요합니다. (스타트업이 투자자들에게 보낸 짤막한 프레젠테이션에서) |

한 기업의 수입 income 과 지출 outgoings 사이에 불균형이 있는 경우, 그 현상은 cash flow으로 설명될 수 있다. positive cash flow는 기업 활동에서 유출된 현금보다 유입된 현금이 많은 경우이고 negative cash flow는 그 반대의 경우이다.

| **poor cash flow** | Reduced seasonal demand is likely to cause poor cashflow for the business. (extract from a financial report for a mid-sized retail business) |
| **열악한 현금 유동성** | 계절적 수요 감소로 인해 회사의 현금 흐름이 악화될 가능성이 높다. (한 중견 소매업체의 재무 보고서에서) |

기업의 수입이 안정적이지 못한 상황을 표현하는 방법은 많지만 가장 흔히 사용되는 표현 중 하나가 poor cash flow이다. 감정이 섞이지 않고 격식을 지킨 것처럼 들리는 표현이다.

> **1 in 6**
>
> 1 in 6 failed businesses cited cash flow problems as the main factor.
> (from a report on the status of small businesses)
> 실패한 기업 6개 중 1개 업체는 현금 유동성 문제를 주요 요인으로 꼽았다.
> (소기업의 현황에 대한 보고서에서)

free rider 무임승차자

free riding 무임승차은 정당한 몫을 지불하지 않거나 전혀 지불하지 않는 소비자가 공적으로 제공되는 재화와 서비스를 누리는 상황을 뜻하는 경제 개념이다. 따라서 free riding이 소비자에게는 멋지게 들릴 수 있지만 생산자는 적절한 보상을 받지 못하기 때문에 자유 시장의 수요·공급 법칙에는 중대한 문제를 야기한다. 따라서 재화가 남용되더라도 공급자는 높아진 수요를 충족시켜야겠다는 하등의 의욕 any incentive를 갖지 못한다. 소방 서비스 fire protection services를 예로 들어보자. 많은 사람의 집이 화재로 소실되더라도 소방관 firefighter들은 수요 증가 a surge in demand를 이유로 더 많은 임금을 받지 못한다. 따라서 금전적인 관점에서 보면, 소방관들이 소방 서비스를 확대할 이유가 없다. 따라서 소방 서비스는 수요가 많은 상태가 될 것 to become oversubscribed 이고, 잠재적으로 효율성도 떨어질 것이다. 지역 당국은 이런 시나리오를 염려하며 재원을 재분배하려고 하지만 공공재 public goods의 경우에는 자원 배분 allocation of resources이 비효율적이라는 문제가 계속 존재한다.

free rider problem **무임승차자 문제**	The free rider problem arises when individuals benefit from public goods like clean air or national defense without contributing their fair share through taxes. (economics textbook) 개인이 세금을 통해 정당한 몫을 기여하지 않고 깨끗한 공기나 국방과 같은 공공재의 혜택을 누릴 때 무임승차자 문제가 야기된다. (경제학 교과서)

the free rider problem은 경제학에서 정식으로 사용되는 개념이다.

free rider behavior 무임승차자 행동	Ever notice free rider behavior in group projects? Some slack off, while the others do the work. How do you deal with it? (Facebook message from fellow student) 그룹 과제에서 무임승차자가 어떻게 행동하는지 본 적이 있어? 게으름을 피우는 녀석들이 있는 반면에 자기 역할을 다하는 친구들도 있어. 이런 경우에 어떻게 해야 할까? (학우가 보낸 페이스북 메시지)

free rider라는 용어가 경제 원리와 무관하게 쓰이는 경우도 적지 않다. 이 경우에는 '누군가 다른 사람들의 작업으로부터 이익을 얻다'라는 뜻이다.

to be a free rider 무임승차자이다, 무임승차자가 되다	I was a free rider of open source software for years. (from coding blog post) 나는 오랫동안 오픈 소스 소프트웨어의 무임승차자였다. (코딩에 관련한 블로그에 게시된 글에서)

someone free rides보다 someone is a free rider라고 말하는 것이 훨씬 더 자연스럽다. 명사형이 동사 형태보다 더 선호되기 때문이며 동사 to be는 존재하는 상태 a state of being를 나타낼 때 사용된다.

28%
28% of people are free riders of national defense, but still believe we should reduce defense spending. (quote from politician's speech)
28퍼센트의 국민이 국방에 무임승차하고 있지만, 그럼에도 우리가 국방비를 줄여야 한다고 생각합니다. (정치인의 연설에서 인용)

gig economy 긱 경제, 임시직 선호 경제

gig economy라는 용어는 프리랜서를 비롯해 무소속 계약자 independent contractor로 일하는 사람들이 온라인 앱이나 온라인 플랫폼을 사용하여 유연하고 짧은 기간에 서비스를 제공하는 사회의 새로운 업무 방식을 가리킨다. gig economy는 이런 종류의 모든 직업을 아우르는 포괄적 개념 a blanket term 이다. 이런 일은 택시 기사, 음식 배달원, 교육자 등에서 흔하며 gig economy worker 긱 경제 노동자의 대표적인 예이다. gig economy에서는 노동자가 이리 저리 이동하며 원하는 만큼 일하고 전통적인 고용주로부터 완전히 통제를 받지 않기 때문에 gig economy 지지자들은 이런 식으로 일하는 노동의 탄력성 flexibility과 이동성 mobility을 강조한다. 반면에 비판자들은 이런 직업이 불안정한 경우가 많고 지나치게 경쟁적이어서 보수가 낮다는 것을 지적한다.

gig economy jobs
긱 경제 일자리

Explore gig economy jobs on our website. (from job website)
우리 웹사이트에서 긱 경제 일거리를 찾아보십시오. (일자리 웹사이트에서)

배송 delivery driving과 프리랜서로 일하는 창작 작업 creative work 같은 직업 자체를 가리킬 때 사용되는 표현이다.

gig economy platform
긱 경제 플랫폼

Here is a list of the 10 best gig economy platforms for your side hustle. (LinkedIn article)
부업거리를 찾는 데 도움을 줄 만한 긱 경제 플랫폼 10곳을 소개하면 아래와 같다. (링크드인에 게시된 글)

gig economy platform은 특정한 서비스를 제공할 사람을 찾는 개인이나 기업에 프리랜서나 시간제로 일하는 사람을 연결해 주는 온라인 서비스나 애플리케이션을 뜻한다.

gig economy workers 긱 경제 노동자, 근로자	Gig economy workers report overall satisfaction with their job flexibility, but bemoan a lack of traditional job benefits. (blog post on employment rights) 긱 경제 노동자들은 업무의 탄력성에 전반적으로 만족하지만, 전통적인 고용 혜택이 부족한 것을 한탄한다. (고용 권리에 관한 블로그에 게시된 글)

gig economy workers는 gig economy work 긱 경제 업무에 종사하는 모든 사람을 가리킬 수 있다.

gig economy debate 긱 경제 논쟁	The gig economy debate continues as policymakers grapple with balancing flexibility for workers and ensuring labor protections. (news article) 긱 경제에 대한 논쟁이 계속되며, 정책 입안자들이 노동자에게 업무 탄력성과 노동권을 동시에 보장하는 문제를 해결하려고 노력하고 있다. (뉴스 기사)

gig economy의 장점과 단점 merits and demerits에 대한 논쟁이 끊이지 않고, 이런 논쟁은 전체적으로 gig economy debate라 불린다.

1.4%

Studies suggest that 1.4% of workers work purely in the gig economy, but in reality this may be much higher. (job market analysis)

연구에 따르면 노동자의 1.4퍼센트가 순수히 긱 경제에서 일한다고 하지만, 실제로는 이보다 훨씬 더 많을 수 있다. (고용 시장 분석)

upmarket 고가의, 부자를 대상으로 한

upmarket은 형용사나 부사로 사용되며, 상대적으로 값비싸고 부유한 고객 wealthy consumer의 관심을 끌기 위해 기획된 상품이나 사업에 대해 언급할 때 쓰인다. upmarket은 market 시장에서 고가 부문 affluent sector에 속한 것을 아우르는 표현이기도 하다. 반의어는 downmarket으로, 상대적으로 값싸고 품질도 떨어지는 상품이나 서비스를 표현할 때 사용된다. 형용사로 쓰인 upmarket의 유사어 high-end 고급의 도 값비싸고 품질이 뛰어난 상품이나 서비스를 뜻한다.

to move/go upmarket 고급화하다	We were forced to go upmarket to compete with other restaurants in the area. (from an interview with a local restauranteur) 이 지역의 다른 식당들과 경쟁하려면 고급화하는 수밖에 없었습니다. (지역 요식업자의 인터뷰에서)

to move upmarket은 '더 많은 돈을 가진 고객의 마음을 사로잡기 위해 상품의 질을 개선하다'라는 뜻이다. 동사 to go와 to move는 이 맥락에서 동일한 의미로 쓰인다.

upmarket store 고급 상점	Any recommendations for an upmarket jewellery store? I need to find some good Christmas presents for my girlfriend. (from a Reddit post) 고급 장신구 매장으로 추천할 만한 곳이 있을까요? 여자 친구를 위해 좋은 크리스마스 선물을 찾아야 하거든요. (레딧에 게시된 글에서)

upmarket store는 값비싼 상품이나 서비스를 판매하며 부유한 고객의 마음을 끌어당기는 소매점이나 기업체를 가리킨다. upmarket resort고급 리조트, upmarket hotel고급 호텔, upmarket boutique고급 양품점 등에서 보듯이 다양한 사업체가 upmarket으로 불릴 수 있다.

upmarket product 고급 제품/상품	The trendy boutique sells a range of upmarket products if you have the budget for it. (from an online directory of a mall) 최신 유행품을 판매하는 부티크에서 다양한 고가 상품을 판매하고 있어, 돈만 준비하시면 됩니다. (한 쇼핑몰의 온라인 상품 목록에서)

upmarket product는 상대적으로 부유한 고객을 주로 겨냥한 고품질의 고가 상품을 가리킨다. 하지만 소매점에서 판매되는 상품product보다는 소매점이나 기업체 자체를 upmarket으로 언급하는 경우가 더 흔하다.

upmarket area 고급 지역, 부촌

If you decide to move to an upmarket area, be prepared for an increase in rent. (from a real estate website)
고급 지역으로 이사하기로 결정했다면 집세 인상도 각오해야 합니다. (부동산 웹사이트에서)

an upmarket area는 크고 작은 도시에서 부유한 사람들이 거주하거나 고가의 물건을 취급하는 상점들이 있는 지역을 가리킨다. 관광 tourism 이나 부동산 real estate 업계에서 주로 사용되는 표현이며 an upmarket neighborhood라고도 한다.

£283,000

The value of properties in London's most upmarket areas have fallen by an average of £283,000. (from a financial newspaper)
런던에서 가장 고급스러운 지역의 부동산 가격이 평균 28만 3,000파운드 하락했다. (한 경제 신문에서)

cash cow 고수익 상품, 효자 상품

a cash cow는 기업의 소유자에게 상당한 기간 동안 고수익을 꾸준히 창출해 주는 상품이나 일거리를 가리키는 일상적 표현이다. 우유를 꾸준히 생산하면서도 유지하고 관리하는 비용이 거의 들지 않는 젖소 a dairy cow 를 빗댄 표현이기 때문에 cash cow로 불린다. 젖소로부터 우유를 얻어 수익을 내듯이, 어떤 상품으로부터 수익을

얻어낸다는 뜻이다. cash cow는 이렇게 은유적 의미로 쓰이는 데 그치지 않고 사업 분석 방법에서 시장 점유율은 높고 시장 성장률은 낮은 자산을 표현하는 데도 사용된다.

cash cow product 효자 상품, 고수익 상품	Our line of shoes are definitely becoming a cash cow product; they've been very profitable this month. (from an employee Teams meeting) 우리가 생산하는 모든 종류의 신발이 확실한 돈벌이 상품이 되고 있습니다. 이번 달에 수익성이 무척 높았습니다. (직원 Teams 회의에서)

a cash cow product는 간단히 a cash cow라고도 부르며, 비용을 모두 정산한 뒤에도 회사에 수익을 꾸준히 안겨주는 상품을 가리킨다. a cash cow product는 회사가 판매하는 주된 상품일 수도 있고, 여러 상품 중 특히 수익성이 좋은 상품일 수도 있다.

cash cow business 캐시 카우 사업	Investing in a cash cow business is a low-risk way to guarantee consistent returns on your investment. (from a financial blog) 캐시 카우 사업에 투자하는 것이 위험을 낮추고 투자에 대한 수익을 꾸준히 보장받는 방법이다. (금융에 관련한 블로그에서)

a cash cow business 혹은 cash cow company는 전반적인 구조가 확고히 확립되어 well established, 관련 시장의 성장 속도가 느리기 때문에 관리하는 데 큰 비용이 들지 않지만 꾸준한 수익을 창출해 주는 사업을 가리킨다. cash cow company는 관련된 시장에서 큰 비중을 차지하는 경우가 많다.

$1,987,600
The company's biggest cash cow brought in profits of $1,987,600 last year. (from an analysis of a business)
그 회사에서 가장 큰 캐시 카우가 작년에 198만 7,600달러의 수익을 올렸다. (한 기업체의 분석에서)

tip 팁

tip은 일반적으로 식당에서 server봉사원에게 직접 건네는 돈을 뜻하는 영어 단어로, 미국과 유럽 국가에서는 일반적인 관행이다. tip은 간혹 a gratuity로 불리지만 tip이 더 흔히 사용되고 격식에서도 벗어난 단어이다. tip을 가리키는 또 하나의 공식적인 용어로는 service charge봉사료가 있다. tip이란 단어가 가장 흔히 사용되는 반면에 gratuity와 service charge는 주로 문자 형태로, 특히 financial receipt영수증나 bill청구서, 혹은 check계산서에 사용된다.

to tip (someone) 누군가에게 팁을 주다	Did you tip the waitress? (discussion between couple after leaving a restaurant) 웨이트리스에게 팁을 주었어요? (식당에서 나온 뒤에 부부 간의 대화)

tip은 명사나 동사로 사용된다. 동사로 사용될 때 tip의 뒤에 거의 언제나 목적어가 쓰이며, tip을 받는 사람who is being tipped을 명확히 나타낸다.

| **to leave a tip**
팁을 남기다 | If you liked our service, don't forget to leave a tip! (sign in a store window)
저희 서비스가 마음에 드셨다면 잊지 말고 팁을 남겨 주십시오! (상점의 창문에 붙은 쪽지) |

leaving a tip은 server봉사원에게 tip을 주는 행위를 표현하는 일반적인 방법이다. to leave a tip은 팁 박스a tip jar나 테이블에 tip을 놓아두는 행위, 즉 식당에 돈을 남겨두는 행위를 뜻하는 것처럼 들리지만, 실제로는 tip을 주는 과정을 표현하는 일반적인 관용구에 불과하다.

| **generous tip**
후한 팁 | Loved this restaurant—I left a generous tip. (restaurant Google review)
이 식당이 너무 마음에 들었다. 그래서 넉넉한 팁을 남겼다! (한 식당의 구글 리뷰) |

많은 팁large tip을 남기는 사람은 웨이터나 웨이트리스를 친절하게 대하는 사람이기 때문에 generous tip이라고도 한다.

| **tipping etiquette**
팁 문화, 팁 관례 | What is the tipping etiquette in this country? (post on travel blog)
이 나라에서 팁 문화가 어떻게 되나요? (여행 블로그에 게시된 글) |

etiquette은 rules규칙나 protocol의례을 뜻하는 고상한 단어a posh word이다. 따라서 tipping etiquette은 계산서에서 tip이 차지하는 비율, 또 테이크아웃 주문takeout order이나 카운터에서의 서비스 등과 같은 서비스에도 tip을 주어야 하느냐에 대해 암묵적으로 지켜지는 불문율unwritten rules이다.

**tip not included
팁이 포함되지 않음**

Tip not included in the above prices. We hope you enjoyed your food! (disclaimer notice on a check)
위의 가격에는 팁이 포함되어 있지 않습니다. 맛있게 드셨기를 바랍니다! (계산서에 쓰인 경고성 안내문)

식당의 계산서나 청구서에서 흔히 볼 수 있는 문구이다. 요즘 들어 계산서에 기계적으로 tip을 더하는 식당이 늘어나고 있지만, 그렇지 않은 식당에서는 앞으로도 이 문구가 사용될 것이다.

15-20%
In the US, it is customary to tip restaurant servers between 15-20% of the price, depending on the quality of service. (holiday guidebook)
미국에서는 서비스의 질에 따라 달라지지만 식당 봉사원에게 가격의 15-20퍼센트를 팁으로 주는 것이 관례이다. (휴일 안내서에서)

externality 외부 효과

경제적 맥락에서 an externality는 다른 사건의 결과로, 예컨대 어떤 재화나 서비스의 생산 또는 소비의 결과로 간접적으로 발생하는 사건을 뜻한다. 이런 재화나 서비스의 생산자나 소비자가 그 결과를 직접 경험하는 것은 아니고, 제3자 a third party 가 경험한다. 그 결과는 긍정적이거나 부정적일 수 있으며 개인, 조직이나 사회 전체에 영향을 미칠 수 있다. an externality의 예로는 재화를 제조할 때 화학 물질을 사용함으로써 간접적으로 발생하는 오염 pollution 이 있다. 이런 현상은 환경과 그 주변에 거주하는 사람들에게 부정적인 영향을 미치지만 제조업체와는 직접적인 관련이 없다.

positive/negative externality 긍정적인/부정적인 외부 효과	Investing in education can create positive externalities for wider society. (from a campaign for higher education) 교육에 대한 투자는 사회에 더 폭넓게 긍정적인 외부효과를 빚어낼 수 있습니다. (고등 교육을 위한 캠페인에서)

externalities는 어떻게 영향을 미치느냐에 따라 positive 혹은 negative로 수식될 수 있다. a positive externality는 간접적인 사건이 누군가에게 이익이 된다는 것을 뜻하고, a negative externality는 그 사건이 정반대의 결과를 낳는 경우를 가리킨다.

consumption externality 소비의 외부 효과	Pollution from driving one's car is a good example of a consumption externality. (from an economics textbook) 자동차 운전으로 인한 오염은 소비의 외부 효과를 보여주는 좋은 예이다. (경제학 교과서에서)

a consumption externality는 재화나 서비스가 소비될 때 야기되는 온갖 형태의 externality를 뜻한다. consumption externality는 두 유형의 externalities 중 하나로, 나머지 하나는 바로 아래에서 언급되는 production externality이다.

| **production externality** 생산의 외부 효과 | It is important to consider the potential production externalities caused by your factory. (from a safety manual) 공장에서 야기되는 생산의 잠재적 외부 효과를 고려하는 것도 중요하다. (안전 관리 지침서에서) |

a consumption externality와 달리 a production externality는 재화를 제조하는 경우처럼 무언가를 만들 때 간접적으로 야기되는 결과를 가리킨다.

> **4.5%**
> To help offset the negative externalities of car use, the government is increasing road tax by 4.5%. (from a national newspaper)
> 자동차 사용으로 인한 부정적인 외부 효과를 상쇄하기 위해 정부는 자동차세를 4.5퍼센트 인상할 예정이다. (전국 신문에서 발췌)

bottom line 최종 결산 결과

bottom line은 문자 그대로 전체적으로 이익인지 손실인지를 언급하는 재무 보고서 a financial report의 마지막 줄로, 한 기업의 순이익 net profits을 뜻한다. bottom line과 달리 top line은 재무 보고서의 첫 줄로, 해당 기업의 총수입 total revenue을 나타낼 뿐이다. bottom line은 무언가의 가장 중요하거나 가장 기본적인 측면이나 결과를 뜻하는 관용구로도 쓰인다. 특히 이 맥락에서 the bottom line is that...이라는 표현 뒤에는 논의되는 쟁점에서 중대한 요인 crucial factor 으로 채워진다.

| **to increase the bottom line** 수익을 늘리다 | We need to reduce expenses this month to increase our bottom line. (from an employer email)
 이번 달에는 수익을 늘리기 위해 비용을 줄여야 하겠습니다. (고용주가 보낸 이메일에서) |

'회사의 순이익을 늘리다'를 뜻하는 표현이다. 이 맥락에서는 to help, to improve, to benefit 같은 동사도 사용될 수 있다. 한편 to increase the top line는 '지출 outgoings 을 고려하지 않은 채 매출 등을 통해 총수입 total revenue 을 늘리다'라는 뜻이다.

| **to affect the bottom line** 수익에 영향을 주다 | I'm worried about how the increased cost of materials will affect the bottom line. (from a company Teams meeting)
 자잿값의 인상이 수익에 어떤 영향을 미칠지 걱정입니다. (회사의 Teams 회의에서) |

to affect the bottom line은 회사의 순이익에 영향을 주어 순이익이 증가하거나 줄어드는 현상을 뜻한다. 동사로 to affect 대신 to impact를 사용할 수도 있다.

| **to calculate the bottom line** 수익을 계산하다 | Here is an easy way to calculate the bottom line for your company. (from an accounting textbook)
 회사의 수익을 쉽게 계산하는 방법은 다음과 같다. (회계 교과서에서) |

Local Economy

한 기업의 bottom line을 알아내려면 총수입 total revenue에서 각종 비용 expenses을 빼는 방식으로 계산하면 calculate 된다. to calculate net profit라고 말해도 같은 뜻이다.

bottom line growth 수익 성장	Bottom line growth is a good indication of a company's performance. (from a business blog) 수익 성장은 회사의 성과를 보여주는 좋은 지표이다. (비즈니스와 관련된 블로그에서)

bottom line growth는 '회사의 순이익에서 증가가 있었다'라는 것을 뜻한다. bottom line growth는 top line growth와 구분되어야 하고 top line growth는 총수입의 증가를 뜻할 뿐이다.

triple bottom line 세 가지 핵심적인 기준	Using the triple bottom line approach can show that your company is committed to improving sustainability. (from a marketing presentation) 세 가지 핵심적인 기준에 맞추어 접근하면 여러분의 회사가 지속 가능성의 개선에 집중하고 있는지를 판단할 수 있습니다. (마케팅 프레젠테이션에서)

triple bottom line은 기업이 이익만이 아니라 사회와 환경에 미치는 영향에도 초점을 맞춰야 한다고 주장하는 비즈니스 개념이다. 요컨대 현대 기업이 우선 순위를 두어야 할 것은 이익 profit 이라는 one bottom line 하나의 기준이 아니라, Three Ps로 요약되고 triple bottom line을 구성하는 profit, people 사람, planet 지구라는 세 가지 기준이다.

11.3%

This month we've seen an 11.3% increase in our bottom line. (from a company's financial summary)

이번 달에는 순이익이 11.3퍼센트 증가했다. (한 기업의 재무 개요에서)

gentrification 젠트리피케이션

gentrification은 일반적으로 도시 지역의 부유한 사람들이 가난한 지역에 집을 지음 taking up residence 으로써 가난한 지역이 부유하게 되는 과정을 뜻하는 영어 단어이다. gentrification의 결과로 그 지역에 가처분 자금 disposable cash 이 더 많아지고 사람들이 건물을 개조 renovation 하고 새로운 사업을 시작하면서 부동산 가치가 상승한다. 그러나 기존의 가난한 주민들은 높아진 주거비 housing costs 와 생활비 costs of living 를 감당할 수 없어 쫓겨나는 경우가 다반사이기 때문에 gentrification은 논란이 많은 현상 controversial occurrence 으로도 다루어진다. 이 현상을 표현하는 동사는 to gentrify 고급화하다 이다.

| **to undergo gentrification** 젠트리피케이션을 겪다 | Many neighborhoods in the region have undergone gentrification, which means house prices have greatly increased. (from a finance magazine) 이 지역의 많은 이웃이 얼마 전부터 젠트리피케이션을 겪고 있다. 다시 말해 집값이 크게 상승했다는 뜻이다. (금융 관련 잡지에서) |

어떤 지역에 gentrification이 야기되면 일반적으로 동사 to undergo와 함께 사용된다. 문제의 지역이 to do the undergoing한다는 뜻이다. 같은 뜻으로 to be gentrified가 쓰일 수 있다.

to gentrify (something) 무언가를 고급화하다	We want to stop people from gentrifying our home! (from an online appeal) 사람들이 우리 고향을 젠트리피케이션화하는 걸 막고 싶습니다! (온라인 호소문에서)

to gentrify는 gentrification이란 행위를 뜻하는 동사이다. 이 동사는 주로 수동태로 사용된다. 예컨대 어떤 지역이 주어로 사용되며 to be gentrified라는 식으로 주로 표현된다.

rapid gentrification 급속한 젠트리피케이션	The rapid gentrification of this area has led to an influx of new businesses. (from a real estate website) 이 지역이 급속히 젠트리피케이션화되며 새로운 사업체들이 유입되었다. (부동산 회사의 웹사이트에서)

gentrification은 관련된 과정이 대체로 빨리 진행되기 fast-paced 때문에 같은 뜻을 지닌 형용사 rapid와 함께 사용되는 경우가 많다. rapid gentrification라는 표현에는 어떤 지역이 단기간에 광범위한 변화를 겪는다는 뜻이 함축되어 있다.

super-gentrification 슈퍼 젠트리피케이션, 고급화된 도심 지역이 최고급으로 개발되는 현상	Super-gentrification is leading to an even greater development of urban areas. (from an article on city development) 슈퍼 젠트리피케이션은 도시 지역의 대대적인 발전으로 이어지고 있다. (도시 개발에 대한 기사에서)

gentrification 과정을 이미 겪은 지역에 고소득층이 새롭게 유입되며 토착 주민들만이 아니라 이전의 gentrification을 일으킨 사람들까지 대체하는 현상을 가리킨다.

signs of gentrification 젠트리피케이션의 징후	Keeping an eye on the property market? Here are some common signs of gentrification in your area. (from a Buzzfeed article) 부동산 시장을 주시하고 있는가? 주변 지역에서 흔히 나타나는 젠트리피케이션의 공통적인 징후를 정리하면 다음과 같다. (버즈피드에 게시된 글에서)

gentrification은 즉각적으로 일어나는 변화가 아니기 때문에 많은 전문가가 signs of gentrification을 언급하며, 해당 지역에서 gentrification 과정이 일어나고 있다고 주장한다. signs of gentrification은 해당 지역의 비용 상승 가능성을 주민들에게 경고하려고 언론이나 뉴스에서 주로 사용하는 표현이다.

> **62%**
> Researchers have found that gentrification leads to an increase in unemployment in previous residents by 62%. (from a report on employment trends)
> 연구자들이 찾아낸 결론에 따르면 젠트리피케이션으로 인해 이전 거주자의 실업률이 62퍼센트나 증가했다. (고용 추세에 대한 보고서에서)

zoning 용도 지역제

zoning은 도시와 같은 특정 지역을 여러 **zone** 구역, 지구으로 분할하는 행위를 가리킨다. 그렇게 분할된 **zone**들은 주거용 residential, 상업용 commercial, 공장용 industrial purposes 등 다양한 용도에 할당된다. **zoning**은 일반적으로 정부에 의해 결정되고, 구역마다 특정한 건물의 건설을 금지하는 법률이나 규제가 수반된다. 그런 제약 restriction 이나 규제 regulation 는 집값에 영향을 미칠 수 있다.

zoning district 용도 지구	Whether or not you can develop a store there will depend on the type of zoning district it is situated in. (email from a lawyer) 상점을 차릴 수 있는지 여부는 그 상점이 위치하는 용도 지구의 유형에 따라 달라집니다. (변호사가 보낸 이메일)

간단히 a zone으로도 쓰일 수 있다. 한 도시 내에서 건축될 수 있는 건물의 유형과 용도에 관련해 특정 법규가 적용되는 지역을 가리킨다.

| **zoning regulation**
용도 지역 규제 | I'm worried that the height of the building will violate zoning regulations. (conversation between town planners)
건물 높이가 용도 지역 규제를 위반할까 봐 걱정입니다. (도시계획 설계자들 간의 대화) |

zoning regulation은 해당 zoning district 용도 지구에 어떤 건축물이 지어질 수 있고, 어떤 용도로 사용할 수 있는지를 규정하는 구체적인 법규를 가리킨다.

| **residential zoning**
주거용 용도 지역 | Housing shortages have led to increased pressure on the government to review residential zoning. (national newspaper)
주택 부족으로 인해 정부가 주거용 용도 지역을 검토해야 한다는 압력이 커지고 있다. (전국 신문) |

residential zoning은 토지 property가 주거 목적으로 어떻게 사용될 수 있는가를 규정한다. 예컨대 주택 유형과 건물의 크기를 규정하고, 주거 지역의 토지를 상업용으로 사용하는 것을 금지한다. 물론 해당 지역 내의 토지나 부동산을 상업용이나 공장용으로 사용할 수 있다고 지정되는 commercial zoning과 industrial zoning도 있다.

| **inclusionary/ exclusionary zoning**
포용적/ 배제적 용도 지역제 | Supporters of inclusionary zoning argue that it will lead to a reduction in poverty. (from an article on urban geography)
포용적 용도 지역제를 지지하는 사람들은 그 제도가 빈곤의 감소로 이어질 것이라고 주장한다. (도시 지리학에 관련한 기사에서) |

inclusionary zoning은 inclusionary housing이라고도 하며, 주택 개발 지역에서 새롭게 건설되는 주택 중 일정한 비율을 저소득층도 구입할 수 있도록 보장해 주는 관행적 수단 practice을 가리킨다. 반대되는 개념으로는 특정 지역에서 저가의 주택을 배제하는 exclusionary zoning이 있다.

upzoning
용도 상향

> Upzoning may be a solution to the housing crisis. (from a political podcast)
> 용도 상향은 주택 위기를 해결할 수 있는 방책일 수 있습니다. (정치 팟캐스트에서)

upzoning은 주거용 건물을 더 높고 더 조밀하게 건설함으로써 그 지역에 들어서는 주택량 및 수용 인원까지 늘릴 수 있도록 zoning laws 토지 이용 규제법를 변경하는 관행을 가리킨다. 반대되는 개념으로는 해당 지역의 주택 용적률을 낮추는 관행을 가리키는 downzoning 용도 하향이 있다.

160,000

> The mayor aims to change zoning regulations so that 160,000 new homes can be built in the next 5 years. (from a local news report)
> 시장은 향후 5년 동안 16만 채의 주택을 새로 지을 수 있도록 토지 제한 규정을 변경하려 한다. (지역 뉴스 보도에서)

cooperative 협동조합

cooperative은 co와 operative 사이에 하이픈이 있는 것처럼 발음되고, 때로는 그렇게 철자로 표기된다(co-operative). cooperative는 공동의 이익을 위해 구성원들이 소유하고 통제하는 조직의 일종이다. 조합원 중심의 독특한 소유 구조 ownership structure와, 영리를 추구하지 않고 노동자에게 혜택을 주는 것을 전반적인 목적으로 한다는 점에서 민간 기업 private company 이나 공기업 public company과 다르다. 따라서 cooperative는 대규모 투자자가 없고, 주로 공동체를 중심으로 소규모로 이루어진다. 때로는 co-ops라는 단축형으로 표기되며 그 대표적인 유형을 소개하면 아래와 같다.

| consumer cooperative 소비자 협동조합 | Local grocery store becomes a consumer cooperative. (local newspaper headline) 동네 식료품점이 소비자 협동조합이 되다. (지역 신문의 머리기사) |

consumer cooperative는 cooperative의 주요 유형 중 하나로, 소비자 consumer들이 소유한 사업체이다. 기본적인 개념은 소비자들이 각각 해당 사업체의 지분을 조금씩 매입하고 그 사업체를 관리하는 책임을 나눠 갖는 동시에 판매하는 상품들의 구입비를 지불하는 것이다. 비논리적으로 보일 수 있지만, 소비자들이 소유하고 관리하면 소비자의 요구를 더 잘 반영하는 사업체를 만들 수 있을 것이란 의도에서 설립된다. 가장 일반적인 형태의 consumer cooperative는 동네의 작은 식료품점이다.

worker cooperative 노동자 협동조합	Software engineers are increasingly joining worker cooperatives. (from GitHub article on the tech sector) 소프트웨어 개발자들이 점점 더 많이 노동자 협동조합에 가입하고 있다. (테크놀로지 분야에 대한 깃허브의 기사에서)

worker cooperative는 노동자들이 소유해서 운영하는 협동조합의 일종이다. 산업혁명 직전에 탄생한 worker cooperative는 노동자들이 수시로 착취를 당하고 개인 자본이 거의 없던 시절부터 노동하는 인력에게 힘을 되돌려주려고 노력했다. worker cooperative에 가입한 노동자들이 각자 일정한 몫의 소유권을 지니기 때문에 경제적 보상을 임금에만 의존하지 않고 수익과 배당금을 획득할 수 있다.

housing cooperative 주택 협동조합	This research explores the early developmental stages of co-operative housing in California. (from government social research report) 이 연구는 캘리포니아에서 주택 협동조합이 설립된 초기 단계를 연구한 것이다. (정부의 사회 연구 보고서에서)

a housing cooperative는 여러 사람이 cooperative 협동조합 란 이름으로 부동산이나 토지를 구입하려고 돈을 갹출 club together 하는 제도를 가리킨다. 시장에서 형성된 임대료를 벗어나, 다시 말하면 원가로 at cost 주택을 구입할 수 있는 방법이다. 하지만 housing cooperative의 조합원들은 부동산을 소유하지 않고, 자신이 거주하는 부동산의 가치에 비례하는 협동조합의 지분 share in that cooperative 을 소유할 뿐이다. 이런 유형의 cooperative은 흔하지 않지만, 임대료 rent 나 대출금

mortgage이 특히 높은 대도시에서 가끔 설립되고, 일부 지역에서는 학생 집단에게 인기를 얻고 있다.

cooperative bank **신용 협동조합**	Invest in your future: join our cooperative bank. (X post by a cooperative bank) 미래에 투자하십시오. 저희 신용 협동조합에 가입하십시오. (한 신용 협동조합이 X에 올린 게시물)

cooperative bank는 실질적으로 consumer cooperative 소비자 협동조합의 한 유형이지만, 금융에 특화된다는 점에서 다르다. 때로는 a credit union 신용 조합이라고도 불린다. 소비자 consumer가 조합의 운영 방식에 대해 투표를 할 수 있고, 소유권도 지닐 수 있다. 일반적으로 cooperative bank는 일반 은행보다 더 유리한 이자율을 제공한다. 한편 cooperative bank가 주식 시장에서 공개적으로 거래되면 외부인이 지분을 확보해서 주인이 될 수 있어, 이런 경우에는 semi-cooperative 준협동조합가 된다.

cooperative insurance **협동조합 보험**	Cooperative insurance policyholders contribute to a pool of funds that covers losses and claims. (from a personal finance blog) 협동조합에서 운영하는 보험에 가입한 사람들은 손실과 보험금을 보상하는 공동 기금에 기여한 것이 된다. (개인 금융에 관련한 블로그에서)

cooperative insurance는 cooperative bank와 무척 유사하지만, 대출을 해 주는 역할보다 보험금 청구를 요구받은 경우에 돈을 지급하는 기능을 한다는 점에서 다르다. 기금은 공동으로 형성되고, 이렇게 형성된 기금으로 보험 사고를 당한 조합원에게 손실과 보험금을 지급한다.

> **700**
> As of 2023, there are around 700 worker cooperatives in South Korea. (from policy study)
> 2023년 현재 한국에는 약 700개의 노동자 협동조합이 있다. (정책 연구 자료에서)

non-profit 비영리 단체

a nonprofit는 non profit 혹은 non-profit로도 표기되며, 영리를 목적으로 하지 않고, 공익 a public cause 을 증진하는 데 목표를 둔 자선 단체 a charitable organization 이다. non-profit가 창출해낸 모든 수익은 공익적 목표에 투입되고, 소유자나 구성원에게 전혀 배분되지 않는다. 이런 점에서 영리 기업 a for-profit company 과 확연히 다르다. a non-profit는 a not-for-profit organization과 다르다. a not-for-profit organization도 수익 창출을 위해 운영되는 것은 아니지만 순전히 자선을 목적으로 운영되지 않고, 기존 구성원들에게 혜택을 주기 위해 존재한다는 점에서 a nonprofit와 다르다. non-profit의 대표적인 예가 자선 단체라면 not-for-profit의 대표적인 예로는 스포츠 클럽 등과 같은 동호회가 있다.

nonprofit organization
비영리 단체

Many nonprofit organizations can benefit from tax exemptions. (from a government website)
많은 비영리 단체가 세금 공제 혜택을 받을 수 있습니다. (정부 웹사이트에서)

nonprofit organization은 간단히 a nonprofit라고도 쓰이고, 약어로 NPO로 표기되기도 한다.

| **nonprofit sector**
비영리 부문, 분야 | I'd like to work in the nonprofit sector when I finish school. (from a school careers essay)
학교를 졸업하면 비영리 분야에서 일하고 싶다. (학교를 졸업한 뒤의 진로에 관련한 글에서) |

voluntary sector_{자원 봉사 분야} 혹은 third sector_{제3 부문}라고도 하며, 영리 목적이 아니라 자선 행위에 중점을 둔 조직들로 이루어진 부문을 가리킨다. 이런 점에서 소유자들을 위한 이익 창출에 주된 목적을 둔 private sector_{민간 부문}에 속한 조직들과 비교될 수 있다.

| **nonprofit mission statement**
비영리 단체의 사명 선언문 | Your nonprofit mission statement serves to represent your charity to the outside world; here are some examples to help you get started. (from a charity blog)
비영리 단체 사명 선언문은 외부 세계에 해당 자선 단체를 알리는 데 도움이 됩니다. 시작하는 데 도움을 줄 만한 몇 가지 예를 소개하면 다음과 같습니다. (한 자선 단체의 블로그에서) |

a nonprofit purpose statement_{비영리 단체의 목표 선언문}라고도 하며, 자선 단체가 이해 당사자_{stakeholder}들에게 주된 목표를 명확히 제시하는 동시에 (그들이 달성하려는) 궁극적인 목표에 직원들이 집중하도록 유도하기 위해 사용된 것이다.

non-profit-making
비영리

We are a non-profit-making company with the aim of raising money for schools. (from a charity's mission statement)
우리는 학교들을 위해 기금을 모금할 목적으로 설립된 비영리 단체이다. (한 자선 단체의 사명 선언문에서)

영리를 목적으로 존재하는 것이 아닌 조직을 가리키는 또 다른 표현으로, non-profit와 같은 개념이다.

1.75 million

It is calculated that there are around 1.75 million nonprofit organizations in the United States. (from a statistics website)
미국에는 약 175만 개의 비영리 단체가 있는 것으로 추산된다. (통계 웹사이트에서)

City

- Financial Metrics and Analysis
- Business Operations and Strategies
- Financial Services and Transactions

Financial Metrics and Analysis

revenue 총수입, 수익(收益), 세입

revenue는 한 기업이 주된 사업의 일환으로 재화나 서비스를 판매함으로써 거두어들인 수입의 총액 total amount of income 이다. revenue는 gross sales 총매출액, 혹은 재무제표 financial statement 의 상단에 표기되기 때문에 top line이라 부르기도 한다. revenue는 비용이나 기업의 효율성을 고려하지 않고, 비용이 차감되기 전의 총수입만을 나타내기 때문에 net income 순소득 이나 net profit 순이익 와는 다르다.

to generate revenue 수익을 창출하다	Here are some great tips to help your company generate revenue and beat the competition. (business blog) 당신 회사가 수익을 창출하고 경쟁에서 이길 수 있는 데 도움을 줄 만한 몇 가지 유용한 비결을 소개하면 다음과 같다. (사업과 관련된 블로그)

to generate revenue는 '재화나 서비스를 판매하거나 투자로 수익을 얻는 등 소득을 만들어내는 행위 action to create income를 하다'를 뜻한다. to produce revenue라고도 말할 수 있지만 일상적 표현으로는 덜 쓰인다.

to collect revenue 돈을 수금하다, 세금을 징수하다	Collecting revenue can be challenging for companies when customers don't pay on time. (article on business finance strategies) 고객이 제때 대금을 지불하지 않을 때 돈을 수금하는 것이 회사의 입장에서는 성가신 작업일 수 있다. (기업의 재무 전략에 대한 기사에서)

'회사가 고객 등으로부터 받아야 할 돈을 수금하다'를 뜻하는 표현이다. 정부의 입장에서 to collect revenue는 시민이나 다른 정부 기관들로부터 받아야 할 세금이나 벌금 fine 같은 돈을 징수하는 것을 의미한다.

revenue from (something) 무언가로부터 얻는 매출, 수입	As we generate most of our revenue from monthly subscriptions, I think we need to offer the customers something to keep them interested. (from a marketing meeting) 대부분의 수익이 월 구독료로부터 발생하기 때문에 고객에게 계속 관심을 갖도록 유도하는 무언가를 제공해야 한다고 생각합니다. (마케팅 회의에서)

from은 revenue의 뒤에 쓰여 수입의 출처 source of the income 를 나타내는 전치사이다. 이 맥락에 전치사 with나 by를 쓰는 것은 잘못된 것이다.

annual revenue 연매출	Our annual revenue has increased this year thanks to the launch of our new product. (email to employees) 신제품을 출시한 덕분에 올해 연매출이 증가했습니다. (직원들에게 보낸 이메일)

monthly, quarterly 등 다양한 시간 형용사를 사용해 특정 기간 동안의 매출액 amount of revenue 을 나타낼 수 있다.

public revenue 국고 세입	Generating public revenue is a crucial task for a government to keep all of its operations running smoothly. (YouTube channel on economics) 국고 세입의 창출은 정부가 모든 업무를 원활하게 운영하기 위해 무척 중요한 과제입니다. (경제학에 대한 유튜브 채널)

public revenue는 정부가 비용을 충당하기 위해 세금과 교부금 및 정부 소유의 사업체를 통해 돈을 모으는 방법들을 가리킨다. government revenue, national revenue라고도 한다.

> **$82.4 billion**
> Our annual revenue totalled $82.4 billion, a substantial increase from last year. (company report)
> 우리 회사의 연매출은 824억 달러로, 작년보다 크게 증가했다. (회사의 보고서)

cost 비용, 희생, 값

가장 기본적인 의미에서 a cost는 무언가의 대가로 잃어버린 것을 가리킨다. 일반적으로 영어에서 cost는 상품과 서비스의 가격을 의미하지만, 전쟁 사상자 wartime casualties가 the cost of war 전쟁 비용으로 표현되듯이 다소 추상적인 손실 abstract loss도 cost로 표현되는 경우가 있다. cost는 명사로만 아니라 동사로도 사용될 수 있다. 동사로 사용되는 경우, cost는 두 가지 의미로 쓰인다. 하나는 상품 및 서비스과 관련된 것으로, 무언가의 대가로 얼마의 돈이 필요한지를 표현하는 데 사용된다(The book costs $10, 그 책을 구입하는 데 10달러가 들었다). 다른 하나는 a person can cost something 무언가의 원가를 산출하다에서 사용된 뜻이다. 그렇다고 그 무언가에 가격이 있다는 뜻은 아니다. 무언가의 원가를 평가하는 행위 the act of evaluating the costs of things는 재무 계획, 예산 수립, 가격 전략 a pricing strategy 수립 등과 같은 행위로 다시 설명될 수 있다.

total cost
총비용

The total cost of making the video game was about $200 million. (from YouTube interview with head game designer)
이 비디오 게임을 제작하는 데 들어간 총비용은 약 2억 달러였습니다. (게임 수석 디자이너의 유튜브 인터뷰에서)

total cost는 특정한 계산이나 상황에 투입된 모든 부분을 전체적으로 포함한 비용을 뜻한다. total cost는 스프레드시트 spreadsheet나 재무 계산서 financial calculation에서 흔히 볼 수 있으며, 외주 하청 비용 sub-costs, subcontractor costs과 더 작은 규모의 계산이 존재한다는 것이 함축된 표현이다.

to cut cost
비용을 절감하다

> We need to cut costs and implement fuel efficient technologies. (email between airline executives)
>
> 비용을 절감하고, 연료 효율적인 테크놀로지를 도입할 필요가 있습니다. (항공사 경영진 간의 이메일)

'비용을 낮추다' to make costs lower 라는 뜻이다. 이 표현에서 to cut 대신 to reduce를 사용할 수 있지만, 더 자연스런 동사는 to cut이다. to cut cost는 제약 restriction 과 후퇴 pulling back 라는 뜻을 떠올려주는 표현이며, 수익성을 유지하기 위해 불필요한 지출을 없애려는 기업들에서 가장 흔히 사용되는 표현이기도 하다.

cost effective
비용 효율적인

> Many start-ups now embrace remote working as it is so cost effective. (LinkedIn article about start-ups and entrepreneurship)
>
> 지금 많은 스타트업이 원격 근무를 도입하고 있다. 원격 근무가 무척 비용 효율적이기 때문이다. (스타트업과 기업가 정신에 대해 링크드인에 게시된 글)

비용 효율적인 것 something cost effective 은 그것을 얻기 위해 지출한 비용에 비해 품질이 좋은 것을 주는 것이다. 달리 말하면, 교환 과정에서 비용으로 상실한 것 what is lost in cost 이 가치와 효율성과 유효성에서 얻은 것에 비해 적다는 뜻이다. 기업들은 자산을 투입해 최대한 많은 가치와 수익을 얻는 데 몰두하기 때문에 cost effectiveness에 대해 자주 언급할 수밖에 없다.

opportunity cost 기회 비용	You have to consider the opportunity cost of freelance work over regular, salaried work. (from career advice website) 봉급을 받는 정규직 업무를 기준으로 프리랜서 업무의 기회 비용을 계산해야 한다. (직업에 관련해 조언하는 웹사이트에서)

opportunity cost는 경제학 개념으로, 어떤 결정을 내릴 때 포기해야 하는 차선책 next best alternative 의 가치를 뜻한다. 다시 말해, opportunity cost는 특정한 것을 선택함으로써 포기하는 것이 된다.

at no extra cost 추가 비용 없이	We offer breakfast at no extra cost. (hotel advert) 추가 비용 없이 조식을 제공합니다. (호텔 광고)

추가 비용 없이 without any additional expense, 더 이상의 경비를 청구하지 않고 without any additional cost 무언가를 제공할 때 사용되는 표현이다.

cost-benefit analysis 비용 편익 분석	Before investing in solar panels, homeowners often conduct a cost-benefit analysis to evaluate long-term savings and environmental impact. (consumer renewable energy leaflet) 태양광 판에 투자하기 전에 주택 소유자는 장기적인 비용 절감과 환경 영향을 평가해 비용 편익 분석을 실시하는 경우가 많다. (소비자를 위한 재생 에너지 전단)

cost-benefit analysis는 예상되는 이익과 관련 비용을 비교해 어떤 결정의 장단점 pros and cons 을 평가하는 사고법의 일종이다. cost-benefit analysis는 잠재적 이익이 비용보다 큰지 판단하는 데 도움이 되며 재무와 사업에 관련한 결정에서 흔히 사용된다. 재무적이고 사업적인 분야에서는 모든 것이 비용 costs과 편익 benefits으로 환산되기 때문이다.

> **37.5%**
> Our efficiency measures have resulted in a reduction of energy costs by 37.5%. (from energy consultant's cost saving report to a business)
> 우리는 효율화 조치로 에너지 비용을 37.5퍼센트나 줄일 수 있었습니다.
> (에너지 자문역이 한 기업에게 보낸 비용 절감 보고서에서)

profit 이익, 수익

profit는 상품이나 서비스를 판매해 획득한 돈에서 그 상품을 생산하고 유통하는 데 소요된 비용을 차감한 뒤 남은 돈을 가리킨다. profit는 단수와 복수로 사용할 수 있으며, 동사로도 사용되어 '무언가가 금전적으로나 그 밖의 면에서 이익이다' something is of benefit라는 뜻을 전달할 수 있다. 기업이 벌어들이는 실제 금액을 의미하는 수입 income과는 달리, profit의 계산에는 생산비 cost of production만 아니라 모든 비용이 고려된다.

| **to profit from (something)**
무언가로부터 이익을 얻다 | Many companies have profited from a recent fall in interest rates. (business commentary)
많은 기업이 최근의 금리 하락으로 이익을 얻었다. (비즈니스 논평) |

동사로 사용된 to profit는 '무언가로부터 수익을 얻다, 돈을 벌다' to make money from something 라는 뜻이다. 그러나 반드시 재무적 맥락에서만 쓰이는 것이 아니고, 일반적으로 '무언가로부터 이익을 얻다' to benefit from something 라는 뜻으로도 사용된다. from은 동사 to profit와 가장 흔히 사용되는 전치사이지만, something profits someone 무언가가 누군가에게 도움이 되다 이라고 말하는 것도 올바른 표현이다. 여기에서 to profit는 to benefit과 같은 뜻이다.

| **to make a profit on (something)**
...으로 이익을 얻다 | After selling all our merchandise, it looks like we made a profit on the t-shirts, but not on the bags. (a band's Facebook Messenger group chat)
우리 물건들을 팔고 나서 계산해 보니까, 티셔츠로는 이익을 남겼지만 가방에서는 이익을 남기지 못한 못한 것 같아. (페이스북 메신저의 단체 채팅방에서) |

개인이나 회사가 무언가를 만들거나 구입한 비용보다 더 많은 금액에 판매하여 돈을 남겼다는 것을 뜻하는 표현이다. to make는 profit와 흔히 함께 사용되는 동사이지만, to earn a profit, to generate profits라고 말해도 괜찮다. 전치사 on은 수입 income 을 창출한 상품을 구체적으로 언급할 때 사용된다.

| **to turn a profit**
이익을 내다 | My business needs to turn a profit this month, otherwise I won't be able to pay rent. (WhatsApp message between friends)
이번 달에는 장사에서 이익을 내야 해. 그렇지 않으면 집세도 낼 수 없을 거야. (왓츠앱에서 친구들 사이에 주고받은 메시지) |

to make a profit와 같은 뜻이지만 더 관용적인 표현이다. to turn a profit에는 적자에서 흑자로의 급격한 변화를 바란다는 뜻이 은근히 담겨 있다.

| **to sell (something) at/for a profit**
이익을 보고 무언가를 판매하다 | I managed to sell my old car for a profit with the help of this website, now I can afford a better one. (testimonial from an online advert)
이 웹사이트의 도움을 받아, 제 낡은 차를 괜찮은 가격에 팔았습니다. 덕분에 이제 더 나은 자동차를 구입할 여유가 생겼습니다. (온라인 광고에 올라온 추천의 글) |

개인이나 회사가 어떤 상품이나 서비스를 생산하거나 획득하는 데 들인 비용보다 더 많은 돈을 받고 판매했다는 것을 뜻하는 표현이다. 이 경우에는 전치사 at과 for 중 어느 것을 사용해도 괜찮다.

| **annual profit**
연간 수익 | If their annual profits are that substantial, why don't they pay their employees more money? (X post)
연간 수익이 그렇게 많다면 왜 직원들에게 더 많은 돈을 지급하지 않는가? (X에 게시된 글) |

annual profit는 개인이나 회사가 1년 동안 벌어들인 총액에서 모든 비용을 공제한 금액을 가리킨다. monthly, weekly, quarterly 등과 같은 시간 형용사가 profit와 함께 사용될 수 있다.

gross profit
총이익

Our gross profits aren't that significant once we subtract all our expenses, how do we make more money? (financial advice column)
모든 비용을 빼고 남은 총이익이 그다지 크지 않다면 어떻게 하면 더 많은 돈을 벌 수 있을까? (재무에 대해 조언하는 칼럼)

gross profit는 상품이나 서비스를 판매하여 얻은 총수입에서 그 상품 등을 생산하는 데 소요된 비용을 차감한 뒤에 남는 차액을 가리킨다. 운영비 operational costs 와 세금 등 추가 비용까지 차감한 뒤의 net income 순수익 과는 다르다.

1 in 5

It is estimated that 1 in 5 businesses will fail to make a profit this year as suppliers raise prices. (national newspaper)
공급업체들이 가격을 인상해서 올해에는 기업 5개 중 1개는 이익을 내지 못할 것으로 추정된다. (전국 신문에서)

margin 매매 차익금, 마진

금융 부문에서 margin은 상품이나 서비스가 판매되는 가격과 해당 제품이나 서비스를 생산하거나 유통하는 데 드는 비용 간의 차이를 가리킨다. margin은 백분율 형태로 표현된다는 점에서 profit와 다르다. 기업의 수입과 비용을 어떻게 규정해서 계산하느냐에 따라 다양한 유형의 margin이 존재한다.

margin on (something) 무언가의 마진	The margin on drinks at a bar can be up to 80%; I'd recommend drinking at home to save money. (money-saving article) 술집에서 주류의 마진은 최대 80퍼센트에 달할 수 있다. 돈을 아끼려면 집에서 마시는 것이 좋다. (돈을 절약하는 방법을 소개하는 기사)

전치사 on 뒤에는 margin이 붙는 상품이나 서비스가 쓰인다. margin 앞에는 구체적인 백분율이 쓰일 수 있다(예: an 80% margin on drinks, 80퍼센트의 주류 마진).

profit margin 이익률	We can increase our profit margins by switching to a cheaper supplier. (email from an accountant) 더 싸게 공급하는 업체로 바꾸면 이익률이 높아질 수 있습니다. (회계사가 보낸 이메일)

net profit margin 순이익률이라고도 하며, 모든 수입과 모든 지출을 고려할 때 순수익 net income이 총매출의 몇 퍼센트에 해당하는지를 백분율로 보여주는 지표이다. profit margin은 기업의 재정적 성공 여부를 평가하는 데도 사용된다.

gross profit margin
매출 총이익률

Increasing the price of your products is a simple way to improve your gross profit margin. (business blog)
제품 가격을 인상하는 것이 총이익률을 개선하는 간단한 방법이다. (비즈니스 관련 블로그)

gross profit margin은 백분율로 표현되며, 상품의 판매 가격에서 제조 비용을 차감해 얻은 값을 판매 가격으로 나눈 것이다. gross profit margin은 백분율로 표시되고, 확정된 금액 fixed monetary amount 이 아니라는 점에서 gross profit 매출 총이익 와 다르다. 물론 gross profit margin의 계산에서는 회사가 사용한 모든 비용이 포함되지 않고 상품을 생산하는 데 소요된 비용만이 포함되기 때문에 net profit margin 순이익률 과도 다르다.

tight margin
여유가 없는 이익률/마진

They had to shut down three divisions of the company as they've been operating on such tight margins. (employee WhatsApp group chat)
우리 회사는 이익률이 너무 낮은 상태로 상당한 기간 동안 운영한 까닭에 결국 3개 부서를 폐쇄할 수밖에 없었다. (한 직원의 왓츠앱 단체 채팅방에서)

a tight margin, 혹은 a tight profit margin은 '회사가 예상한 것보다 적은 수익을 내며 재정적인 어려움을 겪고 있다'라는 것을 의미한다. 반대로 a margin이 평균 이상인 경우를 표현할 때는 substantial, fat 등과 같은 형용사를 사용하면 된다.

14.7%
Electricity companies' profit margins have increased by an average of 14.7% as they take advantage of increasing energy prices. (business section of a newspaper)
에너지 가격이 상승한 데 힘입어, 전력 회사들의 이익률이 평균 14.7퍼센트 증가했다. (신문의 비즈니스면에서)

net worth 순자산

net worth는 개인이나 기업의 가치를 뜻하며, 총자산 total assets 에서 총부채 total liabilities 를 빼서 얻은 차액이고, 수학적으로 표기하면 '소유한 돈 — 빚진 돈'이다. 경영학적 맥락에서 net worth는 book value 장부 가치, shareholders' equity 주주 자본 라고도 한다. 특히 개인과 가계의 관점에서는 net wealth 순재산 로도 불릴 수 있다.

to calculate net worth 순자산을 계산하다	It is important to calculate your net worth to help you optimise your finances. (personal finance website) 재무 상태를 최적화하는 데 도움을 받으려면 당신의 순자산을 계산하는 것이 중요하다. (개인 금융과 관련된 웹사이트)

total worth 자산의 총가치 를 알아내기 위해서는 동사 to calculate가 자주 사용된다. net worth를 구하는 공식이 있기 때문이다. 이때 to calculate 대신 to work out을 사용할 수도 있다.

| **combined net worth** 합산 순자산 | The celebrity couple has a combined net worth of $300 million. (from a celebrity magazine) 이 유명인 부부의 합산 순자산은 3억 달러에 달한다. (유명인을 다루는 전문 잡지에서) |

형용사 combined는 net worth와 함께 사용되어 유명 연예인이나 억만장자 등 저명한 부부나 조직이 보유한 막대한 재산을 강조하는 역할을 한다. 여기에서 combined 대신 total을 사용할 수도 있다.

| **high-net-worth individuals** 고액 순자산 보유자 | The US is the country with the most high-net-worth individuals. (podcast on investing) 미국은 고액 순자산 보유자가 가장 많은 나라이다. (투자와 관련된 팟캐스트) |

머리글자만 따서 HNWI로도 불린다. 일정한 수준, 대체로 100만 달러 이상의 유동 자산 liquid assets 을 보유한 사람들을 따로 분류할 때 사용되는 개념이다. 이 분류 classification 는 자산의 규모에 따라, 다시 sub-high-net-worth individuals 준고액 순자산 보유자, very-high-net-worth individuals 초고액 순자산 보유자, ultra-high-net-worth individuals 극초고액 순자산 보유자 로 나뉠 수 있다.

| **average net worth** 평균 순자산 | I intend to increase the average net worth of our citizens through investment schemes. (speech by a politician) 저는 투자 계획을 통해 우리 국민의 평균 순자산을 늘리려고 합니다. (한 정치인의 연설) |

average net worth는 특정한 지역이나 집단의 경제적 상태 economic status 를 평가하는 데 사용되는 문구이다. average net wealth도 같은 의미로 사용된다.

positive/negative net worth
플러스/마이너스 순자산

> It is prudent to invest in companies that consistently have a positive net worth. (financial blog)
> 순자산이 지속적으로 플러스를 유지하는 회사에 투자하는 것이 현명하다. (금융 관련 블로그)

자산이 부채보다 많을 때 net worth는 positive라고 표현된다. 반대로 부채가 자산보다 많은 경우에는 a negative net worth가 된다. 이 용어는 기업이나 개인의 재무 상태 financial status를 나타낸다.

> **10.6%**
> As of this year, 10.6% of households in the US have a negative net worth. (economic report)
> 올해 현재 미국에서 10.6퍼센트의 가구가 순자산이 마이너스이다. (경제 현황 보고서)

asset 자산

an asset은 비즈니스 용어로 쓰일 때 개인이나 기업이 소유한 자원 resource 중에서 가치가 있어 향후에 소득을 창출하거나 부채를 상환하는 데 사용할 수 있는 모든 것을 가리킨다. 예를 들면 부동산과 설비 equipment, 주식, 자기 자본 equity 등이 있다. asset은 liabilities 부채 및 equity와 더불어, 기업의 재무상태표 balance sheet에서 보고되는 세 부문 중 하나로, 개인이나 기업의 재무 상태 financial status를 평가할 때도 자주 사용된다.

| **total asset** 총자산 | Please refer to our balance sheet for the value of our total assets. (financial report) 총자산의 가치는 재무상태표를 참조하시기 바랍니다. (재무 보고서) |

total assets는 기업이나 개인이 소유하고 있는 모든 자원을 나타내며, 기업의 재무제표 financial statements에 기록된다. total asset은 기업의 총부채 total liabilities와 총자기자본 total equity을 합산한 값으로 계산된다.

| **fixed asset** 고정 자산 | Don't forget to include our new office computers as part of our fixed assets. (Microsoft Teams direct message) 사무실의 새 컴퓨터들을 고정 자산의 일부로 포함시키는 것을 잊지 마십시오. (마이크로소프트 팀의 메시지) |

a noncurrent asset 비유동 자산이라고도 하고, 반대 개념은 a current asset 유동 자산이다. a fixed asset은 회사가 장기적으로 사용하려고 구입한 설비나 부동산, 구체적으로 말하면 1년 이상 원래의 용도를 유지하는 asset을 뜻한다. a fixed asset은 기업에서 판매하는 상품을 생산하는 데 사용되며, 현금으로 쉽게 전환되지 않는다. fixed assets는 물리적 형태를 띠느냐 그렇지 않으냐에 따라 tangible assets 유형 자산와 intangible assets 무형 자산로 나뉜다.

liquid asset
유동 자산

I don't have enough liquid assets to pay the bills this month, how can I get a short-term loan? (bank FAQ webpage)
이번 달 청구서를 해결하기에 유동 자산이 부족합니다. 단기 대출을 받으려면 어떻게 해야 합니까? (은행의 FAQ 웹페이지)

a liquid asset은 주식처럼 현금으로 쉽게 전환할 수 있는 asset을 표현할 때 사용되는 용어이다. 반대 개념은 a non-liquid asset 비유동 자산이라 한다. liquid asset은 기업이나 개인이 현금을 황급히 확보해야 할 경우에 사용된다.

private asset
사적 자산

We offer investment opportunities across a range of private assets. (professional investor's website)
저희는 다양한 사적 자산에 투자할 기회를 제공합니다. (전문 투자자의 웹사이트)

a private asset은 트레이딩 맥락에서 사용되는 개념이며, 공개된 주식 시장에서 거래되는 것이 불가능한 투자를 뜻한다. 정부가 소유한 자원을 가리키는 a public asset 공공 자산과는 다르다.

asset class
자산군(群)

Investing in different asset classes reduces the risk of major losses. (financial advice column)
여러 자산군에 투자하면 큰 손실의 위험을 줄일 수 있습니다. (금융에 관련한 조언을 담은 칼럼)

asset class는 stocks 주식, bonds 채권, real estate 부동산 등과 같이 유사한 특징을 지닌 투자 유형을 표현할 때 사용되는 용어이다.

> **$23.972 trillion**
> US banks have $23.972 trillion in combined total assets. (national economic analysis)
> 미국 은행들이 보유한 합산 총자산은 23조 9,772억 달러이다. (국가 경제 분석)

amortization 할부 상환, 상각

amortization은 특정한 기간 동안 부채나 자산을 점진적으로 상환하는 것을 뜻한다. amortization을 통해 대출 상환 비용을 시간 폭에 맞추어 분산함으로써 기업이나 개인은 총비용이나 자산의 가치를 적은 금액으로 분할해 주기적으로 불입 periodic installments 하는 것이 가능해진다. 대출금 loans 이 가장 흔히 분할 상환된다 amortized. 주택 담보 대출, 개인과 기업이 받는 대출 등을 생각해 보면 amortization은 기업이 장기적인 재정적 채무 financial obligation 및 무형 자산의 감가 depreciation 를 최대한 효과적으로 관리하는 데 도움을 준다는 점에서 전략적인 금융 관행 a strategic financial practice 이라 할 수 있다. amortization은 실질적으로 경영과 회계 분야에서만 사용되는 전문 용어여서 일반인에게는 거의 알려져 있지 않다.

amortization schedule 상각표, 상환 일정	Your loan approval package includes an amortization schedule. (loan approval documentation from bank) 대출 승인 프로그램에는 할부 상환 일정이 포함되어 있습니다. (은행으로부터의 대출 승인 서류)

대부분의 할부 상환에는 일정표 a schedule 가 있지만, 그 일정표는 상환이 언제 어떻게 이루어질 것이라는 계획에 불과하다. amortization schedule은 은행이나 주택 금융 조합 building society 같은 대출 제공 기관이 발행하는 서류에서 흔히 볼 수 있는 문구이다.

full amortization
전액 상환

> After years of steady payments, my mortgage achieved full amortization! (online post on housing finance advice forum)
> 수년 동안 꾸준히 상환한 끝에 주택 담보 대출금을 전액 상환했습니다! (주택 금융에 대해 조언하는 온라인 토론방)

full amortization은 대출 원금 전체를 약정된 기간 동안 상환해서 대출 기간이 끝난 때 잔액이 전혀 남지 않은 상태다. 모든 상환 repayment 이 완료되면 대출금은 full amortization된 것이다.

straight-line amortization
정액 상각

> With straight-line amortization, your business evenly spreads the cost of new equipment over its useful life. (business equipment financing brochure)
> 정액 상각 방식을 선택하면 새로운 설비의 값을 유효 수명 시간 동안 균등하게 분할할 수 있습니다. (사업용 설비 자금의 대출을 안내하는 책자)

straight-line amortization은 어떤 자산의 useful life 유효 수명, 즉 그 자산이 사업체에 가치를 제공하는 기간 동안 상각 비용을 균등하게 분할하는 방법을 뜻한다. 따라서 분할 상환금 repayment 은 상환 기간 내내 동일하다. 반면에 초기에 상환하는 금액이 더 많도록 상각 상환금 amortization repayments 에 가중치를 부여할 수도 있다.

$1,350

Monthly amortization repayments for your 30 year mortgage will be $1,350. (documentation from mortgage provider)

30년 상환 주택 담보 대출금의 월 상환액은 1,350달러입니다. (주택 담보 대출 회사가 보낸 서류)

increment 임금 인상

재무적 맥락에서 an increment는 직원의 급여 인상을 의미하며, 이때 급여 salary는 상여금 bonus과 다른 것이다. increment는 현재 급여에 대한 백분율 형태로 제시되고, 연간 단위로 인상되지만 인상분은 1년에 걸쳐 분산되어 지급되고, 1년에 두 번 bi-annually 혹은 분기별로 quarterly 계산될 수도 있다. increment는 연례 평가 annual appraisal에서 확인된 직원의 실적 performance 이나 근속 기간 length of service에 근거해 이루어지고, a raise 혹은 a salary increase라고도 한다.

increment of (something) ...만큼의 인상	After negotiations with your employer, we have agreed all employees shall receive an increment of 6%. (online statement by a union) 고용주와의 협상 끝에 모든 직원이 6퍼센트 임금 인상을 받기로 합의했습니다. (노조의 온라인 발표)

increment of ...에서 전치사 of 뒤에는 백분율이나 인상액이 쓰일 수 있다. 하지만 a $500 increment라는 표현에서 보듯이 그 값이 increment 앞에 위치할 수 있고, 이 경우에는 전치사가 필요하지 않다.

annual increment **연례적 급여 인상**	Our new employees can expect to receive annual increments every September. (online job advertisement) 신입 사원은 매년 9월에 연례적인 급여 인상을 기대할 수 있습니다. (온라인 구인 광고)

급여와 관련한 맥락에서 annual은 increment와 가장 흔히 함께 사용되는 시간 형용사이지만 그 밖에 weekly나 monthly도 함께 쓰일 수 있다. 한편 급증한 생활비 cost of living를 보전하기 위해 연례적인 인상분이 아니라 단일 금액 a single amount으로 지급되는 급여 인상은 a one-time increment 일회성 인상로 쓸 수 있다.

salary increment **급여 인상**	I have worked here for five years and I believe I am due for a salary increment. (email from an employee) 여기에서 근무한 지 벌써 5년이 지났습니다. 급여 인상을 요구할 자격이 있다고 생각합니다. (한 직원이 보낸 이메일)

언급하려는 increment가 어떤 종류의 것인지를 명시하는 방법이다. 같은 맥락에서 salary 대신 pay라는 단어가 사용될 수도 있다.

> **5.2%**
> The average salary increments in the public sector this year are estimated to be 5.2% (from a report on national wages)
> 올해 공공 부문의 평균 급여 인상률은 5.2퍼센트로 추정됩니다.
> (전국 임금 현황에 대한 보고서에서)

rivalry 경합성, 경쟁성

rivalry는 재화나 서비스 또는 자원을 다룰 때 언급되는 두 가지 특징 중 하나이고, 다른 하나는 **excludability** 배제성 이다. rivalry는 누군가 어떤 재화를 소비할 때 다른 사람이 그 재화를 소비할 가능성을 방해하는 정도를 가리킨다. excludability와 마찬가지로 rivalry도 각 재화의 고유한 특징을 연속선에서 차지하는 한 점으로 나타내는 경우가 많으며, 경제학 용어로 사용된다.

rival good **경합재**	Rival goods that are in high demand allow businesses to increase prices. (article on sales tips) 수요가 많은 경합재는 가격을 인상할 수 있다. (판매 비결을 다룬 글)

a rival good은 한 명의 사용자만이 소비하거나 구매할 수 있는 재화를 가리킨다. rival goods는 durable rival goods 내구성 경합재 와 nondurable rival goods 비내구성 경합재 로 분류될 수 있다. 여기에서

Financial Metrics and Analysis

durable은 관련된 재화가 의류처럼 최초 소비자가 완전히 소모할 수 없는 재화를 뜻하고, nondurable은 식품처럼 한 번만 소비될 수 있는 재화를 가리킨다.

non-rivalry
비경합성

> Non-rivalry is a necessary characteristic of a public good. (Wikipedia article)
> 비경합성은 공공재에 반드시 필요한 특징이다. (위키피디아 설명)

non-rivalry는 non-excludability와 같은 맥락에서 사용되며, 인터넷처럼 다수의 소비자가 한꺼번에 사용할 수 있는 재화(non-rival goods, 비경합재)를 가리킨다.

anti-rivalry
반(反)경합성

> Anti-rivalry is a relatively new concept which can be applied to digital goods. (online economics module)
> 반경합성은 디지털 상품에 적용할 수 있는 비교적 새로운 개념이다. (온라인으로 진행되는 경제학 과목)

non-rivalry와 혼동해서는 안 된다. anti-rivalry는 많은 소비자가 그 재화를 사용할수록 다른 소비자의 재밋거리나 혜택이 증가하는 재화를 가리킨다. 오픈 소스 소프트웨어 open-source software가 대표적인 예이다.

15 points
The rivalry index surged by 15 points following the market entry of new players, indicating an increase in competitive intensity.
(commercial study of new entrants to market)
경합성 지수는 새로운 기업이 시장에 진입한 뒤에 15포인트나 치솟아, 경쟁 강도가 높아진 것으로 나타났다. (신규 시장 진입자에 대한 상업적 연구)

productivity 생산성

경제학 용어에서 productivity는 투입되는 노동이나 자본 또는 자원의 단위당 재화와 서비스의 산출량 output 을 측정하는 척도이다. 달리 말하면, productivity는 사업 활동에서 무언가가 얼마나 많은 가치를 만들어내는지, 즉 얼마나 효율적인지를 측정하는 척도이다. 한 국가 전체의 productivity에 대해 언급할 때도 사용되지만, 개별 업종이나 개별 사업체의 효율성에 대해 언급할 때도 productivity라는 용어가 사용될 수 있다. 이 맥락에서 productivity는 투입량에 대한 산출량의 비율로 표시된다.

productivity growth
생산성 성장/향상

There are many factors that can drive productivity growth for your company.
(article on business efficiency)
회사의 생산성을 향상시킬 수 있는 많은 요소가 있다. (기업 효율성에 대한 글)

productivity growth는 기업이나 산업 혹은 국가의 productivity 향상과 관련해 사용되는 표현이다. to drive와 to increase는 이 문구에서 흔히 사용되는 동사들이다.

**labor productivity
노동 생산성**

Introducing more training opportunities for employees would help to boost labor productivity. (from a presentation to a CEO)
직원들에게 더 많은 교육 기회를 제공하면 노동 생산성을 높이는 데 도움이 될 것입니다.
(최고경영자를 상대로 한 프레젠테이션에서)

workforce productivity라고도 한다. labor productivity는 기업이나 국가의 실적을 측정하는 또 하나의 방법으로, 정해진 기간 동안 한 노동자 집단이 생산한 산출량이나 노동자 한 명이 생산한 산출량을 가리킨다.

**total factor productivity
총요소 생산성**

This study assesses the impact of technological advancements on total factor productivity in the manufacturing sector. (academic article)
이 연구는 과학기술의 발전이 제조업 부문의 총요소 생산성에 미치는 영향을 평가한다.
(학술 논문)

multi-factor productivity라고도 한다. total factor productivity는 기업이나 산업 또는 국가 경제 등 어떤 표본의 합산 생산성 sum total productivity을 언급할 때 사용되는 표현이다. 예컨대 기업에서는 모든 부문의 생산성을 계산한 계산한 결과의 총합이 total factor productivity이다. 따라서 total factor productivity는 어떤 특정한 조직이 얼마나 생산적 productive 인지를 거시적으로 보여주는 지표이다.

capital productivity **자본 생산성**	Capital productivity can be described as the ratio of a real-terms output measure. (policy paper on productivity in industry) 자본 생산성은 실질 산출량 측정값의 비율로 표현될 수 있습니다. (산업 생산성에 대한 정책 보고서)

capital productivity는 기업이 보유한 자산의 생산성을 의미할 뿐이다. capital productivity는 기업이 보유한 토지, 기계 장치 machinery and equipment, 테크놀로지, 소프트웨어, 무형 자산 등이 사업 행위에 얼마나 생산적인지를 측정하는 척도이다. 정책 입안자, 사업가, 경제학자가 자본 투자의 영향과 효율성을 평가할 때 사용하는 용어이기도 하다.

material productivity **자원 생산성**	We've improved our material productivity, ensuring that we create more products with less raw material waste-#sustainability. (company's social media post) 우리는 자원 생산성을 개선함으로써 원자재의 낭비를 줄이면서 더 많은 제품을 생산하는 성과를 거두었습니다-#지속 가능성. (회사의 소셜 미디어에 게시된 글)

때로는 resource productivity라고도 한다. material productivity는 재료와 자원의 산출량을 측정하는 생산성의 일종이다. 기업은 자원이 얼마나 효율적으로 사용되고, 상품과 서비스를 제공하는 데는 얼마나 효율적인지를 측정하려고 한다.

> **10%**
> In the past year, the national economy witnessed a 10% increase in labor productivity. (economic report made by government agency)
> 지난 한 해 동안 국가 경제에서 노동 생산성이 10퍼센트 증가하였다.
> (정부 기관에서 작성한 경제 보고서)

elasticity 탄력성, 탄성

일반적으로 elasticity는 탱탱하고 bouncy 탄력 있는 springy 것을 표현하는 데 사용되지만, 경제학에서는 소비자 행동 consumer behavior을 표현하는 데 사용되는 단어이다. elasticity는 가격 변동이 구매 행동이나 판매 행동에 얼마나 크게 영향을 미치는지를 나타내는 척도이다. 따라서 예를 들어 어떤 제품이 탄력적 elastic 이면, 소비자의 수요가 가격 변화에 따라 크게 달라진다. 반면에 어떤 제품이 비탄력적 inelastic 이면, 가격이 인상되더라도 소비자는 그 물건을 계속 구입하려 한다. elasticity는 수요와 공급 모두에 적용된다.

elastic/inelastic demand 탄력적/비탄력적 수요	The increase in the price of luxury watches led to a noticeable drop in sales, indicating elastic demand. (e-commerce analysis blog) 명품 시계의 가격이 인상되자 판매량이 눈에 띄게 감소하며, 탄력적인 수요를 여실히 드러냈다. (전자 상거래를 분석하는 블로그)

여기에서 elastic demand는 어떤 제품에 대한 수요가 가격 변화에 매우 민감하게 반응하는 상황을 표현할 때 사용되는 용어이다. 가령 시계의 수요가 비탄력적 the watches have inelastic demand이라면, 시계 가격이 상승하더라도 판매량은 거의 변하지 않을 것이다. inelastic goods 비탄력적인 재화에는 일반적으로 사람들에게 필요한 재화, 가능한 대체재 available alternatives가 없는 재화, 소비자가 열렬히 원하는 강력한 브랜드를 지닌 재화 등이 있다.

elastic/inelastic supply 탄력적/비탄력적 공급	Despite the rise in market demand, the limited availability of crude oil resulted in an inelastic supply, driving up prices. (energy industry report) 시장 수요의 증가에도 불구하고 원유 공급이 제한적이어서 비탄력적인 공급으로 이어졌고, 그 결과로 가격이 상승했다. (에너지 산업 보고서)

수요와 달리, elastic supply는 재화나 서비스의 공급량이 가격 변화에 무척 민감하게 반응한다는 것을 뜻한다. 예컨대 무언가를 제조하는 데 사용되는 원자재의 가격이 하락하면 elastic supply를 지닌 공급업체는 생산량을 신속하고 크게 늘릴 수 있다. 한편 inelastic supply인 경우에는 재화나 서비스의 공급량이 수요 변화에도 쉽게 증가하지 않아 소비자의 가격이 상승하는 결과로 이어진다.

price elasticity 가격 탄력성	Understanding price elasticity is crucial for businesses to set optimal pricing strategies that align with consumer behavior. (online business course description) 기업이 소비자 행동에 맞추어 최적의 가격 책정 전략을 수립하려면 가격 탄력성을 이해하는 것이 무엇보다 중요합니다. (온라인 비즈니스 강의에 대한 소개)

price elasticity란 문구는 재화나 서비스가 탄력적이거나 비탄력적인 상황에서 가격 변화를 더 강조하려고 할 때 사용된다.

cross-elasticity **교차 탄력성**	For example, the close substitutes of tea and coffee exhibit a positive cross-elasticity. (economics textbook) 예컨대 차와 커피는 가까운 대체재로서 플러스 교차 탄력성을 보여준다. (경제학 교과서)

cross-elasticity는 두 연관재 related goods 사이의 관계, 즉 하나의 가격이 변할 때 다른 하나의 수요에 어떻게 영향을 미치는지를 설명할 때 사용되는 용어이다. 교차 탄력적 cross elastic 관계에 있는 재화들은 하나의 가격이 상승하면 다른 하나의 수요가 증가한다. 이런 현상은 밀접한 관계가 있는 상품들, 위의 예에서는 차와 커피 사이에서 흔히 확인되는 관련성이다.

elastic/inelastic **goods** **탄력적/비탄력적 재화**	When it comes to elastic goods like smartphones, a slight decrease in price can significantly boost sales. (retail and technology blog) 스마트폰과 같이 탄력적인 상품의 경우에는 가격을 조금만 낮춰도 판매량을 크게 늘릴 수 있습니다. (소매업 및 테크놀로지에 대한 블로그)

goods 재화/상품 는 elasticity 탄력성 여부에 따라 elastic이거나 inelastic 하다고 표현될 수 있다.

2-3%

I've run the calculations and our electronic components have an inelastic demand right now–we should consider raising prices by 2-3%. (internal company email from pricing manager to chief financial officer)

제가 계산한 결과에 따르면, 우리가 납품하는 전자 부품들의 수요가 현재 비탄력적입니다. 따라서 2-3퍼센트가량 가격을 인상하는 것을 고려하는 것도 괜찮을 듯합니다. (가격 책정 관리자가 최고재무책임자에게 보낸 회사 내부 이메일)

turnover 총매출액, 이직률, 재고 회전율

turnover는 특정한 기간 동안의 판매나 기업 활동으로 얻은 총 가치를 뜻한다. income 수입, 소득과 관련된 모든 단어 중에서 turnover가 가장 포괄적이고 일반적인 단어이다. turnover가 종합적인 수익 overall revenue을 뜻하기 때문이다. turnover와 대비되는 margin과 profit는 turnover에서 비용 같은 요소들을 제외한 뒤의 구체적인 액수가 된다(매매 차익금과 이익). turnover는 기업의 실적 및 고객을 유인해 수입을 창출하는 능력을 측정하는 척도이다. 한편 turnover는 직원이나 재고 등 대체될 수 있는 요소들이 무언가가 대체되는 비율을 뜻하기도 한다.

high/low turnover 높은/낮은 이직율	The retail industry always experiences high turnover of employees. (from retail business manual) 소매업에서는 직원들의 이직률이 항상 높은 편이다. (소매 사업 안내서에서)

위에서 언급한 turnover의 두 번째 의미, 즉 무언가의 변화율이란 뜻으로 쓰인 표현이다. 예문에서는 뒤집히는 것, 회전하는 것 what is being turned over이 명시적으로 표현되었다. 어떤 기업에서 a high staff turnover 혹은 a high turnover of staff라면, 짧은 기간에 많은 직원이 고용되고 해고된다는 뜻이다.

rate of turnover 이직률	The company closely monitors its rate of turnover to assess employee satisfaction. (excerpt from Human Resources case study) 기업은 직원 만족도를 평가하기 위해 이직률을 면밀히 관찰한다. (인력 자원의 사례 연구에서 발췌)

turnover의 두 번째 의미와 함께 사용될 때 the rate는 회사나 조직에서 무언가가 얼마나 빨리 교체되고 있는지를 보여주는 척도이다.

to increase/decrease turnover 총매출액을 올리다/낮추다	I really think that expanding our product range would increase turnover. (internal communication at a bicycle and outdoor company) 제품군을 확대하면 매출이 증가할 것이라고 생각합니다. (자전거 및 아웃도어 회사의 내부 커뮤니케이션)

turnover의 첫 번째 의미로 사용된 표현이다. to increase/decrease turnover는 기업의 종합적인 수익 overall revenue이 증가하거나 감소하고 있다는 것을 표현할 때 사용된다.

37.4 million euros

Turnover last year was 37.4 million euros last year. (from audit report of a large European construction company)

작년 총매출은 3,740만 유로였다. (유럽 대형 건설사의 감사 보고서에서)

return 수익, 수확

return은 투자나 기업 활동에서 발생하는 이익 profit 이나 손실 loss 을 뜻한다. return은 누군가 비즈니스와 관련된 활동을 통해 얻는 것을 총칭하는 용어로, 플러스일 수도 있고 마이너스일 수도 있다. 따라서 이득 a gain 이 발생했는지 여부를 나타내지 않는다는 점에서, profit나 loss를 중립적으로 대신하는 단어라 생각할 수 있다. return은 기업이 재무적 계산에서 많이 사용하는 단어이지만, 더 넓게는 경영과 관련한 논의에서 어떤 기업이 얼마나 건전하고 활동적이며 또는, 고전하고 있는지를 보여주는 지표로도 사용된다.

rate of return 수익률	This investment option has the highest rate of return–should we pursue it? (corporate executive discussing with shareholders how to invest the company's capital) 이 투자안의 수익률이 가장 높습니다. 결국 이 투자안을 밀고 나아가야 할까요? (회사의 자본을 어떻게 투자할지를 두고 주주들과 논의하는 경영진)

rate of return은 어떤 투자가 특정한 기간 동안 거둔 이익이나 손실을 뜻하며, 투자 기회의 성과와 수익성을 평가하는 데 사용되는 표현이다. rate of return은 구체적으로 언급될 때 일반적으로 백분율로 표현된다.

return on investment **투자 수익률**	Calculating your return on investment isn't simple–follow this formula to help. (from blog about real estate investing) 투자 수익률을 계산하는 것은 간단하지 않다. 그래도 이 공식을 따르면 도움이 된다. (부동산 투자를 다루는 블로그에서)

특정한 사업 활동에 투자한 비용에 비례해서 거두어들인 이득이나 이득을 측정하는 척도를 가리킨다. 일반적으로 재무 분석과 투자 논의에서 사용되는 용어이기도 하다.

diminishing returns **수확 체감, 수익률 감소**	Increasing production beyond a certain point leads to diminishing returns, as costs outweigh additional revenue. (management consulting report on operational performance and profitability) 특정한 수준 너머로 생산량을 늘리면 추가 수입보다 비용이 더 많이 들기 때문에 수익률이 줄어듭니다. (운영 성과 및 수익성에 관한 경영 컨설팅 보고서)

경제학에는 재화를 생산할 때 특정한 수준 너머로 노력이나 자원을 계속 투입하면 그 대가로 얻는 이익이 점점 줄어든다는 법칙이 있다. 이른바 수확 체감의 법칙 law of diminishing returns 이란 것으로, 일정한

수준을 넘어서면 수확return, 즉 이익benefit이 줄어들기 시작한다는 법칙이다. 밭에 비료를 주는 농부를 예로 들어 보자. 농부는 작물의 성장을 돕기 위해 밭에 더 많은 비료를 뿌려도 일정 수준을 넘어서면 수익률이 줄어드는 수확 체감diminishing returns을 겪게 된다.

high risk, high return **고위험, 고수익**	Investing in start-ups is high-risk, high return. (financial adviser discussing opportunities with a client) 스타트업에 투자하는 것은 위험이 크지만, 성공할 경우에는 그만큼 수익도 큽니다. (고객과 기회에 대해 논의하는 투자 자문역)

투자에 수반되는 위험이 클수록 더 높은 수준의 이익을 기대할 수 있다는 것을 뜻하는 상투적인 문구a common phrase이다. 그러나 반대로 보면on the flip side 손실도 더 클 수 있다. 벤처 자본이 이런 기회를 즐긴다(venture capital thrives on these kinds of opportunities).

$1 in $10

Studies show that for every $1 invested in education, the return on that investment is estimated to be $10 for each dollar later in their life. (academic research article into education policy)
연구에 따르면, 교육에 1달러를 투자할 때마다 훗날 거두어들이는 그 투자에 대한 수익은 달러당 10달러로 추정된다. (교육 정책에 대한 학술 연구 논문)

break-even 손익 분기점, 손익 평형

재무적 관점에서 break-even은 기업이 손실도 이익도 내지 않는 지점을 뜻한다. 달리 말하면, 총수입total income 이 총지출total expenditure과 같아지는 지점이다. 이 지점을 넘어서면 해당 기업이 이익을 냈다는 뜻이 되고, 그 반대의 경우도 마찬가지이다. break-even은 때때로 the point of equilibrium평형점이라고 한다. 형용사 형태로는 재무 분야의 전문 용어로 사용되는 반면, 동사로는 관용적 표현으로 흔히 사용된다.

to break even 손익 분기점에 이르다	If we sell enough today, we should at least break even this month. (conversation between business partners) 오늘 충분히 팔면, 이번 달에는 적어도 손익 분기점을 넘길 수 있을 거야. (사업 동업자 간의 대화)

동사로 사용된 to break even은 사업 기간이나 어떤 목적을 위한 활동이 끝났을 때 이익이나 손실이 발생하지 않고 비용을 충당하기에 충분한 수익을 창출한 상태를 뜻한다. 같은 뜻으로 to reach break-even이라고도 말할 수 있다. to balance the books도 같은 뜻으로 해석될 수 있지만 모호한 표현이다.

break-even point 손익 분기점	We need to alter the levels of production to match the new break-even point. (from a Teams meeting) 새로운 손익분기점에 맞추려면 생산 수준을 변경해야 합니다. (Teams 회의에서)

흔히 BEP라는 약어로 표기되는 break-even point라는 표현은 기업의 재무 상황을 논의할 때 어떤 상품의 총수익 total revenues이 생산비 cost of production와 같아 손실도 없고 이익도 없는 지점에 있을 때 사용된다. 개별 상품 단위의 비용을 가리키는 break-even price 손익 분기 가격와는 구분되어야 한다.

break-even price 손익 분기 가격	Initially selling your product at a break-even price is a great way to gain customers and drive away competitors. (online business guide) 초기에 손익 분기 가격으로 제품을 판매하는 것은 고객을 확보하고 경쟁업체를 몰아낼 수 있는 좋은 방법이다. (온라인 비즈니스 편람)

the break-even price는 어떤 제품을 생산하는 데 필요한 비용을 충당하기 위해 책정해야 하는 최소 판매 금액을 뜻한다. 앞에서 다룬 break-even point와 혼동해서는 안 된다.

break-even analysis 손익 분기점 분석	When starting a business, using break-even analysis can help you to establish the minimum necessary revenue. (business blog) 사업을 시작할 때 손익 분기점 분석을 사용하면 최소한의 필요 수익을 설정하는 데 도움이 될 수 있다. (비즈니스와 관련된 블로그)

break-even analysis는 회사가 생산에 필요한 모든 비용을 충당하기 위해 매출을 얼마나 올려야 하는지를 파악하는 데 사용되며, 이 분석에는 위에서 다룬 break-even point를 계산하는 과정도 포함된다. break-even analysis는 회사의 재무 성과를 평가하는 상황에서

도 사용된다. break-even analysis는 하나의 단어로 굳어진 문구로, analysis을 어떤 다른 단어로도 바꿔 쓸 수 없다.

27%

27% of small businesses state that they will barely break even this year due to increased costs of manufacturing. (local TV news report)
27퍼센트의 소기업이 올해에는 제조 비용의 증가로 인해 간신히 손익 분기점을 맞출 것이라고 대답했습니다. (지역 텔레비전의 뉴스 보도)

Business Operations and Strategies

business 사업, 사업체, 일

business는 영어에서 여러 의미로 사용된다. 첫째로는 재화나 서비스를 판매하는 사업체를 뜻할 수 있고, 재화나 서비스를 판매하는 행위만을 뜻할 수도 있다. 그리고 business는 돈을 벌기 위해 개인이 행하는 직업 occupation 이나 일 work 을 가리키는 데 사용될 수도 있다. 하지만 이때의 business가 비재무적 상황에서 개인의 관심사 personal concerns 나 상황을 가리키는 business와 혼동되어서는 안 된다(Mind your own business, 신경 끄세요).

to run a business 사업체를 운영하다	I used to run a small business in my hometown, but now I'm looking for bigger opportunities in the city. (from a LinkedIn profile) 전에 고향에서 작은 사업체를 운영했지만, 지금은 도시에 나와 더 큰 기회를 엿보고 있습니다. (링크드인에 올린 자기 소개에서)

to run a business는 '사업체 a business 나 조직 organization 을 운영하다'라는 뜻이다. 이 맥락에서는 동사 to run이 흔히 사용되지만, to operate나 to manage를 사용할 수도 있다.

to go into business with (someone) 누군가와 함께 사업을 시작하다	I would recommend that you don't go into business with friends unless you have clearly defined the terms and individual responsibilities. (from a business blog) 조건과 개인의 책임을 명확하게 규정하지 않는 상태에서는 친구들과 함께 사업을 시작하지 않는 것이 좋다. (비즈니스와 관련된 블로그에)

'각자가 회사의 일정한 지분을 공유하며 누군가와 함께 사업을 시작하거나, 사업의 새로운 동업자 partner 로 참여하다'를 뜻하는 표현이다. 이 맥락에서는 business 앞에 항상 전치사 into를 사용해야 한다. to start a business with (someone)도 같은 뜻으로 사용할 수 있다.

in the business of (something) 무언가를 할 작정으로, 무언가에 종사하는	I'm not in the business of making false promises; I always complete a project. (from a freelancer's online profile) 거짓된 공언을 하고 싶지는 않지만 항상 프로젝트를 완수합니다. (프리랜서의 온라인 자기 소개에서)

to be in the business of (something)은 '무언가를 주된 관심사 primary interest = business로 갖다'를 뜻하며, '무언가를 자주 하다'라는 뜻으로도 사용된다. 누군가가 언급된 행동을 하지 않는다는 것을 강조하는 부정적인 뜻으로도 종종 사용된다.

out of business 폐업한	The local pub's gone out of business–we'll have to meet up somewhere else. (from a Facebook Messenger group chat) 동네 술집이 문을 닫았으니, 이제는 다른 곳에서 만나야겠군요. (페이스북 메신저의 단체 채팅방에서)

out of business는 '어떤 회사가 문을 닫고, 더는 운영되지 않는다'라는 뜻이다. 이 문구와 자주 사용되는 동사로는 to go와 to put이 있다. to go out of business와 to be put out of business는 '폐업하다'로 같은 뜻이다.

it's just business 그냥 사업일 뿐이다, 일은 일이다	I'm sorry, but I had to give the promotion to John; it's just business. (from a conversation with an employer) 미안하네. 존을 승진시킬 수밖에 없었네. 일은 일이니까. (고용주와의 대화에서)

이 문장 앞에는 it's not personal 개인적인 문제가 아니다 이라는 표현이 쓰이는 경우가 많다. 모든 결정이 합리적이고 재무적인 이유 rational or financial reasons, 즉 business라는 관점에서 내려졌지, 개인적인 감정 personal feelings은 개입되지 않았다는 것을 뜻한다.

back in business
업무 복귀/재개

> After a long stretch of sitting at home and waiting for my broken leg to heal, I am officially back in business! (from an X post)
> 오랫동안 집에서 앉아 지내며 부러진 다리가 낫기를 기다린 뒤에 오늘 공식적으로 업무에 복귀했다! (X에 게시된 글에서)

이 관용구에서 business가 항상 문자 그대로의 의미로 사용되지는 않는다. 한동안의 중단interruption이나 기능 장애dysfunction가 있은 뒤에 누군가 혹은 무언가가 원래의 기능을 다시 되찾거나 활동을 재개한 상황을 뜻하는 데도 사용된다. 여기에서 사용된 in business는 out of business영업 중/폐업한의 반의어로도 사용될 수 있다.

> **19%**
> The number of companies that have gone out of business has increased by 19% from last year due to high interest rates. (from a financial magazine)
> 고금리로 인해 폐업한 기업의 수가 작년에 비해 19퍼센트 증가했다. (경제 잡지에서)

entrepreneur 기업가

an entrepreneur는 자기 사업을 시작해서 돈을 벌려고 시도하는 사람이다. entrepreneur는 위험을 직접 떠안고 보상을 직접 얻기 때문에 이 단어에는 **high risks and rewards** 고위험과 고수익 란 뜻이 함축되어 있다. 또한 **entrepreneur**는 대체로 **혁신적** innovative 이어서 상대적으로 새로운 아이디어 상품을 생각해 내고, 시장의 틈새를 메운다는 뜻도 내포한다. 혁신적이고 새로운 사업을 이렇게 시작하는 태도는 흔히 **entrepreneurship** 기업가 정신 이라 한다.

successful entrepreneur 성공한 기업가	Here are some lessons you can learn from the world's most successful entrepreneurs. (from a lifestyle magazine) 세계에서 가장 성공한 기업가들부터 배울 수 있는 교훈들을 소개하면 아래와 같다. (생활 방식을 전문으로 다루는 잡지에서)

successful은 entrepreneur와 짝을 이루어 쓰이는 형용사이지만, 최상급을 사용해 top entrepreneurs 최고의 기업가, greatest entrepreneurs 가장 위대한 기업가 라는 표현도 가능하다. entrepreneur의 능력은 그들 각자가 시작한 모험 사업 venture 이 어느 정도 성공 successful 하였는지로 측정되기 때문이다.

budding entrepreneur 신진 기업가	My daughter is a budding entrepreneur– she's already earned $50 from her lemonade stand! (from an X post) 내 딸은 예비 기업가! 레모네이드 가판대에서 벌써 50달러를 벌었다! (X에 게시된 글에서)

business에 이제 관심을 갖기 시작(예비 기업가)하거나, 성공을 위해 겨우 몇 걸음을 내디디던 상황(신진 기업가)이어서 재능은 있지만 경험이나 자원이 아직 부족한 사람을 가리킬 때 사용되는 표현이다. 이 맥락에서 entrepreneur와 함께 사용될 만한 유사한 형용사로는 would-be 장래의, potential 잠재적 이 있다.

| **young entrepreneur** 젊은 기업가 | There are many challenges faced by young entrepreneurs as they pursue success. (from a youth charity) 젊은 기업가들이 성공을 추구할 때 직면하는 많은 어려움이 있다. (청년을 위한 자선 단체에서) |

budding entrepreneur가 비슷한 뜻으로 사용된다. a young entrepreneur는 눈에 띄게 젊은 나이에 사업을 시작하거나 to start a business 독자적으로 일하는 to become self-employed 사람을 가리킨다.

| **property entrepreneur** 부동산 기업가 | If you wish to become a property entrepreneur, you first need to research the housing market and choose a suitable location in which to buy. (from a real estate website) 부동산 기업가가 되고 싶다면 먼저 주택 시장을 조사하고 매입하기에 적합한 장소를 선정해야 한다. (부동산 관련 웹사이트에서) |

a real estate entrepreneur라고도 한다. 투자 형태 a form of investment 로 주택을 매입해서 개축한 뒤에 이익을 붙여 되파는 사람을 뜻한다. entrepreneur 앞에 다양한 수식어를 붙여, 그가 시작한 사업이 어떤 유형의 산업에 속하는지를 명확히 전달할 수 있다. 예컨대 a music entrepreneur 음악 산업 기업가, technology entrepreneur 테크놀로지 기업가 등의 표현이 가능하다.

**private entrepreneur
개인 기업가**

I would describe myself as a private entrepreneur looking for a new project. (from a LinkedIn profile)
허락한다면, 나는 새로운 프로젝트를 찾고 있는 개인 기업가로 나 자신을 소개하고 싶다. (링크드인에 올린 자기 소개에서)

an entrepreneur를 소개할 때, 그 앞에 덧붙여지는 private나 individual은 '개인이 혼자 힘으로 사업을 시작하거나 독자적으로 일하게 되어, 다른 사람의 도움 없이 순전히 그의 노력에 성공 여부가 달렸다'라는 것을 강조하는 형용사에 불과하다.

210,000

In the last year, entrepreneurs have created almost 210,000 jobs in the UK. (from an online business magazine)
지난 한 해 동안 영국에서 기업가들이 만들어낸 일자리가 거의 21만 개에 달한다. (온라인 비즈니스 잡지에서)

integration 통합

경영학에서 integration은 회사의 규모를 키우기 위해 다른 기업을 인수해 자신의 기업과 결합하는 행위를 뜻한다. 따라서 integration에는 다른 기업을 an acquisition 인수 하거나, 두 기업이 a merger 합병 해서 새로운 회사로 다시 탄생하는 과정도 포함된다. 이 맥락에서 integration은 인수나 합병이 있은 뒤에 하나로 결합되는 기업이 향후에 효율성을 추구하기 위해 구조와 경영진을 조정하는 과정을 뜻하는 데도 사용된다.

horizontal/vertical integration 수평적/수직적 통합	One of the benefits of horizontal integration is the reduction in competition within the market. (business advice column) 수평적 통합의 장점 중 하나는 시장에서 경쟁이 줄어든다는 것이다. (비즈니스에 관련해 조언하는 칼럼)

horizontal integration은 동일한 업종과 동일한 생산 단계에 있는 두 기업의 합병 a merger을 주로 뜻한다. 두 기업이 같은 층위 the same level에 존재하기 때문에 형용사 horizontal이 사용된다. 반대로 vertical integration은 한 기업이 공급망 the supply chain에서 위나 아래에 있는 기업을 지배하거나 to take control 인수해서 to acquire 운영을 간소화하는 방법을 가리킨다. 두 통합 모두 기업 전략 company strategies이란 맥락에서 사용된다.

backward/forward integration 후방/전방 통합	The use of backward integration will increase efficiency by giving us direct access to the materials we need for production. (from a Teams meeting) 후방 통합을 사용하면, 생산에 필요한 자재에 직접적으로 접근할 수 있어 효율성이 높아질 겁니다. (Teams 회의에서)

backward integration과 forward integration은 모두 vertical integration의 한 형태이고, 같은 맥락에서 사용된다. backward integration은 원자재 raw materials의 공급자처럼 공급망에서 상위에

있는 기업을 인수하는 경우를 가리킨다. 한편 forward integration은 유통업체 a distributor 처럼 생산 경로에서 하위에 있는 기업의 인수를 뜻한다. backward vertical integration과 forward vertical integration과 같이 이런 개념을 더 구체적으로 표현할 수도 있다. 어떤 기업이 두 가지 통합을 모두 실행하는 경우에는 balanced vertical integration 균형 잡힌 수직 통합을 시도한다고 말할 수 있다.

> **31%**
> We have calculated that our vertical integration strategy will increase annual profits by 31%. (from a presentation to a board of directors)
> 우리 계산에 따르면, 수직 통합 전략을 실시하면 연간 이익이 31퍼센트 증가할 겁니다. (이사회에 보고된 프레젠테이션에서)

excludability 배제성, 배제 가능성

경제학에서 excludability는 재화나 서비스 혹은 자원에 부여되는 두 가지 주된 특성 중 하나이며, 다른 특성은 경합성 rivalry 이다. excludability는 재화나 서비스 또는 자원이 돈을 지불하는 고객 paying customer 에게 어느 정도까지 제한될 수 있는가를 표현할 때 사용되는 개념이다. 따라서 excludability에도 정도의 차이가 있는 것으로 설명되는 경우가 많다. excludability는 이런 개념을 뜻하는 전문 용어로, 대부분의 고객에게는 지나치게 비싼 재화나 서비스를 가리키는 exclusivity 고급스러움, 배타성 와는 명확히 구분되어야 한다.

excludable good 배제 가능한 재화/상품	Excludable goods help to avoid the "free rider" problem. (financial journal) 배제적 상품은 무임승차자 문제를 피하는 데 도움이 된다. (재무 관련 학술지)

excludable goods는 의류나 영화 티켓과 같이 돈을 지불하는 고객만 이용할 수 있는 재화를 뜻한다. 완전히 excludable한 동시에 rivalrous 경쟁적인 재화는 private good 사적 재화, 사유재 라고도 한다.

high/low excludability 높은/낮은 배제성	Music tends to have low excludability due to the occurrence of piracy. (online economics guide) 음악은 불법 복제의 발생으로 인해 배제성이 낮은 경향을 띤다. (온라인 경제학 강의)

excludability에는 정도의 차이가 있다. 돈을 지불하는 고객에게 얼마나 제한적인가에 따라 각 재화(상품)는 low excludability나 high excludability로 평가될 수 있다. 양극단 사이에 위치한 재화는 semi-excludable 반배제적 하다고 할 수 있다.

non-excludability 비배제성	The non-excludability of public parks means they can be utilised by all. (report on public spaces) 공공 공원의 비배제성은 모든 사람이 이용할 수 있다는 것을 뜻한다. (공공 장소에 대한 보고서)

non-excludability는 전혀 excludable하지 않는 재화, 즉 누구나 무료로 자유롭게 이용할 수 있는 재화를 가리키는 표현이다. non-excludability 비배제성 와 non-rivalry 비경합성 를 모두 지닌 재화는 public goods 공공재 라 한다.

degree of excludability 배제성의 정도

> When selling a new product, you need to consider its degree of excludability. (business lecture)
> 신상품을 판매하려고 할 때는 그 상품의 배제성 정도를 고려해야 합니다. (비즈니스 강의)

excludability는 등급화된다. 따라서 재화에는 특정한 degree of excludability가 주어진다. 다시 말하면 모든 재화는 다른 정도로 excludable하며, high excludability나 low excludability 등으로 분류된다.

76%
76% of our survey takers are annoyed by the high excludability of online streaming platforms. (online technology and entertainment magazine)
우리 조사에 참여한 사람의 76퍼센트가 온라인 스트리밍 플랫폼의 높은 배제성을 달갑게 생각하지 않았다. (테크놀로지 및 엔터테인먼트를 취급하는 온라인 잡지)

regulation 규정, 규제

금융과 관련해 쓰일 때 regulation은 시장의 안정성을 보장하고 고객을 보호하며 금융 범죄 financial crimes 를 줄이기 위해 금융 부문에 적용되는 법률이나 규칙을 뜻한다. 이 맥락에서 regulation

은 supervision감독과 짝을 이룰 수 있다. banking regulation and supervision은행 규제와 감독이란 관용구에서 보듯이, 두 개념은 함께 언급되는 경우가 많고 심지어 서로 호환적으로 사용될 수도 있다.

financial regulation 금융 규제	Financial regulation helps to prevent fraud and ensure customers are treated fairly. (article on insurance firms) 금융 규제는 사기를 방지하고 고객이 공정하게 대우 받도록 하는 데 도움이 된다. (보험 회사를 다룬 기사에서)

financial regulation은 은행이나 시장과 같은 금융 부문에 적용되는 규칙과 정책을 명확히 가리키는 표현이다. 이런 financial regulation을 수행하는 개인이나 조직은 a financial regulator금융 규제관/규제 기관라 한다.

prudential regulation 건전성 규제	Prudential regulation of our institution is conducted by an independent agency. (bank website) 우리 기관에 대한 건전성 규제는 독립된 기관에서 수행합니다. (은행 웹사이트)

prudential regulation은 은행이나 투자 회사와 같은 금융 기관에 적용되는 financial regulation의 한 유형이다. 때로는 더 구체적으로 prudential regulation and supervision이라고 하기도 한다.

regulatory authority
규제 당국

I am going to report my experience to the relevant regulatory authority (email from a banking customer)
제가 겪은 일을 관련 규제 당국에 알리려고 합니다. (은행 고객이 보낸 이메일)

regulatory body 혹은 regulatory agency라고도 한다. regulatory authority는 금융 기관들에 대한 regulation을 시행하는 조직을 가리키는 표현이다.

45,000

We carry out the financial regulation of almost 45,000 banks in the UK. (regulatory authority website)
우리는 영국 내에서 영업하는 약 4만 5,000개의 은행에 대해 금융 규제를 수행합니다. (규제 당국의 웹사이트)

hot-desking 핫데스킹, 자율 좌석제

hot-desking은 회사나 개별 사무실에서 사무실 공간을 최대화하는 방법의 일환으로 직원들이 개인 책상을 배정받는 대신 매일 다른 책상이나 업무 공간을 사용하는 시스템을 가리킨다. hot-desking은 팬데믹 이후로 재택 근무를 하는 직원 employees working from home 이 증가하면서 더 자주 사용되는 용어가 되었다. 명사 hot desk는 어떤 직원이든 사용할 수 있는 개별 책상을 뜻한다.

to hot desk 사무실 책상을 공동으로 이용하다	Staff tend to just hot desk when they're in the office. (email to a new employee) 직원들은 사무실에 있을 때 빈 책상을 그냥 이용하면 됩니다. (신입 직원에게 보낸 이메일)

to hot desk는 이 맥락에서 단독으로 동사로 사용될 수 있고, 직원들이 개별적으로 사무실에 근무할 때마다 다른 책상을 이용하는 경우를 가리킨다. 한편 회사나 사무실 전체에서 책상이 그렇게 이용되는 상황을 표현하고 싶을 때는 to implement hot-desking 핫데스킹을 시행하다이라고 말하면 된다.

to implement hot-desking 핫데스킹/자율 좌석제를 시행하다	After an increase in employees working from home, many companies decided to implement hot-desking to save on office space. (article on the economic impact of the pandemic) 집에서 일하는 직원이 늘어나면서 많은 기업이 사무실 공간을 절약하기 위해 핫데스킹을 시행하기로 결정했다. (팬데믹이 경제에 미친 영향에 관한 기사)

동사 to implement는 to introduce로 바꿔 쓸 수 있다. to implement는 기업이 일하는 방식으로 독특한 무언가를 도입했다는 뜻이 함축된 동사이다.

hot-desking system 핫데스킹 시스템, 자율 좌석제	The hot-desking system can bring several disadvantages. (online commentary on workplace habits) 자율 좌석제는 몇 가지 문제를 야기할 수 있습니다. (업무 습관에 대한 온라인 논평)

hot-desking이 시행된 시스템을 언급할 때 사용되고, 직원들의 업무 현장에서 이런 방법을 사용하는 기업이나 사무실에 해당되는 표현이다. hot-desking policy나 hot-desking practice라고도 말할 수 있다.

hot-desk area **핫데스크 구역**	This is a hot-desk area; please clean your workspace when you are finished. (notice in an office) 여기는 핫데스크 구역입니다. 작업이 끝나면 사용한 공간을 청소해 주십시오. (사무실에 붙은 공고문)

누구에게도 특정한 책상이 배정되지 않은 구역이나 사무실을 가리킨다. hot-desk space라고도 말할 수 있지만, 이 표현은 일반적인 공간보다 개별적인 업무 공간 individual workspace 을 뜻하는 것처럼 들린다.

> **1 in 12**
> Only 1 in 12 office workers state they prefer hot-desking to working from home. (lifestyle magazine)
> 사무직 직원 12명 중 1명만이 재택 근무보다 핫데스킹을 선호한다고 말한다. (생활 방식을 전문으로 취급하는 잡지)

consumer 소비자

a consumer는 재판매resale나 다른 기업 활동을 위한 목적이 아니라, 개인적인 용도나 조직에서 사용하려고 재화나 서비스를 구입하는 개인을 가리킨다. consumer는 비슷하게 들리는 customer 고객와 혼용되는 경우가 많지만, a customer는 개인적인 목적이나 비즈니스적 목적으로 재화와 서비스를 구입하는 사람을 더 폭넓게 가리킨다. 따라서 a consumer는 항상 a customer이지만, a customer가 항상 a consumer이지는 않다.

to satisfy consumers 소비자를 만족시키다	We won't be able to satisfy consumers until we understand what they need. (from a marketing meeting) 소비자에게 무엇이 필요한지를 알지 못한다면 소비자를 만족시킬 수 없을 겁니다. (마케팅 회의에서)

기업에서는 consumer satisfaction 소비자 만족이나 customer satisfaction 고객 만족이란 개념에 무척 신경을 쓴다. 여기에서 to satisfy consumers는 기업이 제공하는 제품과 경험이 소비자의 기대치 the expectations of consumers에 부합한다는 것을 뜻한다.

to exploit consumers 소비자를 착취하다	Many companies exploited consumers during the pandemic by raising the price of masks and cleaning products. (national exposé) 팬데믹 기간 동안 많은 기업이 마스크와 소독제의 가격을 인상해 소비자들을 착취했다. (전국지의 폭로)

to exploit는 consumer와 흔히 함께 사용되는 동사로, 기업이 더 많은 돈을 벌려는 목적에서 소비자 행동에 대해 알고 있는 정보를 비윤리적으로 악용하는 상황을 표현할 때 사용된다.

consumer preferences 소비자 선호	To succeed in a fast-paced market, companies need to get better at anticipating consumer preferences. (commentary on current marketing practices) 급변하는 시장에서 성공하려면 기업은 소비자가 선호하는 것을 더 잘 예측할 수 있어야 한다. (마케팅 관행 현황에 대한 비판)

consumer preferences는 consumer choices 소비자 선택 라고도 하며, 개인의 취향 및 호불호 likes and dislikes 등 소비자의 구매 행동을 결정하는 요인들을 가리키는 개념이다. 기업은 어떤 제품을 생산하고 어떻게 홍보할지 알아내기 위해 consumer preferences를 연구한다.

Consumer Price Index 소비자 물가지수	The Consumer Price Index is the best way to measure inflation. (economics blog) 소비자물가지수는 인플레이션을 측정하는 가장 좋은 방법이다. (경제학 블로그)

Consumer Price Index는 흔히 약어로 CPI로 표기되며, 소비자가 지불하는 가격의 월별 변화를 측정한 지수이다. Consumer Price Index는 공통적으로 구매되는 재화와 서비스를 기준으로 계산된다. 영국과 미국 모두 똑같이 Consumer Price Index로 쓴다.

> **average consumer**
> 일반 소비자, 보통 소비자
>
> We need to consider how these price changes will affect the average consumer. (from a Teams meeting)
> 이런 가격 변화가 일반 소비자에게 어떤 영향을 미칠지 심사숙고해야 합니다. (Teams 회의에서)

average consumer는 일반적인 소비자에게 영향을 상업적 관행의 공정성에 대한 판결을 내릴 때 법적인 맥락에서 사용되는 용어이다. 더 구체적으로 말하면, 상당한 정도의 정보를 지닌 a consumer, 혹은 표적으로 삼은 소비자 집단 a targeted group of consumers 의 평균 average 을 가리킨다. average consumer의 명확한 특징에 대해서는 지금도 치열하게 논의되고 있다.

> **5.1%**
> The Consumer Price Index increased by 5.1% in the last 12 months. (report by a government agency)
> 소비자 물가지수가 지난 12개월 동안 5.1퍼센트 상승했다. (한 정부 기관의 보고서)

supply 공급, 공급하다

경제학에서 supply는 소비자에게 제공되는 재화와 서비스의 총합 the sum total 을 가리키는 용어이다. supply는 주어진 체제 내에서 얼마나 많은 재화와 서비스가 제공될 수 있는지를 실질적으로 나타내는 한 방법이다. low supply나 short supply는 사용 가능한 재화가 적다는 뜻이고, 반대로 high supply나 abundant supply는 재화와 서비스가 넘쳐나는 상황을 뜻한다. supply라는 단어는 경제 상황을 이해하기 위해 경제 분석에서 정식 용어로 사용되는 경우와, 기업이 자원이나 노동 같은 요소들의 가용성 availability 을 파악하려는 사업 논의에서 사용되는 경우로 나뉘어진다.

supply chain 공급망	Due to supply chain issues, we've had to restrict our trading. (message on electronics retailer website) 공급망 문제로 인해 거래를 제한할 수밖에 없게 되었습니다. (전자 제품 소매업체의 웹사이트에 게시된 메시지)

supply chain은 경영에서 핵심적인 용어로, 상품 제작을 위한 원자재 추출부터 판매까지 거래 당사자들을 사슬 chain 처럼 연결하는 과정 전체를 한꺼번에 일컫는 용어이다. supply chain은 그 모든 과정만이 아니라 그 과정에 개입한 조직까지 아우르는 일반화된 용어이다.

labor supply 노동 공급	Analyzing labor supply helps businesses anticipate workforce needs and develop effective recruitment strategies. (journal article on workforce management strategy) 노동 공급을 분석하면, 인력 수요를 예측하고 효과적인 채용 전략을 수립하는 데 도움이 된다. (인력 관리 전략에 대한 신문 기사)

labor supply는 일반적으로 시간 단위로 측정되고, 노동자가 특정한 시장에서 노동할 의사와 역량이 있는 노동량 amount of work 을 뜻한다. labor supply는 전문 용어에 가까워서 기업계와 학계의 경제 분석 같

은 맥락에서 주로 사용되지만, 한 경제권이나 산업에서 노동자의 활동 및 가용성을 표현하기에 적합한 단어이다.

| **money supply**
 통화 공급/공급량 | This roller coaster of inflation suggests that we need to reconsider the country's money supply. (financial journalism)
 지금처럼 기복이 심한 인플레이션 현상을 보면, 우리나라의 통화 공급을 재고할 필요가 있는 듯하다. (금융에 관련한 언론 기사) |

한 국가의 money supply는 그 국가의 경제에서 유통되는 통화 및 유동 자산liquid assets의 총량이다. money supply는 거시 경제학 개념으로, 일반적으로 국가 전체에 공급되는 통화를 가리킨다. 인플레이션, 양적 완화quantitative easing, 통화 정책monetary policy 같은 개념들을 연구하는 사람이라면 money supply가 특정한 시간에 한 경제권에서 유통되는 모든 돈을 실질적으로 지칭하는 데 유용하다는 것을 알 것이다.

| **supplier**
 공급자, 공급 회사 | I will discuss with our suppliers whether we can start work early. (email from a contractor on construction project)
 우리가 일찍 작업을 시작할 수 있는지 공급업체들과 상의해 보겠습니다. (도급업자가 건설 프로젝트에 대해 보낸 이메일) |

a supplier는 자원, 부품, 서비스 등을 다른 누군가에게 제공하는 사람일 수 있다. a supplier는 상당히 다의적인 단어a versatile term 이지만, 소비자에게 직접 판매하는 것이 아니라 다른 기업체에 무언가를 제공하는 기업체를 표현할 때 일반적으로 사용된다.

supply side economics
공급 측면 경제학

> Supply side economics consists of policies that stimulate economic growth by incentivizing production and investment. (from economics textbook)
> 공급 측면 경제학은 생산과 투자를 장려함으로써 경제 성장을 촉진하는 정책들로 이루어진다. (경제학 교과서에서)

supply side economics는 경제학에서 기업과 투자자를 위해 tax cuts 감세, deregulation 규제 완화, incentives 우대 정책에 초점을 맞춘 접근 방식이다. supply side economics는 fiscal policy 재정 정책에 대한 논쟁, 경제에 대한 정부의 간섭, 경제 이론과 경제 정책에 대한 토론에서 흔히 사용되는 용어이기도 하다.

> **5%**
> Last year, global oil supply increased by 5%, reaching a record high of 100 million barrels per day. (energy market news article)
> 지난해, 세계 석유 공급량은 5퍼센트 증가하여 하루 1억 배럴로 최고치를 기록했다. (에너지 시장에 대한 뉴스 기사)

demand 수요

경제학적 의미에서 demand는 소비자가 특정한 시간에 특정한 가격으로 구매할 의사와 능력이 있는 재화나 서비스의 양을 뜻한다. demand는 경제학에서 기본 개념으로 경제학자와 정책 입안자, 기업 및 소비자가 market behavior시장 행동, pricing dynamics가격 역학, consumer preferences소비자 선호 등을 이해하고 분석하는 데 사용된다. supply와 마찬가지로, 무언가에 대한 demand가 다양한 방법으로 표현될 수 있다. 예컨대 economy-wide demand경제권 전반의 수요, aggregate demand총수요, industry wide demand산업 전체의 수요, 특정한 재화나 서비스에 대한 특정한 수요 등이 있다.

high/low demand 많은/적은 수요	Due to high demand, we have run out of stock of this product. (retail message to customers) 수요가 많아, 이 상품의 재고가 소진되었습니다. (소매업체가 고객들에게 보낸 메시지)

demand와 짝을 이뤄 가장 흔히 사용되는 형용사가 high/low이다. high/low demand는 한 경제권에서 소비자들이 무언가를 원하여 구매할 수 있는 수준을 나타낸다.

rising/falling demand 수요 증가/수요 하락	We're seeing falling demand for our formal outfits like suits and blazers. (fashion business internal market analysis) 슈트와 블레이저 같은 정장의 수요가 하락하는 것이 눈에 띕니다. (패션 기업의 내부 시장 분석)

levels of demand수요 수준가 변할 때는 rising과 falling 같은 단어들이 그런 변화를 표현하는 데 적합한 형용사이다.

increasing/ decreasing demand 수요 증가/수요 감소	How will the airline industry deal with decreasing demand? (news article headline) 항공업계는 수요 감소에 어떻게 대처할 것인가? (뉴스 기사의 머리기사)

increasing/decreasing demand는 rising/falling demand와 궁극적으로 똑같은 뜻이지만, 조금 더 격식을 차린 표현이라 할 수 있다.

consumer demand 소비자 수요	Retailers should closely monitor consumer demand and adjust inventory levels and marketing strategies accordingly. (from retail business advice blog) 소매업체들은 소비자 수요를 면밀히 관찰해 그에 따라 재고 수준과 마케팅 전략을 조정해야 한다. (소매업 비즈니스에 대해 조언하는 블로그에서)

demand는 소비자 및 소비자 행동과 관련된 것으로 가장 자주 언급되며, demand에서 소비자는 빼놓고 생각할 수 없다. 따라서 누군가 demand를 consumer demand로 구체적으로 표현하면 소비자가 방정식의 일부라는 사실을 강조하려는 것이다. 물론 business demand 기업체 수요, government demand 정부 수요라는 표현도 존재하며, 각 표현은 수요의 종류를 구체적으로 명기한 것에 불과하다.

changing demand 수요 변화	We are constantly responding to changing demand in the food market. (market update newsletter from local producer) 우리는 식품 시장의 수요 변화에 끊임없이 대응하고 있습니다. (지역 생산업체가 발행한 최신 시장 동향에 대한 소식지)

말을 하는 사람_{speaker}이나 글을 쓰는 사람_{writer}이 수요가 증가하는지 하락하는지 명시하지 않고, 단순히 어떤 방향으로든 변하고_{changing} 있다고만 표현할 때 사용하는 관용구이다

to stimulate demand **수요를 자극하다, 촉진하다**	Studies have shown that tax incentives would stimulate demand for electric vehicles. (government policy document for sustainable transportation strategy) 여러 연구에서 확인되듯이, 세금 지원이 전기 자동차의 수요를 촉진할 것이다. (지속 가능한 교통 전략을 위한 정부 정책 문서)

stimulating demand는 소비자들에게 원하는 것_{a want}이나 필요한 것_{a need}을 소유하도록 유도하는 행위를 뜻한다. 기업은 가격을 낮추거나 실질적인 마케팅을 통해 소비자의 수요를 자극하고_{to stimulate demand}, 정부는 감세 정책을 시행해 소비자 지출을 부추길 수 있다_{to encourage consumer spending}.

1 in 10

1 in 10 consumers say that they would pay premium prices for sustainable products. (consumer behavior research)
소비자 10명 중 1명은 지속 가능한 제품에 대해 인상된 가격을 지불할 의향이 있다고 대답한다. (소비자 행동에 대한 연구)

stocks 주식

stocks는 회사의 공동 소유권 part ownership 을 뜻하는 데 shares와 혼용되며, 같은 뜻을 지닌 것으로 본다. 하지만 둘 사이에는 약간의 차이가 있다. a stock이 회사 소유권의 비율을 일반적으로 지칭하는 용어라면, 회사의 소유권은 shares라 불리는 더 작은 단위로 이루어진다. stock이란 개념은 equity 보통주 라고도 불린다. 개별 기업의 stock에 대해 논의할 때는 단수 stock으로 쓴다.

to invest in stocks 주식에 투자하다	Investing in stocks can be a smart way to increase your wealth, but it is important to know the risks. (online investment guide) 주식 투자는 재산을 늘리는 현명한 방법이 될 수 있지만 위험할 수 있다는 것을 인정하는 것이 중요하다. (온라인으로 진행되는 투자 안내)

to invest in stocks는 주식을 매수하는 행위 the purchasing of stocks를 가리킬 때 주로 사용된다. 같은 뜻으로 to invest in the stock market이라고 말할 수도 있다.

to hold stocks 주식을 보유하다	Many investors report they are afraid of holding stocks for the long-term due to fluctuations in the market. (financial magazine) 시장 변동으로 인해, 많은 투자자가 장기적으로 주식을 보유하는 것이 두렵다고 말한다. (금융 전문 잡지)

to hold는 to buy매수하다, to sell매도하다과 더불어 stocks와 함께 자주 사용되는 동사이다. to hold stocks는 더 큰 투자 수익을 기다리거나 변덕스런 시장을 참고 견디며to ride out a volatile market a stock을 팔지 않고 소유권을 장기간 동안 유지하는 행위를 가리킨다. 같은 뜻으로 to hold onto stocks라고도 말할 수 있지만, 이 맥락에서 to hold는 to keep 등과 같은 동사들과 호환되지 않는다.

stockholder
주주

Our stockholders will have the final say on the acquisition. (email from a CEO)
우리 주주들이 인수에 대한 최종 결정권을 갖게 될 것입니다. (최고경영자가 보낸 이메일)

stockholder는 shareholder와 혼용될 수 있다. 둘 모두 어떤 회사의 shares를 소유한 개인을 뜻하기 때문이다. 그렇다고 stakeholder와 혼동해서는 안 된다. stakeholder이해 당사자도 비슷한 개념이지만 회사의 성공 또는 실패에 영향을 받되 주식을 소유하지 않는 개인을 뜻하므로 stockholder와는 분명한 차이가 있다.

stockbroker
주식 중개인

I need to call my stockbroker and ask her to sell part of my portfolio. (conversation between friends)
내 주식 중개인에게 전화해서 내 포트폴리오의 일부를 팔아달라고 부탁해야겠어. (친구들 간의 대화)

a stockbroker는 고객을 대신해 주식stocks을 사고 파는 전문가이다. stockbroker는 고객의 stock portfolio주식 포트폴리오를 관리할 수 있으며, portfolio는 주식과 펀드 및 각종 투자로 이루어지는 금융 자산 목록이라 할 수 있다.

| **stock market** 주식 시장 | Buy a subscription to guarantee up to date reports on the stock market. (online ad for a financial newspaper) 주식 시장에 대한 최신 보고서를 받고 싶으면 구독 신청을 하십시오. (경제 신문에 대한 온라인 광고) |

a stock market은 어떤 지역이나 국가의 모든 stock exchanges 증권거래소를 가리키는 데 사용되는 보편적인 개념이며, 투자자들이 기업의 주식을 사고 팔 수 있는 장소도 stock market에 포함된다. 토론장에서는 a stock market보다 정관사가 사용된 the stock market으로 주로 표현된다.

| **common stock** 보통주 | If you are hoping for long-term gains, I would recommend investing in common stock rather than preferred stock. (financial advice YouTube channel) 장기적인 수익을 기대한다면 우선주보다는 보통주에 투자하는 것이 좋습니다. (금융에 대해 조언하는 유튜브 채널) |

common stock은 한 기업이 보유한 두 유형의 자기 자본 equity 중 하나이고, 다른 하나는 preferred stock 우선주이다. 둘은 각기 다른 장점을 지닌다. 예컨대 common stock은 투자자에게 회사의 의결권 voting rights 을 부여하지만, preferred stock은 회사 자산에 대해 더 큰 청구권을 갖는다. common stock은 ordinary shares 혹은 common shares라고도 한다.

> **-2.3%**
> The stock market experienced a decline of -2.3%, reflecting investor concerns. (financial newspaper)
> 주식 시장은 2.3퍼센트 하락하며 투자자들의 우려가 반영되었다. (경제 신문)

shares 주식

shares는 회사 소유권(stock 혹은 equity)과 직결되는 개별 단위의 주식을 가리킨다. share와 stock이 혼용되어 사용되는 경우가 많지만, a share는 stock과 다르다. 한 기업의 주식 a company's stock 은 shares로 분할되어 매각된다. 주식 share 을 매수할 때는 일반적으로 2주 이상을 매수하므로 shares는 거의 언제나 복수로 표현된다.

to buy/sell shares 주식을 매수하다/매도하다	You can buy shares online through our website or over the phone. (banking website) 우리 웹사이트를 통해 온라인이나 전화로 주식을 매수할 수 있습니다. (금융 웹사이트)

to buy and sell shares 주식을 매매하다 는 다수의 shares를 특정한 가격에 매수한 뒤 주가가 상승하면 이익을 남기고 판매하는 식으로 단기적으로 거래하는 행위를 표현할 때 사용된다. 따라서 to buy and sell shares는 'shares를 장기적으로 보유해 더 큰 투자 수익을 기대하다'라는 뜻이 함축된 to invest in shares와는 다르다.

| **to own shares (in something)** 무언가의 주식을 소유하다 | I own shares in several companies to guarantee a return on my investments. (conversation between friends) 나는 투자로 수익을 확실히 얻기 위해 여러 회사의 주식을 소유하고 있어. (친구들 간의 대화) |

이 맥락에서 전치사 in 뒤에는 share과 관련된 기업이 쓰인다. shares 앞에 숫자를 덧붙여 얼마나 많은 shares를 소유하고 있는지를 명시할 수 있다. share의 경우로는 복수를 사용해 own share라고 말하지만, 특정 회사의 주식 stock에 대해 언급할 때는 own stock이라고 단수형을 사용하는 것에 주의해야 한다.

| **to issue shares** 주식을 발행하다 | Companies can issue shares to avoid taking out new loans. (business guide) 기업은 주식을 발행해 신규 대출을 받는 것을 피할 수 있다. (사업에 관련된 안내서) |

a company issues shares는 '회사가 stock를 분할해 주주들에게 shares를 매도하다'라는 뜻이다. issued shares 발행 주식는 authorized shares 수권 주식와 다르다. authorized shares는 앞으로 발행할 수 있는 주식의 총수를 뜻하고, issued shares는 실제로 매도된 주식의 수를 가리킨다.

| **share price** 주가 | Share prices can fluctuate throughout the day, so the price you get when you buy will depend on the time the order is completed. (notification on a bank app) 주가는 하루 종일 변동을 거듭할 수 있어, 매수 가격은 주문이 완료되는 시간에 따라 달라집니다. (은행 앱의 공지) |

a share price는 매수하거나 매도하는 단일 주식 share 의 가격을 뜻한다. 그 가격은 시장 상황에 따라 달라진다. 같은 뜻으로 the value of shares라고도 말할 수 있다.

> **1.84%**
> The clothing giant's share prices have fallen by 1.84% in the past week. (stock market commentary)
> 이 의류 대기업의 주가는 지난주에 1.84퍼센트나 하락했습니다. (주식 시장에 대한 해설)

bonds 채권

a bond는 투자자가 은행이나 정부 같은 기관에 빌려주는 특수한 형태의 대출이며, bonds는 발행한 기관에 의해 다시 매입되어야 한다. 따라서 bonds 발행자는 투자자, 즉 채권 소유자 bondholder 에게 확정된 기간 a fixed period of time 에 대해 이자를 더해 상환해야 한다. bonds는 debt security 채무 증권 라고도 한다. bond에 내포된 다른 의미와 달리, 채권이란 뜻의 bond는 동사로 사용되지 않는다.

bond yield 채권 수익률	Higher bond yields may dissuade people from investing in stocks. (finance section of a newspaper) 채권 수익률이 높아지면 사람들이 주식 투자를 꺼릴 수 있다. (신문의 금융면)

a bond yield는 a bond에 투자한 사람이 얻는 자본 수익률return on capital을 가리킨다. 상대적으로 더 큰 수익을 제공하는 bonds는 high-yield bonds고수익 채권라 하고, 그 반대의 경우도 마찬가지이다.

bond quote 채권 시세, 채권 거래 가격	Bond quotes don't usually include accrued interest. (financial website FAQ page) 채권 시세에는 일반적으로 미지급 이자가 포함되지 않습니다. (금융 관련 웹사이트의 FAQ 페이지)

일반적으로 a bond quote는 채권 액면가the face value of a bond의 백분율로 표현되며, 해당 bond가 시장에서 현재 거래되는 the current price시가를 가리킨다. 이 맥락에서는 quote를 동사로도 사용할 수 있다. 예컨대 a bond is quoted (as a certain value or percentage)채권의 시세가 얼마로/혹은 몇 퍼센트로 매겨지다와 같이 쓸 수 있다.

government bonds 국채	Government bonds offer a low-risk investment but also have lower interest rates. (financial services company website) 국채는 위험이 낮지만 이자율도 낮은 투자처이다. (금융 서비스를 제공하는 회사의 웹사이트)

government bonds는 정부가 정부 지출을 지원하려고 발행하는 bonds를 뜻한다. a government bond의 한 예로는 a treasury bond 재무부 발행 채권가 있다. 중앙 정부a national government가 발행한 bonds는 a sovereign bond정부 발행 채권라 할 수 있다.

premium bonds
할증채, 프리미엄 채권

> Premium bonds may provide a higher cash flow. (online investment guide)
> 할증채는 더 나은 현금 유동성을 제공할 수 있다. (온라인 투자 안내)

미국에서 a premium bond는 상대적으로 높은 이자율 때문에 (웃돈이 붙어, at a premium) 액면가 이상으로 거래되는 채권을 뜻한다. 한편 영국에서는 이자를 받는 대신 매달 비과세 경품을 받을 기회를 제공하는 savings account 저축 계좌의 일종도 a premium bond라 할 수 있다. 따라서 이 둘을 혼동해서는 안 된다.

fixed rate bond
고정 금리 채권

> Here are a list of providers offering the best fixed-rate bonds. (market comparison website)
> 최고의 고정금리 채권을 제공하는 업체들을 정리한 목록은 다음과 같다. (시장 비교 웹사이트)

a fixed rate bond는 정해진 기간에 대해 고정된 금액의 이자 a fixed amount of interest를 제공하는 저축 계좌의 일종이며, 대체로 다른 저축 계좌보다 이자율이 높은 경우가 많다. a 5-year fixed rate bond라는 예에서 보듯이, fixed rate bond는 구체적인 기간이 명시될 수도 있다.

> **3.91%**
> The 10-year bond yield is projected to be 3.91%. (report on government bonds)
> 10년 만기 채권 수익률은 3.91퍼센트로 예상된다. (국채에 대한 보고서)

acquisition 인수

an acquisition은 어떤 회사가 다른 회사의 주식 대부분이나 전부를 매입하여 다른 회사에 대한 지배권을 확보하는 기업 거래 a business transaction를 뜻한다. acquisition은 mergers and acquisitions 합병과 인수라는 포괄적 용어 umbrella term의 절반에 해당한다. merger는 두 기업의 결합을 뜻하는 반면에 acquisition은 다른 기업의 소유권을 취하는 것에 불과하다는 점에서 두 개념은 다르다. acquisition에 관련된 동사는 to acquire이다. 서너 건의 acquisitions을 행한 기업은 acquisitive 적극적 인수 성향의 기업 라 표현될 수 있다.

to make an acquisition 인수하다	Here are 5 steps for your company to make a successful acquisition. (business newsletter) 성공적인 인수를 원한다면 다음에 소개되는 5단계를 밟아야 한다. (비즈니스 소식지)

to make는 acquisition과 가장 흔히 함께 사용되는 동사이다. 하지만 to undertake와 to carry out도 이 맥락에서 사용될 수 있다. the act of acquisition 인수 행위은 to acquire a company라고도 말할 수 있다.

mergers and acquisitions 합병과 인수, 인수 합병	I've reached out to a mergers and acquisitions lawyer to assist with our transaction. (email from a manager) 우리 거래에 도움을 줄 인수 합병 전문 변호사에게 연락했습니다. (한 관리자가 보낸 이메일)

흔히 M&A로 줄여서 표현되는 mergers and acquisitions는 두 기업을 하나로 묶는 거래를 가리키는 데 사용되는 포괄적 용어이다. 용어의 구성에서 짐작되듯이 a merger나 an acquisition을 뜻하는 것으로 그칠 수 있지만, 두 기업을 통합 consolidation 하는 다른 다양한 형식들을 표현하는 데 사용되기도 한다.

private/public acquisition 비공개/공개 인수	Carrying out a private acquisition involves fewer regulations than public transactions. (law firm website) 비공개 인수는 공개 거래에 비해 규제가 적습니다. (법률 회사의 웹사이트)

형용사 public과 private는 an acquisition이 수행되는 방법을 표현할 때 사용될 수 있다. 예컨대 a public acquisition은 공개적으로 publicly 거래되는 회사를 인수하는 경우이고, a private acquisition은 그렇지 않다. 또한 public acquisition은 public M&A transaction으로, private acquisition은 private M&A transaction으로 표현될 수도 있다.

proposed acquisition 인수 제안	There have been security concerns over the proposed acquisition of the defence company. (government report) 방산 기업의 인수 제안으로 안보에 대한 우려가 있었다. (정부 보고서)

a proposed acquisition은 아직 인수 절차가 진행되지는 않았지만, 인수 회사 the acquiring company가 통합과 관련해 공식적인 조건을 이미 제시한 상태를 뜻한다. 마찬가지로, an acquisition proposal도 다른 기업을 매수하려는 공식적인 제안을 가리킨다.

> **$27.7 billion**
> The food giant has made an acquisition of its competitor for $27.7 billion. (financial newspaper)
> 그 식품 대기업이 경쟁사를 277억 달러에 인수했다. (경제 신문)

merger 합병

명사 merger는 일반적으로는 둘이지만 둘 이상의 기업이 하나로 합해지는 경우를 가리킨다. 일반적으로 자산과 부채 및 직원들이 새로 확대된 기업으로 이전되지만, merger의 유형에 따라 다르다. merger의 주된 목적은 시장 점유율 market share 을 높이고 이익을 늘리기 위한 것이다. merger는 acquisition 인수 과 유사하지만, merger는 두 기업이 하나로 합해지는 경우를 중립적으로 표현하는 용어인 반면에 acquisition은 하나가 다른 하나를 장악한다 taking over 는 점에서 다르다.

corporate merger 기업 합병, 법인 합병	The corporate merger between TechRocket and InnovateX shook up the industry. (intro from business podcast on big multi-billion dollar mergers) 테크로켓과 이노베이트엑스의 기업 합병은 업계를 뒤흔들었습니다. (수십억 달러 규모의 대형 합병에 대한 비즈니스 팟캐스트의 소개말)

대부분의 경우에 merger로 합해지는 주체들이 corporation기업, 법인이기 때문에 mergers는 실질적으로 corporate mergers이다. 합병되는 조직이 자선 단체나 정부 기관이 아니라 기업이기 때문에 merger의 성격을 추가적으로 명시하기 위해 사용하는 표현이다.

mergers and acquisitions 합병과 인수, 인수 합병	Our team provides full-service strategic advice in relation to mergers and acquisitions. (company LinkedIn page) 저희 팀은 인수 합병과 관련하여 종합적인 전략적 조언을 제공합니다. (링크드인의 회사 소개 페이지)

mergers와 acquisitions, 두 단어는 merger가 어떻게 진행되는지에 대해 설명하는 글의 표제header로 함께 사용되는 전문 용어이다. 예컨대 법률 회사와 회계 회사에는 세금이나 감사를 담당하는 부서가 별도로 있듯이 mergers and acquisitions를 전적으로 담당하는 부서가 있을 수 있다. mergers and acquisitions는 M & A라고 줄여 표현하는 경우가 많다.

to carry out a merger 합병을 실시하다	XCorp carried out one of the biggest mergers of all time. (X post) 엑스코프는 역사상 가장 큰 합병 중 하나를 실행했다. (X에 게시된 글)

someone merged the companies라고 말하는 것은 부자연스럽다. someone carried out a merger라고 말하는 것이 훨씬 더 흔하다. 따라서 merger를 관련된 동사인 to merge로 바꿔 사용할 수 있지만, 비즈니스와 금융에 대한 논의에서 조금 더 길게 동사구to carry out a merger를 사용하는 것이 더 낫다. to carry out을 대신해 사용할 수 있는 또

다른 동사로는 to execute가 있다. to execute a merger는 조금 더 격식을 차리고 전문화된 냄새를 풍기는 표현이다.

merger agreement
합병 계약(서)

This merger agreement between the two pharmaceutical companies includes provisions for intellectual property rights and employee retention. (from legal advice note)
두 제약 회사 간의 이 합병 계약서에는 지적 재산권 및 직원 유지에 대한 조항이 포함되어 있다. (법률에 대해 조언한 쪽지에서)

merger는 복잡할 수 있어 관련된 당사자들이 합의한 계약서 contractual agreement가 수반되는 경우가 많다.

7 out of 10

7 out of every 10 corporate mergers result in increased market share for the combined entity within the first two years. (business review article)
기업 합병 10건 중 7건은 합병 이후 2년 이내에 합병 법인의 시장 점유율이 증가한다. (사업에 대해 평가한 기사)

monetization 수익화, 경제적 이익 창출

monetization은 무언가를 돈으로 바꾸는 행위 또는 과정을 뜻한다. 실질적으로 말하면 monetization은 다음 두 과정 중 하나를 가리킨다. 하나는 부동산을 매각하는 것처럼 자산을 유동성 있는 현금liquid cash으로 전환하는 것이다. 다른 하나는 사업체나 관행에서 비금전적 요소를 수익을 창출하는 요소로 전환하는 것이다. 전자는 상대적으로 사업체에 국한된 과정인 반면에, 후자는 유료화 벽paywall 같은 것을 구축할 때 혹은 사람들이 자신들이 만들어내고 있는 것에 사용료를 부과해야 한다고 결정할 때 일반적으로 사용된다. 그리하여 그것들이 수익을 창출하기 시작할 때 '수익화되다'to be monetized라고 말할 수 있다.

* paywall: 웹사이트의 일부 페이지들을 유료로 지정하는 것.

| **monetization platform** 수익화 플랫폼, 수익 창출 플랫폼 | YouTube is one of the most common monetization platforms for video creators. (from social media post about video monetization) 유튜브는 동영상 제작자들이 가장 일반적으로 사용하는 수익 창출 플랫폼 중 하나이다. (동영상 수익 창출에 대한 소셜 미디어에 게시된 글에서) |

monetization platform은 콘텐츠 제작자content creators가 각자의 콘텐츠로 수익을 얻게 해 주는 수단의 일종을 가리킨다. 이 맥락에서 platform이라는 말은 YouTube유튜브, Twitch트위치, Discord디스코드, TikTok틱톡 등과 같이 콘텐츠가 공유되고 교환되는 웹사이트나 디지털 공간을 뜻한다.

monetized content 수익화된 콘텐츠	This article is monetized content–consider subscribing for full access. (pop-up on online journal website) 이 글은 유료 콘텐츠입니다. 전체를 보려면 구독을 신청하십시오. (온라인 저널의 웹사이트에 띄워진 팝업)

content that is monetized로 다시 쓸 수 있으며, 유료화된 콘텐츠라는 뜻이다. 디지털 페이월 digital paywall과 구독 서비스 subscription service 같은 경우를 표현할 때 흔히 사용되는 용어이다.

monetization strategy 수익화 전략	Our monetization strategy is to offer basic services for free and charge for premium features. (start-up pitch to investors) 우리 수익화 전략은 기본 서비스는 무료로 제공하고, 고급 콘텐츠는 유료로 제공하는 것입니다. (투자자들을 대상으로 한 스타트업의 홍보)

기업과 콘텐츠 제작자는 자신의 콘텐츠에 대해 사용료를 부과하는 방법을 고민할 때 이런 전략을 흔히 사용한다. 이런 유형의 전략은 전반적인 사업 계획 business plan 의 일부일 수 있다.

non-monetized 수익을 창출하지 않는, 무료의	My videos are non-monetized–why do they still have ads on them? (Reddit post by video content creator) 제 동영상은 수익을 창출하지 않는데 왜 여전히 광고가 붙을까요? (동영상 콘텐츠 제작자가 레딧에 게시한 글)

non-monetized는 무언가가 무료로, 어떤 형태의 금전적 장벽이나 요구 사항이 없다는 것을 표현하는 데 사용되는 형용사이다. 이때 올바른 접두사는 un이나 in이 아니라 non-이다. non-이 덧붙여진 경우에는 non-이 없는 단어가 더 흔히 사용된다는 뜻이기도 하다.

> **2.5 times**
> Businesses implementing personalized monetization strategies experience a 2.5 times increase in customer retention. (business and marketing textbook)
> 기업이 개인화된 수익화 전략을 시행하면, 고객 유지율이 2.5배 증가한다. (경영 및 마케팅 교과서)

buyout 매수, 바이아웃

buyout은 acquisition인수**과 혼용되어 사용될 수 있다. 둘 모두 한 회사가 다른 회사의 지분 전체** the entire equity **나 대부분의 주식** most of the stock **을 매수함으로써 경영권을 확보하는 투자 거래** investment transaction **를 뜻하기 때문이다. 요약하면 one company buys out another** 한 회사가 다른 회사를 매수하다 **가 된다. buyout과 acquisition은 같은 뜻으로 사용될 수 있지만, buyout은 아래에서 설명되는 management buyout이나 leveraged buyout과 같이 특정한 유형의 buyout에 대해 언급하고 싶을 때 사용되고, acquisition은 더 광범위한 비즈니스 거래를 언급할 때 사용된다.**

to fund a buyout 매수에 자금을 대다	There are various options available to fund a buyout, it is important you understand what is involved with each of them. (article from a law firm website) 기업 매수에 자금을 지원하는 방법은 다양하다. 각 방법이 무엇과 관계가 있는지를 파악하는 것이 중요하다. (한 법률 회사의 웹사이트에 실린 글)

buyout을 실행하려면 돈이 필요하기 때문에 to fund는 buyout과 함께 사용되는 대표적인 동사일 수 있다. to finance도 이 맥락에서서 호환해 사용될 수 있는 동사이다. private equity firms사모 펀드 회사가 보유하고, 다른 기업을 인수하는 데 사용되는 a fund기금, 자금는 a buyout fund라 한다.

buyout firm 기업 매수 전문 회사	A US buyout firm has proposed a takeover of a global transport company. (national news broadcast) 미국의 한 기업 매수 전문 회사가 범세계적인 운송 회사를 인수하겠다고 제안했습니다. (전국 뉴스 방송)

a buyout firm은 buyout을 촉진하거나 buyout에 필요한 자금을 지원하는 회사로, 기업을 매수해 경영한 뒤에 매각해 수익을 남기는 회사를 표현하는 데 사용되는 용어이다. 같은 뜻으로 private equity firms라고도 한다.

management buyout 경영자 매수	Before considering a management buyout, you need to ensure you have a compatible team. (management webinar) 경영자 매수를 고려하기 전에 화합할 수 있는 팀이 있는지를 확인해야 합니다. (경영자들의 웨비나) * webinar: 웨비나, 인터넷에서의 세미나

a management buyout은 MBO로 축약되어 표기되고, 기존 관리팀이 현재 경영하는 회사의 자산과 사업을 매수하는 거래를 가리킨다. 반대되는 개념은 a management buy-in으로, 외부 경영팀이 회사를 매수해 현재 경영진을 대체하는 경우를 가리킨다.

leveraged buyout 차입 매수	Leveraged buyouts come with high risks for the target company. (online business guide) 차입 매수의 경우에는 매수 대상 회사에 큰 위험이 따르기 마련이다. (온라인 사업 안내)

a leverage buyout, 즉 LBO는 다른 회사를 인수할 자금을 마련하기 위해 차입한 자금 borrowed funds 으로 그 회사를 매수하는 경우를 가리킨다. 이때 피인수 회사의 자산이 담보 collateral 로 사용되는 경우가 많다. 이처럼 차입 자본을 이용하는 행위를 leverage라 한다. 이런 형태의 buyout은 피인수 회사에 빚을 떠넘기기 때문에 부정적인 함의를 지니고, 따라서 약탈적 predatory 으로 인식된다.

> **90% to 10%**
> In a typical leveraged buyout, there is usually a ratio of 90% debt to 10% equity. (article from an economics magazine)
> 전형적인 차입 매수는 대체로 90퍼센트의 부채와 10퍼센트의 자기 자본으로 이루어진다. (경제 잡지에 실린 기사)

diversification 다각화

투자 상황에서 diversification은 위험을 줄이고 잠재적 수익을 높이기 위해 다양한 자산과 산업에 분산해 투자하는 행위 the act of spreading out one's investments를 가리킨다. diversification은 투자자에게 중요한 전략으로 다뤄진다. investments 투자와 portfolios 포트폴리오에 대해 언급할 때는 diversification만이 아니라 그 동사형인 to diversify도 사용할 수 있다.

diversification strategy 다각화 전략	A diversification strategy will lower the risk across your investments. (financial magazine) 다각화 전략은 투자 전반의 위험을 낮출 수 있다. (경제 전문 잡지)

diversification은 전략 a strategy 이란 맥락에서 자주 언급된다. diversification은 일종의 investment strategy 투자 전략이기도 하다. a diversification technique 혹은 a diversification practice라고도 한다.

portfolio diversification 포트폴리오 분산화/분산화	You can achieve portfolio diversification by including a balance of stocks and bonds. (online investment advisor) 주식과 채권을 균형 있게 더하면 포트폴리오 다각화를 달성할 수 있습니다. (온라인 투자 조언가)

portfolio diversification은 다각화되는 대상 what is being diversified을 명확히 표현할 때 사용되는 문구이다. portfolio가 diversification

이 필요한 다양한 투자로 이루어지므로, portfolio라는 맥락에서 diversification이라는 단어가 자주 사용되는 것은 당연하다.

over-diversification
과도한 다각화

> What are the signs of over-diversification in my portfolio? (investment subreddit)
> 내 포트폴리오에서 지나친 다각화의 징후는 무엇인가? (레딧의 투자 관련 항목)

over-diversification은 투자자가 최적의 diversification 수준을 넘어 자신의 포트폴리오에 주식을 지나치게 많이 보유하여 수수료와 복잡하게 생각해야 할 것은 늘어난 반면에 수익률은 떨어지는 상황을 가리킨다. 동사 형태의 to over-diversify로도 사용할 수 있다.

> **15 to 20**
> The optimal level of diversification in one's portfolio is at least 15 to 20 different stocks. (online investment guide)
> 포트폴리오에서 최적의 다각화 수준은 최소 15-20종의 다른 주식을 보유하는 것이다. (온라인 투자 안내)

insolvency 지불 불능, 파산

insolvency는 개인이나 회사가 채무를 갚지 못하고, 부채가 총자산을 초과해 재정적으로 어려운 상태를 뜻한다. 반대말인

solvency는 '빚진 돈을 갚기에 충분한 자금이 있다'는 뜻이다(지불 능력). insolvency는 법원의 명령 a court order과 관련된 것도 아니고 법적 절차도 아니라는 점에서 bankruptcy파산와 다르다. insolvency는 재무적 상태를 뜻할 뿐이며, 항상은 아니지만 거의 언제나 bankruptcy에 선행한다.

to declare (something) insolvent 지불 불능 상태라고 공표하다	After the pandemic, many small businesses were declared insolvent as consumers cut back on spending. (national newspaper) 팬데믹 이후 소비자들이 지출을 줄인 탓에 많은 소기업이 지불 불능 상태로 선언되었다. (전국 신문)

개인이나 회사는 공식적인 절차를 통해 부채를 해결하거나 파산을 신청하기 to file for bankruptcy 위한 insolvency proceedings 지불 불능 소송 절차 를 시작할 목적에서, 스스로 지불 불능 상태라고 선언하거나 to declare itself insolvent 다른 기관을 통해 insolvent 지불 불능 이란 평가를 받을 수 있다. 이 표현은 주로 수동형으로 쓰인다. to declare insolvency라고 말할 수도 있다.

to face insolvency 파산에 직면하다	If you don't earn enough from sales this month, you may be facing insolvency. (email from an accountant) 이번 달 판매로 충분한 수익을 올리지 못하면 파산에 직면할 수 있습니다. (회계사가 보낸 이메일)

개인이나 회사가 insolvency에 가까운 상황, 즉 충분한 돈을 벌지 못하는 상태에 있는 상황을 묘사할 때 사용되는 표현이다. 같은 뜻으로

to be close to insolvency, to be on the brink of insolvency라고도 말할 수 있다.

| **cash-flow insolvency**
현금 흐름 부실 | A company can often resolve cash-flow insolvency by negotiating with creditors. (financial advice column)
기업은 채권자들과 협상해서 현금 흐름이 부실한 상황을 타개할 수 있다. (금융에 관련해 조언하는 칼럼) |

cash-flow insolvency는 insolvency의 한 형태로, 개인이나 기업이 빚을 갚기에 충분한 자산을 보유하고 있지만 그 자산이 유동 자산 liquid assets처럼 적절한 형태로 있지 않은 상황을 가리킨다.

| **technical insolvency**
기술적인 지급 불능 | Unfortunately, the business is now technically insolvent, and we may need to file for bankruptcy. (email from a CEO)
안타깝게도 우리 기업은 현재 기술적으로 지급 불능 상태입니다. 파산을 신청해야 할지도 모르겠습니다. (최고경영자가 보낸 이메일) |

balance sheet insolvency 재무상태표에서의 지급 불능, 부채 초과 라고도 불리는 technical insolvency는 회사가 부채 liabilities를 감당하고 빚 debts을 상환하기에 충분한 자산이 없다는 것을 뜻한다. 따라서 technical insolvency는 cash-flow insolvency와 혼동되어서는 안 된다. 이 예에서 형용사 형태는 technically insolvent이다.

insolvency proceedings 지불 불능 소송 절차

> Before insolvency proceedings begin, it may be useful to attempt an informal arrangement with one's creditors for an alternative way of making payments. (law firm's website)
> 지급 불능 소송 수속이 시작되기 전에 채권자들과 비공식적인 합의를 시도해 지불을 대체할 방법을 찾는 것이 유용할 수 있습니다. (법률 회사의 웹사이트)

insolvency proceedings는 채무를 해결하기 위해서 지급 불능 상태에 있는 개인이나 기업 insolvent individual or company 을 상대로 제기하는 법적 조치를 뜻한다. 채권자들에게 빚을 갚기 위한 자산 정리 liquidation of asset 도 insolvency proceedings에 포함될 수 있다.

19,000

> The forecasted number of company insolvencies in the US this year is around 19,000. (website for business analytics)
> 올해 미국에서는 약 1만 9,000개의 기업이 지급 불능을 선언할 것으로 예상된다. (기업 상황을 전문으로 분석하는 웹사이트)

predatory pricing 약탈적 가격 책정

기업이 경쟁자들을 물리치려고 가격을 턱없이 낮게 책정할 때 predatory pricing이라 한다. predatory pricing은 엄밀히 따지면 불법이지만 기업이 predatory pricing에 관여되어 있다는 것을 입증하는 데는 어려움이 있다. predatory pricing의 목적은 경쟁 기업이 이익을 내지 못하도록 방해하는 데 있다. 소비자가 가장 저렴한 상품을 선택해 경쟁 기업의 상품을 소비하지 않으면 그 경쟁 기업은 이익을 내지 못할 것이 분명하기 때문이다. 따라서 대기업이 자신의 상품 가격을 낮게 책정함으로써 일시적인 이윤 감소 reduction in margin를 더 쉽게 견딜 수 있기 때문에 predatory pricing은 대기업이 실행하는 경우가 많다. 이런 식으로 대기업은 독점 a monopoly이 되어 시장을 지배하려 한다.

to engage in predatory pricing 약탈적 가격을 책정하다	The claimant alleged that their rival company engaged in predatory pricing. (from court judgment for a commercial law case) 청구인은 경쟁 회사가 약탈적 가격을 책정했다고 주장했습니다. (상법 사건에 대한 법원 판결문에서)

predatory pricing은 동사로 사용되지 않는다. 따라서 predatory pricing을 행위로 연결하려면 to engage가 가장 흔히 사용된다. 따라서 the company engaged in predatory pricing이라고 표현되는 것이 일반적이다.

predatory pricing strategy 약탈적 가격 책정 전략	Predatory pricing strategies are more common in certain industries, such as retail, pharmaceuticals and e-commerce. (business textbook) 약탈적 가격 책정 전략은 소매업, 제약업, 전자 상거래 등 몇몇 산업 분야에서 더 흔히 사용된다. (경영학 교과서)

predatory pricing은 고정 비용 fixed costs이 높고, 규모의 경제 economies of scale가 크며 경쟁이 심한 업종에서 흔히 활용된다. 기업들은 가능하면 시장 점유율을 높이려고 predatory pricing이란 불법적 기법 illegal technique에 의지한다.

to combat predatory pricing 약탈적 가격 책정을 방지하다/방지하기 위해 싸우다	Trade associations across the country are working together to combat predatory pricing and ensure fair competition in the marketplace. (trade association press release) 전국의 동업자 조합은 약탈적 가격 책정에 맞서고, 시장에서의 공정한 경쟁을 보장하기 위해 함께 노력하고 있습니다. (동업자 조합의 보도 자료)

대부분의 국가에는 predatory pricing에 대응하기 위한 많은 규제가 있다. predatory pricing은 불공정하고 부도덕하며 침해적 aggressive으로 간주되기 때문에, predatory pricing에 대응한다고 말할 때 to combat, 때로는 to fight 같은 전투적인 동사 combative verb를 사용한다.

> **$300,000**
> Drug chain guilty of predatory pricing, competitor to receive $300,000 in damages. (business news headline)
> 약탈적 가격 책정으로 유죄 판결을 받은 의약품 공급 회사, 경쟁 기업에 30만 달러 배상해야. (경제 관련 뉴스의 머리기사)

consortium 컨소시엄, 조합

a consortium은 공동의 목표나 프로젝트를 수행하기 위해 계약을 맺은 둘 이상의 개인이나 회사 혹은 국가로 구성된 협력체를 뜻한다. consortium의 구성원은 자원을 공유하지만, 사업 운영과 관련해서는 독립성을 유지한다. consortium과 partnership 동업은 구분되어야 한다. partnership은 둘 이상의 당사자가 독립적인 개체로 남지 않고 하나의 조직을 결성해 공동의 목표를 추구한다는 점에서 consortium과 다르다. a consortium의 복수는 consortia로 알려져 있지만 평범하게 consortiums로도 쓰인다.

to form a consortium 컨소시엄을 결성하다	One reason to form a consortium is if you wish to deliver your services in a different area. (government website) 당신의 서비스를 다른 지역에도 제공하고 싶다면, 컨소시엄을 결성하지 않을 이유가 없다. (정부의 웹사이트)

to form은 이 맥락에서 consortium과 함께 사용될 수 있는 많은 동사 중 하나에 불과하다. 예컨대 to create, to develop, to start가 to form을 대신해 사용될 수 있다. 그러나 to make는 일상적 대화에 사용하기에 적합하지 않다.

consortium of (something) ...로 구성된 컨소시엄	This video streaming service is a consortium of media companies. (article on different media platforms) 이 동영상 스트리밍 서비스는 여러 미디어 회사들이 참여한 컨소시엄이다. (다양한 미디어 플랫폼에 대한 기사)

이 맥락에서 전치사 of 뒤에는 컨소시엄을 구성하는 to make up the consortium 개인들이나 조직들이 쓰인다.

consortium agreement **컨소시엄 협약**	A consortium agreement is a useful way to formalize relationships with other businesses. (legal advice website) 컨소시엄 협약은 다른 기업들과 관계를 공식화하기에 유용한 방법입니다. (법률 자문 웹사이트)

a consortium agreement는 둘 이상의 조직이 협력하는 조건 conditions of the collaboration 을 정리한 계약을 가리키는 공식적인 용어 formal term 이다. 이 맥락에서는 a consortium contract라고 말하는 것이 덜 구어적이다.

not-for-profit consortium **비영리 컨소시엄**	We are a not-for-profit consortium of education charities. (introductory statement from a consortium's website) 우리는 교육 자선 단체들로 구성된 비영리 컨소시엄입니다. (한 컨소시엄의 웹사이트에 올려진 소개글)

not-for-profit는 a consortium의 성격을 구체적으로 표현하는 데 흔히 사용되는 형용사이다. consortiums는 비영리 분야 non-profit sector 에서 흔히 보이지만, for-profit consortiums도 존재하는 것이 사실이다.

35

The non-profit consortium consists of 35 colleges and universities across the southern states. (a higher education leaflet)
이 비영리 컨소시엄은 남부 여러 주에 분포된 35개의 단과 대학과 종합 대학으로 구성되어 있습니다. (고등 교육 전단)

Financial Services and Transactions

commission 수수료, 커미션

금융과 경제에서 commission은 금융 거래를 촉진하거나 특정 서비스를 제공하는 대가로 개인에게 지급하는 수고비 fee 나 보상금 compensation 을 뜻한다. 이런 서비스는 자산 매매, 투자 관리, 비즈니스 거래 성사 등과 같은 것일 수 있다. commission은 부동산 real estate 과 보험 insurance, 영업 sales 과 신규 모집 recruitment 등과 같은 분야에서 흔히 사용되는 용어이다. the amount of commission 수수료 금액 은 성과에 따라 달라지거나 정액 a flat rate 으로 책정된다.

on commission 수수료로	Real estate agents often work on commission, receiving a percentage of the final property sale price. (extract from careers website) 부동산 중개인은 주로 수수료를 받고 일하며, 수수료는 최종 판매 가격에서 일정 비율로 받는다. (직업에 대해 소개하는 웹사이트에서 발췌)

commission은 조건을 보상을 받는 일에 대해 언급할 때 사용되는 부사구이다. someone works on commission(수수료를 받고 일하다)이라고 주로 표현되지만, '수수료를 받는 일을 하다'라는 뜻으로 he/she was on commission이라 말하는 경우도 드물지는 않다.

commission-based 수수료에 기반한	The role is commission-based. (from job advert) 이 역할의 보수는 수수료에 기반합니다. (구인 광고에서)

commission-based도 수수료로 보상을 받는 일을 표현할 때 사용되는 문구이다. 또한 보수가 판매량이나 실적과 연동되어 있다는 뜻이기도 하다.

to take a commission 수수료를 받다	The artist will take a commission for every painting sold. (art gallery workers discussing an exhibition) 그 화가는 그림이 판매될 때마다 수수료를 받습니다. (전시회에 대해 논의하는 미술관 직원들)

수수료 수령 the receiving of a commission 이란 개념을 전달할 때 주로 사용되는 동사는 to take이다.

commission-free 수수료가 없는	Our online trading platform is commission free! (YouTube advert for online trading platform) 저희 온라인 거래 플랫폼은 수수료가 무료입니다! (온라인 트레이딩 플랫폼의 유튜브 광고)

commission-free는 주식 트레이딩과 관련된 문구이다. commission-free는 개인 트레이딩 플랫폼 a retail trading platform에서 거래할 때 추가 부담금 extra charges이 없다는 뜻이다. 이런 거래가 가능한 이유는 주식 중개인 stock broker이 수수료를 부과하지 않기 때문이다.

> **$500**
> I just earned $500 on commission! (woman celebrating with friends)
> 방금 수수료로 500달러를 벌었어! (친구들과 함께 자축하는 여성)

capital 자본

capital은 경제학적으로 본래의 뜻을 넘어 긍정적이고 부정적인 함의를 잔뜩 지닌 단어 a loaded word이다. 기본적으로는 어떤 형태의 가치를 지닌 금융 및 비금융 자산을 뜻한다. capital은 공장과 기계 설비 같은 부동산 property일 수 있고, 지적 재산권과 상표 및 능력이나 지식처럼 추상적인 것일 수도 있다. 무언가가 어떤 기업이나 단체에 가치를 지녀 어떤 종류의 이점을 제공한다면, 그 무엇은 capital로 여겨질 수 있다. 혼란스럽게도 돈 money 자체는 어떤 의미에서 capital이지만, 재무적 상황에서 capital은 cash현금, 즉 즉각적으로 사용할 수 있는 돈instant money과 구분되는 경우가 적지 않다. 예컨대 기업은 때때로 liquidate capital자본을 매각해 현금화하다 한다. 다시 말해, 자산을 매각하거나 임대함으로써 즉각적인 교환 가치를 지닌 자금immediate funds으로 전환한다.

debt capital 부채 자본, 타인 자본	We should consider raising debt capital instead of liquidating our existing assets. (from financial business advice presentation) 기존 자산을 매각하는 대신 부채 자본을 조달하는 것을 고려해야 합니다. (금융 비즈니스에 대해 조언하는 프레젠테이션에서)

debt capital은 돈을 빌려서 획득한 가치를 뜻한다. 은행이나 대출 기관으로부터 빌린 돈이 debt capital이다.

venture capital 벤처 자본, 벤처 캐피털	We are an innovative firm offering venture capital to promising market disruptors. (from website of venture capital firm) 저희는 유망한 시장 선도자에게 벤처 캐피탈을 제공하는 혁신적인 회사입니다. (벤처 캐피털 회사의 웹사이트에서)

venture capital은 자기 자본equity, 즉 소유권ownership을 부분적으로 확보하는 대가로 스타트업이나 소기업을 지원하려고 투자자(VC)가 제공하는 특수한 형태의 자본이다. venture라는 단어는 모험적risky이고 위험한dangerous 여정이나 프로젝트를 뜻하기 때문에, 이런 종류의 투자자들이 큰 보상을 바라며 큰 위험을 감수한다는 점을 강조한다.

working capital 운전 자본	Efficient management of working capital is essential for ensuring a company's day-to-day operations run smoothly. (financial management guide for SMEs) 운전 자본의 효율적인 관리는 회사의 일상적인 업무가 원활하게 돌아가도록 하는 데 필수적이다. (중소기업을 위한 재무 관리 안내서)

working capital은 active capital, 혹은 available capital 가용 자본의 동의어로, 사업 활동에 즉시 사용할 수 있는 자본을 뜻한다. working capital은 기업의 부채를 상환하는 능력을 비롯해 전반적인 건전성 general health 을 나타내는 지표로 사용된다.

human capital 인적 자본	Human capital is an underlooked element of a business! (LinkedIn post by HR outsourcing company) 인적 자본은 비즈니스에서 과되는 요소입니다! (인적 자원을 관리하는 용역 회사가 링크드인에 게시한 글)

human capital은 사람들이 보유한 역량과 지식, 능력을 일컫는 용어로, 개개인의 생산성 및 조직과 생산 과정의 전반적인 성공에 기여하는 소중한 자산으로 간주된다.

injection of capital 자본의 투입	All we needed was an injection of capital, but we couldn't find investors for years. (excerpt from a celebrity businessman's autobiography) 우리에게 필요한 것은 자본 투입이었다. 그러나 수년 동안 투자자를 찾아내지 못했다. (유명 사업가의 자서전에서 발췌)

투자 과정을 설명하는 한 방법이다. an injection of capital은 사업 과정에서 어려움을 겪고 있거나 새로운 사업을 시작하는 상황에서 주로 사용되는 표현으로, 가치를 창출하기 위해 현금이나 자산 혹은 자기 자본을 투자하는 행위를 뜻한다.

> **12.7%**
> A mere 12.7% of startups receive what can be considered as "adequate" capital investment, allowing them to pursue ambitious growth strategies and market expansion. (entrepreneurship blog)
> 스타트업의 12.7퍼센트만이 '적절한' 자본 투자로 볼 만한 투자를 받아, 야심찬 성장 전략과 시작 확대를 추구할 수 있다. (기업가 정신을 다루는 블로그)

trade 거래, 무역

trade는 사람과 사람, 기업과 기업, 국가와 국가 사이에 재화와 서비스, 자산과 통화, 상품 등을 두고 이루어지는 교환exchange을 포괄적으로 가리키는 단어이다. **trade**는 현대 경제학에서 핵심이기도 하다. **trade**라는 단어는 다양한 뜻을 지녀, 다양한 맥락에서 융통성 있게 쓰인다. 무엇보다 **trade**는 무언가를 사고 판매하는 전반적인 교환 과정general process of exchange을 가리킨다. 기업 간의 거래만이 아니라, 국가 간의 수입과 수출을 표현하는 데도 **trade**가 사용된다. 게다가 시장에서 일어나는 다양한 활동, 예컨대 금융 시장에서 이뤄지는 주식 거래 transactions of stocks 및 국제 통상 international commerce 등을 구체적으로 지칭하는 데도 trade라는 단어가 사용된다.

free trade
자유 무역

> I have always been in favor of free trade to keep domestic prices low. (political speech)
> 국내 물가를 낮게 유지하는 방법의 일환으로, 저는 예부터 줄곧 자유 무역에 찬성해 왔습니다. (정치인의 연설)

free trade는 국제 무역의 한 개념으로, 국가 간에 아무런 제약이 없이 이루어지는 무역을 표현할 때 사용된다. 다시 말하면, free trade는 어떤 국가도 관세 tariff 같은 세금으로 제약을 가하거나, 수출입 할당제 quota로 상품의 물량에 제약을 두지 않는 무역을 가리킨다. free trade의 반대 개념은 protectionism 보호주의으로, 국가가 수입과 수출을 관리하고 통제하려는 제도이다.

fair trade
공정 무역

> This coffee is fair trade. (label on the back of a coffee)
> 이 커피는 공정 무역 커피입니다. (커피 뒷면의 라벨)

요즘 식품이나 의류의 라벨에서 fair trade라는 표기를 볼 수 있다. something is fair trade라는 표기는 그 상품이 윤리적 노동 관행 ethical labor practices과 환경의 지속 가능성 environmental sustainability을 핵심적 고려 사항으로 지키며 생산되었다는 것을 뜻한다. fair trade는 해당 상품의 윤리성 ethical quality을 입증하는 증표 badge로 사용된다.

trader
트레이더

> This is a day in the life of a city trader. (TikTok caption from post by lifestyle content creator)
> 시티 트레이더의 삶을 보여주는 전형적인 하루. (생활 방식 콘텐츠 제작자가 틱톡에 게시한 영상의 제목)

일반적으로 trader는 금융 시장에서 자산을 사고 파는 사람을 가리키는 용어이다. trader는 투자자investor와 유사하지만, 수익을 얻기 위해 자산을 더 빠른 속도로 매도하는 경우가 많다. trader는 주식과 채권, 선물futures, 통화 등 다양한 것을 거래할 수 있다. city trader라는 단어도 요즘 자주 눈에 띄며 같은 의미로 사용된다.

trade war
무역 전쟁

> Country risks escalating trade war with new economic measures (news headline)
> 정부의 새로운 경제 조치로 무역 전쟁이 격화할 수도 (뉴스 머리기사)

trade wars는 국가 간에 국제적인 차원에서만 일어난다. 어떤 국가가 특정 국가에 관세를 부과하는 식으로 보호무역 정책protectionist measures을 시행할 때, 그 상대국이 보복함reciprocate으로써 야기되는 분쟁dispute을 a trade war라 한다. 많은 국가가 경쟁적으로 성장하고 발전한 지난 수세기 동안에는 trade war가 흔했지만, 지금은 일부에서만 계속되고 있을 뿐이다.

to do a roaring trade
불티나게 팔아치우다,
사업이 크게 번창하다

> The baker did a roaring trade at the market. (community events blog)
> 그 빵집이 시장에서 크게 성공했다. (지역 행사를 다루는 블로그)

to do a roaring trade는 '사업이 크게 성공하고 있다'를 뜻하는 표현이다. 일반적으로 소기업이 doing a roaring trade라고 표현되면 수요가 많은 상품을 무척 빠른 속도로 판매하며 높은 매상 high turnover 을 올리는 바쁜 상점의 모습을 떠올리게 된다. 또는 to do a roaring trade는 다른 유형의 기업이 호황기를 누리는 경우도 표현할 수 있지만, 그렇게 흔하게 쓰이지는 않는다.

> **$465,000**
> This year my software start-up turned over $465,000. We did a roaring trade. (Reddit post)
> 올해 우리 소프트웨어 스타트업은 46만 5,000달러의 매출을 올렸다. 엄청나게 장사를 잘한 셈이다. (레딧에 게시된 글)

dividend 배당금, 배당

어떤 기업의 주식을 소유한 사람들에게 지급되는 지불금 payout 은 dividend라 한다. 전문 용어이기 때문에 금융과 관련한 토론이나 주식과 투자에 대한 보고서에서 주로 눈에 띄는 단어이다. 하지만 dividend는 benefit 이익 나 advantage 이득 의 동의어로 폭넓게 사용되기도 한다. 금융이란 범위를 벗어나서 무언가가 paying dividends라 표현되면, 그 무언가가 어떤 식으로든 '이익을 만들어 내다' to produce benefits 라는 뜻이다.

| **regular dividend**
정기 배당(금) | The company pays out regular dividends to its shareholders every quarter. (from corporate policy memorandum)
우리 회사는 매 분기마다 주주에게 정기 배당금을 지급한다. (어떤 기업의 정책 각서에서) |

대부분의 회사 주주가 분기별이나 매년 정기적으로 어떤 종류의 지불금을 받는다면 dividend 앞에 regular라는 수식어가 더해진 경우를 자주 보게 된다.

| **substantial dividend**
상당한 배당금 | The other shareholders and I expect to receive a substantial dividend following the firm's success last year. (email from shareholder to director)
회사가 지난해에 성공을 거둠에 따라 저를 비롯한 모든 주주가 상당한 배당금을 받을 수 있기를 기대합니다. (주주가 이사에게 보낸 이메일) |

상당한 배당금 significant dividend이 지급되는 상황을 묘사하기 위해서는 big, large, huge 같은 단어를 사용할 수도 있지만, substantial과 significant가 더 격식에 맞고 지적인 냄새를 풍기는 대신 감성적으로 강조하는 것처럼은 들리지 않아, 이 주제에 대해 언급할 때는 더 바람직한 수식어일 수 있다.

| **dividend yield**
배당 수익률 | This stock is favored for its high dividend yield, making it appealing to income-oriented investors. (from investment webinar run by stock broker)
이 주식은 배당 수익률이 높아 소득 지향적인 투자자들에게 매력적입니다. (주식 중개인이 운영하는 투자 웨비나에서) |

dividend yield는 주식에 투자한 금액에 비교해서 배당금으로 받는 금액을 계산한 값이다. dividend yield는 주식의 가치 또는 수익성을 나타내며, 구체적인 수치로 주어지는 경우에는 백분율로 표시되는 것이 일반적이다.

> **to pay dividends**
> 큰 이익을 주다
>
> Investing in your education will pay dividends later on in your life! (from university advertisement)
> 교육에 투자하면 훗날 당신의 삶에서 큰 보상을 받을 것입니다! (대학 광고에서)

dividends는 중립적인 전문 용어이지만, to pay dividends라는 관용구는 폭넓은 의미로 쓰인다. something pays dividends는 '무언가가 보상이나 좋은 결과를 가져오다'라는 뜻이다. 어떤 형태로든 이득이 있는 경우에 이 문구가 사용될 수 있다. 예컨대 Eating healthily pays dividends for your concentration(건강한 식사는 집중력 향상에 도움이 된다), Treating your work colleagues nicely pays dividends for your work environment(직장 동료를 친절하게 대하면 업무 환경의 개선에 도움이 된다)라고 말할 수 있다. 위 예문들에서 보듯이, 이 문구를 사용할 때는 상대가 이 문구를 문자 그대로 받아들일 경우에 대비해 어떤 이득이 있는지를 명확히 덧붙이는 경우가 많다.

> **3.25%**
>
> You can expect a dividend yield of 3.25% from this FTSE 100 share. (advice from stock broker)
> FTSE 100에 속한 주식에서는 3.25퍼센트의 배당 수익률을 기대할 수 있습니다. (주식 중개인의 조언)
> *FTSE 100 share: 런던 증권거래소에 상장된 주식 중에서 시가 총액 100대 기업을 가리킨다.

liquidation 청산

영어권에는 금융 부문에서 liquid 유동적와 관련성을 갖는 몇몇 단어가 있다. 대체로 그 단어들은 자산에서 돈 money 을 만들어 직접 유통되게 만드는 것과 어떤 식으로든 관계가 있다. 돈이 자산이나 부동산 형태로 있을 때는 경직되어 사용되지 못하지만, 유동적 형태 liquid form 에서는 자유롭게 쓰일 수 있다. 이런 사실을 유념하면, liquidation은 파산한 기업이 문을 닫고 자산을 채권자들에게 재분배하는 과정을 뜻한다. 엄밀히 말하면 liquidation은 자산과 관련된 개념이지만, 기업이 폐쇄되는 과정 전체를 가리키는 데 흔히 사용되므로 행정적인 문제 administrative matters 도 포함한다. liquidation과 관련된 동사 형태는 to liquidate이고, 청산을 실시하는 행위 the act of going into liquidation 를 뜻한다.

in liquidation
청산 중

> Have you heard the news? Our main competitor went into liquidation last week! (conversation between employees)
> 소식 들었어? 우리의 주 경쟁사가 지난주에 청산에 들어갔대! (직원들 간의 대화)

liquidation은 상태나 과정이다. 따라서 a company is in liquidation, 혹은 a company is in the process of liquidation으로 표현되어야 한다.

compulsory liquidation
강제 청산

> The popular travel company has entered compulsory liquidation. (newspaper article)
> 평판이 좋던 여행사가 강제 청산에 들어갔다. (신문 기사)

영어를 사용하는 많은 관할권에는 두 가지 종류의 liquidation이 있다. compulsory liquidation 강제 청산과 voluntary liquidation 자발적 청산이다. compulsory liquidation은 간혹 involuntary bankruptcy 비자발적 파산로도 불리며, 법원이 지불 불능인 기업 an insolvent company을 폐쇄하고 자산을 매각해 채권자들에게 상환하도록 명령하는 법적 절차이다. compulsory liquidation은 비즈니스 세계와 언론에서 한 기업이 몰락하는 여정을 묘사하는 용어로 사용된다.

voluntary liquidation 자발적 청산, 임의 청산	The shareholders voted for voluntary liquidation, but I resisted and made a plan to re-expand. (excerpt from celebrity entrepreneur's autobiography) 주주들은 투표로 자발적 청산에 찬성했지만, 나는 그 결정에 저항하며 오히려 재확장할 계획을 수립했다. (유명 기업가의 자서전에서 발췌)

voluntary liquidation은 회사의 소유주, 일반적으로 주주가 자산을 처분하기 위해 자진해서 청산을 선택하는 경우를 뜻한다. voluntary liquidation은 법원에 의해 강요된 compulsory liquidation 강제 청산과 대조를 이룬다. 어떤 기업이 더는 거래를 계속할 이유가 없을 때 해당 기업의 주주들이 voluntary liquidation의 길을 선택하는 경향을 띤다.

liquidator 청산인	We are responsible for overseeing the orderly distribution of assets and settling outstanding debts. (from website of professional liquidator company) 우리에게는 자산의 질서 있는 분배를 감독하고 아직 처리되지 않는 채무를 해결할 책임이 있다. (전문 청산인 회사의 웹사이트에서)

a liquidator는 어떤 회사가 지급 불능 소송 절차insolvency proceedings를 진행하는 동안 그 회사의 업무를 마무리짓기 위해 임명된 사람이다. liquidator는 공식적인 비즈니스와 법적 표현에 사용되는 전문 용어이다.

to be forced into liquidation 어쩔 수 없이 청산되다	The company was forced into liquidation following years of financial mismanagement and mounting debts. (online business article) 그 회사는 수년간의 재무 관리 실패와 부채 증가로 인해 청산될 수밖에 없었다. (비즈니스와 관련된 온라인 기사)

compulsory liquidation을 대신해 격식을 따지지 않는 일상적인 표현으로 사용될 수 있는 관용구이다.

52.4 per 10,000
52.4 per 10,000 companies were liquidated in Canada last year.
(statistic from international business seminar on insolvency and liquidation)
지난 한 해 동안 캐나다에서는 기업 1만 개당 52.4개가 청산되었다.
(지급 불능 및 청산에 관한 국제 비즈니스 세미나에서 인용된 통계)

hedge fund 헤지 펀드

a hedge fund는 협력 관계에 있는 개인 투자자들로 구성되고, 자금 운영 전문가professional fund manager가 관리하는 투자 자금investment fund이다. 헤지펀드는 자산의 가치가 올라갈 때만이 아니라 내려갈 때에도 이익을 얻을 수 있도록 다양한 방식으로 자산에 투자한다. 예컨대 헤지펀드가 자산(예: Microsoft)을 매수하고 주가가 상승하면 헤지펀드는 이익을 얻게 된다. 그러나 숏short을 하면, 즉 주식을 빌려 매도하면, 주가가 내려갈 때에도 이익을 얻을 수 있다. 이렇게 모든 경우의 수가 담보되기 때문에 위험이 제한된다. 헤지가 비금융적 맥락에서 사용되면 관목이나 덤불로 이루어진 물리적 장벽을 가리킨다. 이와 비슷하게 헤지펀드도 위험을 상쇄하고 제한함으로써 손실가능성을 최소화할 장벽이 된다. a hedge fund는 a mutual fund와 구분되어야 한다. a mutual fund는 모든 투자자에게 허용되고 상대적으로 장기적인 특징을 띠는 반면에, a hedge fund는 승인된 고액 순자산 보유자high net-worth individual들에게만 접근이 허용되고 단기적인 수익에 초점을 맞춘다.

to start a hedge fund 헤지 펀드를 시작하다	If you are looking to start a hedge fund, you need to raise capital from investors. (online investment guide) 헤지 펀드를 시작하려면 투자자들로부터 자본을 끌어모아야 한다. (온라인 투자 안내)

헤지 펀드의 설립creation of a hedge fund이란 개념을 표현하려고 할 때, hedge fund와 함께 흔히 사용되는 동사는 to start이다. 이 맥락에서는 동사 to launch도 같은 뜻으로 사용된다. to start/to launch a hedge fund는 a hedge fund를 운영할 전문가의 행동을 가리키는 반면, to invest in a hedge fund는 자본 투자자capital investor의 행위를 가리킨다.

| **hedge fund manager** 헤지 펀드 매니저/관리자 | The reputation of the hedge fund manager can affect investor interest. (stock market commentary) 헤지 펀드 관리자의 평판이 투자자 관심에 영향을 미칠 수 있다. (주식 시장에 대한 해설) |

a hedge fund manager는 a hedge fund의 운영을 감독하고 투자 결정을 내리는 사람을 가리킨다. 문화적으로 a hedge fund manager는 우리 사회에서 가장 높은 보수를 받는 직업 중 하나로 알려져 있다.

| **hedge fund strategy** 헤지 펀드 전략 | I need advice on the best hedge fund strategies to appeal to investors. (Reddit post) 투자자들의 마음을 사로잡을 만한 최고의 헤지펀드 전략에 대한 조언이 필요합니다. (레딧에 게시된 글) |

hedge fund strategies는 헤지 펀드 관리자들이 구사하는 다양한 투자 방식 different investment approaches 을 가리킨다. 그런 전략들 strategies 은 a hedge fund에서 중요하게 다루어진다.

| **hedge fund allocation** 헤지 펀드 비중/할당 | Fewer investors are planning to increase their hedge fund allocations this year. (investment podcast) 올해 헤지 펀드 비중을 늘리려고 계획하는 투자자가 더 줄어들었다. (투자 팟캐스트) |

자산이나 포트폴리오에서 일부를 hedge fund에 할당 allocating 하는 행위를 뜻하며, hedge fund allocation은 asset allocation 자산 배분 의 한 형태이다.

activist hedge fund
행동주의 헤지 펀드

> There was a rise in campaigns from activist hedge funds last year. (national newspaper)
> 작년에 행동주의 헤지 펀드의 활동이 증가했다. (전국 신문)

운영 목적에 따라, 다양한 형태의 hedge fund가 있다. 예컨대 an activist hedge fund는 어떤 기업의 주식을 대량으로 매입해 그 기업에 변화를 요구할 수 있다. 다른 유형의 hedge fund로는 global macro hedge funds글로벌 매크로 헤지 펀드와 relative value hedge funds상대 가치 헤지 펀드가 있다.

* global macro hedge fund: 세계 경제 동향과 지정학적 변화를 파악하고 이를 활용해 수익을 창출하는 것을 목표로 하는 투자 방법
* relative value hedge fund: 유가 증권들 간의 일시적인 가격 차이를 이용해 수익을 거두려는 헤지 펀드의 일종.

> **$7.1 trillion**
> The hedge fund market is projected to grow to $7.1 trillion by 2024. (global market analysis)
> 헤지 펀드 시장이 2024년까지는 7조 1,000억 달러 규모로 성장할 것으로 예상된다. (글로벌 시장에 대한 분석)

mutual fund 뮤추얼 펀드

a mutual fund는 여러 투자자로부터 자금을 모아 주식이나 채권 등 다양한 자산을 매입하고, 전문 펀드 매니저에게 운영을 맡기

는 투자 자금 investment fund을 가리킨다. mutual fund도 hedge fund만큼이나 다양한 형태로 관용구로 쓰인다. 그 일부는 여기에서 살펴보고, 일부는 앞서 살펴본 hedge fund 항목을 참조하기 바란다. 하지만 mutual fund와 hedge fund는 투자자의 유형, 거래 전략과 목표 등에서 많은 차이가 있다. mutual은 fund의 조성에 참여한 투자자들이 개별 주식이나 투자된 자산을 직접 소유하는 것이 아니라 그 자산을 공유하므로 이익과 손실도 똑같이 공유한다는 사실을 뜻하는 용어이다.

to invest in mutual funds 뮤추얼 펀드에 투자하다	Start investing in mutual funds with the nation's best investor platform. (ad for an online investment company) 우리나라 최고의 투자자 플랫폼으로 뮤추얼 펀드 투자를 시작하십시오. (온라인 투자 회사의 광고)

to invest는 전치사 in을 앞세워 mutual funds와 함께 사용되는 동사이고, 다른 유형의 fund와 자산의 경우도 마찬가지이다. 또 hedge fund와 비슷하게, to invest in mutual funds는 투자자들의 행위를 가리키는 반면에 to start/launch a mutual fund는 펀드 관리자의 역할이다.

mutual fund portfolio 뮤추얼 펀드 포트폴리오	The benefit of a mutual fund portfolio is that it is professionally managed. (conversation with an investment advisor) 뮤추얼 펀드 포트폴리오의 장점은 전문적으로 관리된다는 점입니다. (투자 조언자와의 대화)

a mutual fund portfolio는 a mutual fund에 투자된 자산들의 목록을 가리킨다. 투자라는 관점에서 a portfolio는 다양한 펀드에 투자된 내용, 혹은 일반적으로는 자산 목록 a collection of assets 을 뜻할 수

있다. 동사 to build 구축하다와 to manage 관리하다가 mutual fund portfolio와 함께 사용될 수 있다.

**mutual fund fee
뮤추얼 펀드 수수료**

> Here's how mutual fund fees may be impacting on your returns. (financial blog)
> 뮤추얼 펀드 수수료가 수익에 미치는 영향은 다음과 같다. (금융과 관련한 블로그)

mutual fund fee는 mutual funds를 운영하는 데 소요된 비용을 충당하기 위해 mutual funds에 투자한 개인이 부담해야 하는 비용을 뜻한다. mutual fund expenses, mutual fund charges라고도 한다.

**mutual fund shares
뮤추얼 펀드 주식**

> Will purchasing mutual fund shares give me voting rights? (FAQ page of an investment company)
> 뮤추얼 펀드 주식을 매수하면 의결권이 부여되나요? (투자 회사의 FAQ 페이지)

투자자들은 개별 자산에 투자하지 않고 mutual fund shares를 매입해 해당 펀드의 일부를 소유할 수도 있다. 마찬가지로, hedge funds도 투자자들이 주식 형태로 매입할 수 있지만 주식 형태이면서도 현금화 redeeming shares 하는 데는 제약이 더 많다.

0.25%

> Mutual fund fees are typically a minimum of 0.25% of your annual investment. (online investment guide)
> 뮤추얼 펀드 수수료는 일반적으로 연간 투자액의 최소 0.25퍼센트이다. (온라인 투자 안내)

liability 부채

a liability는 부채, 즉 빚진 것 something owed을 뜻한다. a liability는 개인이나 기업 혹은 조직이 타자(他者)에게 빌린 빚 debt, 즉 채무 obligation를 가리킨다. 예컨대 채권자에게 빌린 돈, 대출 loan, 주택을 담보로 받은 융자 mortgage 등 재무적 책무 financial commitment가 a liability에 속한다. 기본적으로 liabilities는 회사의 자산에 대해 향후에 정산해야 하는 권리를 나타낸다. 가령 어떤 회사가 은행으로부터 돈을 빌리면, 그렇게 대출 받은 금액 loan amount은 a liability가 된다. 시간이 지나면 회사에게 그 대출금을 상환해야 할 책무가 있기 때문이다. 일반적으로 liabilities는 기업의 재무상태표에서 자산 및 자기 자본과 나란히 기재되며, 그 기업의 재무적 채무를 한 눈에 보여준다. liability는 법률적 상황에서도 사용되며, 잘못에 대한 책임 responsibility, culpability이란 의미를 더 많이 갖는다.

current liability 유동 부채	We need to review our current liabilities to ensure we have enough liquidity to cover upcoming expenses. (from a discussion in an internal business meeting) 향후 비용을 충당할 수 있는 충분한 유동성을 확보하기 위해 유동 부채를 검토할 필요가 있습니다. (내부 사업 회의에서 논의된 내용)

current liability는 기업이 1년 남짓 내에 갚아야 하는 채무액을 표현하려고 회계 accounting에서 자주 사용되는 개념이다. 따라서 current liability는 기업에게 당면한 관심사 an immediate concern이기도 하다.

| **contingent liability** 우발 부채 | The company's contingent liabilities remain at $75,350, pending litigation next month. (extract from a company budget) 우리 회사의 우발 부채는 7만 5,350달러로, 다음 달 소송을 기다리고 있습니다. (한 회사 예산에서 발췌) |

contingent는 '다른 것의 발생에 의존하는'이란 뜻이다. 따라서 a contingent liability는 어떤 불확정적인 사건으로 인해 달라질 수 있는 빚이다. 또 contingent liability는 기업의 자산과 빚에 대한 재무적 논의에서 주로 사용되는 표현이다.

| **tax liability** 조세 채무, 세액 | Use this website to calculate your tax liability. (from online tax calculator tool) 이 웹사이트를 사용해 납부할 세액을 계산해 보십시오. (온라인으로 제공되는 세금 계산기 도구에서) |

tax liability는 개인이나 조직이 세금으로 납부해야 할 금액을 뜻한다.

| **limited liability** 유한 책임 | Can anyone explain how limited liability would help me when I set up my business? (post from small business advice blog) 사업을 시작할 때 유한 책임이 어떤 면에서 도움이 되는지 설명해 주실 수 있을까요? (소기업에 조언하는 블로그의 게시물에서) |

limited liability는 기업의 법률적 구조에 대해 언급할 때 주로 사용되는 용어이다. 대부분의 민간 기업과 공공 기업이 그렇듯이, 회사가

limited liability를 갖는 경우 채무자들은 회사의 빚을 갚으려고 to satisfy the company's debts, 주주들이 회사에 출자한 것 이상으로 개인 재산을 추적할 수 없다. limited liability는 투자자가 기업에 투자하고 부를 창출하도록 유도한다는 점에서 자본주의 경제학의 핵심 원칙이라 할 수 있다.

| **to face liabilities**
책임에 직면하다 | The famous deodorant company is facing significant liabilities arising from a product recall. (business news article)
탈취제로 유명한 회사가 제품 리콜로 인해 상당한 규모의 책임에 직면해 있다. (비즈니스에 대한 뉴스 기사) |

동사 to face는 종종 liabilities와 짝을 지어 함께 사용된다. 기업이나 개인이 to face liabilities한 상황에 있다는 것은 '상당한 빚을 지게 되다' to be in significant debts 라는 뜻이다.

> **$1,300**
> How much do you pay for liability insurance? Our company pays around $1,300. (from discussion on business-related subreddit)
> 책임 보험으로 얼마를 지불하고 있습니까? 우리 회사는 약 1,300달러를 내고 있습니다. (레딧의 비즈니스에 관련한 항목의 토론에서)

liquidity 유동성

liquidity는 어떤 자산이 얼마나 빠르고 쉽게 즉시 지불금 immediate cash으로 전환될 수 있는가를 나타내는 특성이다. liquidity는 자산 assets에 대해 설명할 때 주로 사용된다. 자산이 얼마나 유동적 liquid 인가는 자산 형태(예: 건물, 기계, 브랜드 등)를 언제라도 사용할 수 있는 현금으로 얼마나 쉽게 전환할 수 있는지에 달려 있다. 자산을 frozen cash 동결된 현금 나 hardened cash 환금성이 경직된 현금 라 생각해 보자. 그 자산은 가치를 창출하지만, 기업의 현금 유동성 cash flow과 관련지어 사용할 수 없다. 현금 cash 은 가장 유동적인 자산 the most liquid asset 이다. liquidity와 liquidation이 혼동되는 경우가 적지 않다. 그러나 liquidation은 기업이 파산한 뒤의 행정적 절차(administrative state, 청산)인 반면, liquidity는 자산의 특성일 뿐이다. 하지만 liquidity와 liquidation은 모두 유동 자금 liquid funds 이 즉각적으로 사용되고 처분될 수 있는 자금이란 개념과 관계가 있다.

**sufficient liquidity
충분한 유동성**

I always make sure to keep sufficient liquidity in my portfolio, just in case any opportunities come up for some interesting investments. (from casual conversation with an investment banker)
흥미로운 투자 기회가 생길 경우를 대비해 나는 포트폴리오에 항상 충분한 유동성을 확보해 두려고 합니다. (투자 은행가와의 가벼운 대화에서)

liquidity는 기업 경영자에게 무엇보다 탐나는 것이다. 다시 말하면, liquidity는 기업과 개인이 자유롭게 운신할 수 있게 해 주는 긍정적인 것이다. 따라서 재정과 관련된 대화에서 sufficient liquidity는 유동 자금liquid funds의 이상적인 수준에 대해 설명할 때 사용되는 개념이다.

market liquidity **시장 유동성**	Monitoring market liquidity is a significant aspect of the company's risk management strategy. (from a risk management strategy) 시장 유동성의 면밀한 관찰은 기업의 위험 관리 전략에서 중요한 부분이다. (위험 관리 전략에서)

자주 거론되는 liquidity의 또 다른 종류로는 market liquidity가 있다. market liquidity는 시장 전체의 liquidity를 뜻하며, 가격에 큰 영향을 주지 않고 자산이나 유가 증권이 시장에서 매매될 수 있는 편의성을 가리킨다.

liquidity trap **유동성 함정**	Liquidity traps make monetary policy less effective as lowering interest rates no longer encourages borrowing and spending. (economics textbook) 유동성 함정이 통화 정책의 효과를 떨어뜨리기 때문에 금리를 낮추어도 차입과 지출이 더는 활성화되지 않는다. (경제학 교과서)

금리가 매우 낮은 데도 소비보다 저축이 더 매력적이어서 개인과 기업이 현금을 투자하기보다 쌓아두게 될 때 a liquidity trap이 발생하고, 그로 인해 경기 침체가 더욱 악화된다. a liquidity trap은 높은 수준의 경제학적 논의에서만 사용되는 용어이다.

liquidity crisis
유동성 위기

This paper will analyze the factors that cause liquidity crises. (Federal Reserve policy paper)
이 보고서에서는 유동성 위기를 유발하는 요인들이 분석된다. (연방준비제도의 정책 문서)

특정한 산업이나 시장 또는 기업이 즉각적으로 자금을 조달하기 힘들 정도로 유동성이 낮은 시기에 직면할 때 그런 상황을 liquidity crisis라 한다. 이 시기에는 기업이 부채를 상환하는 것이 더 어렵기 때문에 a crisis라 할 수 있다.

0%

As interest rates have fallen to 0%, we need to be careful about liquidity traps. (from discussion at a central bank)
금리가 0퍼센트까지 떨어졌기 때문에 유동성 함정에 주의해야 합니다. (중앙은행의 한 토론에서)

commodity 상품, 원자재

경제학에서 a commodity는 일종의 재화good, 즉 최종 생산물을 제조하는 과정에서 사용되는 원자재a raw material, 예컨대 곡물과 석유와 광석 같은 1차 상품을 가리킨다. a commodity의 주된 특징은 다른 브랜드가 제작한 완제품들finished products과 달리, 누가 생산하느냐와는 상관없이 그 재화가 거의 구분되지 않는다는 것이다.

더 일반화해서 말하면, commodity는 가치를 지니는 것을 가리키는 데도 사용될 수 있다.

to trade commodities **원자재를 거래하다**	Trading commodities can be a good way to protect against inflation but comes with significant risks. (investment YouTube channel) 원자재 거래는 인플레이션에 대비할 수 있는 좋은 방법이지만 상당한 위험이 수반된다. (유튜브의 투자 채널)

다른 자산과 마찬가지로, one can trade commodities on the market (시장에서 원자재를 거래할 수 있다)이다. 따라서 동사 to buy와 to sell도 commodity와 함께 흔히 사용될 수 있다.

commodity market **원자재 시장,** **1차 상품 시장**	You can invest in the commodity market using an investment platform. (financial advice column) 투자 플랫폼을 이용해 원자재 시장에 투자할 수 있다. (금융에 관해 조언하는 칼럼)

the commodity market은 commodities 원자재를 거래하는 시장을 가리킨다. commodity market은 commodity exchange 1차 상품 거래소, 원자재 거래소라고도 불린다. 위의 예문에서 보듯이, to invest in은 commodity market과 함께 쓰일 수 있고, commodity market 대신 commodities만 쓰일 수도 있다.

| **essential commodity**
필수 재화/상품 | Water is an essential commodity and should therefore be freely available to everyone. (speech by a politician)
물은 필수 재화이므로 모든 사람이 자유롭게 이용할 수 있어야 합니다. (한 정치인의 연설) |

essential은 commodity와 흔히 함께 사용되는 형용사 중 하나이고, essential commodity는 일상 생활에 무척 중요한 물질이나 생산물을 가리킨다. essential commodity는 공식적인 용어만이 아니라 일종의 과장 exaggeration 으로도 사용될 수 있다. 이 맥락에서는 important와 precious 같은 형용사도 commodity와 함께 사용될 수 있다.

| **hard/soft commodity**
경성/연성 원자재 | The value of hard commodities has been volatile this year due to global economic decline. (economic magazine)
올해는 세계 경제의 침체로 인해 경성 원자재의 가치가 불안정했다. (경제 관련 잡지) |

hard commodities는 금 gold 처럼 땅속에서 채굴한 원자재를 가리키고, soft commodities는 밀 wheat 처럼 경작되는 것을 가리킨다. hard/soft는 거래 trading 등을 논의할 때 각기 다른 특징을 지닌 단위들로 commodities를 분류하는 데 사용할 수 있는 형용사들이다.

| **rare commodity**
희귀 상품 | Truth is a rare commodity in politics these days. (political think piece)
요즘 정치에서 진실은 희귀한 상품이다. (정치 관련 글) |

essential과 마찬가지로 rare도 commodity와 함께 사용될 수 있는 형용사이다. rare commodity는 드물고 진귀한scarce 원자재를 가리키며, 위의 예문에서 보듯이 과장exaggeration이나 비유metaphor로도 사용된다.

> **10.3%**
> Demand for hard commodities such as copper has increased by 10.3%. (report by a financial newspaper)
> 구리와 같은 경성 원자재에 대한 수요가 10.3퍼센트 증가했다. (경제 신문에 보도된 기사)

yield 수익률, 산출량

명사 yield는 주식이나 채권 등의 투자로 특정 기간 동안 벌어들인 금액을 가리키는 데 사용될 수 있으며, 초기 투자 비용the initial cost of the investment에 대한 백분율로 표현된다. a yield는 a return과 다르다. 둘 모두 어떤 투자의 profitability수익성를 측정하지만, a return은 시간이 지난 뒤의 가치 변화를 달러 금액으로 표현하며, 투자에 대한 소급적retrospective 이익이나 손실을 나타낸다. 반면 a yield는 미래 지향적forward-looking일 수 있다.

| **yield of (something)**
…라는 수익률 | Currently, these three stocks offer a yield of over 10%. (online investment report)
현재 이 세 주식은 10퍼센트 이상의 수익률을 보여주고 있다. (온라인 투자 보고서) |

이 경우에 전치사 of 뒤에는 문제의 수익률 the yield in question 이 백분율로 표현된다. a yield of 10% 대신 a 10% yield라고 말할 수도 있다.

| **annual percentage yield**
연간 수익률 | Our savings account offers an annual percentage yield of 6%. (online bank advertisement)
우리 저축 계좌는 연 6퍼센트의 수익률을 제공합니다. (은행의 온라인 광고) |

annual percentage yield는 1년간 투자해서 얻는 이자를 백분율로 표시한 값이다. annual percentage yield는 an annual percentage rate 연이율 와 다르다. an annual percentage rate는 일반적으로 대출자가 은행 같은 대출 기관에 납부하는 이자율을 가리킨다.

| **dividend yield**
배당 수익률 | Company performance can affect its dividend yield. (investment webinar)
기업 성과가 배당 수익률에 영향을 미칠 수 있습니다. (투자 웨비나)
*webinar: 웨비나, 인터넷에서의 세미나 |

역시 백분율로 표시되는 dividend yield는 어떤 회사의 주식을 보유한 대가로 주주에게 지급되는 돈의 액수 dividend, 배당 를 가리키며, the share price 주가 에 비례해 그 비율이 결정된다.

yield to maturity
만기 수익률

> Calculating the yield to maturity can help you decide whether something is a good investment. (investment blog)
> 만기 수익률을 계산하면 무언가가 좋은 투자 상품인지 판단하는 데 도움이 될 수 있다. (투자에 관련한 블로그)

a book yield, 혹은 redemption yield라고도 한다. the yield to maturity는 어떤 채권을 만기가 될 때까지 until a bond matures 보유할 경우, 그 채권에 투자한 사람이 얻는 총수익률 total rate of return 의 추정치를 뜻한다. 이 용어에는 동사 to calculate가 일반적으로 함께 사용된다.

> **8.23%**
> The dividend yield of this up-and-coming company is now at 8.23%. (stock market analysis)
> 이 유망한 회사의 배당 수익률은 현재 8.23퍼센트이다. (주식 시장에 대한 분석)

stake 지분

경영학적 맥락에서 a stake는 어떤 회사의 소유권이나 재정적 참여 financial involvement 에서 차지하는 비율 a share 을 가리킨다. 그 회사가 원만하게 운영될 때 그 회사의 지분 stake 을 지닌 개인은 이득을 얻게 된다. 결국 한 개인이 회사 주식을 얼마나 소유하고 있느냐를 뜻하는 stake는 백분율로 표시된다(예: a 30% stake, 30퍼센트의 지분). a stake는 반드시 재무적 영향 financial consequences 이 아니라 일반적으로 무언가에 대한 확정적 지분 a vested interest 을 뜻할 수도 있다.

to acquire a stake 지분을 인수하다	I acquired a stake when this business was first started 10 years ago. (conversation with a colleague) 이 기업체가 10년 전에 창업했을 때 지분을 인수했지. (동료와의 대화)

동사 to acquire가 stake와 주로 함께 사용되지만 to obtain, to have, to buy도 사용될 수 있다. 아래에 인용된 설명에서 보듯이 to acquire a stake의 뒤에는 전치사 in이 따르는 경우가 많다.

a stake in (something) 무언가의 지분	My husband left me a 40% stake in the business, how do I cash this in? (financial advice column) 남편이 사업 지분을 40퍼센트를 남겼는데 어떻게 현금화할 수 있을까요? (재무에 관련해 조언하는 칼럼)

이 맥락에서 stake라는 단어 뒤에는 전치사 in을 붙여 쓰는 것이 일반적이고, in 뒤에는 누군가 일정한 몫 share 을 소유한 기업체가 표현된다. 이때 전치사 of가 사용될 수도 있다(one can possess a stake of the company). a stake in something은 누군가 무언가에 대해 확정적 지분 a vested interest 을 가진 경우를 표현할 때도 관용적으로 사용될 수 있다.

stakeholder
이해 당사자, 이해관계자

Our stakeholders will need to be informed of the potential merger. (email from a CEO)
우리 이해관계자들에게는 합병 가능성에 대해 미리 통보될 것입니다. (최고경영자가 보낸 이메일)

a stakeholder는 어떤 회사에 이해관계가 있어 그 기업 실적의 영향을 받을 수 있는 개인이나 기관을 가리킨다. 투자자나 그곳의 직원이 대표적인 예이다. stakeholder와 shareholder를 혼동해서는 안 된다. shareholder는 기업의 주식 share을 보유한 사람에 불과하며, 따라서 특정 유형의 stakeholder라 할 수 있다.

financial stake
재정적 이해관계, 재정적 참여

Those with a financial stake in the building project are frustrated with the delay caused by the storm. (local newsletter)
이 건물 프로젝트에 재정적으로 참여한 사람들은 폭풍으로 인한 지연에 좌절하고 있다. (지역 소식지)

형용사 financial은 stake와 함께 사용되어, 개인이 어떤 것에 대해 갖는 이해관계 interest = stake 가 금전적 monetary 이란 점을 강조하는 표현이다. 예컨대 주식을 보유해서 얻거나 잃는 것이 있다는 뜻을 강조하는 표현이다.

controlling stake
지배적 지분

The retail giant has agreed to purchase a controlling stake in a rival company and expand its reach. (financial magazine)
이 거대 소매업체는 경쟁사의 지배적 지분을 인수해 사업 범위를 확대하기로 합의했다. (경제 관련 잡지)

an individual or group has a controlling stake in a business(개인이나 기관이 어떤 기업을 지배할 만한 지분을 보유하다)는 '개인이나 기관이 그 기업의 주식 중 50퍼센트 이상을 보유해 더 많은 영향을 행사하다'라는 뜻이다. controlling stake는 a majority stake, a controlling interest라고도 한다.

> **2/3**
> 2/3 of our stakeholders do not agree with the merger. (company report)
> 이해관계자의 3분의 2가 합병에 동의하지 않는다. (한 기업의 보고서)

subsidiary 자회사

영어에서 subsidiary는 모회사 a parent company가 소유한 회사를 뜻한다. 경영과 관계가 없는 상황에서 사용되는 subsidiary는 다른 것의 이익에 supplemental 추가적이거나 peripheral 종속적이란 뜻이다. 따라서 경영적 맥락에서 어떤 기업이 a subsidiary라면 모회사와 연결되어 있지만 덜 중요하다. 기업은 온갖 이유로 subsidiary를 두지만 주된 이유는 위험을 구획화하고 compartmentalize risk 특정한 기능을 전문화하며 specialize in certain functions, 재무적 탄력성 financial flexibility을 확보하려는 데 있다.

subsidiary company 자회사	TechCo's subsidiary company, TechCo AI Limited, is focused on developing cutting edge language models. (from tech news website) 테크코의 자회사인 테크코 AI 유한회사는 최첨단 언어 모델 개발에 주력하고 있다. (테크놀로지에 관련한 뉴스 웹사이트에서)

subsidiary는 주로 명사로 기능하는 단어이지만, company와 함께 사용되며 company를 수식하는 형용사로도 사용될 수 있다. subsidiary 명사와 subsidiary company 형용사 사이에는 아무런 의미 차이가 없다.

foreign/ **overseas subsidiary** 해외 자회사	The board should consider setting up a foreign subsidiary in Ireland–it has a favorable corporate tax regime. (corporate advice to a board of directors) 이사회는 아일랜드에 해외 자회사를 설립하는 것을 고려해야 합니다. 아일랜드는 기업에 유리한 법인세 제도가 있기 때문입니다. (이사회에 대한 기업 자문)

많은 기업이 해외에 자회사를 설립하는 주된 이유는 다른 조세 제도 tax rules를 활용하거나, 다른 시장에 진출하려는 데 있다. 따라서 foreign subsidiary 혹은 overseas subsidiary는 상당히 흔히 사용되는 편이다.

wholly owned subsidiary
완전소유자회사

Pharma giant ZMeds acquires biotech startup to create wholly owned subsidiary for rare disease treatments. (X post linking to online news article)

거대 제약회사 지메드는 생명공학 스타트업을 인수해, 희귀 질환 치료제를 위한 완전소유자회사로 만들려고 한다. (온라인 뉴스 기사로 연결되는 X의 게시물)

wholly owned subsidiary는 모회사가 100퍼센트의 지분을 보유한 자회사이다.

to be a subsidiary of
...의 자회사이다

This luxury fashion brand is a subsidiary of a larger conglomerate that owns several high-end retail and lifestyle brands. (brand profile in fashion magazine)

이 명품 패션 브랜드는 소매업계와 생활 방식에서 여러 고급 브랜드를 보유한 복합 기업의 자회사이다. (패션 잡지에 실린 어떤 브랜드에 대한 소개글)

전치사 of는 subsidiary가 parent company로부터 지시를 받지 않지만 둘이 서로 연결된 관계라는 것을 표현할 때 사용된다.

75%

This well-known chocolate company is 75% owned by a multinational food giant. (company ownership report conducted by investigative journalist)

이 널리 알려진 초콜릿 회사는 다국적 식품 대기업이 그 75퍼센트의 지분을 소유하고 있다. (탐사 전문 기자가 취재한 기업 소유권에 대한 보도)

Financial Services and Transactions

broker 중개인, 브로커

직업의 세계에서 broker는 다른 사람, 대체로 고객a client을 대신해 무언가를 사고 파는 사람을 일컫는 명칭이다. broker는 intermediary, 즉 다양한 산업계에서 최적의 거래를 찾아주고 수수료fee를 받는 대가로 고객을 공급자에게 연결해 주는 사람이다(중개자).

insurance broker 보험 중개인	Please could you ask your insurance broker to provide proof of your current insurance level? (email between a construction project funder and a building contractor) 보험 중개인에게 당신의 현재 보험 수준을 증빙할 서류를 보내 달라고 요청해 주시겠습니까? (건설 프로젝트의 자금 제공자가 건축업자에게 보낸 이메일)

insurance brokers는 보험이 필요한 쪽과 보험 제공자insurance provider를 연결해 주는 중개인intermediaries이다. insurance brokers는 고객의 요구 사항을 조사하고 평가해 보험 계약을 협상한 뒤 그 대가로 수수료a commission를 받는 직업인이다.

stockbroker 주식 중개인, 증권 중개인	Does being a stockbroker guarantee that you will make millions? (Reddit post) 주식 중개인이 되면 수백만 달러를 벌 수 있을까요? (레딧에 게시된 글)

stockbroker는 stock market주식 시장, 증권 거래소에서 stocks and shares채권과 주식를 사고파는 직업인이다. stockbroker는 주식 시장

에 끊임없이 접속해 신속하고 공격적으로 일하는 사람이란 인식이 문화적으로 팽배하다.

mortgage broker 모기지 중개인, 주택 담보 대출 중개인	Unlock your dream home with our personalized mortgage broker services. (real estate services website) 모기지 중개인의 맞춤형 서비스로 꿈의 집을 마련하십시오. (부동산 회사의 웹사이트)

mortgage brokers는 주택 구매자를 대신해 최적의 mortgage deal을 찾아내는 사람, 다시 말하면 주택 구매자에게 가장 좋고 유리한 대출 the best, most favorable loan 을 찾아 시장을 샅샅이 뒤지는 중개인이다.

to broker for ...를 대신해 중개하다	Our legal team is here to broker for you in negotiations with the other side. (description of personal injury legal services) 저희 법률팀이 당신을 대신해 상대방과의 협상을 중개해 드립니다. (신체적 상해 사건에 대한 법률 서비스)

to broker for ...는 거래나 협상에서 누군가를 대신해 중개자 intermediary 나 촉진자 facilitator 가 되는 행위를 가리키는 표현이다. 예컨대 부동산 중개인 a real estate broker 은 부동산 거래에서 매도인이나 매수인을 대신해 중개하며 to broker for a buyer or seller 그들의 이익을 대변한다.

> **to broker between**
> ... 사이를 중개하다
>
> As a mediator, my role is to broker between the labor union and management to facilitate dialogue. (statement by mediator in a trade union dispute)
> 중재자로서 내 역할은 노동 조합과 경영진 사이에서 중개하여 대화를 촉진하는 것입니다. (노동 조합의 쟁의에서 중재자의 진술)

'중개자로서 역할하다'라는 뜻이지만 여러 당사자 간의 대화나 협상을 촉진하는 역할을 특별히 강조하는 표현이다. 예컨대 외교 사절은 분쟁 중인 두 국가 사이를 중개하여 to broker between two conflicting nations 평화 조약을 협상하도록 유도할 수 있다.

> **50-70 hours**
> Stockbrokers typically work 50-70 hours a week–the job is tough and competitive. (extract from careers website)
> 일반적으로 주식 중개인은 주당 50-70시간을 일한다. 무척 힘들고 경쟁이 치열한 직업이다. (직업에 관련한 웹사이트에서 발췌)

lender 대출 기관

a lender는 개인이나 기업에 돈을 빌려주는 다른 개인이나 조직을 뜻한다. a lender는 돈을 빌려주는 행위 action of lending 를 행하는 사람을 부르는 단어를 넘어 공식적인 용어로 사용되며, 특히 주택

담보 대출mortgages**과 관련한 글에서 자주 눈에 띈다. lender는 역할과 과정에 따라 여러 유형으로 구분된다.**

moneylender **대부업체, 사채업자**	If you are in financial difficulty, it is important to avoid predatory moneylenders with high interest rates. (banking website) 금전적으로 어려움을 겪고 있더라도 이자율이 높은 약탈적 대부업체는 피하는 것이 중요합니다. (은행 웹사이트)

moneylenders는 고객에게 이자를 받고 돈을 빌려주는 개인이나 회사를 가리킨다. moneylender는 대출lending만을 한다는 점에서 은행과 다르고, 대체로 상대적으로 짧은 기간 동안over a shorter period 소액을 빌려준다. moneylender는 저소득자들에게 높은 이자율을 부과하며 약탈적 행동predatory behaviour을 한다는 인식이 있어 부정적인 의미로 쓰이는 경우가 많다.

mortgage lender **주택 담보 대출 기관**	Compare mortgage lenders to find one with the best deals. (market comparison website) 주택 담보 대출 기관들을 비교해 가장 좋은 조건을 제시하는 곳을 찾아 보라. (시장 비교 웹사이트)

a mortgage lender는 부동산을 구입할 때 대출을 제공하는 은행 같은 금융 기관financial institution을 가리킨다. a mortgage provider라고도 한다.

direct lender 직접 대출 기관	As a direct lender, we promise not to pass on your details to a third party. (loan company website) 저희는 직접 대출 기관으로서, 당신의 정보를 제3자에게 넘기지 않을 것을 약속합니다. (대출 회사의 웹사이트)

direct lender는 금융 기관이 개인에게 주택 담보 대출을 제공하거나 소기업에 대출해 주는 상황에서 가장 자주 사용되는 용어이다. 구체적으로 말하면 direct lender는 제3자에게 대출 승인을 받을 필요 the need for a third party to approve the loan 가 없이 직접 돈을 빌려줄 수 있는 lender를 말한다.

leading lender 주요 대출 기관	Here are the 10 leading lenders of the year, ideal for first-time homebuyers. (financial newspaper) 첫 주택 구입자에게 이상적인 올해의 주요 대출 기관 10곳을 소개하면 다음과 같다. (경제신문)

leading lender는 보고서나 기사에서 대형 주택 담보 대출 기관을 구체적으로 언급할 때 사용하는 문구이다. 아마도 일반인이 금융 기관으로부터 대출을 받는 공통된 이유가 부동산이기 때문일 것이다. 하지만 다른 이유로 돈을 빌려주는 기관을 묘사하는 데도 때로는 사용된다. largest lender 혹은 biggest lender라고도 말할 수 있다.

1-4%

Moneylenders usually offer loans with an interest rate ranging from 1-4% per month. (article about different types of loan)
대부업체는 일반적으로 월 1-4퍼센트의 이자율로 대출을 제공한다. (다양한 대출 유형에 대한 기사)

Country

- Economic Wellbeing
- Government vs Private Ownership
- Investing

Economic Wellbeing

index 지수

경제와 관련한 상황에서 an index는 시간이 지남에 따라 달라지는 경제 변수들economic variables, 예컨대 가격이나 성과에서 어떤 변화가 있는지를 보여주려고 자료를 통계적 척도로 풀어낸 결과를 가리킨다. 소비자가 지불하는 가격의 변화를 측정하는 consumer price index소비자 물가지수가 한 예이다. 이런 식으로 자료를 모아 정리하는 행위act of compiling data는 indexing이라 한다. index의 복수형은 indexes나 indices로 쓰인다.

index futures 지수 선물, 주가 지수 선물	Click here for the latest prices for index futures, updated in real time. (stock market website) 실시간으로 갱신되는 지수 선물의 최신 가격을 보려면 여기를 클릭하십시오. (주식 시장의 웹사이트)

stock index futures나 equity index futures로도 불리며, 미래의 특정된 날짜에 어떤 금융 지수 a financial index 를 합의된 가격에 매수하거나 매도하는 계약을 뜻한다. index futures는 선물 계약 futures contract 의 한 형태이다. futures contract는 간단히 futures라고 부르는 경우가 많다.

index number 지수	Index numbers are a useful tool to compare changes in the price of goods. (economics lecture) 지수는 물가의 변화를 비교하는 데 유용한 도구이다. (경제학 강의)

an index number는 가격 price 이나 수량 quantity 같은 변수의 변화를 비교할 때 사용된다. index number는 비교를 단순화하기 위해 100을 기본값으로 하는 것이 일반적이다.

index fund 인덱스 펀드	How to choose the best index fund for your investment strategy. (investment blog) 당신의 투자 전략에 가장 적합한 인덱스 펀드를 선택하는 방법. (투자에 관련한 블로그)

index funds는 어떤 특정 index의 상태와 성과를 따르도록 설계된 펀드를 가리킨다. index fund는 펀드 매니저가 전적으로 관리하고 투

자자가 적극적으로 종목을 선택하거나 시장을 지켜볼 필요가 없기 때문에 소극적인 투자 방식 a form of passive investing 이라 할 수 있다.

**stock market index
주가 지수**

A stock market index provides a useful view of the overall trend of the market. (investment bank FAQ page)
주가 지수는 주식 시장의 전반적인 추세를 파악하는 데 유용한 정보를 제공합니다. (투자 은행의 FAQ 페이지)
* FAQ: frequently asked questions, 자주 묻는 질문들

stock index라고도 하며, 주식 시장의 성과를 측정한 지수 a specific index를 가리킨다. 투자자는 자신의 포트폴리오를 관리하기 위해 stock market index를 기준 a benchmark으로 활용할 수 있고, 펀드 매니저는 stock market index를 이용해 index funds를 조성한다.

35

A prominent US stock market index is down 35 points. (X post on stock market updates)
미국의 주요 주식 시장 지수 하나가 35포인트 하락했다. (주식 시장의 최신 정보에 대해 X에 게시된 글)

gross national income (GNI) 국민총소득

gross national income은 과거에 **국민총생산** gross national product으로 알려지던 개념으로, 한 국가의 부 wealth를 측정하는 한 방법이며 한 국가의 경제 상태를 논의할 때 일반적으로 사용된다. 흔히 GNI로 약칭되며, 국민총생산 gross domestic product과 혼동하지 않도록 주의해야 한다. GNI는 **gross domestic product**에 국외에서 벌어들인 소득까지 더한 값이기 때문이다.

to calculate gross national income 국민총소득을 계산하다	To calculate a country's gross national income, you need to include income from abroad. (economics revision guide) 한 국가의 국민총소득을 계산하기 위해서는 해외로부터 벌어들인 소득을 포함해야 한다. (경제학 개정 지침)

to calculate는 gross national income과 함께 사용되는 동사이다. gross national income에 해당하는 총액을 구하려면 복잡한 공식이 사용되기 때문이다.

gross national income per capita 1인당 국민총소득	In the US, the gross national income per capita has increased since last year. (national report) 미국의 1인당 국민총소득은 작년부터 증가했다. (정부 보고서)

gross national income per capita는 한 국가의 gross national income을 인구로 나누어 얻은 값이다. per capita는 국가 전체의 소

득가 아니라 각 개인의 소득을 가리키기 때문이다. gross national income per capita는 둘 이상 국가의 평균 소득 average income 을 비교할 때 흔히 사용되는 개념이다.

highest/lowest gross national income (per capita) **최고/최저 (1인당) 국민총소득**	These are the 10 countries with the highest gross national income per capita in the world. (geographical statistics website) 세계에서 1인당 국민총소득이 가장 높은 10개 국가를 나열하면 다음과 같다. (지리적 통계를 보여주는 웹사이트)

여러 국가의 경제적 지위 economic status 를 비교할 때 gross national income이 그 지위를 측정하는 여러 방법 중 하나이기 때문에 평균 소득이 the highest하거나 the lowest한 국가를 찾아낼 수 있다. 따라서 gross national income은 high나 low 같은 형용사로 수식되며 순위가 매겨질 수 있다.

> **2.24%**
> Due to the pandemic, the gross national income per capita declined by 2.24% from 2019 to 2020 in the US. (global data publication)
> 팬데믹으로 인해 미국의 1인당 국민총소득은 2019년부터 2020년까지 2.24퍼센트 감소했다. (글로벌 데이터 발표)

gross domestic product 국내총생산

gross domestic product는 흔히 GDP로 약칭되며 특정 기간 동안 한 국가에서 생산된 모든 재화와 서비스의 총시장가치 total market value를 측정한 값으로, 한 국가의 경제 규모를 측정하는 데 사용된다. gross domestic product와 gross national income 국민총생산을 혼동해서는 안 된다. gross national income은 gross domestic product에 해외 소득을 더한 값이다.

gross domestic product per capita 1인당 국내총생산	The countries below are ordered by gross domestic product per capita. (national statistics website) 아래 국가들은 1인당 국내총생산을 기준으로 정렬한 것이다. (국가 통계 웹사이트)

한 국가의 1인당 경제 생산량 economic output 을 측량한 값으로, 한 국가의 gross domestic product를 국민 수로 나누어 계산된다.

gross domestic product growth rate 국내총생산 성장률	Our country's gross domestic product growth rate has declined this year due to the lingering impact of the pandemic. (statement from the US Treasury) 팬데믹의 지속적인 영향으로 인해 올해 우리나라의 국내총생산 성장률이 하락했습니다. (미국 재무부의 발표)

gross domestic product가 증가하는 비율을 가리키는 표현이다. 같은 뜻으로 간단히 한 국가의 경제 성장률 economic growth rate 이라 불리기도 한다.

| **rising/falling gross domestic product**
국내총생산의 증가/하락 | Rising gross domestic product may be due to the recent tax cuts. (economic analysis report)
국내총생산이 증가한 원인은 최근 감세 정책 때문일 수 있다. (경제 현황에 대한 분석 보고서) |

앞의 예와 마찬가지로 gross domestic product는 경제 상태 the state of an economy를 평가하는 한 방법이기 때문에 증가나 하락이란 맥락에서 논의되는 경우가 많다. rising/falling 대신 increasing/shrinking이란 분사형 형용사를 사용할 수도 있다.

| **real/nominal gross domestic product**
실질/명목 국내총생산 | Real gross domestic product remained unchanged this month after several months of growth. (report from a financial magazine)
실질 국내총생산은 몇 달간의 성장 이후 이달에는 변동이 없었다. (경제 잡지에 실린 기사) |

gross domestic product는 두 형용사, real/nominal과 함께 쓰이는 경우가 많다. nominal gross domestic product는 한 국가에서 생산된 모든 재화와 서비스의 가치를 현재 시장 가치로 측정한 값인 반면에, real gross domestic product는 인플레이션에 맞추어 조정된 값으로 경제 성장의 정도를 한층 정확히 설명할 수 있다.

| **3.57%**
In the last quarter, real gross domestic product grew by 3.57% after a recent increase in consumer spending. (finance section of a newspaper)
지난 분기에 실질 국내총생산은 최근의 소비자 지출 증가 덕분에 3.57퍼센트 증가했다. (신문의 경제면) |

per capita 1인당

per capita는 문자 그대로는 by head머리로 번역되지만 관용적으로는 per person 1인당을 대신해 사용되는 라틴어 문구이다. per capita는 통계 분석에서, 더 정확히 말하면 gross domestic product국내총생산, gross national income국민총소득 등 경제 지표에서 주로 사용된다. 특정 국가나 지역에 거주하는 시민들의 평균값을 나타낸다.

per capita income **1인당 소득**	Per capita income is a useful way to assess a country's standard of living. (economics blog) 1인당 소득은 한 국가의 생활 수준을 평가하는 유용한 방법이다. (경제학에 관련한 블로그)

average income평균 소득이라고도 하며 특정 연도에 특정한 지역이나 국가에 거주한 사람들의 1인당 평균 소득을 측정한 값이다. per capita income은 median household income가구당 중위 소득과 구분된다. median household income도 흔히 사용되는 측정 기준이지만 특정 지역 내에 거주하는 모든 가구의 the median income중위 소득, 중간 소득을 측정한 값이다.

per capita **expenditure** **1인당 지출**	There is a distinct difference in per capita expenditure between rural and urban areas. (spending report) 농촌 지역과 도시 지역 간에는 1인당 지출액에 뚜렷한 차이가 있다. (지출에 대한 보고서)

특정한 범주에 속하는 집단에서 개인이 무언가에 지출하는 평균 금액을 가리키는 표현으로, 어떤 재화나 서비스에 대한 1인당 평균 사용량을 뜻하는 per capita consumption 1인당 소비과는 다른 개념이다.

(on a) per capita basis
1인당 기준으로

On a per capita basis, energy consumption has increased by 7% this month. (energy company board meeting)
1인당 기준으로 이번 달 에너지 소비량이 7퍼센트 증가했습니다. (에너지 회사의 이사회 회의)

제시되는 자료가 총액이 아니라 어떤 집단 전체의 평균값을 뜻하는 관용구이며, average income 평균 소득이 대표적인 예이다. 같은 뜻으로 on a per-person basis라고 표기할 수도 있다.

$53,286
Last year's census indicates the US per capita income is $53,286. (national statistics website)
작년 인구 조사에 따르면 미국의 1인당 소득은 5만 3,286달러이다. (국가 통계 웹사이트)

inflation 인플레이션

inflation은 한 국가에서 시간이 지남에 따라 물가가 상승해 구매력 purchasing power의 하락으로 이어지는 현상을 가리키며, 여기에는 다양한 원인이 있을 수 있다. inflation은 일반적으로 백분율로 표시되며 물가 상승률 rate of price increase 이라고도 한다. inflation과 반대되는 개념 deflation 디플레이션은 물가가 하락하고 구매력이 증가하는 현상을 가리킨다. inflation이 극단적으로 나타나는 경우로는 hyperinflation 하이퍼인플레이션과 stagflation 스태그플레이션이 있다.

to combat inflation 인플레이션과 싸우다	The government is considering raising interest rates to combat inflation. (statement from a political spokesperson) 정부는 인플레이션에 대처하기 위해 금리 인상을 고려하고 있습니다. (정당 대변인의 발표)

inflation에 대한 논의에는 물가 상승을 멈추고 낮추는 주제 theme of stopping or reducing inflation가 포함되므로 to combat 같은 동사가 함께 사용되는 이유가 설명된다. to curb, to beat, to control 등과 같이 비슷한 뜻을 가진 동사도 사용할 수 있다.

to keep pace with inflation 인플레이션에 보조를 맞추다	Many unions are demanding a wage increase to keep pace with inflation. (local newspaper) 많은 노동 조합이 물가 상승률에 맞추어 임금 인상을 요구하고 있다. (지역 신문)

일반적으로 임금이나 투자와 관련된 맥락에서 사용되는 표현으로, 인플레이션 inflation과 생활비 cost of living가 인상된 비율로 소득도 인상될 필요성을 뜻하는 관용구이기도 하다. 같은 뜻으로 to match inflation, to be in line with inflation이라고도 말할 수 있다.

| **inflation rate**
인플레이션율, 물가 상승률 | The current inflation rate is higher than last year; here's how you can invest safely. (investment blog)
현재 인플레이션율이 작년보다 더 높다. 이런 상황에서 안전하게 투자하는 방법을 소개하면 다음과 같다. (투자와 관련한 블로그) |

the inflation rate는 백분율로 표시되고, 물가 상승률을 뜻한다. inflation rate는 the rate of inflation으로 표현될 수도 있다,

| **inflation target**
인플레이션 목표, 물가 목표 | Our inflation target is set at 2% to maintain stability. (Bank of England website)
인플레이션 목표는 2퍼센트로 설정해 안정성을 유지하는 데 있다. (잉글랜드 은행의 웹사이트) |

국가는 inflation target을 설정해 두고 그 설정 범위 내에서 인플레이션율을 유지하려고 노력할 수 있다. 이런 통화 정책monetary policy은 inflation targeting물가 안정 목표제이라 한다.

| **rising inflation**
높아져 가는 인플레이션 | The fact that this country is still experiencing rising inflation tells me that my opponents have greatly mismanaged the economy. (politician's X post)
우리나라에서 인플레이션이 여전히 상승하고 있다는 사실은 내 정적들이 경제를 크게 잘못 관리해 왔다는 증거이다. (한 정치인이 X에 게시한 글) |

inflation에 rising이나 soaring 같은 형용사가 덧붙여져 인플레이션이 상승하고 있는 현상을 표현할 수 있다. an increase in inflation이라 말할 수도 있다.

> **6.7%**
> The current rate of 6.7% is far higher than the country's inflation target. (economic analysis)
> 6.7퍼센트라는 현재의 물가 상승률은 정부가 설정한 인플레이션 목표보다 훨씬 높다. (경제 분석)

hyperinflation 하이퍼인플레이션, 초인플레이션

hyperinflation은 일정 기간 동안 inflation이 무척 빠른 속도로 증가하는 현상을 가리키며 대체로 월간 인플레이션율 a monthly inflation rate 이 50%를 넘는 경우로 정의된다. 따라서 일반적으로 high inflation 높은 인플레이션 이라 표현하더라도 인플레이션율이 이 기준 threshold 보다 훨씬 낮은 경우를 hyperinflation과 혼동해서는 안 된다. 예컨대 연간 10%도 high inflation으로 볼 수 있다. 그러나 hyperinflation은 한 국가의 통화를 완전히 파멸시키는 결과를 초래하는 경우가 비일비재하다.

to experience hyperinflation 하이퍼인플레이션을 겪다, 경험하다	Fortunately, it is relatively rare for a country to experience hyperinflation. (economic magazine) 다행히도 한 국가가 하이퍼인플레이션을 경험하는 경우는 비교적 드물다. (경제 전문 잡지)

hyperinflation은 주로 동사 to experience과 함께 사용된다. 따라서 a country has hyperinflation이라고 말하는 방식은 자연스럽지 않다. hyperinflation은 무척 부정적인 경제 현상이기 때문에 to suffer from...로 고통받다, to be gripped by...에 싸잡히다 등 과장된 표현이 수반되는 경우가 많다.

to end hyperinflation 하이퍼인플레이션을 종식하다	The replacement of a country's currency is often necessary to end hyperinflation. (economic YouTube channel) 한 국가가 하이퍼인플레이션을 끝내려면 자국 통화를 교체해야 하는 경우가 많습니다. (경제 유튜브 채널)

hyperinflation에는 부정적인 뜻이 내포되어 있기 때문에 hyperinflation에 대해 언급할 때는 to end나 to stop 같은 동사들이 주로 함께 사용된다. 물론 to avoid피하다와 to prevent예방하다같은 동사들도 사용될 수 있다.

episode of hyperinflation 하이퍼인플레이션 사례/기간	The first recorded episode of hyperinflation occurred in France in the late 18th century. (history textbook) 하이퍼인플레이션이 처음으로 기록된 사례는 18세기 후반에 프랑스에서 발생했다. (역사 교과서)

어떤 국가가 하이퍼인플레이션을 경험한 기간은 an episode of hyperinflation이라 표현될 수 있다. 같은 뜻으 hyperinflationary episode 혹은 period of hyperinflation이라고 표현할 수도 있다.

prolonged hyperinflation 오래 계속되는/장기적인 하이퍼인플레이션	Prolonged hyperinflation can eventually lead to economic collapse, click here for some examples in history. (online economics module) 하이퍼인플레이션은 오랫동안 계속되면 결국 경제 붕괴로 이어질 수 있습니다. 역사에서 확인되는 몇 가지 사례를 보려면 여기를 클릭하십시오. (온라인 경제학 강의)

hyperinflation에는 prolonged, long-term 등과 같은 형용사를 덧붙여 hyperinflation이 지속되는 기간을 명시할 수 있다. 일반적으로 hyperinflation은 부정적인 것으로 인식하며, 한 국가가 겪는 hyperinflation이 길어질수록 그 결과는 더 충격적이고 파괴적 devastating이다. a prolonged period of hyperinflation이라고도 말할 수 있다.

rampant hyperinflation 만연하는, 걷잡을 수 없는	Rampant hyperinflation in the country has led to widespread poverty. (international news broadcast) 이 나라에 만연한 하이퍼인플레이션은 광범위한 빈곤으로 이어졌다. (국제 뉴스 방송)

hyperinflation의 심각성 severity과 통제하기 힘든 속성을 강조할 목적에서 rampant, severe, significant 등과 같은 형용사가 함께 쓰일 수 있다.

313,000,000%
As one of the worst cases of hyperinflation in history, Yugoslavia's highest monthly inflation rate was 313,000,000%. (history textbook)
역사상 최악의 하이퍼인플레이션 사례 중 하나로, 유고슬라비아의 월간 최고 인플레이션율은 3억 1,300만 퍼센트였다. (역사 교과서)

stagflation 스태그플레이션

stagnation침체과 **inflation**인플레이션 이 합성된 용어로, **stagflation**은 인플레이션은 높지만 경제 성장은 더디고 실업률은 높은 경제 상황을 설명하는 데 사용된다. hyperinflation과 마찬가지로 stagflation도 한 국가의 경제에 많은 파괴적인 영향을 미친다는 점에서는 부정적으로 여겨진다. 따라서 stagflation과 hyperinflation을 중심으로 형성되는 문구들은 무척 비슷하다.

to suffer from stagflation 스태그플레이션으로 고통받다	Despite our government's attempts to deny it, our economy is clearly suffering from stagflation. (political commentary) 우리 정부는 극구 부인하지만, 우리 경제가 스태그플레이션으로 고통받고 있는 게 분명합니다. (정치 논평)

hyperinflation과 마찬가지로 stagflation에도 부정적인 뜻이 내포된 까닭에 과장된 형태로 to suffer from, to be at risk of 등과 같은

문구와 함께 쓰이는 경우가 많다. 그러나 to experience 같은 중립적인 동사와도 함께 사용될 수 있다.

persistent stagflation 지속되는 스태그플레이션	The country's persistent stagflation is clearly a result of a weak government. (international podcast) 그 나라의 지속적인 스태그플레이션은 약한 정부에서 비롯된 게 분명합니다. (국제 문제를 다루는 팟캐스트)

hyperinflation이 그렇듯이 stagflation도 지속되는 기간을 표현하는 형용사들, 특히 persistent나 prolonged처럼 부정적인 뜻이 담긴 형용사들을 동반할 수 있다.

period of stagflation 스태그플레이션 기간	Experts predict a period of stagflation due to rising inflation rates. (finance section of a newspaper) 전문가들은 인플레이션율이 계속 상승하기 때문에 스태그플레이션이 발생할 것으로 예측한다. (신문의 금융면)

한 국가에서 stagflation을 경험하는 기간 period of time 을 뜻한다. hyperinflation에서도 그랬듯이 an episode of stagflation이라고 말할 수도 있다.

causes of stagflation 스태그플레이션의 원인	The causes of stagflation can include poor economic policies. (online economic guide) 스태그플레이션의 원인에는 잘못된 경제 정책이 포함될 수 있다. (온라인 경제 현황 안내)

모든 나라가 stagflation을 피하려고 노력하고, 스태그플레이션에 대한 논의에는 거의 언제나 그 원인이 포함된다. 두 가지 주요 원인이 원자재 가격 price of a commodity 의 급격한 변화와 잘못된 경제 정책이라는 데는 의견이 일치한다.

> **3.7%**
> Economic growth has decreased by 3.7% in the past year, raising the risk of stagflation. (financial magazine)
> 지난 한 해 동안 경제 성장률이 3.7퍼센트나 떨어지며 스태그플레이션 위험이 높아졌다. (경제 전문 잡지)

shrinkflation 슈링크플레이션

shrinkflation은 동일한 가격을 유지하지만 제품의 크기를 줄이는 판매 전략을 가리키며, 식품 소매업체에서 판매량 sales volume 을 유지하면서도 비용을 절감하기 위한 전략으로 흔히 사용된다. shrinkflation은 shrink 제품의 크기를 줄임 와 inflation 가격 인상 이란 두 단어를 합성한 신조어이다. 가격은 그대로 둔 채 제품의 질을 떨어뜨리는 전략을 뜻하는 skimpflation 스킴플레이션 과 비슷하다.

to engage in shrinkflation 슈링크플레이션을 사용하다	Retailers may engage in shrinkflation to maintain profitability. (article on sales tactics) 소매업체들은 수익성을 유지하기 위해 슈링크플레이션에 활용할 수 있다. (판매 전술에 대한 기사)

shrinkflation은 판매자가 사용하는 전략의 하나이기 때문에 '전략을 사용하다' to employ a strategy 를 뜻하는 동사를 사용할 수 있다. 대표적인 것으로 to engage in과 to employ가 있다.

to avoid shrinkflation 슈링크플레이션을 피하다	Switching to another brand can help you to avoid shrinkflation. (financial advice column) 상표 이름을 바꾸면 슈링크플레이션을 피하는 데 도움이 될 수 있다. (재무와 관련해 조언하는 칼럼)

shrinkflation은 소비자에게 부정적인 판매 전략으로 볼 수 있다. 따라서 shrinkflation를 논의할 때는 to avoid와 to combat 같은 동사들이 주로 사용되며, 더 적은 가치에 더 많은 비용을 지불하는 것을 피하는 방법 how to avoid paying more for less value 이 다루어진다.

to be hit by shrinkflation 슈링크플레이션에 타격을 입다	Shoppers have been hit by shrinkflation as bad weather causes supply shortages. (national newspaper) 악천후로 인해 공급이 부족해진 것 때문에 쇼핑객들이 슈링크플레이션에 피해를 입었다. (전국 신문)

앞의 설명에서 말했듯이 shrinkflation은 부정적인 전략으로 인식되므로 to be hit by shrinkflation이나 to suffer from shrinkflation 처럼 부풀려진 표현이 사용될 수 있다.

shrinkflation tactic
슈링크플레이션 전술

> Be aware that food giants are using shrinkflation tactics to boost their profit margins. (personal finance blog)
> 거대 식품 회사들이 이익률을 높이려고 슈링크플레이션 전술을 사용하고 있다는 것을 알아두어야 한다. (개인 금융에 관한 블로그)

shrinkflation tactic은 소매업체가 사용하는 전략의 하나로, 가격은 그대로 유지하지만 제품 크기를 줄여 이익률을 높이는 판매 전략을 뜻한다.

3 in 4

> A recent survey suggests that 3 in 4 shoppers have noticed shrinkflation at their grocery store. (report on rising retail prices)
> 최근의 조사에 따르면 쇼핑객 4명 중 3명이 식료품점에서 슈링크플레이션을 알아챈 것으로 나타났다. (소매 가격 상승에 대한 보고서)

purchasing power 구매력

purchasing power는 한 단위의 통화 a unit of currency로 구매할 수 있는 재화와 서비스의 양을 뜻한다. 따라서 purchasing power는 인플레이션의 영향을 받아 재화와 서비스의 가격이 높아지면 화폐의 purchasing power는 떨어진다. 한편 buying power는 투자자가 증권을 구매하기 위해 거래 계좌에서 사용할 수 있는 자금, 더 일반적으로는 개별 소비자가 재화나 서비스에 지출해야 하는 금액을 뜻한다. 우리말로는 buying power도 사전에서 구매력이라 번역되지만, purchasing power과 구분되어야 한다는 점에서 매수력이라 번역하는 것도 한 방법일 듯하다.

to measure purchasing power 구매력을 측정하다	One can use the Consumer Price Index to measure purchasing power. (economics magazine) 소비자물가지수를 사용하여 구매력을 측정할 수 있다. (경제 잡지)

purchasing power에는 그 값을 찾아내기 위한 특정한 공식이 포함되므로 to measure나 to calculate 같은 동사와 함께 사용되는 경우가 많다.

loss of purchasing power 구매력 상실	The country is suffering the biggest loss of purchasing power in 40 years. (online commentary on the economy) 그 나라는 40년만에 가장 큰 구매력 손실을 겪고 있다. (경제에 대한 온라인 해설)

소비자가 인플레이션 상태를 고려하며 어떤 특정한 금액으로 얼마나 많은 것을 살 수 있는지를 논의할 때 a loss of purchasing power나 an increase in purchasing power란 표현이 언급될 수 있다. 더 간단히 purchasing power loss/gain이라고 표현할 수도 있다.

purchasing power parity
구매력 평가, 구매력 평가 지수

A European politician has claimed that their country's economy is one of the world's largest in terms of purchasing power parity. (international news broadcast)
유럽의 한 정치인은 자국의 경제가 구매력 평가 기준에서 세계 최고 수준이라 주장했습니다. (국제 뉴스 방송)

purchasing power parity는 각국에서 특정한 상품과 서비스의 가격을 비교하여 각국 통화와 purchasing power를 측정하는 지표이다. purchasing power parity는 이론적으로 환율exchange rate, 즉 두 국가가 동일한 purchasing power를 갖기 위해 한 국가의 통화가 다른 국가의 통화로 전환되어야 하는 비율을 나타낸다.

purchasing power risk
구매력 위험

Using our investment strategies can help to protect against purchasing power risk. (investment advisors' website)
저희 투자 전략을 사용하면 구매력 위험을 방지하는 데 도움이 될 수 있습니다. (투자 자문 회사의 웹사이트)

purchasing power risk는 인플레이션 때문에 시간이 지남에 따라 화폐 가치가 하락할 위험을 가리킨다. 특히 투자나 저축이란 맥락에서 사용되는 용어이며, 수익률value of returns에 영향을 미칠 수 있다.

7.9%
In a year, the purchasing power of the dollar has declined by 7.9%. (government statistics webpage)
1년만에 달러의 구매력은 7.9퍼센트나 하락했다. (정부 통계 웹페이지)

poverty 가난, 빈곤

poverty는 개인이나 집단이 행복하고 건강하게 살아가는 데 필요한 것들을 누릴 형편이 되지 않는 상태를 뜻하는 명사이다. poverty는 가정을 운영하는 데 필요한 비용을 감당하지 못하는 수준부터 음식과 물 같은 필수적인 물품을 구입할 수 없는 형편까지 다양한 정도의 빈곤 varying degrees of destitution 을 가리킬 수 있는 일반적인 단어이다. 엄밀히 따지면 poverty는 재정적 개념이며 개인이나 집단이 보유한 부를 기준으로 측정된다. 하지만 열악한 생활 환경, 안전 장치의 결여, 영양실조 malnutrition 등과 같은 사회 문제를 언급하는 경우에도 사용되는 단어이다. 이런 사회 문제들은 financial poverty 재정적/경제적 빈곤 와 맞물리기 때문이다.

to live in poverty 가난하게 살다	Despite working several jobs, Sarah lives in poverty and cannot save money. (voiceover of YouTube documentary on standards of living in rural US states) 세라는 여러 가지 일을 하지만 가난하게 살고 돈을 저축하지 못합니다. (미국 농촌 지역의 생활 수준을 다룬 유튜브 다큐멘터리의 음성 해설)

poverty는 명사이므로 전치사와 함께 사용되어 someone lives in poverty 누군가 가난하게 살다 라고 말해야 한다. poverty는 조건 a condition 이나 상태 a state 를 가리키는 명사이다. 때로는 동사 to live를 배제하고, 같은 뜻으로 단순히 they are in poverty라고 말할 수도 있다. 아예 poverty와 관련된 형용사를 사용해 someone is impoverished 라고 말할 수도 있다.

Economic Wellbeing

extreme poverty
극빈, 극한적 가난

The United Nations aims to eradicate extreme poverty by 2030 through targeted interventions and sustainable development initiatives. (UN statement on its poverty objectives)
유엔은 표적 개입과 지속 가능한 개발 계획을 통해 2030년까지 극심한 빈곤을 퇴치하는 것을 목표로 삼았다. (빈곤 퇴치 목표에 대한 유엔의 발표)

extreme은 삶의 조건이 무척 힘겨운 acute poverty 몸에 사무치는 빈곤, 지독한 가난를 표현하는 데 흔히 사용되는 형용사이다.

abject poverty
절망적인 가난, 적빈(赤貧)

These photographs depict scenes of abject poverty, with families living in makeshift shelters and scavenging for food. (from investigative journalism report)
이 사진들은 임시 대피소에 살면서 식량을 구하러 다니는 가족들이 겪는 처참한 빈곤의 현장을 담고 있습니다. (탐사 보도에서)

abject는 영어에서 흔히 사용되는 단어가 아니지만 poverty란 단어와는 가장 빈번하게 사용되는 단어 중 하나이다. abject는 최악의 지경까지 굴러떨어진 상태를 뜻하며 woe 비애와 degradation 수모이란 뜻까지 암묵적으로 전해준다. 따라서 abject poverty는 최악의 가난, 즉 인간이 존엄성 dignity을 인정받기는커녕 어떤 지원이나 보호도 받지 못한 상태를 뜻한다.

| **relative/absolute poverty** 상대적/절대적 빈곤 | Relative poverty measures income disparities within a society. (from government policy document on income inequality) 상대적 빈곤은 사회 내에 존재하는 소득 격차를 나타낸다. (소득 불평등에 대한 정부 정책 문서에서) |

relative/absolute는 사회학적인 맥락에서 빈곤의 유형을 설명할 때 자주 사용되는 형용사이다. relative poverty는 해당 지역이나 공동체 혹은 집단의 평균 기준과 비교하여 빈곤한 경우를 가리킨다. 한편 absolute poverty는 보편적 기준 a universal standard 이하의 삶, 즉 식량과 보건 healthcare 등 기본적인 생활 필수품조차 마련하지 못할 정도로 가난한 경우를 가리킨다.

| **the poverty line** 빈곤선 | Families near or below the poverty line can seek welfare support. (brochure for state welfare support services) 빈곤선 근처 또는 그 이하의 가정은 복지 지원을 구할 수 있습니다. (정부 복지 지원 서비스를 안내하는 책자) |

poverty threshold라고도 한다. the poverty line은 빈곤층 여부를 가늠하는 측정점이다. 국가마다 the poverty line을 계산하는 방법이 다르다.

| **alleviation of poverty** 빈곤 완화 | Our goal is the alleviation of poverty via grassroots projects and community support networks. (statement on a local non-profit organization website) 우리의 목표는 풀뿌리 프로젝트와 공동체 지원 네트워크를 통해 빈곤을 완화하는 것입니다. (지역 비영리 단체 웹사이트의 성명서) |

빈곤에 대응to counteract poverty하는 과정을 설명하는 데 빈번하게 사용되는 동사는 to alleviate이고, 그 명사형은 alleviation이다. to alleviate는 문자 그대로는 to lift들어올리다를 뜻하므로, 가난한 사람들those in poverty을 지원하는 것은 '그들을 일으켜 세우다'라는 비유적인 뜻을 함축한다. 아래에 소개된 poverty breeds poverty에서 짐작되듯이 가난은 '지속적인 추락'a downward spiral이란 이미지를 띠기 때문에, 이렇게 함축된 의미는 가난이란 이미지의 극복에 맞아떨어지는 듯하다.

poverty breeds poverty
가난이 가난을 낳는다

In these neighborhoods, poverty breeds poverty. We need to stop that and make a change. (speech by local politician)
이 지역에서는 빈곤이 빈곤을 낳고 있습니다. 우리는 이런 연쇄를 막고 변화를 일으켜야 합니다. (지역 정치인의 연설)

때로는 to breed 대신 to beget이 쓰인다. to beget도 to bring about유발하다, 불러오다을 뜻하지만 예스런 단어이다. poverty breeds poverty는 개인이나 지역 사회가 가난한 까닭에 교육과 고용 기회 및 자원에 충분히 접근하지 못하고, 그로 인해 경제적 박탈economic deprivation로부터 벗어날 수 없어, 가난이 하강 국면으로 악화될 수 있다는 것을 뜻하는 관용구이다.

60%

If a person's income falls below 60% of the median income, they are in relative poverty. (academic sociology study)
소득이 중위 소득의 60% 미만이면 상대적 빈곤층에 속한다. (사회학 학술 연구)

recession 경기 후퇴, 경기 침체

a recession은 한 국가의 경제 활동이 수개월 이상 장기적으로 하락하며 실질 소득 real income, 고용, 생산 등 경제의 모든 영역에 영향을 미치는 상태를 표현할 때 사용되는 용어이다. recession은 금융 위기 a financial crisis 같은 사건에 의해 촉발될 수 있다. 한편 a recession과 구분되어야 하는 a depression은 경제 성장이 더 심각하고 더 오랫동안 하락하는 상황을 가리키지만 우리말에서는 a recession과 똑같이 불황이라 번역되는 경우가 많다.

to enter a recession **경기 후퇴에 들어서다**	What will happen to my savings if the country enters a recession? (bank website FAQ page) 우리나라가 경기 후퇴에 들어가면 제 저축은 어떻게 될까요? (은행 웹사이트의 FAQ 페이지)

a recession이 시작되는 경우에는 대체로 to enter a recession이나 to go into a recession이라고 표현된다. 반면에 a recession이 끝날 때쯤에는 to come out of ...에서 벗어나다 라는 표현이 사용된다. into a recession/out of a recession처럼 움직임을 함축한 동사를 사용하는 이유는 한 국가가 being in a recession에 있는 것으로 표현되기 때문이다. 따라서 a country is having a recession이라고 말하는 것은 관용적이지 않다. to fall into ..., to plunge into ...처럼 움직임을 더 격렬하게 드러내는 동사구들은 갑작스런 침체 sudden downturn를 암시할 때 주로 사용된다.

Economic Wellbeing

| **to suffer from a recession** 경기 침체로 고생하다 | While several countries in Europe are currently suffering from a recession, we have managed to avoid it. (speech from a politician) 현재 유럽에서 여러 국가가 경기 침체로 고생하고 있지만 우리는 가까스로 그런 상황을 피할 수 있었습니다. (한 정치인의 연설) |

a recession은 객관적으로 부정적인 상황을 의미하므로 to suffer from...로 고통받다, to be gripped by...에 사로잡히다 처럼 강렬한 동사구를 사용해 경기 침체를 겪는 나라 countries experiencing a recession를 표현할 수 있다.

| **prolonged recession** 오래 계속되는/장기적인 경기 침체 | A prolonged recession can lead to widespread unemployment. (article on the state of the economy) 장기적인 경기 침체는 광범위한 실업으로 이어질 수 있다. (경제 상황에 대한 기사) |

a recession의 심각성과 기간을 표현할 때는 prolonged, deep 깊은, devastating 파괴적인 같은 형용사들이 주로 함께 사용된다.

| **global recession** 세계적인 경기 침체 | Governments need to take action now to avoid a global recession. (international podcast) 정부들이 세계적인 경기 침체를 피하기 위해 지금 당장 조치를 취해야 합니다. (국제 문제를 다루는 팟캐스트) |

많은 국가가 장기적인 경기 침체 prolonged economic decline 를 동시에 경험할 때 global recession이라 할 수 있다. 같은 뜻으로 a worldwide recession, an international recession이라 말할 수도 있다.

in the depths of a recession **경기 침체의 늪에서,** **불황의 밑바닥에서**	It's amazing that you managed to keep your business going in the depths of a recession! (conversation between friends) 불황의 늪에서도 어떻게든 사업을 계속 끌어가다니 놀랍군! (친구들 간의 대화)

한 국가가 깊고 오래 지속되는 경기 침체에 처해 있는 상황을 강조하는 데 사용되는 표현으로, depths라는 단어가 사용된 것에서 그런 침체 a downturn가 극심하다는 것을 짐작할 수 있다.

62.38%
There is a probability of 62.38% that the US will fall into a recession later this year. (economic statistical analysis)
미국이 올해 말에 경기 침체에 빠질 확률은 62.38퍼센트이다. (경제에 대한 통계 분석)

depression 불경기, 불황

경제학에서 a depression은 경제 활동이 현저히 줄어든 시기를 뜻한다. depression에 빠지면 소비자 지출, 생산과 고용, 투자, 기업 활동 등 모든 것이 둔화되거나 줄어든다. depression은 a recession 경기 후퇴과 많은 점에서 공통되지만, recessions는 일반적으로 일시적인 반면 depressions는 오랫동안 지속된다는 점이 다르다.

to go through a depression 불황을 겪다	I remember when the country went through a depression–they were hard times. (conversation with grandfather) 우리나라가 불황을 겪던 때가 지금도 기억나요. 정말 힘든 시기였어요. (할아버지와의 대화)

a country goes through a depression은 무척 관용적인 표현이다. 대부분의 경우 depression은 국가 전체가 겪는 현상이기 때문에 문장의 주어가 국가인 경우가 일반적이다.

to come out of a depression 불황에서 벗어나다	We are finally coming out of a depression. (from a presidential speech) 마침내 우리는 불황에서 벗어나고 있습니다. (대통령의 연설에서)

depression을 겪은 뒤 경제에서 모든 것이 정상으로 돌아오고 있을 때 사용하는 전형적인 표현이다.

the Great Depression 대공황	The Great Depression of the 1930s remains one of the most significant economic downturns in modern history. (from modern history podcast) 1930년대의 대공황은 지금까지도 여전히 현대사에서 가장 중대한 경제 침체 중 하나이다. (현대사에 대한 팟캐스트에서)

1920년대 후반과 1930년대에 세계적으로 많은 국가, 특히 미국에 영향을 미친 경제 침체기는 the Great Depression으로 불린다. 문화적으로도 the Great Depression은 서구 문화에서 여전히 가장 중대하고 널리 알려진 경제 불황 economic depression 이다.

Depression era 대공황 시대	Set in the harsh Depression era, this movie documents a family on the brink of poverty. (movie synopsis) 혹독한 대공황 시대를 배경으로 한 이 영화는 빈곤의 위기에 처한 한 가족의 이야기를 담고 있다. (영화 시놉시스)

Depression-era로 표현된 시기는 the Great Depression을 가리킬 가능성이 높다. 따라서 1930년대를 배경으로 한 경제 침체를 주제로 다룬 시대는 Depression era로 묘사되며, 이때 depression은 역사적으로 특정한 사건을 가리키기 때문에 고유 명사가 되어 대문자로 표기된다.

> **9,000**
> Between 1930 and 1933, over 9,000 banks failed in the US, leading to widespread financial instability and loss of savings for millions of Americans. (text from a museum exhibit on American culture)
> 1930년부터 1933년까지 그 사이에 미국에서 9,000개가 넘는 은행이 파산하며 수백만 명의 미국인이 저축한 돈을 잃고 경제적 불안을 겪어야 했다. (미국 문화에 대한 박물관 전시물의 설명글)

crunch 위기, 중대 상황

무언가를 이빨과 턱으로 으스러뜨리는 상황을 표현할 때 cruch라는 단어가 흔히 사용된다. 따라서 a crunch는 극도로 긴장된 순간 a moment of intense strain 을 뜻하므로 압박감과 관련된 뜻을 함축하고 있다. 경제학에서 a crunch는 관용적으로 쓰여 단기간의 경제적 어려움을 가리킨다. credit crunches 신용 위기, housing crunches 주택 공급 위기, labor crunches 노동 시장 위기 등의 예에서 보듯이 다양한 유형의 crunch가 있다. 어떤 종류의 crunch에서나 무언가의 가용성 availability 이 줄어든다. crunches의 주된 원인은 시장 붕괴 market crash 이고, 시장이 붕괴하면 특정한 경제 행위들이 급격한 가격 하락으로 이어지거나 투자자나 소비자로부터 신뢰를 상실 loss of confidence 한다. crunch는 상당히 단기적인 현상, 다시 말하면 불확정적이지만 수년을 넘지 않고 일시적인 기간 동안 지속되는 현상이다.

credit crunch
신용 위기, 신용 경색

Lenders are typically risk-averse, but particularly so in a credit crunch. (investment portfolio advice)
대출 기관은 일반적으로 위험을 회피하지만 신용 위기 상황에서는 특히 더 그렇다. (투자 포트폴리오에 대한 조언)

역사적으로 가장 흔한 유형의 crunch는 a credit crunch이다. 이때 시장에서 credit 융자과 loans 대출의 가용성이 급작스레 줄어들어 기업과 개인이 어려움에 처하게 된다.

housing crunch
주택 공급 위기, 주택 공급 경색

When will the housing crunch end? (conversation with real estate agent)
주택 공급 경색이 언제 끝날까요? (부동산 중개인과의 대화)

수요에 비해 적정한 주택이 부족한 경우 housing crunch라는 용어가 그런 상황을 완벽하게 표현해 준다. housing crunches인 상황에서는 주택 가격이 상승해 소비자 지출 consumer spending이 제약을 받고, 대출자들이 주택 담보 대출금을 제대로 상환하지 못해 은행도 어려움을 겪기 때문에 경제의 나머지 부분에도 부정적인 영향을 미친다.

labor crunch
노동력 위기, 노동 시장 경색

The tech industry is facing a labor crunch, with companies competing for top talent in fields like software engineering and data science. (LinkedIn post by technology sector recruitment agent)
태크놀로지 산업은 노동력 위기에 직면해서, 기업들이 소프트웨어 엔지니어링과 데이터 사이언스 같은 분야에서 최고의 인재들을

확보하려고 경쟁하고 있습니다. (테크놀로지 분야 채용 담당자의 링크드인에 게시된 글)

숙련된 노동자가 부족하거나 노동 시장이 경색되어 기업주들이 결원된 일자리 job vacancies 를 채우기도 힘든 상황을 가리키는 용어이다.

budget crunch 예산 위기, 예산 부족	The city council is suffering from a budget crunch. (local newspaper article) 시의회가 예산 부족으로 어려움을 겪고 있다. (지역 신문에 실린 기사)

a budget crunch는 재정 예산 a financial budget 과 관련해 압박을 받는 상황을 가리킨다. 개인의 예산, 기업 예산, 심지어 정부 예산의 경우에도 이 표현이 사용될 수 있다. 단기적으로 자금이 제약을 받을 때마다 그런 상황은 a budget crunch로 볼 수 있다.

crunch time 고도의 긴장이 요구되는 때, 중대 상황	Okay team, we have big deadlines coming up. It's crunch time! (team meeting) 자, 팀원 여러분, 마감일이 다가오고 있습니다. 바짝 긴장할 때입니다! (팀 회의)

crunch time은 기업 활동과 그 밖의 활동에서 압박감과 긴장감이 올라가는 상황을 언급할 때 사용되는 구어적 표현이다. crunch time은 성실한 근무를 독려하는 구호 rallying cry 의 일종으로도 사용되기 때문에 프로젝트 관리, 기업, 스포츠, 학계 등 다양한 분야에서 많이 사용된다. 또한 특정한 기간을 가리키는 데도 사용될 수 있다. 예컨대 This year is crunch-year for our business(올해는 우리 사업에서 중요한 해이다)에서 보듯이 year와 month, day 같은 시간 명사와 함께 사용될 수 있다.

4.5 cups of coffee
During crunch periods, software developers consume an average of 4.5 cups of coffee per day to meet project deadlines. (web development blog post)
고도로 긴장해야 하는 기간 동안 소프트웨어 개발자들은 프로젝트 마감일을 맞추기 위해 하루 평균 4.5잔의 커피를 마신다. (웹 개발과 관련한 블로그에 게시된 글)

debt ceiling 채무 한도, 부채 상한

때로는 a debt limit라고도 불리는 debt ceiling은 정부가 지출을 위해 어느 정도까지 부채를 누적할 수 있는지에 대해 자체적으로 부과한 한도를 가리키는 용어이다. ceiling은 상한 an upper limit의 비유로 자주 사용되는 단어로, 여기에서는 정부가 돈을 빌리는 것을 중단해야 하는 지점을 가리킨다. debt ceiling은 재정 정책에 대한 논의와 정부 지출에 대한 평가에서 자주 사용되는 용어이기도 하다.

to hit/reach the debt ceiling 부채 한도에 도달하다	Government spending is approaching the debt ceiling and so will have to decrease. (civil service policy discussion) 정부 지출이 부채 한도에 가까워지고 있으므로 앞으로는 줄여야 할 것입니다. (공무원들의 정책 토론)

to hit/reach the debt ceiling은 정부의 채무 잔고 outstanding debt 가 설정된 한계에 가까워지거나 도달하는 경우를 표현할 때 사용된다.

to raise the debt ceiling 채무 한도를 올리다/ 증액하다	Congress must vote to raise the debt ceiling to prevent a government shutdown. (political journalism) 의회는 정부가 폐쇄되는 지경을 막기 위해 부채 한도를 증액하는 것을 가결해야 한다. (정치 관련 언론 보도)

여하튼 the debt ceiling은 정부가 계획에 입각해 부과하는 것이므로 변경할 수도 있다. 상향 변경인 경우에는 거의 언제나 동사 to raise 가 사용된다.

debt ceiling crisis 부채 한도 위기	We're seeing uncertainty in the markets due to the debt ceiling crisis. (economist conference briefing) 부채 한도 위기로 인해 시장의 불확실성이 커지고 있습니다. (경제학자 컨퍼런스의 사전 상황 설명)

a debt ceiling crisis는 정부가 추가로 차입하는 승인을 받지 못하면 a debt ceiling에 도달하거나 넘어서기 때문에 정부 폐쇄 shutdown 나 채무 불이행 default 이란 위험에 일촉즉발로 직면하게 되는 상황을 가리키는 표현이다.

debt ceiling package
부채 상환 일괄 프로그램

Our party is offering a debt ceiling package to address our fiscal responsibilities. (political manifesto)
우리 당은 우리에게 주어진 재정적 책임을 다하기 위해 부채 상한 프로그램을 제안하는 바입니다. (정치 선언문)

경제와 정치에서 a package는 일반적으로 현 정부 a sitting government가 어떤 형태의 변화를 도모하기 위해 약속하거나 시행하는 일련의 조치와 대책을 뜻한다. 따라서 a debt ceiling package는 돈을 차입하는 정부의 권한 및 더 크게는 재정 문제와 관련된 일련의 약속, 계획 혹은 조치가 될 수 있다.

$2.5 trillion

In December 2021, the debt ceiling was elevated by $2.5 trillion. (Wikipedia article on the US debt ceiling)
2021년 12월, 부채 한도가 2조 5,000억 달러 인상되었다. (미국의 부채 한도에 관한 위키피디아 설명)

boom 호황(기), 급격한 증가

경제학적 의미에서 a boom은 번영의 증가 increased prosperity로 규정되는 시기를 뜻한다. boom이란 단어에는 외적인 급속한 확장이란 뜻이 함축되어 있고, 이런 외적인 확장은 대체로 국내총생산과 소비자 지출의 상승, 투자와 고용의 증가와 관련성이 있다. boom은 일반적으로 경제 전반의 번영을 뜻하지만, 경제에서 특정한 부문을 언급할 수도 있다. 이런 경우에는 관련된 문장에서 어떤 부문, 어느 지역이 boom인지를 명시해야 한다. boom은 대체로 명사로 사용되며 한 시기에 대해 언급하지만 형용사형인 booming은 특정 행위와 거래, 특정 부문과 경제 분야와 관련된 번영을 뜻하는 데 사용될 수 있다.

economic boom 경제 호황(기)	The country experienced an economic boom in the 1950s, marked by robust GDP growth and widespread prosperity. (history textbook) 이 나라는 1950년대 경제 호황으로 GDP의 견고한 성장과 폭넓은 번영을 누렸다. (역사 교과서)

엄밀히 말하면 확장기 a period of expansion 라는 의미에서 boom에는 다양한 유형이 있을 수 있다. 예컨대 baby boom 베이비 붐은 많은 아이가 태어나며 인구가 급격히 증가했던 전후 시기를 가리킨다. an economic boom은 가장 일반적인 유형의 boom이지만 맥락에서 명확히 드러나지 않으면, 예컨대 아기 baby가 아니라 경제에 대해 말하고 있다는 것을 명시하려고 economic이란 단어를 덧붙일 수 있다.

housing/real estate boom 주택/부동산 호황기	In the early 2000s, cities like Las Vegas and Miami experienced a housing boom, with skyrocketing home prices. (real estate market report) 2000년대 초 라스베이거스와 마이애미 같은 도시에서는 주택 호황기를 맞아 주택 가격이 앙등했다. (부동산 시장 보고서)

주택 시장과 관련된 유형의 boom에 대해 언급하는 표현이다.

technology boom 테크놀로지 호황기	Are we at the start of a technology boom caused by AI? (technology and futurism subreddit post) AI로 인한 테크놀로지 호황기가 바야흐로 시작된 것일까요? (레딧의 테크놀로지와 미래주의 항목에 게재된 질문)

a technology boom은 테크놀로지가 대폭 개선되고 급격히 발전하여 개인과 조직이 더 많이 사용할 수 있게 되는 시기를 가리킨다. 쉽게 말하면 technology 부문에서 신속한 성장과 혁신 rapid growth and innovation이 일어나는 시기를 뜻한다.

boom and bust 호황과 불황	Boom and bust cycles reflect the tendency of markets to experience alternating periods of expansion and contraction, driven by shifts in supply and demand. (economics textbook) 호황과 불황의 순환은 수요와 공급의 변화로 인해 확장기와 수축기가 번갈아 일어나는 시장의 특성을 보여주는 현상이다. (경제학 교과서)

a boom은 a bust의 반대말이다. 둘 모두 경제에서 긍정적 방향이나 부정적 방향으로의 단기적 변화를 뜻하는 단어이다. 따라서 boom and bust는 번영기 period of prosperity와 침체기 period of downturn를 번갈아 오가는 자본주의 경제의 특성을 표현하는 문구이다. boom and bust는 경제 발전의 과정을 압축해 표현하는 용어로도 사용된다. 예컨대 1990년대 후반의 번영은 2000년대 초에 닷컴 버블이 붕괴되며

중단되었고 그 뒤로 2000년대 중반의 주택 시장 호황 the housing market boom은 2008년 금융 위기로 끝나며 불황 bust이 시작되었다.

boomtown
신흥 도시

> Doha in Qatar has become a boomtown, particularly because of its reserves of natural gas and oil. (travel blog article)
> 카타르의 도하는 그곳에 매장된 천연가스와 석유 덕분에 신흥 도시가 되었다. (여행 블로그에 실린 글)

boomtown은 특별히 성공한 산업이나 경제 부문에 힘입어 급속히 성장하고 경제적 번영을 누리는 도시나 지역을 가리킨다.

> **10 years**
> During the 10 year boom period of the 1920s, household income doubled for ordinary workers. (history magazine)
> 1920년대에 10년 간의 호황기로 일반 노동자의 가계 소득은 두 배로 증가했다. (역사 전문 잡지)

bust 불황

a bust는 성장기와 번영기 이후에 닥치는 혹독한 경제 하락기 a period of economic decline 를 뜻한다. bust는 뒤범벅이고 엉망진창이

란 의미에서의 파손 breakage 이란 뜻을 담고 있어, 경제가 어떤 식으로든 망가졌다 an economy has broken in some way 는 것을 간접적으로 표현하는 단어이다. a bust는 a boom의 반대말로 생각하면 된다. 따라서 a bust는 자산 거품이 터지는 금융 위기나 전쟁이나 자연재해 같은 사건으로 인해 (대체로 수년을 넘지는 않지만) 단기간 동안 GDP와 고용과 투자가 급격히 감소하는 현상을 가리킨다. 또한 bust 파산, 파산하다는 '기업이 지불 능력을 상실해 거래를 중단하다'를 뜻하는 속어로도 사용된다. 따라서 bust는 경제 파탄과 기업 파산, 즉 거시 경제적 사례만이 아니라 개별적 사례까지 언급하는 데 사용할 수 있는 단어이다.

to go bust 파산하다	My favorite ice cream shop has gone bust–heartbroken! (Instagram post) 내가 좋아하던 아이스크림 가게가 문을 닫았다–가슴이 아프다! (인스타그램에 게시된 글)

to go bust는 어떻게 개별 기업이 거래를 중단하게 되었는지를 설명하는 맥락에서 사용된다. 일반적으로는 주어가 개별 기업인 경우에는 to go bust(a business has gone bust), 주어의 범위가 넓어져 경제가 되면 the economy is bust라고 말하는 것이 더 올바른 표현이지만 때로는 이 둘이 뒤섞여 사용되기도 한다.

boom and bust 호황과 불황	How do investors cope with boom and bust cycles? (Reddit investment question post) 투자자들은 호황과 불황의 순환에 어떻게 대처하나요? (레딧에 게시된 투자에 대한 질문)

busts는 호황기 a period of boom 와 관련되어 사용되는 경우가 많다. bust는 번영기 period of prosperity 와 고난기 period of hardship 의 주기적인 움직임에 대한 거시 경제학적 논의에서 자주 언급된다.

$69,000

Bitcoin is valued at $69,000 per coin, but we're expecting a bust sometime soon. (crypto blog)
현재 비트코인의 가치는 코인당 6만 9,000달러이지만 조만간 폭락할 것으로 예상된다. (암호 화폐에 대한 블로그)

Government vs Private Ownership

monetary policy 통화 정책, 화폐 정책

monetary policy는 중앙은행과 정부가 한 국가의 통화 공급 조절에 영향을 미치기 위해 사용하는 전략을 일컫는 포괄적 용어 a blanket term 이다. monetary policy에는 두 가지 주요 행위가 있지만, 그 두 행위가 monetary policy의 전부는 아니다. 하나는 한 경제권에서 새로 인쇄되는 화폐의 공급을 늘리거나 줄이는 것이고, 다른 하나는 한 국가의 기준 금리 base interest rate 에 변화를 주어 자금 조달 비용 cost of borrowing 을 통제하는 것이다. monetary policy는 정부보다 중앙은행이 직접적으로 시행하고, 일반적으로는 유리한 신용 조건을 조성하는 것을 목표로 한다는 점에서 재정 정책 fiscal policy 과 다르다.

tight/loose monetary policy 긴축적/완화적 통화 정책	We conclude that a loose monetary policy risks financial stability in the economy. (from economic think tank report) 우리 결론에 따르면, 느슨한 통화 정책이 경제의 금융 안정성을 위협한다. (경제 싱크탱크의 보고서에서)

중앙은행이 금리 변경 interest rate adjustment 과 통화 공급 관리를 통해 경제 활동을 자극하거나 제한하려는 조치의 적극성 정도에 따라 monetary policy가 loose한지 tight한지가 결정된다. 따라서 tight 는 strict 엄격한를 뜻하고, loose는 laissez faire 자유방임적를 뜻한다.

expansionary/ contractionary monetary policy 확장적/긴축적 통화 정책	During the 2000s, the Federal Reserve pursued an expansionary monetary policy, which involved reducing interest rates and employing quantitative easing measures. (modern history textbook) 2000년대 동안 연방준비제도는 금리를 낮추고 양적 완화 조치를 사용하는 등 확장적 통화 정책을 추구했다. (현대사 교과서)

expansionary/contractionary는 차례로 경제 성장을 촉진하거나 인플레이션을 억제하려는 목표에서 중앙은행이 취하는 행동 방향을 표현하는 데 사용되는 형용사이다. 예컨대 고금리는 contractionary policy의 한 예로, 대출과 지출 모두를 억제함 destimulating both borrowing and spending 으로써 물가를 낮추고 인플레이션율을 떨어뜨리려는 조치이다.

| **effective/ineffective monetary policy** 효과적/비효과적 통화 정책 | The government has pursued an ineffective monetary policy for too long. (extract from opposition party speech) 정부는 너무 오랫동안 비효율적인 통화 정책을 시행해 왔습니다. (야당의 연설에서 발췌) |

effective/ineffective는 중앙은행이나 정부가 실시하는 통화 정책의 효과effectiveness를 평가할 때 사용되는 형용사이다.

| **monetary policy instruments** 통화 정책 수단 | Join us for this webinar on monetary policy instruments and how these can affect your industry. (advert for a business webinar) 통화 정책 수단들과 그 수단들이 여러분의 업계에 어떻게 영향을 미칠 수 있는지에 대해 토론하는 웨비나에 참여하십시오. (한 비즈니스 웨비나의 광고) |

monetary policy가 시행되는 방법을 설명하는 데 사용되는 핵심 명사가 instruments이다. 예컨대 금리 변경, 양적 완화quantitative easing, 국내외 시장에의 개입 등 은행 지급 준비금bank reserves의 수준, 자국 통화의 가치에 영향을 주려는 조치가 monetary policy instruments에 포함된다.

> **3.88% per annum**
> South Korea's interest rate is currently 3.88% per annum. (from economics update website)
> 한국의 금리는 현재 연 3.88퍼센트이다. (경제 현황을 실시간으로 알리는 웹사이트에서)

fiscal policy 재정 정책

fiscal policy는 정부가 경제에 영향을 주기 위해 취할 수 있는 조치로서 monetary policy 통화 정책와 한 쌍을 이룬다. fiscal policy는 정부가 공적 자금 public money 을 사용하고 규제하기 위해 취하는 조치와 관련된 활동을 가리키는 포괄적 용어 an umbrella term 이며, 대표적인 예로 세율 변경 tax changes과 지출 전략 spending strategies 및 공공 차입 public borrowing 이 여기에 속한다. monetary policy는 물가 안정과 인플레이션 관리, 완전 고용 full employment의 촉진에 중점을 두는 반면, fiscal policy는 경제 성장, 소득 분배, 기반 시설 개발 등 한층 광범위한 경제 목표를 다룬다.

fiscal policy measures 재정 정책 조치	Fiscal policy measures may reduce government debt in the Eurozone by up to 7% by 2027. (European Union statistics body website) 재정 정책 조치로 유로존의 정부 부채를 2027년까지 최대 7퍼센트까지 줄일 수 있을 것이다. (유럽 연합 통계국의 웹사이트)

일반적으로 재정 정책(fiscal action 혹은 fiscal policy)은 어떤 목표를 달성하기 위한 방편으로 의도적으로 취해지는 조치라는 것을 강조하기 위해 measure라고 표현한다. 또한 fiscal policy measures에 대해 이야기할 때 policy라는 단어를 생략하고 fiscal measures라고 말하는 경우가 많다. 형용사 fiscal이 무언가와 관련해 사용되는 경우에는 국가 재정 정책 national fiscal policy 이란 맥락에서 그 무언가를 언급하는 경우가 무척 빈번하기 때문이다.

fiscal stimulus 재정 부양책, 경기 부양책	We need a fiscal stimulus to boost the economy. (from financial news opinion article) 재정을 통한 경기 부양책이 필요하다. (경제 신문의 의견란에서)

a fiscal stimulus는 어떤 식으로든 경제 활동을 활성화하려는 정부 정책 a government action 이다. 일반적으로 fiscal stimulus는 정부 지출을 늘리거나 세금을 감면하는 방식으로 이루어진다. fiscal stimulus로는 총수요 aggregate demand가 증가하는 효과가 기대된다. fiscal stimulus라는 단어는 경제 관련 언론에서 마주할 가능성이 크다.

fiscal situation 재정 상황	The government has decided to reduce funding for social programs due to the province's poor fiscal situation. (from local government policy announcement) 정부는 지방의 열악한 재정 상황으로 인해 사회 보장 프로그램을 지원하는 자금을 줄이기로 결정했다. (지방 정부의 정책 발표에서)

한 국가의 경제 성과와, 경제적 어려움에 대응하는 정부 정책을 압축적으로 보여주는 현상이다.

fiscal reform 재정 개혁	Today we announce our proposed fiscal reforms to enhance government revenue and stimulate aggregate demand. (government X post) 오늘 우리는 정부 수입을 늘리고 총수요를 촉진하기 위한 재정 개혁안을 발표합니다. (정부가 X에 게시한 글)

한 국가의 재정 정책 fiscal policy에서 시도된 모든 변화는 a fiscal reform으로 여겨질 수 있다. 특히 그 변화가 이전 정책에서 크게 벗어난 경우에는 더욱 그렇다.

**fiscal austerity
재정 긴축**

> Fiscal austerity can help boost long term economic growth. (quote from an interview with an economist)
> 재정 긴축은 장기적인 경제 성장을 촉진하는 데 도움이 될 수 있습니다. (한 경제학자의 인터뷰에서 인용)

fiscal austerity는 흔히 austerity라고만 쓰이며, 일반적으로 공공 지출을 줄이거나 세금을 인상함으로써 정부 부채를 줄이는 것을 목표로 하는 재정 접근 방식을 가리킨다. fiscal austerity와 반대되는 개념이라 볼 수 있는 expansionary fiscal policy 확장적 재정 정책는 더 많은 돈을 빌려 지출을 늘리는 재정 접근 방식이다.

> **2.5 times**
> Countries with expansionary fiscal policies during economic downturns experience an average GDP growth rate 2.5 times higher than those that pursue fiscal austerity measures. (economics research institute article)
> 경기 침체기에 확장적 재정 정책을 펼친 국가는 긴축 재정을 시행한 국가보다 평균 GDP의 성장률이 2.5배 더 높다. (경제 연구소의 논문)
> * GDP: 국내총생산, Gross Domestic Product

aggregate 합계, 총

aggregate는 작은 개별 부분들로 이루어진 전체 a whole, 즉 분류화 a grouping 를 뜻한다. 경제학에서는 특히 수요와 공급이 전국적인 차원에서 어떻게 작용하는지를 기준으로 거시적인 힘을 설명하는 데 유용한 개념이고, 경영에서는 분류화가 필요한 부분에서 총액 total amount 이나 합계 sum 를 표현하는 데 사용될 수도 있다.

aggregate demand 총수요	The government's stimulus package aims to boost aggregate demand and stimulate economic growth, but is unlikely to achieve this. (quote from independent media Instagram reel) 정부의 경기 부양을 위한 종합 대책은 총수요를 늘리고 경제 성장을 촉진하는 것을 목표로 하지만 성공할 가능성은 낮다. (독립 언론이 인스타그램에 올린 릴스에서 인용)

aggregate demand는 특정 인구 집단 내 재화와 서비스에 대한 총수요 total demand 를 가리킨다. 다시 말하면 그 인구 집단 내에서의 합산 지출 the combined spending 을 나타낸다. 누군가 거시 경제학적 맥락에서 aggregate demand를 언급한다면 국내에서 생산된 재화와 서비스에 대한 가계와 기업, 정부, 해외 구매자의 수요를 모두 합한 값이 aggregate demand가 된다. 한편, 예를 들어 운동화 시장처럼 더 작은 부분에 대한 수요 전체를 뜻하는 경우에는 그 부분을 명확히 명시해야 한다(aggregate demand for sneakers has risen/fallen, 운동화에 대한 총수요가 증가했다/감소했다).

aggregate supply 총공급	We're seeing aggregate supply exceeding aggregate demand in our sector, so we expect prices to fall as producers look to sell excess stock. (business update focusing on industry developments) 우리 부문에서 총공급이 총수요를 초과하고 있으므로 생산자들이 초과 재고를 판매하려고 할 때 가격이 하락할 것으로 예상된다. (산업 발전과 관련한 최신 업계 동향)

aggregate supply도 aggregate demand와 마찬가지로 한 경제권 내에서 재화와 서비스를 공급하려는 의지와 능력의 총합을 표현하는 데 사용되는 개념이다. 한 경제권보다 작은 단위의 경우에는 그 단위 내에서의 재화와 서비스를 공급하려는 의지와 능력의 총합이 된다.

economic aggregate 경제 총량	Of all the economic aggregates, GDP is used most often but it can overestimate production. (answer to an economics Q&A on Reddit) 모든 경제 총량 중에서 GDP가 가장 흔히 사용되지만 생산량을 과대평가하는 지표일 수 있다. (레딧의 경제학에 대한 Q&A에서)

an economic aggregate는 GDP gross domestic product, 국내총생산 와 GNP gross national product, 국민총생산 를 비롯해 중요한 경제 활동 전체를 측정하는 지표를 칭하는 명칭일 뿐이다.

**aggregate sales
총매출**

> The company reported strong aggregate sales figures for the quarter. (extract from company revenue analysis document)
> 그 회사의 보고에서 보듯이, 이번 분기의 총매출은 무척 높았다. (회사 매출 분석 문서에서 발췌)

aggregate sales는 특정한 기간 동안 한 기업 집단이나 특정한 산업계가 거둔 총판매수입 total sales revenue 을 가리키는 개념이다. aggregate sales는 주로 기업적 맥락에서 사용되며, 위에서 언급된 다른 표현과 비교할 때 거시 경제적 개념이 덜하다.

£13.3 billion

As exports have increased by £13.3 billion this year, aggregate demand has gone up in the economy. (economic analysis by government department)
올해 수출이 133억 파운드 증가한 덕분에 경제 전반에서 총수요가 증가했다. (정부 부서의 경제 분석)

quantitative easing 양적 완화

quantitative easing은 흔히 QE로 약칭되며, 중앙은행이 금리를 낮추고 경기를 부양하기 위해 시행하는 통화 정책 전략을 가리킨다. government bonds 국채 나 다른 금융 자산을 매입하는 조치도 quantitative easing에 포함된다. 반대되는 개념은

quantitative tightening 양적 긴축으로, 중앙은행이 국채의 일부를 매각하는 통화 정책을 가리킨다.

to implement quantitative easing 양적 완화를 시행하다	Implementing quantitative easing brings a risk of inflation. (letter to the editor of a financial newspaper) 양적 완화를 시행하면 인플레이션의 위험이 있습니다. (경제 신문 편집자에게 보낸 편지)

quantitative easing은 일종의 정책이나 전략이므로 to implement, to execute, to employ 등과 같은 동사들과 함께 사용하기에 적합하다. quantitative easing은 그 자체로 확정된 용어이기 때문에 경제 상황을 언급하려고 동사 to ease를 같은 뜻으로 사용하며 to ease the quantity라고 말하는 것은 올바른 표현이 아니다.

quantitative easing program 양적 완화 프로그램	We may need to launch a quantitative easing program to combat deflation. (government meeting) 디플레이션에 대응하기 위해 양적 완화 프로그램을 시작할 필요가 있을 수 있습니다. (정부 회의)

quantitative easing을 시행하기 위해 준비되어야 할 운용 계획을 가리키는 표현이다. a quantitative easing operation이라고도 한다. 앞서 나열된 동사들 외에 to launch도 quantitative easing program과 짝을 이룰 수 있는 동사이다.

quantitative easing strategy 양적 완화 전략	A quantitative easing strategy has proven successful in other countries. (speech from a politician) 양적 완화 전략은 다른 여러 나라에서 성공한 것으로 입증되었습니다. (한 정치인의 연설)

그다지 자주 사용되는 용어는 아니지만 quantitative easing을 사용하는 전략을 가리키는 표현이다. 하지만 이 맥락에서는 quantitative easing이 하나의 독립된 문구로 흔히 사용된다.

period of quantitative easing 양적 완화 기간	After the 2008 financial crisis, the United Kingdom implemented a period of quantitative easing to aid economic recovery. (economic YouTube channel) 2008년 금융 위기 이후로 영국은 경제 회복을 돕기 위해 양적 완화 기간을 두었습니다. (경제 문제를 다루는 유튜브 채널)

quantitative easing이 정책으로 시행된 기간을 가리키는 데 사용되는 표현이다. 특정한 기간을 표현하는 문구로 round of quantitative easing이라고 말할 수도 있다.

> **2%**
> We use quantitative easing to reach our target inflation rate of 2%. (statement from the Bank of England)
> 목표 인플레이션율 2퍼센트를 달성하기 위해 양적 완화를 사용할 예정입니다. (잉글랜드 은행의 발표)
> * Bank of England: 영국의 중앙은행

trickle-down 낙수(落水)

trickle-down은 상류층과 대기업의 부wealth와 편익benefits이 결국 '아래로 흘러 내려간다'to trickle down 라는 생각을 표현하는 용어이다. 다시 말하면 상류층과 대기업의 지출과 투자가 궁극적으로 고용의 증가와 산업의 성장으로 이어지며 경제적으로 어려운 사람들those less fortunate 에게 혜택을 줄 것이라는 이론이다. trickle-down theory낙수 이론는 많은 사람이 그 효과에 의문을 제기하는 등 논란이 많다.

trickle-down economics **낙수 경제**	Trickle-down economics is a scam that only benefits the rich. (political opinion piece) 낙수 경제는 부자에게만 이익인 사기이다. (정치 관련 기고문)

trickle-down economics는 부유층에게 세금 감면tax breaks과 편익을 제공하면 결국 모든 사람에게 혜택이 돌아갈 것이라는 견해로, 그런 관행을 설명하는 일반적인 용어이다.

trickle-down theory **낙수 이론**	The trickle-down theory dates back to the 1920s. (economics lecture) 낙수 이론은 1920년대까지 거슬러 올라갑니다. (경제학 강의)

상류층의 부를 늘려주면 결국 사회의 나머지 계층들에게도 그 효과가 흘러 내려갈 것to trickle down이란 이론을 가리킬 때 사용되는 표현이다.

**trickle-down policies
낙수 정책**

> The president's trickle-down policies have been criticized by the opposition ahead of the election. (national newspaper)
> 대통령의 낙수 정책은 선거를 앞두고 야당으로부터 비판을 받고 있다. (전국 신문)

고소득층에 대한 세금 감면 등 정부가 부유층에게 크게 유리한 경제 정책을 시행하는 경우를 표현할 때 사용되는 용어이다.

> **1.8%**
> The chancellor claims that the 1.8% rise in GDP is due to his trickle-down policies. (political podcast)
> 총리는 GDP가 1.8퍼센트 증가한 게 자신의 낙수 정책 덕분이라고 주장합니다. (정치 팟캐스트)

incentive 인센티브, 장려책

incentives, 더 구체적으로 economic incentives 경제적 유인, 경제적 인센티브 는 소비자가 특정 상품을 구매하도록 유도하는 것이든 직원들이 더 효율적으로 일하도록 유도하는 것이든 어떤 식으로든 사람들의 행동에 변화를 주도록 설득할 목적에서 정부나 기업이 제공하는 모든 것을 가리킨다. 그에 따른 보상 reward 은 대체로 금전적인 것이지만 praise 칭찬 나 recognition 인정, 표창, extra holiday time 추가 휴가 등 비금전적인 것일 수도 있다. an incentive의 반대 개념은 a disincentive로, 사람들이 어떤 행동을 하려는 의욕을 꺾는 것을 뜻한다.

incentivization strategy 인센티브 전략	If we want to employ an incentivization strategy, we need to identify the needs of the target group. (marketing meeting) 인센티브 전략을 사용하려면 표적 집단의 욕구를 파악해야 합니다. (마케팅 회의)

an incentivization strategy는 어떤 기관이나 정부가 자기 조직에 속한 개인이나 집단에게 동기를 부여할 목적에서 시행하는 전략을 가리킨다. a strategy란 단어가 그렇듯이 to implement나 to employ 같은 동사가 주로 incentivization strategy와 함께 사용된다.

incentive system 인센티브 시스템, 장려책	We are introducing a new incentive system to encourage students to succeed. (email from a headteacher) 학생들을 독려해 성공의 길로 이끌기 위해 새로운 인센티브 시스템을 도입하려 합니다. (교장이 보낸 이메일)

an incentivization strategy와 마찬가지로 an incentive system은 회사나 학교와 같은 기관이 구성원들에게 필수적인 행동이나 행위에 보상을 약속하며 동기를 부여하려고 시행하는 정책을 가리킨다.

financial incentive 재정적 혜택, 금전적 인센티브	Studies have shown that providing financial incentives for retail staff can have a negative impact on customers. (presentation on employee benefits) 여러 연구에서 확인되듯이, 소매점 직원에게 재정적 인센티브를 제공하면 고객에게 부정적인 영향을 미칠 수 있습니다. (직원 혜택에 관한 프레젠테이션)

a financial incentive는 특정한 행동이나 행위를 장려하려고 금전적 형태 monetary form로 제공되는 보상을 뜻한다. financial incentive는 직원들에게 더 열심히 일하고 어떤 목표를 달성하자고 독려하는 상황에서 주로 사용된다.

tax incentive 세금 혜택, 감세 조치	The government has introduced a new tax incentive to increase employment. (national newspaper) 정부는 고용을 늘리기 위해 새로운 감세 제도를 도입했다. (전국 신문)

tax incentives는 정부가 경제 활동 economic activity을 활성화할 목적으로 시행하는 정책으로, 개인이나 기업에게 세금을 줄여주는 조치를 가리킨다.

negative incentive 부정적인 인센티브	I don't believe in using negative incentives to motivate my employees. (conversation with a manager) 직원들에게 동기를 부여하는 데 부정적인 인센티브의 사용이 적합하다고 생각하지 않네. (관리자와의 대화)

조직의 구성원들, 예컨대 회사의 직원들을 원하는 방향으로 행동하도록 독려하기 위해서는 negative incentives도 사용된다. 하지만 이때 동기 부여의 목적은 보상을 얻기 위한 노력보다 부정적인 결말이나 처벌을 피하는 데 있다.

> **12%**
> The government is promising a 12% tax cut as an incentive for voters. (TV news broadcast)
> 정부는 유권자들에게 인센티브로 12퍼센트의 세금 감면을 약속하고 있습니다. (텔레비전 뉴스 방송)

subsidy 보조금, 장려금

a subsidy는 일반적으로 정부가 재정적 지원자로 역할하며 활동을 독려하여 개인이나 기업에 제공하는 금전이나 그 밖의 혜택을 가리킨다. 또 어떤 산업의 필수 재화나 서비스 비용을 적정하게 유지할 목적에서 기업 등에 제공하는 혜택도 subsidy에 속한다. 따라서 subsidies는 공익 public interest에 속하고, 경제적 안정을 유지하는 방법의 하나로도 볼 수 있다. subsidies는 직접 지불 a direct payment될 수도 있고 a tax break 세금 우대 조치 같은 혜택의 형태를 띨 수도 있다. subsidy의 동사형은 to subsidize로, 보조금을 제공하는 행위 act of providing a subsidy를 가리킨다.

| **to receive a subsidy** 보조금을 받다 | Millions of households receive subsidies for their health insurance; click here to see if you are eligible. (insurance company website) 수백만 가구가 건강 보험을 위한 보조금을 받고 있습니다. 자격이 되는지 확인하려면 여기를 클릭하십시오. (보험 회사의 웹사이트) |

to receive는 a subsidy의 수령자가 주어인 문장에서 동사로 주로 사용된다. subsidy를 제공하는 사람이 주어인 경우에는 to give, to grant, to award 등이 동사로 사용될 수 있다.

| **government subsidy** 정부 보조금 | Here is a list of government subsidies available for small businesses. (online guide for young entrepreneurs) 소기업에 제공되는 정부 보조금 목록은 다음과 같다. (청년 기업가를 위한 온라인 안내) |

이 문구에 government가 포함됨으로써 정부 government가 재정 지원을 하는 것이라는 점이 명시된다. 단독으로 사용된 subsidy도 government subsidy를 뜻할 수 있다.

| **annual subsidy** 연간 보조금 | The government has announced it will reduce its annual subsidy for the fossil fuel industry. (national newspaper) 정부는 화석 연료 산업에 대한 연간 보조금을 앞으로 줄일 것이라고 발표했다. (전국 신문) |

subsidy에는 annual이나 monthly처럼 빈도를 명확히 표현하는 형용사가 함께 쓰일 수 있다. 하지만 subsidy는 일회성 one-off으로 지원될 수도 있다.

| **production subsidy**
생산 보조금 | A disadvantage of production subsidies is that they can encourage suppliers to over-produce. (economic commentary)
생산 보조금은 공급업체들에게 과잉 생산을 부추길 수 있다는 문제가 있다. (경제 논평) |

a production subsidy는 소비자 가격을 올리지 않고 특정 상품의 생산을 독려하려는 목적에서 생산업체들에 지급되는 보조금 subsidy이다. production subsidy와 대립되는 개념은 consumption subsidy 소비 보조금로, 개발도상국가에서 정부가 식량과 물 같은 필수품에 보조금을 지급 subsidize 하며 소비자에게 혜택을 주는 것이다.

| **farm subsidy**
농업 보조금 | In my opinion, the government spends far too much on unnecessary farm subsidies. (letter to the editor)
제 생각에는 정부가 불필요한 농업 보조금에 너무 많은 돈을 쓰고 있습니다. (편집자에게 보낸 편지) |

an agricultural subsidy라고도 하며 형용사를 덧붙여 보조금을 받는 산업 the industry being subsidized이 명시된 경우를 보여주는 subsidy의 또 다른 예이다. 다른 것으로는 transport subsidy 운송 보조금, fossil fuel subsidy 화석 연료 보조금, energy subsidy 에너지 보조금 등이 있다.

> **$25 billion**
>
> The government currently spends $25 billion per year on farm subsidies. (report on the US federal budget)
> 현재 정부는 농업 보조금으로 연간 250억 달러를 지출하고 있다. (미국 연방 예산에 대한 보고서)

fiat currency 법정 화폐, 명목 화폐

fiat currency는 영어에서 금이나 은처럼 가치가 있는 물품 a physical commodity of value 으로 뒷받침되지 않는 통화를 표현하는 데 사용되는 용어이다. 전 세계에서 대부분의 지폐와 동전이 fiat currency이다. fiat currency의 가치는 종이 paper 나 구리 copper 등 제작된 재료가 아니라 해당 화폐를 관리하는 정부가 부여한 금액에 따라 결정된다. 다른 용어로는 **fiat money**라고 불린다.

national fiat currency 국가 법정 화폐	Yesterday morning, the central bank announced measures to stabilize the national fiat currency. (financial news article) 어제 아침, 중앙은행은 국가 법정 화폐를 안정화하기 위한 조치들을 발표했다. (경제 뉴스 기사)

미국의 달러, 한국의 원, 일본의 엔 등 한 국가의 통화 a national currency 를 가리키는 표현이다. 한편 global fiat currency 기축 통화 는 국경을 넘나들며 여러 국가에서 통용되는 모든 명목 화폐를 가리킨다.

fixed fiat currency 고정 명목 화폐	This issue features an in-depth analysis of the impact of fixed fiat currency regimes on bond market dynamics. (investment and market analysis circular) 이번 호에서는 고정 명목 화폐 체제가 채권 시장 역학에 미치는 영향이 심층적으로 분석된다. (투자 및 시장을 분석하는 회보)

fixed fiat currency는 그 가치가 미국 달러 같은 기축 통화에 연동된 통화를 가리킨다. 세계 주요 통화들 중 다수가 이런 특성을 지닌다.

floated fiat currency
변동 명목 화폐

A floated fiat currency system allows for greater flexibility and adjustment to economic conditions. (global economics podcast)
변동 명목 화폐 시스템을 사용하면 통화 가치를 경제 상황에 따라 유연하게 조정할 수 있습니다. (세계 경제를 다루는 팟캐스트)

fiat currency의 가치가 공급과 수요에 따라 변동될 수 있다는 점을 제외하면 a fixed fiat currency와 비슷하다.

stablecoins
스테이블코인

This type of stablecoin is designed to be 1:1 in value with the US dollar. (from currency description on crypto investment website)
이런 유형의 스테이블코인은 가치가 미국 달러와 1:1이 되도록 설계되었다. (암호 화폐 투자 웹사이트에 실린 통화 설명에서)

stablecoins는 a fiat currency에 연동된 pegged 암호 화폐 cryptocurrency의 일종이다. 이렇게 실질 화폐와 연결됨으로써 stablecoins는 비트코인 Bitcoin 이나 이더리움 Ethereum 같은 다른 암호 화폐들에 공통적으로 내재한 변동성 volatility 을 최소화한다.

2%

Fiat currencies in healthy economies typically experience annual inflation rates around 2%. (from e-learning course on global currencies)
건전한 경제권의 법정 화폐는 일반적으로 연간 인플레이션율이 약 2퍼센트이다. (세계 통화들에 대한 온라인 강의에서)

toll 사용료, 통행료, 통화료

toll은 지방 정부 당국a local authority 이나 사업체가 어떤 특혜에 대해 부과하는 지불금이나 수수료를 가리키는 단어이다. 특정 도로나 다리를 통과하는 대가로 돈을 지불하는 맥락에서 가장 자주 사용되지만 장거리 전화 통화long-distance phone call 처럼 특별한 특혜나 서비스에 대해 부과되는 요금fee 을 뜻할 수도 있다. 그러나 toll은 fee와 다르다. fee가 다양한 상황에서 부과되는 돈charge 을 뜻하는 다소 일반적인 용어인 반면, toll은 일반적으로 기반 시설 infrastructure 을 사용하거나 지방 정부가 사용료를 부과하는 무언가에 접근하는 대가로 청구되는 돈을 뜻한다.

to pay a toll 통행료를 지불하다	I'd rather not drive that way as I have to pay a toll at the bridge. (conversation between friends) 그 다리를 지나려면 통행료를 내야 하니까 그쪽 길로 운전하지 않는 게 나아. (친구들 간의 대화)

fee와 charge가 그렇듯이 toll도 to pay라는 동사와 주로 함께 사용된다. 하지만 전치사 for가 포함된 형태, 즉 to pay for a toll은 그다지 관용적이지 않아 거의 사용되지 않는다.

to impose a toll 통행료/사용료를 부과하다	The government's decision to impose a toll on the new stretch of motorway will not create the revenue they expect. (political commentary) 새로 완공된 고속도로 구간에 통행료를 부과하기로 한 정부의 결정은 기대하는 만큼의 수익을 창출하지 못할 것이다. (정치 논평)

a toll이 도입되면 to impose와 to charge라는 동사가 주로 사용되지만 to exact도 드물게 함께 사용되며 사용료를 부과하는 행위 the act of charging a fee를 표현할 수 있다.

toll road 유료 도로	Here are the most expensive toll roads in the US. (online travel guide) 미국에서 가장 비싼 유료 도로들을 소개하면 아래와 같다. (온라인 여행 안내)

여기에서 toll은 형용사로 사용되어, 접속하거나 이용하려고 할 때 요금이 부과되는 것을 표현하고 있다. a toll road와 a toll bridge가 가장 흔한 예이다.

toll rate 통행료	New toll rates went into effect in January, check below for the updated rates. (local government website) 1월부터 새로운 통행료가 시행되었습니다. 변경된 요금은 아래에서 확인하십시오. (지역 정부의 웹사이트)

a toll rate는 특정한 서비스에 대해 사용료 a toll로 청구되는 요금 the charge으로, 빈번하게 변경될 수 있다. 같은 뜻으로 toll charge가 사용될 수도 있다.

toll-free 무료, 수신자 부담	It is important to have a toll-free number for your business to increase accessibility for customers. (online guide for small businesses) 고객의 접근성을 높이려면 무료 전화번호를 제공하는 것이 중요합니다. (소기업을 위한 온라인 안내)

toll-free는 무료로 free of cost 제공되는 서비스를 가리킬 때 사용되는 용어이다. 전화를 거는 사람에게 무료인 전화 통화에서 가장 흔히 언급되는 표현이기도 하다.

> **$51**
> Toll rates can be as high as $51 in the state of New York. (car insurance website)
> 뉴욕주에서는 통행료가 51달러까지 부과될 수 있다. (자동차 보험사의 웹사이트)

corruption 부패, 타락

corruption은 정치인이나 저명한 사업가 등 권력을 가진 사람들 those in positions of power 이 개인이나 기관의 차원에서 행하는 부정직한 행동을 표현하는 데 사용되는 일반적인 용어이다. **corruption**에는 다양한 유형의 부정직한 행동, 예컨대 뇌물 수수 bribery 와 사기 fraud 등이 포함된다. 요컨대 **corruption**은 an abuse of power 권력 남용 로 간주된다.

| **to tackle corruption** 부패와 싸우다 | We are introducing new measures to tackle corruption. (online statement from a national bank) 우리는 부패를 척결하기 위해 새로운 조치를 도입할 예정입니다. (한 국립 은행의 온라인 성명) |

corruption은 기관 내에서 부정적인 현상으로 인식되기 때문에 부패를 척결하기 위한 putting an end to corruption 논의가 자주 있을 수밖에 없다. 이때 to tackle, to fight, to combat 등과 같이 전투적인 뜻을 지닌 동사들이 주로 함께 사용된다.

corruption scandal
부패 스캔들, 독직 사건

The recent corruption scandal has led to the resignation of several politicians. (national newspaper)
최근의 부패 스캔들로 인해 여러 정치인이 물러났다. (전국 신문)

기관 내의 부패 corruption within institutions 는 무척 부정적으로 해석되기 때문에 그 존재가 드러나면 a scandal 추문, 수치로 불린다. 특히 저명한 권력자가 연루된 경우에는 더더욱 그렇다.

anti-corruption
부패 방지, 부패 추방

We offer guidance on anti-corruption practices to protect your business. (crime agency website)
여러분의 기업을 보호하기 위한 부패 방지 실행 기준 지침을 제공해 드립니다. (범죄 기관의 웹사이트)

anti-corruption은 형용사나 명사로 사용되며, 부패를 예방하거나 배격하려는 preventing or opposing corruption 활동을 표현할 때 사용된다. 접두어 anti-는 anti-bribery 뇌물 수수 방지, anti-fraud 사기 방지 등과 같은 유사한 단어들에서도 사용된다.

| **widespread corruption** 만연한 부패 | Widespread corruption has led to a lack of trust in the system. (political commentary) 만연한 부패로 인해 조직에 대한 신뢰도 떨어졌습니다. (정치 논평) |

corruption의 정도를 강조할 목적에서 widespread라는 형용사가 사용될 수 있다. rampant 횡행하는, serious 심각한 같은 형용사를 사용해도 같은 뜻을 전달할 수 있다.

| **allegations of corruption** 부패 혐의 | We are deeply disturbed by the allegations of corruption, and we intend to conduct a thorough investigation. (statement from a chief of police) 우리는 부패 혐의에 큰 충격을 받아, 철저한 조사를 실시할 계획입니다. (경찰청장의 성명) |

corruption은 범죄 행위와 연루되거나 그 자체로 범죄 a criminal offence 이기 때문에 누군가 corruption의 발생에 대해 언급할 때는 allegation 혐의 이나 accusation 피의 사실 으로 표현된다.

| **bribery and corruption** 뇌물 수수와 부패 | Bribery and corruption can negatively impact a business' reputation. (online business guide) 뇌물 수수와 부패는 기업의 평판에 부정적인 영향을 미칠 수 있다. (기업 활동에 대한 온라인 안내) |

bribery와 corruption은 일반적으로 하나의 문구에서 함께 사용된다. 엄밀히 말해 bribery는 corruption의 한 형태이므로 두 단어를 함께 사용하는 관례는 불필요한 중복 redundancy 으로 보일 수 있

다. 그러나 corruption을 전반적인 관점에서 논의할 때 bribery and corruption에 초점이 맞추어질 수밖에 없어, 두 단어를 짝지워 사용하는 것이 규범 norm 이다.

> **$30 million**
> The government has assigned $30 million for the creation of a new anti-corruption force. (national TV news broadcast)
> 정부는 새로운 반부패 기구의 설립을 위해 3,000만 달러를 배정했습니다.
> (전국 텔레비전 뉴스 방송)

black market 암시장

a black market은 an underground economy 지하 경제 라고도 하며, 정부 규제를 벗어나 재화와 서비스를 불법적으로 거래하는 공간을 가리킨다. the illicit transactions 불법 거래 에는 그 자체로 불법적인 재화와 서비스가 거래되는 경우만이 아니라 합법적인 재화와 서비스가 세금을 회피하는 방법으로 거래되는 경우도 포함된다. black market은 gray market 그레이 마켓 과 혼동되어서는 안 된다. gray market은 불법적인 시장은 아니지만 상품이 비공식적인 방식 an unofficial manner 이나 공인되지 않은 경로 unauthorized channels 를 통해 거래되는 공간이다.

on the black market

No luck at the games store, I may have to get a PS5 on the black market! (text between family members)
게임기 상점에서는 허탕을 쳐서 암시장에서 플레이스테이션 5를 구해야 할지도 모르겠어! (가족들 간의 문자 대화)

불법적으로 판매되는 제품에 대해 언급할 때 (it is) on the black market이라고 표현할 수 있다. 무언가가 시장에 있는 경우 to be on the market를 표현할 때처럼 이 경우에도 전치사 on을 사용해야 한다. 이런 맥락에서 black market은 거의 언제나 정관사와 함께 사용된다.

black market in (something)
무언가의 암시장

I've heard there's a black market in counterfeit handbags, where can I find them? (Reddit post)
가짜 핸드백 암시장이 있다고 들었는데 어디서 찾을 수 있을까요? (레딧에 게시된 글)

black market 뒤에 전치사 in과 복수형 명사가 사용되어 그 명사에 해당하는 물건의 불법 거래가 존재한다는 뜻을 전달할 수 있다.

black marketeer
암거래상, 암시장 상인

The government is introducing new measures to discourage black marketeers. (national newspaper)
정부는 암거래상을 막기 위해 새로운 조치를 도입하고 있다. (전국 신문)

a black marketeer는 수량이 매우 제한되어 구하기 어려운 상품을 불법적으로 거래하는 사람을 가리킨다. 유사한 개념으로는 불법으로 무언가를 만들거나 판매하는 사람을 가리키는 a bootlegger가 있다.

> **$2.3 billion**
> An estimated $2.3 billion is lost in tax each year due to the black market in cigarettes. (TV news special)
> 담배 암시장으로 인해 매년 23억 달러의 세금을 잃는 것으로 추정된다. (텔레비전 특집 뉴스)

TIF 조세 담보 금융

흔히 TIF로 약칭되는 tax increment financing은 개발이 필요한 지역 내에서 재개발이나 기반 시설 프로젝트를 위해 지방 정부가 사용하는 자금 조달 방법을 가리킨다. TIF는 TIF 지구 district로 지정된 지역에서 점진적으로 증가한 재산세 property tax 수입을 사용해 시행된다.

tax increment financing program 조세 담보 금융 프로그램	Our tax increment financing program will transform our city. (speech from a local politician) 우리가 시행하려는 TIF 프로그램으로 우리 도시는 변모할 것입니다. (지역 정치인의 연설)

어떤 도시에서 tax increment financing을 시행한다면 지방 정부가 고안한 프로그램 a program 일 가능성이 크다. a tax increment financing scheme이라 부를수도 있다.

tax increment financing district 조세 담보 금융 지구	See below for information about our different TIF districts. (official state website) 우리가 여러 곳에 지정한 TIF 지구에 대한 정보를 아래에서 확인하십시오. (주정부의 공식 웹사이트)

a tax increment financing district는 간단히 a TIF district라고도 표기되며 지방 정부가 재개발하기로 지정한 지역을 가리킨다.

tax increment financing subsidy 조세 담보 금융 보조금	Tax increment financing subsidies can be used for municipal projects. (economic blog) 조세 담보 금융 보조금은 지방자치 정부의 프로젝트에 사용할 수 있다. (경제와 관련한 블로그)

TIF에 의해 창출된 subsidy를 가리키며, 이 subsidy는 TIF 지구에서 시행되는 개발을 위한 자금으로 전용된다 diverted.

20 to 25
TIF districts typically last for 20 to 25 years. (government data website)
일반적으로 TIF 지구는 20-25년 동안 지속된다. (정부 자료 웹사이트)

nationalization 국유화

privatization 민영화의 반대 개념으로, **nationalization**은 민간이 소유한 자산이나 기업을 정부나 국가의 소유로 가져오는 과정을 뜻한다. 간혹 nationalization과 socialization 사회화이 헷갈릴 수 있지만, socialization은 정부 소유보다 사회 소유 social ownership를 확립하는 방향으로 경제 구조를 전반적으로 바꿔 가는 과정을 뜻한다.

nationalization of (something) 무언가의 국유화	We strongly believe in the nationalization of energy companies. (political manifesto) 우리는 에너지 기업들을 국유화해야 한다고 굳게 믿습니다. (정치 선언문)

이 경우 전치사 of 뒤에는 국가 소유로 전환해야 할 자산이나 기업이 쓰인다. 동사형 to nationalize를 사용해 위의 예문을 We want to nationalize energy companies로 바꿔 쓸 수도 있다.

nationalization process 국유화 과정	The nationalization process can occur when the government wishes to gain income from a successful industry. (article on the public sector) 정부가 성공적인 산업에서 수입을 취하고자 할 때 국유화 과정이 시작될 수 있다. (공공 부문에 관련한 기사)

간단히 말하면 국유화하는 행위 the act of nationalizing를 가리킨다. 일반적인 의미로 사용될 때는 the nationalization process보다 정관사 없이 nationalization이라는 단어만 쓰이는 경우가 많다.

| **denationalization** 비국유화 | The denationalization of public services will be detrimental to public wellbeing. (political podcast) 공익 사업의 비국유화는 공공 복지에 해로울 것입니다. (정치 팟캐스트) |

denationalization은 privatization민영화의 한 형태로, 공익 기업이나 서비스의 소유권을 민간 기업으로 이전하는 것을 뜻한다. 이때 접두사 de-는 reversal전환이나 undoing되돌림을 뜻하는 데 사용된다.

| **renationalization** 재국유화 | Why is it that the government refuses to consider renationalization of water companies? (X post) 왜 정부는 수도 회사들의 재국유화를 고려하지 않는 걸까? (X에 게시된 글) |

re-nationalization이라고도 표기되며 이전에 공공 소유였던 민간 소유의 사업이나 서비스를 다시 정부 소유로 되돌리는 것을 뜻한다. reverse privatization역민영화이라고도 한다.

> **£167 billion**
> We estimate that the renationalisation plan would cost the UK at least £167 billion. (political research website)
> 재국유화 계획으로 인해 영국에서 최소한 1,670억 파운드의 비용이 발생할 것으로 추정된다. (정치 연구와 관련한 웹사이트)

privatization 민영화

privatization은 기업 등이 공공 부문에서 민간 부문으로 이전하는 과정을 언급할 때 사용되는 단어이다. 정부 소유의 기업이나 재산이 민간 소유가 되는 상황을 표현하는 데도 privatization을 사용할 수 있다. 이런 맥락에서 privatization은 nationalization국유화의 반대 개념이다. nationalization은 정부가 민간 부문으로부터 기업을 매입하는 과정을 가리킨다.

| **privatization plan** 민영화 계획 | The school privatization plan has been abandoned after public backlash. (national newspaper) 학교 민영화 계획은 대중의 반발로 폐기되었다. (전국 신문) |

privatization plan은 기업이나 공공 기관을 민영화하려고 제안된 계획 proposed schemes to privatize a business or public entity이란 맥락에서 사용되는 표현이다. plan 대신 유사어에 해당하는 strategy전략나 programme프로그램도 사용될 수 있다.

| **corporate privatization** 기업의 사유화 | Corporate privatization allows owners to make decisions about the company without answering to shareholders. (business blog) 기업이 사유화되면 소유주는 주주들에게 설명하지 않고 회사에 대한 결정을 내릴 수 있다. (기업과 관련한 블로그) |

corporate privatization은 회사가 상장 기업에서 비공개 privately held 로 전환하는 과정을 가리킨다. 따라서 going private 개인 회사가 되다 으로 쓸 수도 있다.

mass privatization
대규모 민영화

Studies have shown that mass privatization can have a negative impact on economic growth. (economic think piece)
여러 연구에서 확인되듯이 대규모 민영화는 경제 성장에 부정적인 영향을 미칠 수 있다. (경제에 대한 해설 기사)

mass privatization은 정부가 소유한 기업들과 공익 부문을 민간 부문에 광범위하게 매각하는 과정을 언급할 때 사용되는 표현이다. 같은 뜻을 지닌 다른 형용사들, 예컨대 widespread와 large-scale 등도 사용될 수 있다.

partial privatization
부분 민영화

We hope that the partial privatization of our postal service will increase efficiency. (statement from a government website)
우편 사업의 부분 민영화를 통해 효율성을 높일 수 있기를 기대합니다. (정부 웹사이트를 통한 발표)

partial privatization은 사업체나 업무의 일부를 민간 주주가 소유하고, 일부는 정부가 소유하는 형태를 가리킨다. partial privatization은 full privatization 완전 민영화으로 가는 과정에서 일시적인 상태일 수 있다.

rail privatization
철도 민영화

> Britain has shown that rail privatization doesn't always work. (speech by a politician)
> 영국에서 증명되었듯이 철도 민영화가 항상 효과가 있는 것은 아닙니다. (한 정치인의 연설)

privatization 앞에는 민영화되는 공공 기관을 명시하는 형용사가 쓰일 수 있다. rail privatization 이외에 다른 예를 들면 water privatization 수도 사업 민영화, prison privatization 교도소 민영화이 있다.

> **417%**
> Privatization shares have increased by 417% in the last 30 years. (financial newspaper)
> 지난 30년 동안 민영화로 인한 주식이 417퍼센트나 증가했다. (경제 신문)

flotation 주식 상장

flotation은 주식을 발행해 일반인에게 매도함으로써 비공개 회사 private company 를 공개 회사 public company로 전환하는 과정을 뜻한다. 이런 전환의 주된 목적은 외부로부터 자본을 조달하는 데 있다. flotation은 영국에서 더 흔히 사용되며 철자가 floatation으로 표기될 수도 있다. 미국에서는 주로 going public 주식 공개, 기업 공개 이라고 표현한다.

| **to pursue flotation**
상장을 추진하다 | It is common practice that companies looking to pursue flotation hire an investment bank as an underwriter. (online business studies module)
상장을 추진하려는 기업들은 투자 은행을 인수 대행자로 고용하는 것이 일반적인 관행이다. (온라인으로 제공되는 경영학 강의) |

to pursue는 flotation과 함께 사용되어 initiation of the flotation process 기업을 공개하는 과정이 개시되는 상태를 뜻할 수 있다. to execute the flotation이라고도 말할 수 있지만 이 표현에는 flotation이 더 완결된 상태, 즉 flotation이 이미 시작되었다는 뜻이 함축되어 있다.

| **to float a company**
회사를 상장하다,
회사가 주식을 처음으로
일반인에게 발행하다 | If we need more funding, why don't we float the company? (from a company Teams meeting)
자금이 더 필요하면 회사를 상장하면 어떻겠습니까? (회사의 Teams 회의에서) |

to float는 flotation의 동사로도 사용될 수 있다. 요컨대 일반적인 '뜨다'의 의미가 아니라 회사가 비공개에서 공개로 전환하는 과정을 뜻하는 동사로도 사용될 수 있다. 같은 뜻으로 to execute a flotation (of a company)이라고도 말할 수 있다.

flotation costs
발행 비용

> Many analysts argue that flotation costs should be deducted from a company's cash flow as they are a one-time expense. (business think piece)
> 많은 분석가가 발행 비용은 일회성 비용이기 때문에 회사의 현금 유동성에서 공제되어야 한다고 주장한다. (경영에 관련한 해설 기사)

flotation expenses라고도 하며, 주식을 발행할 때 수반되는 비용이나 법무 관련 수수료 legal fees 등 flotation과 관련해 추가로 소요되는 비용을 가리킨다.

stock market flotation
주식 시장 상장

> A disadvantage of stock market flotation is that your company is vulnerable to market fluctuations. (business advice column)
> 주식 시장 상장의 단점은 회사가 시장 변동에 취약해진다는 것이다. (기업에 대해 조언하는 칼럼)

flotation을 더 구체적으로 표현한 용어로, 어떤 회사가 주식 시장에 상장되었다(a company is floated on the stock market)라는 사실을 뜻하는 표현이다. 주식 시장에서 투자자가 매수할 수 있는 주식을 가리키는 floating stock 부동주, 浮動과 혼동해서는 안 된다.

2%-8%

> The typical flotation costs associated with issuing stock range from 2%-8%. (online "flotation" guide)
> 주식 발행과 관련된 발행 비용은 대체로 2-8퍼센트입니다. (온라인에서 제시되는 flotation에 대한 설명)

IPO 기업 공개

initial public offering 주식의 최초 공모의 약어로 흔히 사용되는 IPO는 비공개 회사의 주식을 대중에게 공개해 회사가 일반 투자자로부터 자본을 조달할 수 있게 해 주는 과정을 가리킨다. 이 과정은 **flotation** 회사의 첫 주식 상장 혹은 **going public** 주식 공개으로도 알려져 있으며, 회사를 **a private company** 비공개 기업, 개인 회사에서 **a public company** 공개 기업로 전환하는 것이다.

to undertake an IPO IPO에 착수하다, IPO를 진행하다	To undertake an IPO, a company must first find a suitable investment bank to act as an underwriter. (financial strategist website) IPO를 진행하려는 기업은 먼저 인수 대행자로 역할하기에 적합한 투자 은행을 찾아야 합니다. (재무 전략가의 웹사이트)

기업 공개를 진행하는 과정 process of undertaking an IPO을 언급하는 데 사용할 수 있는 동사로는 to undertake 이외에 to complete, to create, to conduct 등이 있다.

to hold an IPO 기업 공개를 하다	One advantage of holding an IPO is an increased access to capital. (business podcast) IPO를 하면 자본에 대한 접근성이 높아진다는 장점이 있습니다. (기업 활동에 대한 팟캐스트)

to hold는 IPO 과정에 착수한 기업을 가리키는 데 사용하는 동사이다. to have an IPO라고 말하는 것은 자연스럽지 않다.

pre-IPO
IPO 이전의

> We need to be realistic about our pre-IPO timeline to stay on track. (Teams meeting between managers)
> IPO가 계획대로 진행되려면 IPO 이전에 수립하는 일정표가 현실적이어야 합니다. (관리자들 간의 Teams 회의)

pre-IPO는 회사가 IPO를 수행하기 전의 단계들을 가리킨다. 이 단계에서 회사는 전략을 개발하고 법적 요건을 확인하며 자금을 조달하는 여러 방법을 탐색하는 등 필요한 사항들을 준비한다. IPO가 완료된 이후의 단계를 post-IPO라 한다.

IPO lock-up
IPO 보호 예수

> See below for a list of upcoming lock-up period expirations. (stock market news website)
> 보호 예수 기간이 조만간 만료되는 IPO 목록을 소개하면 아래와 같다. (주식 시장의 뉴스를 다루는 웹사이트)

an IPO lock-up은 an IPO lock-up period라고도 하며, IPO 이후에 초기 투자자와 회사 내부자가 시장을 지배하며 주가를 떨어뜨리지 못하도록 주식을 매도할 수 없게 금지하는 기간을 가리킨다. 이 기간은 대체로 90-180일 사이이다.

76%

After our successful IPO, our shares have increased by 76%. (email from a CEO)
IPO를 성공적으로 끝낸 덕분에 우리 주식이 76퍼센트나 증가했습니다. (최고경영자가 보낸 이메일)

laissez-faire 자유방임

laissez-faire는 영어에서 차용한 프랑스어 단어로, let it happen 그런 일이 일어나도록 내버려두다 이란 뜻이다. 따라서 어떤 활동이 진행되는 동안 느긋하게 앉아 다른 행동을 취하지 않는 태도를 표현하는 데 최적인 단어이다. 개략적으로 말하면 경제학에서 laissez-faire는 국가가 시장에 최소한으로 간섭한다는 철학으로 이해된다. tariffs 관세, taxes 세금, regulations 규제 같은 것들은 자유방임주의 원칙 principles of laissez-faire 에 위배된다. laissez-faire를 옹호하는 사람들은 제한을 받지 않는 자유 무역 unrestricted free trade 과 규제가 없는 시장 역학 unregulated market dynamics 의 장점을 역설하는 동시에, 국가는 억압적인 간섭을 멀리해야 한다고 주장한다. 하지만 현대 경제학에서 laissez-faire라는 용어는 대체로 부정적인 함의를 지니며 아무런 억제가 없는 시장의 필요성을 주장하는 경제학자는 거의 없다. 그래도 laissez-faire는 자유주의 liberalism 와 국가의 역할이라는 맥락에서 경제학과 정치학과 철학의 교차점을 논의할 때 유용한 용어이다.

laissez-faire capitalism 자유방임 자본주의	In the fictional world of dystopian literature, laissez-faire capitalism often serves as a backdrop, portraying a society where corporate interests reign supreme. (from book review of famous sci-fi novel) 디스토피아 문학의 가상 세계에서는 자유방임 자본주의가 종종 배경이 되어 기업의 이익이 최고의 가치로 군림하는 사회를 묘사한다. (유명한 공상과학 소설의 서평에서)

laissez-faire capitalism은 국가의 간섭 없이 개인과 기업이 순전히 수요·공급의 법칙 laws of supply and demand에만 근거해 결정을 내릴 수 있게 해 주는 일련의 정책이나 지배 구조 system of governance를 가리킨다.

laissez-faire economics 자유방임 경제학	Laissez-faire economics can lead to greater economic prosperity and technological advancements. (school debate on technology) 자유방임 경제학은 더 크게 경제적 번영과 과학기술의 발전으로 이어질 수 있습니다. (과학기술에 대한 학급 토론)

laissez-faire economics는 시장에 개입하는 것을 자제하는 정부의 전반적인 철학을 가리키는 용어로, laissez-faire capitalism보다 훨씬 더 큰 개념이다.

laissez-faire approach 자유방임적 접근	The government's laissez-faire approach to environmental regulation has drawn criticism from many conservationists. (extract from climate activist journalism) 환경 규제에 대한 정부의 자유방임적 접근 방식은 많은 환경 보호 활동가들로부터 비판을 받았다. (기후 행동주의 보도에서 발췌)

정부가 어떻게든 최소주의 minimalist를 견지하며 시장 메커니즘에 불필요하게 관여하지 않는 방향으로 채택한 방법이나 전략을 가리키는 표현이다. 예컨대 감세는 재정 정책에 대한 a laissez-faire approach 일 수 있다.

90:10

Critics of laissez-faire point to the US' 90:10 income ratio: in a relatively unregulated market, the top 10% of earners earn vastly more than the bottom 90%. (wealth inequality research paper)
자유방임주의를 비판하는 사람들은 미국의 90:10 소득 비율을 지적한다. 비교적 규제가 없는 시장에서는 상위 10퍼센트의 소득자가 하위 90퍼센트보다 훨씬 더 많이 벌어들인다. (부의 불평등에 대한 연구 논문)

invisible hand 보이지 않는 손

the invisible hand는 18세기의 한 철학자가 자유 시장에 영향을 미치는 보이지 않는 힘 invisible forces 을 설명하기 위해 도입한 은유적 표현이다. 개인이 자유 시장의 유인책을 좇아 자신에게 이익이 되도록 행동하지만 의도치 않게 공공의 이익을 위해 일할 뿐만 아니라 자원을 효율적으로 배분하고 수요와 공급의 균형을 유지하는 데도 도움을 준다는 개념이 바로 the invisible hand이다. the invisible hand는 자유 방임 laissez-faire 접근법의 일부로, 정부의 간섭이 없어도 시장이 자율적으로 조절된다는 주장과 일맥상통한다.

| invisible hand argument 보이지 않는 손 논증 | The invisible hand argument is a fundamentally flawed way to advocate for the free market. (economic think piece) 보이지 않는 손 논증은 자유 시장을 옹호하는 근본적으로 결함이 있는 이론이다. (경제학적 해설 기사) |

the invisible hand는 사실 a fact 보다 하나의 개념 a concept에 더 가깝기 때문에 an argument나 a theory로 표현되고, 따라서 이론적인 논쟁이나 분석에서 자주 언급되는 표현이다.

invisible hand of the market **시장의 보이지 않는 손**	The change in the distribution of wealth isn't due to the invisible hand of the market, but rather because of policy decisions. (political podcast) 부의 분포가 변한 원인은 시장의 보이지 않는 손 때문이 아니라 정책 결정 덕분입니다. (정치 팟캐스트)

the invisible hand가 확장된 형태로, 이론적인 논의에서 언급되는 것을 명확히 할 목적에서 사용된 표현이다. 더 구체적으로 표현해 the invisible hand of the free market이라고 말할 수도 있다.

5.37%

Is the "invisible hand" responsible for the 5.37% growth in the economy this month? (financial magazine)
'보이지 않는 손' 덕분에 이번 달에 경제가 5.37퍼센트나 성장한 것일까? (경제 전문 잡지)

equilibrium 균형

equilibrium은 경제에서 균형 상태 a state of balance 를 뜻하는 데 사용될 수 있다. equilibrium은 미시 경제학에서 어떤 한 제품의 수요와 공급 같은 요인에 영향을 미치는 요인들 market forces 사이의 균형을 가리키고, 거시 경제학에서는 총공급 aggregate supply 과 총수요 aggregate demand 같은 요인들의 균형을 가리킨다. 따라서 더 구체적으로 표현되어 economic equilibrium 혹은 market equilibrium이라고도 쓰인다.

in equilibrium 균형을 이룬, 균형 상태에 있는	A market in equilibrium isn't always advantageous to consumers. (economics magazine) 균형 상태에 있는 시장이 항상 소비자에게 유리한 것은 아니다. (경제학 관련 잡지)

균형 상태에 in balance 있는 것, 예컨대 주로 시장 market 을 표현하는 데 사용되는 표현이다. in a state of equilibrium 혹은 at equilibrium이라고도 표현할 수 있다.

equilibrium price 균형 가격	You can use this framework to predict a change in the equilibrium price. (online economics module) 이 체제를 사용하면 균형 가격의 변화를 예측할 수 있다. (온라인에서 제공되는 경제학 강의)

equilibrium price는 공급이 수요와 일치하는 제품의 시장 가격을 가리킨다. 이렇게 수요와 공급의 균형을 이루는 상태를 equilibrium quantity 균형 수량라 하고, 어느 한쪽 없이는 다른 한쪽이 가능할 수 없기 때문에 대체로 equilibrium price 균형 가격와 함께 언급된다.

| **competitive equilibrium** 경쟁 균형 | Competitive equilibrium is rare to see in practice. (macroeconomics blog) 경쟁 균형은 실제로 보기 드문 현상이다. (거시경제학에 대한 블로그) |

공급하는 생산자는 이윤을 극대화하는 방식으로 행동하고, 수요 쪽의 소비자는 최대한의 효용을 얻으려는 균형 상태 equilibrium의 일종이다. 각자 자신의 이익을 극대화하려는 완전히 합리적인 경제 주체들 fully rational economic agents 사이에서 완전 균형 perfect balance이 이루어지는 지점이 있다는 것을 보여주는 개념이 바로 competitive equilibrium이다. 이렇게 각자 자신의 이익을 극대화하려고 한다는 점에서 양 당사자는 경쟁적 competitive이고, 각자 차지하는 경쟁적 위치에 따라 가격을 결정한다.

| **disequilibrium** 불균형 | A central bank has warned that global disequilibrium will weaken the economy. (national newspaper) 중앙은행은 세계적인 불균형이 경제를 약화시킬 것이라고 경고했다. (전국 신문) |

equilibrium과 반대되는 개념으로, 시장이 균형을 이루지 못한 상태 not in equilibrium에 있는 것을 뜻한다. equilibrium의 경우와 마찬가지로 in disequilibrium이나 a state of disequilibrium이라는 형태로 쓰일 수 있다.

> **$150**
> Using the formula, you should find that the equilibrium price is $150. (economics lecture)
> 이 공식을 사용하면 균형 가격이 150달러인 것을 알 수 있습니다.
> (경제학 강의)

monopoly 독점

monopoly는 하나의 회사가 특정한 시장에서 특정 제품이나 서비스의 공급을 배타적으로 통제하는 상황을 설명하는 데 사용되는 단어이다. 이런 배타적 통제권 exclusive control 을 통해 그 회사는 가격을 좌우하고 경쟁을 제한하며 시장 조건에 커다란 영향을 행사할 수 있다. monopoly라는 단어는 주로 경영과 경제에 관련한 글에서 사용되지만, 경제를 넘어 완전하고 절대적인 통제력 complete and total control 을 지닌 사람이나 사물을 빗댄 비유로도 사용된다. monopoly는 유명한 보드 게임의 이름이기도 하며, 많은 사람에게는 자본주의 경제의 궁극적인 본질 ultimate essence, 즉 시장 점유율과 수익성을 극대화하려는 기업들의 욕구를 뜻한다.

monopoly provider **독점 제공자/공급자**	Xylo Telecoms are a significant monopoly provider in the region. (news article discussing telecommunications infrastructure) 자일로 텔레콤은 이 지역에서 중요한 독점 공급업체이다. (정보통신 기반 시설을 다룬 뉴스 기사)

여기에서 provider라는 단어는 사실상 supplier의 동의어이다. monopoly는 재화와 서비스를 어떤 경쟁도 없이 제공하는 기업 활동의 한 유형이다. 따라서 여기에서 monopoly는 provider의 한 유형을 설명하는 형용사로 사용된 것이다.

natural monopoly
자연 독점

Utilities like water and electricity often operate as natural monopolies due to the high fixed costs and economies of scale involved. (industry expert explaining utilities markets in podcast)
수도와 전기 같은 공익 사업은 높은 고정 비용과 규모의 경제로 인해 자연 독점으로 운영되는 경우가 많습니다. (팟캐스트에서 공익 사업 시장을 설명하는 업계 전문가)

규제가 없는 시장 an unregulated market 에서 하나의 기업이 특별히 지배적인 위치를 차지하는 경우를 a natural monopoly라 한다. 이런 기업이 독점적 상황 a monopoly situation 에서 가격을 마음대로 인상할 수 있는 능력을 악용하지 못하게 하려고 국가 규제 state regulation 의 대상이 되는 경우가 많다.

virtual monopoly
사실상의 독점

For a while, Netflix had a virtual monopoly over the online streaming market. (from Ted Talk by Netflix founders)
한동안 넷플릭스는 온라인 스트리밍 시장을 사실상 독점했습니다. (넷플릭스 창립자의 테드 강연에서)

하나의 기업에 어떤 경쟁자도 없는 상황, 즉 monopoly가 절대적 absolute 인 경우는 거의 없다. 몇몇 경쟁자가 있지만 하나의 기업이 막강한 시장 점유율을 차지한 경우도 a monopoly라 할 수 있다. 이런 불완전한 독점은 a virtual monopoly라 불리고, 여기에서 virtual은 almost realized 거의 실현된 혹은 not fully realized를 뜻한다.

to have a monopoly 독점하다	This company clearly has a monopoly over fitness apps and has no incentive to improve its terrible features. (app store review of a fitness and wellbeing app) 이 회사는 명백히 피트니스 앱을 독점하고 있어, 그 끔찍한 기능을 개선하려는 의욕이 없다. (앱 스토어에 실린 피트니스 및 웰빙 앱에 대한 평가)

하나의 회사가 어떻게 독점을 유지하고 있는지를 표현하는 동사구이다. 동사 to have 대신 to hold, to enjoy를 사용해 독점의 이점을 강조할 수도 있다. 특정한 시장에 대한 독점을 표현하는 데 적합한 전치사는 on이나 over이다 on/over a particular market. 특히 over는 독점 기업 monopolistic company의 지배력을 강조하는 데 쓰인다.

to break (a company's) monopoly 독점을 깨다	New regulations aim to break the pharmaceutical company's monopoly on a life-saving medication. (extract from legislation proposal) 새로운 규정은 생명을 구하는 의약품에 대한 제약 회사의 독점을 깨뜨리는 것을 목표로 한다. (입법 제안서에서 발췌)

'독점을 종식하다' to end a monopoly 라는 뜻을 표현하기에 가장 적합한 동사는 to break이다. 국가와 공공 기관 및 국제 당국만이 아니라 다른 기업들도 특정한 제약 회사의 독점을 깨려고 애쓴다.

2.8 billion

Facebook maintains a virtual monopoly in the social networking space, with over 2.8 billion monthly active users. (technology magazine)
페이스북은 월간 활성 사용자 수가 28억 명이 넘어, 소셜 네트워킹 공간에서 사실상 독점적 지위를 유지하고 있다. (과학기술 전문 잡지)

duopoly 복점(複占)

a monopoly는 하나의 기업이 시장을 지배하는 반면, a duopoly는 두 기업이 지배적인 공급자로 기능하는 경우를 뜻한다. a duopoly의 경우에는 두 기업이 시장에서 상당한 점유율을 차지해 가격 책정과 경쟁 및 시장 역학 관계에 큰 영향력을 행사하는 경우가 많다. duopoly를 보여주는 유명한 경쟁 관계로는 Microsoft 대 Apple, Coca Cola 대 Pepsi가 있다. duopoly는 쉽게 식별되고 꽤 흔한 현상이지만, 그 단어 자체는 일상 대화에서는 거의 사용되지 않고 학자와 언론인, 정책 입안자, 시장 조사원의 전문적인 경제 분석에서만 주로 언급된다.

duopoly pricing
복점 시장에서의 가격 책정

The aerospace industry is notorious for duopoly pricing. (business magazine article)
항공우주 산업은 복점적 가격 책정으로 악명이 높다. (기업 전문 잡지에 실린 기사)

두 기업이 시장을 지배하는 상황에서 가격을 책정하는 전략 the pricing behavior 과 그에 따라 결정되는 가격을 뜻하는 표현이다. a duopoly에서 가격 결정은 상대 기업의 행동과 반응에 영향을 받는다.

duopoly competition **복점 경쟁**	In duopoly competition, innovation becomes more important than market share as companies try to out-perform each other. (extract from presentation at academic conference) 복점 경쟁에서는 각 기업이 서로 상대 기업을 능가하려고 노력하기 때문에 혁신이 시장 점유율보다 더 중요해집니다. (학술 회의의 프레젠테이션에서 발췌)

duopoly competition은 두 기업이 경쟁하는 시장 a duopolistic market 에서 두 기업의 경쟁적인 상호작용 competitive interaction 과 전략을 가리킨다. 가격 책정 전략, 제품 차별화, 마케팅 활동 등이 이러한 경쟁적 행동의 전형적인 예이다.

market duopoly **시장 복점**	Visa and Mastercard have a market duopoly over payment processing. (investment and technology sub-reddit post) 비자와 마스터카드가 결제 처리 시장을 양분하고 있다. (레딧에서 투자 및 테크놀로지 항목에 게재된 글)

duopoly가 market duopoly라고 구체적으로 표현된다면 duopoly의 범위가 어떤 산업 전체나 더 넓게 전국이나 세계가 아니라 특정한 시장에 해당한다고 표현하려는 의도이다.

industry duopoly
산업 복점, 업계 복점

Is it possible for new entrants to disrupt the industry duopoly held by the two big beer producers? (market blog question)
새로운 진입자들이 두 대형 맥주 생산업체가 군림하는 산업계 복점을 무너뜨릴 수 있을까요? (시장을 분석하는 블로그에 제시된 질문)

an industry duopoly는 그 범위가 market duopoly보다 커서 어떤 산업 전체에 해당한다.

34%
34% of survey respondents were skeptical that duopolies were positive and instead thought they encouraged complacency amongst businesses. (survey report about business trends)
설문 조사 응답자의 34퍼센트가 복점이 긍정적이라는 데 회의적이었고 오히려 기업들 사이에 안일함을 조장한다고 생각했다. (기업 트렌드에 대한 설문 조사의 보고서)

monopsony 수요자 독점, 구매자 독점

공급자가 가격 수준을 결정할 수 있을 정도로 특정 시장을 지배하는 상황이 a monopoly라면, monopsony는 한 명의 구매자가 시장 전체에 중대한 영향을 행사하는 경우이다. a monopsony에서는 한 명의 구매자 a lone buyer가 가격 책정과 경쟁 및 시장 역학

market dynamics에 상당한 영향력을 지닌다. monopsony는 수요자가 지배하는 상황인 반면에 monopoly독점와 duopoly복점는 공급과 관계가 있다. monopsonies의 대표적인 예로는 정부 조달 기관들government procurement agencies과 막강한 구매력을 지닌 대형 소매업체가 있다. monopsony가 영어에서 그다지 알려지지 않는 단어인 이유는 monopsony라는 현상이 매우 드문데다 시장 개발에 관심이 있는 사람들에게만 해당되기 때문일 수 있다.

monopsony buyer 독점 구매자	Amazon's status as a monopsony buyer gives it leverage over book publishers. (case study in a corporate strategy workshop) 아마존은 독점 구매자라는 지위를 통해 도서 출판사에 대한 영향력을 행사한다. (기업 전략 워크숍에서의 사례 연구)

monopsony는 한 명의 구매자가 영향력을 지닌 상황을 표현하는 단어이다. 따라서 특정 구매자가 그런 영향력을 갖고 있다는 것을 표현하기 위해서는 a monopsony buyer라고 말하면 된다.

monopsony power 수요자 독점의 힘	This kind of monopsony power allows the company to negotiate lower prices with suppliers. (consultant industry report) 수요자 독점이라는 힘을 행사하면 회사는 공급업체들과 더 낮은 가격을 협상할 수 있을 것이다. (컨설턴트의 산업 현황 보고서)

monopsony power는 수요자 독점 위치에 있는 기업이 공급 조건을 좌우할 수 있다는 것을 압축적으로 표현한 문구이다.

> **monopsony influence**
> 수요자/구매자 독점의 영향력
>
> As the largest retailer in the region, Walmart has significant monopsony influence. (business news article)
> 그 지역에서 가장 큰 소매업체인 월마트는 구매자로서도 상당한 독점적 영향력을 행사한다. (기업에 관련한 뉴스 기사)

위의 예에서 월마트가 널리 알려진 대형 매장 superstore 이어서 소비자에게는 공급자가 되지만, 월마트에 납품하는 공급업체들에게는 구매자가 된다는 점에 주목할 필요가 있다. 따라서 monopsony는 자체 고객들과는 상관없이 공급자들과의 관계에만 해당하는 현상이다.

> **20%**
> In monopsonistic labor markets, research suggests that women experience a wage gap of 20% compared to men. (labor rights advocacy group report)
> 연구에 따르면, 수요자 독점적 노동 시장에서 여성은 남성에 비해 20퍼센트의 임금 격차를 감수해야 한다. (노동권 옹호 단체의 보고서)

oligopoly 과점

oligopoly는 지배적인 생산자가 여럿 존재하는 시장 조건을 가리키는 용어이다. monopolies는 지배적인 공급자가 하나이고 duopolies는 둘, oligopolies는 불특정 소수의 기업이 시장에서 특권적인 위치를 차지하는 경우를 가리킨다. 특히 과점 기업들 oligopolistic firms 은 시장에 대한 지배력을 유지하기 위해 서로 의존하고 수익성을 유지하기 위해 담합 collusion 하는 경우가 많다. 예컨대 자동차 산업은 대부분의 자동차가 소수의 생산업체에 의해 제조되기 때문에 예부터 an oligopoly로 불렸다.

oligopoly competition 과점 경쟁	Oligopoly competition between major carriers often leads to intense rivalry. (opinion piece in a trade journal) 주요 해운사 간의 과점 경쟁은 종종 치열한 경쟁으로 이어진다. (무역 신문의 의견란에 실린 글)

oligopolies는 경쟁적일 수도 있지만 (담합이 있는 경우에는) 비경쟁적일 수도 있다. 전자는 여러 기업이 치열하게 서로 경쟁을 벌이는 경우 actively compete with each other로, 이러한 상황은 monopoly competition 독점 경쟁 이라 불릴 수 있다.

oligopoly market 과점 시장	The oil and gas market is an oligopoly market but there is no scope for regulation to improve competition. (market commentary X post) 석유 및 가스 시장은 과점 시장이지만 경쟁을 개선하기 위한 규제의 여지가 없다. (X에 게시된 시장에 대한 평가)

an oligopoly market은 몇몇 주요 기업이 재화나 서비스의 공급을 지배하는 시장을 가리킨다.

oligopoly pricing
과점 시장에서의 가격 책정

Our team discovered little evidence of oligopoly pricing. (investigative journalist report)
우리 팀은 과점 기업들이 담합해 가격을 책정했다는 증거를 거의 찾아내지 못했다. (탐사 보도의 기사)

oligopoly pricing은 두 가지 모순된 의미를 갖는다. 첫째, 과점 기업들oligopoly firms이 경쟁이 치열한 환경에서 시장 점유율을 유지하려고 애쓰기 때문에 가격이 낮아질 수 있다는 것을 의미할 수 있다. 둘째, 과점 기업들이 가격 담합price collusion에 관여한다면 과점 시장에서 가격이 터무니없이 올라갈 수 있다는 것을 의미한다. 따라서 oligopoly pricing의 의미는 맥락에 따라 달라진다.

> **25%**
> The top 4 firms in the fast food industry have around 25% revenue market share each. (market research firm report)
> 패스트푸드 산업의 상위 4개 기업이 시장에서 차지하는 매출 점유율은 각각 약 25퍼센트이다. (시장 조사 회사의 보고서)

Investing

portfolio 포트폴리오

portfolio는 투자들을 모아놓은 것 collections of investments 이다. 주식과 채권, 뮤추얼 펀드, 상장지수 펀드 exchange-traded fund, ETF, 부동산 등 다양한 종류의 자산이 portfolios로 분류될 수 있다. portfolio의 목적은 투자를 다각화해 위험을 분산함으로써 큰 손실 heavy loss 을 경감하는 데 있다. portfolio는 전문 용어이지만 연금 pension 과 관련한 맥락에서 주로 사용된다. 예컨대 개인적인 연금은 당사자가 통제할 수도 있고 그렇지 않을 수도 있는 다양한 분야와 시장으로 이루어진 portfolio에 투자되는 것이 바람직하다.

diversified portfolio 다각화된 포트폴리오	It is generally wise to maintain a diversified portfolio. (Bloomberg investment guide) 다각화된 포트폴리오를 유지하는 것이 일반적으로 현명하다. (블룸버그 투자 지침)

a diversified portfolio는 다양한 방향으로 투자된 포트폴리오 portfolio를 가리킨다. 일반적으로 위험을 줄이고 수익을 높일 목적에서 diversified portfolio가 선호된다.

portfolio management 포트폴리오 관리	We provide full service portfolio management for private investors. (financial institution website) 우리는 개인 투자자를 위해 포트폴리오 관리를 포괄적으로 제공합니다. (금융 기관의 웹사이트)

portfolio management는 자산을 다양하게 관리하고 조직하는 방법을 가리키는 용어이다. management에는 어떤 기업이 다른 기업을 대신해 투자하여 수익을 거두는 경우도 포함된다.

portfolio risk 포트폴리오 위험	Assessing portfolio risk requires thorough analysis of asset correlations. (investment article) 포트폴리오 위험을 평가하려면 자산의 상관관계에 대한 철저한 분석이 필요하다. (투자에 대한 기사)

portfolio risk는 포트폴리오 전체의 위험량 risk profile 이다. 따라서 portfolio risk는 포트폴리오를 구성하는 모든 자산의 위험을 모두 합한 값이 된다.

portfolio performance
포트폴리오 성과

Despite market volatility, our equity portfolio performance remained strong, outperforming its benchmark index. (investment firm quarterly report)
시장의 변동성에도 불구하고 당사의 주식 포트폴리오는 기준 지수를 상회하는 견고한 성과를 유지하였다. (투자 회사의 분기 보고서)

portfolio를 분석하고 그 결과를 보고하는 상황에서 주로 사용되는 표현이다. portfolio를 관리하는 사람이면 누구나 성과를 극대화하려고 to maximize its performance 노력한다.

70%
High risk portfolios tend to be made up of at least 70% equities. (investment advice blog)
고위험 포트폴리오는 70% 이상 주식으로 구성되는 경향이 있다. (투자에 관련해 조언하는 블로그)

TIP Trading and Investment Platform, 거래 및 투자 플랫폼

Trading and Investment Platform 거래 및 투자 플랫폼의 두문자로 이루어진 약어로, 투자자가 투자 상품을 매매하고 관리할 수 있게 해 주는 온라인 플랫폼이나 애플리케이션을 가리킨다. 비전문가인 개인 투자자가 사용하는 플랫폼부터 전문 투자자나 회사가 사용하는 플랫폼까지 다양하다. TIP는 기본적인 거래 기능부터 시장 조사를 위한 첨단 도구와 분석 정보까지 다양한 장치를 제공하며 투자에 필요한 능력과 목표에서 제각각인 투자자들의 입맛에 맞춘다.

online TIP 온라인 TIP	Check out our list of the top 15 online TIPs, paying special attention to fees and key features. (online article) 상위 15곳의 온라인 TIP 목록을 소개하오니 특히 수수료와 주요 기능을 주목해 살펴보십시오. (온라인 기사)

대부분의 TIP는 온라인으로 제공된다. 그렇지만 다른 방법으로도 투자할 수 있다. 예컨대 전통적인 증권 회사 brokerage firm 는 여전히 오프라인 사무실 brick-and-mortar office 에서 서비스를 제공하고 이곳에서 투자자들은 직접 혹은 전화로 투자하고 거래할 수 있다.

mobile TIP 모바일 TIP	This is one of the best mobile TIPs out there. (app store review) 이것은 최고의 모바일 TIP 중 하나이다. (앱 스토어에 올라온 평가)

mobile TIP는 상대적으로 적은 금액을 거래하고 투자하는 개인 투자자 retail investor 가 주로 사용하는 일반적인 플랫폼이다.

commission-free TIP 수수료가 없는 TIP	We are a commission-free TIP–trade stocks and EFTs without extra costs! (extract from online TIP advertisement) 저희가 제공하는 TIP는 수수료가 없습니다. 추가 비용 없이 주식과 EFT를 거래하십시오! (온라인 TIP 광고에서 발췌) * EFT: Electronic Funds Transfer, 온라인 자금 이체

유가 증권을 사고팔 때 수수료commission나 사례금fee을 부과하지 않아 투자자가 더 값싸게 거래할 수 있게 해 주는 플랫폼을 가리킨다.

> **100 million**
> Active users of TIPs have increased to over 100 million worldwide. (financial news website)
> TIP를 적극적으로 사용하는 투자자가 세계적으로 1억 명 이상으로 증가했다. (금융 관련 뉴스의 웹사이트)

depreciation 가치 하락, 감가상각

depreciation은 경영 및 재무와 관련된 논의에서 자산의 가치 감소에 대해 언급할 때 사용되는 단어이다(동사형은 to depreciate). depreciation의 원인은 다양하다. 시장 변화 market changes 가 자산의 가치를 떨어뜨리는 to depreciate 원인일 수 있다. 예컨대 어떤 지역에서 대중 교통 서비스가 새롭게 도입된 까닭에 자동차 수요가 감소하면 자동차 공장의 가치가 떨어질 수 있다 a car factory might depreciate. 물론 시간이 지남에 따라 일반적인 손상과 마모 damage and wear 로 인해 depreciation이 발생할 수도 있다. 예컨대 공장의 기계들은 시간이 지남에 따라 보수가 필요할 가능성이 커지기 때문에 가치가 떨어질 수 있다. 자산의 이런 가치 하락을 재무적 언어로 표현할 때 depreciations이라 한다. 반대되는 개념은 **appreciation** 가치 상승 이다.

economic depreciation
경제적 감가, 경제적 가치의 하락

We are seeing heavy economic depreciation in this area due to changes in zoning regulations. (real estate comparative market analysis report)
지역별 법규의 변경으로 인해 이 지역의 경제적 가치가 크게 하락하고 있다. (부동산 시장의 비교 분석 보고서)

economic depreciation은 시장의 힘과 경제 상황으로 인해 자산에 닥친 depreciation의 유형을 구체적으로 가리키는 표현이다. 이런 점에서 비재무적이거나 비경제적 성격의 감가 상각(예: 문화적 또는 도덕적 감가상각)과는 다르다. 건물과 부동산이 시장의 변동에 따라 흔히 영향을 받기 때문에 economic depreciation은 부동산에 대한 논의에서 자주 사용된다.

accounting depreciation
회계상의 감가상각

Please can you calculate the accounting depreciation of these assets over their useful life? (email instruction from manager to employee in accounting department)
이 자산들이 유효 수명 동안 회계상으로 얼마나 감가상각되는지 계산해 줄 수 있을까요? (관리자가 회계부 직원에게 보낸 이메일 지시)

accounting depreciation은 depreciation의 수학적 설명에 더 가깝고, 원인을 불문하고 어떤 자산이 유효 수명 useful life 동안 얼마나 감가상각 depreciation 되는지를 측정하는 것이다.

rapid depreciation
급속한 가치 하락

Following revelations about the company's use of sweatshops in developing countries, their intellectual property assets have

experienced rapid depreciation. (legal news article)
그 회사가 개발도상국에서 노동력 착취 공장을 운영한다는 것이 폭로된 후 그 회사의 지적 재산 가치가 급격히 하락하였다. (법률 뉴스 기사)

자산 가치의 급격한 감소를 표현하는 데 일반적으로 사용되는 형용사는 rapid이다. rapid는 '단기간에 빠르게 진행된다'라는 의미를 담고 있다.

rate of depreciation 감가상각률	The rate of depreciation of the company's inventory is slow, and is not an immediate concern. (inventory audit report) 회사 재고의 감가상각률은 느리기 때문에 당장 우려할 만한 수준은 아니다. (재고에 대한 감사 보고서)

depreciation은 일정 기간 동안 가치가 하락한 정도, 즉 rate비율로 흔히 측정되고 표현된다.

to depreciate in value 가치가 하락하다	The company's fleet of vehicles has been steadily depreciating in value over the past few years due to high maintenance costs. (presentation by consulting agency on business efficiency) 높은 유지 보수 비용으로 인해 회사가 보유한 차량들이 지난 몇 년 동안 꾸준히 가치가 하락하고 있습니다. (컨설팅 회사의 비즈니스 효율성에 대한 프레젠테이션)

비경제적 맥락에서 depreciation은 어떤 형태로든 상황이 악화되는 것을 뜻한다. 따라서 financial depreciation재무적 가치의 하락에 대해 말하고 있다는 것을 상대에게 확실히 전달하고 더 정확히 표현하고 싶다면 to depreciate in value라는 표현을 사용하는 것이 좋다.

> **$5,000**
> The dealer says that this van has depreciated by $5,000 in 2 years.
> (conversation between people looking to buy a van)
> 자동차 판매상의 말로는 이 밴이 2년 동안 5,000달러의 감가상각이 발생했답니다. (밴을 구매하려는 사람들 간의 대화)

opportunity cost 기회 비용

간단히 말해 an opportunity cost는 투자자나 소비자 또는 기업이 특정한 것을 선택함으로써 미래에 얻을 수 있는 잠재적 이익의 손실, 즉 선택하지 않은 것에 잠재된 이익을 놓침으로써 야기되는 손실을 뜻한다. 따라서 opportunity cost는 개인이나 기업이 가장 수익성이 높은 결정을 내리기 위한 지침으로 사용할 수 있다. 하지만 the opportunity cost가 반드시 금전적인 것일 필요는 없다. 시간이나 즐거움의 손실과 같은 것도 기회 비용에 속한다. opportunity cost와 구분되어야 하는 a sunk cost매몰 비용는 과거에 이미 지출하여 회수할 수 없는 불변 비용unchangeable cost을 가리킨다.

| **to minimize opportunity costs** 기회 비용을 최소화하다 | It is important to know the value of your options to minimize opportunity costs. (investment blog) 기회 비용을 최소화하려면 당신에게 주어진 선택안들의 가치를 파악하는 것이 중요하다. (투자에 관한 블로그) |

opportunity costs는 부정적인 것으로 여겨지기 때문에 의사 결정을 내릴 때 opportunity cost를 최대한 줄이는 것을 목표로 삼아야 한다. 따라서 opportunity costs를 논의할 때 to minimize, to reduce 같은 동사들이 흔히 사용된다.

| **to predict opportunity cost** 기회 비용을 예측하다 | It is not possible to predict opportunity cost with total accuracy, but it can still be a useful tool when making decisions. (financial advice column) 기회 비용을 정확히 예측하는 것은 불가능하지만 의사 결정을 내릴 때 기회 비용이 유용한 도구가 될 수 있다. (재정과 관련해 조언하는 칼럼) |

opportunity cost는 대체로 미래에 발생하는 것이다. 따라서 to predict, to calculate 같은 동사들이 opportunity cost와 함께 사용된다. 하지만 opportunity cost는 소급해서 분석될 수도 있기 때문에 이런 경우에는 to assess나 to evaluate 같은 동사들이 함께 사용된다.

opportunity cost analysis 기회 비용 분석

As a small business, I would advise conducting an opportunity cost analysis before making any big investment decisions. (email from a financial consultant)
작은 기업이므로 투자 결정을 내리기 전에 기회 비용 분석을 실시해 보라고 조언을 드리고 싶습니다. (재무 컨설턴트가 보낸 이메일)

an opportunity cost analysis는 가장 수익성이 좋은 결정을 내리는 데 도움을 얻기 위해 둘 이상의 선택안에 소요되는 비용을 파악하고 비교하는 과정을 뜻한다.

$2,300
By my calculations, your current choice of investment has an opportunity cost of $2,300 when compared to the other option. (online investment advisor)
제 계산에 따르면 당신이 현재 선택한 투자안은 다른 선택안과 비교할 때 기회 비용이 2,300달러입니다. (온라인 투자 조언가)

bull market 상승장, 강세장

a bull market은 가격이 20퍼센트 이상 상승하거나 상승할 것으로 예상되는 금융 시장, 주로 주식 시장을 설명하는 데 사용되는 구어체 용어이다. bull market periods 강세장 기간 는 몇 개월, 심지어

몇 년이 지속될 수 있다. a bull market과 반대되는 개념 a bear market은 주가가 하락하는 약세장을 뜻한다. 두 상반된 시장에 붙여진 이름의 기원에 대한 이론은 해당 동물이 공격하는 방식과 관련이 있다. a bull황소은 뿔을 위쪽으로 밀어올리는 반면 a bear곰는 발톱을 아래쪽으로 베어내는 모습이 주식 시장의 상승장과 하락장을 나타내는 것처럼 보인다.

to invest in a bull market 상승장에 투자하라	It is still advisable to exercise caution when investing in a bull market. (online investors' guide) 상승장에 투자할 때도 여전히 주의를 기울이는 것이 좋다. (투자자를 위한 온라인 안내)

to invest in은 bull market과 함께 자주 사용된다. 상승장에서는 투자자들이 주가 상승의 이점을 누릴 수 있는 기회를 노릴 수 있기 때문이다. 비슷한 뜻으로 to trade in a bull market상승장에서 매매하다 이라고 말할 수도 있다.

to profit from a bull market 강세장으로부터 이익을 얻다	Investing in stocks will provide the chance to profit from a bull market. (investment blog) 주식 투자는 강세장에서 수익을 올릴 수 있는 기회를 제공한다. (투자에 대한 블로그)

위의 예문에서 말하듯이 bull market은 주가 상승으로 돈을 벌 수 있는 기회를 제공한다. 따라서 a bull market에 대해 언급할 때는 to profit from, to benefit from, to capitalize on 등과 같은 문구를 사용할 수 있다.

bull market period
상승장 기간, 강세장 기간

During a bull market period, investor confidence tends to increase. (business advice YouTube channel)
강세장 기간에는 투자자의 신뢰도가 높아지는 경향이 있다. (사업에 관련해 조언하는 유튜브 채널)

a bull market이 시작되어 지속되는 시간에 대해 언급할 때 사용되는 문구이다. period 같은 단어를 명확히 사용하지 않고 단순히 during a bull market 상승장 동안이라고 말할 수도 있다.

biggest bull market
최대 강세장

The biggest bull market in history has lasted over a decade. (economics history lecture)
역사상 가장 큰 강세장이 10년 전부터 계속되고 있습니다. (경제사에 대한 강의)

bull markets는 기간과 규모 length and significance 가 다르기 때문에 biggest, largest, longest 같은 형용사와 최상급을 사용해 기간과 규모를 명확히 표현할 수 있다.

> **300%**
> One of the most notable bull markets in history saw the stock market index gain over 300%. (online article on the state of the stock market)
> 역사상 가장 주목할 만한 강세장 중 하나는 주가 지수가 300퍼센트 이상 상승한 때였다. (주식 시장의 현황에 관한 온라인 기사)

bear market 하락장, 약세장

a bull market강세장의 반대 개념인 a bear market은 가격이 20퍼센트 이상 하락하는 등 장기간 하락a prolonged decline하는 시장을 가리킬 때 사용된다. 일반적으로 주식 시장을 가리키며 장기간에 걸쳐 개별 증권의 가격이 하락하는 경우를 표현할 때 사용되는 용어이다. 대체로 recession경기 침체, 불경기과 함께 발생하는 경우가 많다.

to enter a bear market 약세장에 들어서다	How can I tell if the stock market is entering a bear market? (Reddit post) 주식 시장이 약세장에 진입하고 있는지 어떻게 알 수 있을까요? (레딧에 게시된 질문)

동사 to enter는 a bear market에 들어서기 직전에 있는 것, 예컨대 주식 시장stock market에 대해 언급할 때 사용되며 a bear market을 향해 움직이고 있다는 뜻을 전해준다. bear market이 진행 중인 상태에서 주식 시장이나 개별 주식은 to be in a bear market으로 표현된다.

to predict a bear market 약세장을 예측하다	Here are some useful indicators that will help you to predict a bear market. (financial advice column) 약세장을 예측하는 데 도움이 되는 몇 가지 유용한 지표를 소개하면 아래와 같다. (재무와 관련해 조언하는 칼럼)

to predict도 bear market과 함께 사용될 수 있는 동사로, 투자자에게는 수익을 극대화하기 위해 주가가 언제 변할지 파악하는 것to have an idea of when ... 이 중요하다는 뜻이 함축된 표현일 수 있다.

| **to survive in a bear market** 약세장에서 살아남다 | Investors can survive in a bear market by holding a diversified portfolio. (investment consultancy website) 투자자는 포트폴리오를 다각화함으로써 약세장에서 살아남을 수 있다. (투자에 대해 조언하는 웹사이트) |

일반적으로 bear markets는 여러 형태로 손실이 발생하는 부정적인 상황으로 인식되기 때문에 약세장에서 살아남는다는 생각 idea of surviving in a bear market 에 대한 논의가 있기 마련이다. 하지만 bear market은 투자자들에게 기회를 제공하기도 하기 때문에 to prosper, to profit from ...로부터 이익을 얻다 등과 같은 동사들도 함께 사용될 수 있다.

| **secular/cyclical bear market** 장기적/주기적 약세장 | Secular bear markets can prove profitable if one purchases stocks at lower prices and holds them for the longer term. (investor X post) 다년간 계속되는 약세장에서도 주식을 비교적 낮은 가격에서 매수하고 장기간 보유하면 수익을 거둘 수 있다. (한 투자자가 X에 게시한 글) |

secular bear markets는 오랜 기간 동안 지속적으로 하락세를 보이는 시장을 가리키고, cyclical bear markets는 대체로 수개월을 주기로 단기적인 변동 short term fluctuation 을 거듭하는 시장을 뜻한다. cyclical bear market에서는 시장이 일시적으로 하락한 뒤 다시 상승하는 추세를 보인다. secular와 cyclical은 bull market을 표현하는 데도 사용될 수 있는 형용사이다.

12

In the last 70 years, there have been 12 bear markets in the US. (financial magazine)

지난 70년 동안 미국에서는 12번의 약세장이 있었다. (경제 전문 잡지)

black swan 블랙 스완, 검은 백조

a black swan event 블랙 스완 사건 라고도 표현되는 a black swan은 예측할 수 없는 사건으로 심대한 영향을 미치지만 반대로 돌이켜보면 예측할 수 있었던 것으로 분석되는 사건을 가리킨다. 대부분의 백조는 흰색이기 때문에 검은 백조 black swan 는 극히 드물 수밖에 없어, 그런 사건은 a black swan이라 불린다. 요컨대 a black swan은 최근 세계를 휩쓴 팬데믹처럼 경제와 주식 시장에 치명적인 영향을 미치지만 예측할 수 없는 사건을 가리킬 때 경제적인 맥락에서 주로 사용된다.

| **to predict a black swan (event)** 블랙 스완 사건을 예측하다 | As it is impossible to predict a black swan event, investors must be ready for anything. (investment webinar) 블랙 스완 사건을 예측하는 것은 불가능하기 때문에 투자자는 모든 것에 대비해야 합니다. (투자에 대한 웨비나) |

to predict는 black swan과 함께 주로 사용되는 동사이다. black swan은 예측할 수 없지만 피해야 할 부정적인 것으로 보기 때문에 to predict라는 동사가 흔히 함께 사용된다. 따라서 이런 부정적인 상황에서는 to avoid 피하다, to prepare for 대비하다 같은 동사도 사용된다.

black swan theory 블랙 스완 이론	The black swan theory suggests that no matter how well you know the markets, you can always be taken by surprise. (stock market think piece) 블랙 스완 이론에는 우리가 시장을 잘 안다고 해도 언제든 뜻밖의 사건을 겪을 수 있다는 뜻이 담겨 있다. (주식 시장에 대한 해설 기사)

a black swan은 이론적 개념이기 때문에 black swan theory 혹은 theory of black swan events라고도 한다.

positive/negative black swan 긍정적/부정적인 블랙 스완	Increase your exposure to positive black swans by taking more risks in life. (lifestyle blog) 삶에서 더 많은 위험을 감수함으로써 긍정적인 블랙 스완에 대한 노출을 늘려라. (생활 방식과 관련한 블로그)

경제적인 맥락에서 a black swan은 일반적으로 부정적인 것 something negative을 가리키지만 일반적인 의미에서 a positive black swan은 누군가 혹은 무언가에 크고 긍정적인 영향을 미치는 사건을 뜻할 수 있다.

black swan fund
블랙 스완 펀드

> Black swan funds suffer huge losses due to a soaring stock market. (national newspaper)
> 블랙 스완 펀드가 급등하는 주식 시장으로 인해 막대한 손실을 입고 있다. (전국 신문)

a black swan fund는 손실로부터 보호를 받는 특정 자산을 매입함으로써 주요 시장이 하락할 경우, 즉 black swan인 경우에 이익을 얻는 것을 목표로 하는 투자 펀드 investment fund를 가리키며 tail risk fund라고도 한다.

108%
> A prominent black swan fund has shown returns of 108% during the recent financial crisis. (stock market report)
> 최근의 금융 위기 동안 한 유명한 블랙 스완 펀드는 108%의 수익률을 기록했다. (주식 시장 보고서)

blue chip 우량주, 블루칩

a blue chip은 과거의 실적 덕분에 안전한 투자로 판단되는 기업, 즉 안정적이고 성공적인 회사의 주식을 표현하는 데 사용되는 용어이다. blue chip이란 명칭은 포커에서 사용되는 칩 chip 중 푸른색 칩 blue chip 이 가장 높은 가치를 지니는 데서 유래한 것이다. 다른 유형의 주식을 가리키는 데는 '다른 색 + chip'이란 표현이 사용된다.

예컨대 green chip은 친환경 산업에 속한 기업의 주식을 가리키는 데 사용된다.

to invest in blue chips 블루칩에 투자하다	I would recommend investing in blue chips if you're looking for low-risk options. (conversation with an investment consultant) 위험이 낮은 선택안을 찾고 있다면 블루칩에 투자하라고 권하고 싶습니다. (투자 컨설턴트와의 대화)

blue chips는 성공한 기업만이 아니라 그 기업의 주식까지 모두 가리킬 수 있는 표현이다. 따라서 투자와 관련한 상황에서 자주 사용되며, to invest in blue chips라고 말하는 것은 표현 방식에서 결국 to invest in stocks와 같은 것이다.

blue chip company 블루칩 기업, 우량 기업	Here are the ten best blue chip companies for your portfolio. (financial magazine) 당신의 포트폴리오를 위해 최고의 우량 기업 10곳을 소개하면 다음과 같다. (경제 전문 잡지)

blue chip은 크게 성공해 믿을 만한 투자 기회를 제공하는 기업, 일반화해서 말하면 수십억 달러 상당의 총발행주식 outstanding shares 을 보유한 기업을 수식하는 형용사로 사용될 수 있다.

blue chip stock 우량주, 블루칩 주식	I thought I would be safe investing in blue chip stocks, but the recession has caused some problems. (conversation between friends) 우량주에 투자하면 안전할 거라고 생각했는데 경기 침체로 인해 문제가 생겼어. (친구들 간의 대화)

앞의 예와 마찬가지로 blue chip은 a blue chip company 우량 기업 가 제공하는 주식을 설명하는 데도 사용될 수 있다. 하지만 blue chip shares는 올바른 표현이 아니다.

blue chip status
블루칩 지위

> I am pleased to announce that our company has finally achieved blue chip status after a lot of hard work. (X post by a CEO)
> 각고의 노력 끝에 우리 회사가 마침내 블루칩 지위를 획득하게 된 것을 알리게 되어 정말 기쁩니다. (최고경영자가 X에 게시한 글)

기업이 a blue chip으로 불리기 위해서는 일정한 기준을 맞추어야 하기 때문에 그런 수준에 성공적으로 도달할 때 achieving blue chip status 블루칩 지위를 획득하다 라고 말하는 것은 당연할 수 있다.

> **$10 billion**
> To achieve blue chip status, a company usually needs a market capitalization reaching $10 billion. (investment YouTube channel)
> 블루칩 지위를 얻으려면 일반적으로 시가총액이 100억 달러에 달해야 합니다. (투자에 대한 유튜브 채널)

alpha 초과 수익률, 알파

투자하는 사람들은 수익 a return 을 기대하기 마련이다. 대체로 시장 전망 market projection 이나 기준으로 삼는 지수들 benchmark indexes 에 근거해 어느 정도의 수익을 기대한다. 투자 수익이 기대치를 넘어설 때 초과된 수익 the extra return on top 은 alpha라 부른다. 따라서 alpha는 투자의 성공 여부를 가늠하고, 투자가 시장을 능가하는 수익을 거두고 beat the market 있는지를 보여주는 하나의 척도이다. alpha는 양수이거나 음수이고 플러스(+)나 마이너스(-) 기호가 더해진 백분율로 표시된다(예: +2.5%). 재무 분석가, 투자자 및 포트폴리오 매니저가 주로 사용하는 금융 전문 용어이기도 하다.

to generate alpha
초과 수익을 창출하다

Generating alpha is the holy grail of investment. (investment Reddit post)
초과 수익을 창출하는 것이 투자의 간절한 목표이다. (레딧에 게시된 투자에 대한 글)

투자자들은 초과 수익을 창출하려고 to generate alpha 애쓴다. 다시 말하면 빈틈없는 투자 전략과 시장에 대한 통찰 market insights 을 활용해 투자에서 초과 수익 excess returns 를 거두려고 노력한다는 뜻이다.

to use alpha
알파를 사용하다

We use alpha to outsmart the market and produce higher returns than our competitors. (hedge fund website)
우리는 알파를 사용해 시장을 능가하고 경쟁자들보다 높은 수익을 창출합니다. (헤지 펀드의 웹사이트)

여기에서 alpha는 방법론이나 접근 방식이므로 초과 수익을 계산하는 데 사용될 수 있다.

Jensen's alpha
젠센의 알파

So today we will study Jensen's alpha in order to make our alpha calculations more accurate and attuned to risk. (finance lecture)
따라서 오늘은 위험에 적절히 대응하며 초과 수익률을 더 정확히 계산하기 위해서 젠슨의 알파를 공부해 보려 합니다. (금융 강의)

Jensen's alpha는 위험 요소들을 체계적으로 고려하며 초과 수익률을 측정하는 지표이다. 투자에는 다수의 접근법과 분석법이 있고 각각 고유한 하위 이론과 방법이 있다는 것을 이해할 필요가 있다. Jensen's alpha는 초과 수익률을 계산하는 한 방법이다. 다른 일반적인 방법으로는 beta 베타, standard deviation 표준 편차, R-squared 결정계수, the Sharpe ratio 샤프 비율 등이 있다.

-1.2%
Our investment portfolio underperformed its benchmark, resulting in a negative alpha return of -1.2% for the quarter. (investment report)
우리가 제시한 투자 포트폴리오는 기준치를 밑돌아 이번 분기에 -1.2퍼센트라는 마이너스 초과 수익률을 기록했다. (투자 보고서)

beta 베타

beta는 투자에 활용되는 또 다른 종류의 지표로, 주식 시장 전체의 움직임에 비교하여 특정한 주식이 어떻게 움직이는가를 알려주는 척도이다. 베타 값이 1보다 크면 해당 주식의 변동성이 시장보다 더 크고 베타 값이 1보다 작으면 변동성이 더 적다는 뜻이다. 예컨대 어떤 주식의 베타 값이 1.2이면 시장 가격 market value보다 20퍼센트 더 높은 것이다. beta는 alpha와 비슷하지만 특정한 투자가 더 넓은 시장 환경에서 어떤 성과를 내고 있는가를 파악하는 데 더 유용한 지표로 여겨진다.

high/low beta stock
고/저 베타 주식

We at Oak Rock Capital Limited are known for our speciality in high beta stock and seek to leverage market trends. (LinkedIn PR of investment firm)
저희 오크락 캐피털 유한회사는 고베타 주식에 대해 전문성을 띤 투자 회사로 알려져 있으며 시장 추세보다 더 많은 수익을 거두려고 노력합니다. (링크드인에 올라온 투자 회사의 홍보)

특정한 주식에 대해 언급하는 한 방법이다. 예컨대 어떤 주식이 a high beta stock이면 시장 전체보다 변동성이 큰 주식이란 뜻이다. 물론 a low beta stock은 그 반대인 경우이다.

beta-adjusted return
베타 조정 수익

Beta-adjusted returns offer investors a clearer picture of how their investments are performing relative to the broader market. (investment fundamentals webinar)
베타 조정 수익은 투자자에게 시장 전체와 비교해 자신의 투자가 어떤 성과를 거두고 있는지를 더 명확하게 파악할 수 있게 해 줍니다. (투자의 기본 원칙들에 대한 웨비나)

beta-adjusted return은 베타 값에 따라 조정된 투자 수익investment return으로, 투자자들이 위험 조정을 끝낸 뒤 얻어낸 값으로 다양한 자산들의 수익률을 비교할 수 있게 해 준다.

beta weighting
베타 가중치

Try using beta-weighting to adjust your portfolio allocations—you might see some good results. (advice from a fellow investment specialist)
베타 가중치를 사용해 포트폴리오 비중을 조정하면 좋은 결과를 얻을 수 있을 거야. (동료 투자 전문가의 조언)

beta weighting은 시장 전체과 함께 움직이는 경향의 정도를 기준으로 포트폴리오에서 각 종목에 투자하는 액수를 조정하는 것이다. 따라서 포트폴리오의 위험이 시장의 위험과 맞물려야 한다는 것이 beta weighting이라는 개념의 핵심이다.

0.67

Juicebox PLC stocks have a beta of 0.67, indicating that it is fairly stable and low risk to invest in. (brokerage firm investment report)
주스박스 유한회사 주식의 베타는 0.67이다. 다시 말하면 투자하기에 상당히 안정적이고 위험이 낮다는 뜻이다. (종합 증권 회사의 투자 보고서)

* PLC: public limited company, 공개된 유한 책임 회사

derivative 파생 상품

금융 시장에서 a derivative는 기초 자산 underlying asset, 지수 index, 금리 rate 및 그 밖의 금융 상품 financial instrument 에서 가치가 파생되는 금융 계약 financial contract 의 한 형태로 시장에서 거래되는 금융 상품이다. derivative는 투자자, 증권업자, 기업, 금융 기관, 정부 기관 등 광범위한 참여자들이 다양한 목적에서 사용하는 금융 상품이다. derivative에는 다양한 유형이 있지만 주요 파생 상품 main derivatives 으로는 forwards 선도, futures 선물, options 옵션, swaps 스와프가 있다. derivative는 여러 금융 시장을 넘나들며 다양한 상황에서 생겨나며 금융과 투자 전문가들의 대화에서 자주 거론된다.

financial derivative
파생 금융 상품

I'm thinking of investing in financial derivatives like options–any thoughts? (Reddit post on trading subreddit)
옵션 같은 파생 금융 상품에 투자할까 하는데, 어떻게 생각하십니까? (레딧에서 증권 거래 항목에 게시된 글)

a derivative의 완전한 명칭으로, 금융 시장이란 맥락에서 derivatives 파생 상품에 대해 이야기하고 있다는 것을 청자나 독자에게 명확히 전달할 목적에서 사용된다. derivative는 영어에서 다른 용도로도 사용되며(파생물, 유도체), 다른 것에 크게 의존하거나 다른 것에서 끌어오는 것을 가리키는 일반적인 형용사로 흔히 사용된다.

derivative market 파생 상품 시장	Sarah works in the derivative market, where she trades futures contracts on commodities like oil and gold. (trader career profile in online careers fair) 세라는 파생상품 시장에서 일하며 그곳에서 석유와 금 같은 원자재의 선물 계약을 거래하고 있다. (온라인 채용 박람회에 올라온 중개인 이력의 소개글)

derivative market은 금융 상품의 일종인 파생 상품 derivative들이 시카고 상업 거래소 Chicago Mercantile Exchange, CME와 인터콘티넨털 익스체인지 Intercontinental Exchange, ICE 같은 중앙 집중식 플랫폼을 통해 매매되는 시장이다.

derivative product 파생 상품	The bank offers derivative products such as structured deposits to its clients, providing them with exposure to different asset classes. (bank brochure explaining investment options) 저희 은행은 고객에게 구조화 예금과 같은 파생 상품을 제안하는 등 다양한 형태의 자산을 고객에게 알려주고 있습니다. (여러 투자 방향을 설명하는 은행 안내 책자) * structured deposits: 구조화 예금, 일반 예금에 투자 상품을 결합한 파생 금융 상품

derivative product는 금융 기관이나 거래소에서 특정한 형태로 제공되는 derivative instrument파생 상품나 financial product금융 상품를 가리킨다.

**derivative contract
파생 상품 계약**

> The prevalent types of derivative contracts include interest-rate swaps and currency swaps. (from "Introduction to Derivatives" YouTube video)
> 널리 사용되는 파생 상품 계약 유형으로는 금리 스와프와 통화 스와프가 있습니다. ('파생상품 소개'라는 유튜브 동영상에서)

a derivative는 그 자체로는 물리적 형태를 띤 유형 자산이 아니다. a derivative는 어떤 기초 자산에 내재한 가치에서 비롯되는 가치를 갖는 금융 상품이다. 따라서 a derivative의 가치는 파생 상품의 거래 조건을 구체적으로 명시하는 두 당사자 간의 법적 합의legal agreement로 결정된다.

> **$5 trillion per day**
> Trading volumes in derivative markets reached a record high of $5 trillion per day in 2024. (financial news article)
> 파생 상품 시장의 거래량이 2024년에는 하루에 5조 달러에 이르는 사상 최고치를 기록했다. (금융에 관련한 뉴스 기사)

arbitrage 차익 거래, 재정(裁定) 거래

arbitrage는 동일한 자산에 대해 둘 이상의 시장에서 거래되는 가격 차이를 이용해 여러 시장에서 동시에 자산을 매수하고 매각함으로써 이익을 얻으려는 행위를 가리킨다. arbitrage는 일반적으로 위험이 낮은 것으로 여겨지는 투자 전략 investment strategy 이다. arbitrage를 실행하는 사람은 arbitrageur(차익을 노리는 매매인, 차익 거래자)라 한다.

| **arbitrage strategy** 차익 거래 전략 | The type of arbitrage strategy depends on the asset being traded. (finance magazine) 차익 거래 전략의 유형은 거래되는 자산에 따라 다르다. (경제 전문 잡지) |

arbitrage는 투자 전략의 한 형태이므로 strategy 전략란 단어의 형용사로 짝지워 사용되는 경우가 많다. 투자자들이 사용하는 arbitrage strategy에는 여러 유형이 있다.

| **arbitrage opportunities** 차익 거래 기회 | When looking to exploit arbitrage opportunities in the market, it is important to consider transaction costs. (investment consultant website) 시장에서 차익 거래 기회를 활용하려고 한다면 거래 비용을 고려하는 것이 중요합니다. (투자 컨설턴트의 웹사이트) |

abitrage opportunities는 두 곳 이상의 시장 사이에 가격 차이 price discrepancy 가 있고 투자자는 그 시장들을 넘나들며 자산을 매도하고 매수하며 즉각적인 수익 an immediate profit 을 내는 기회 opportunity 를 갖는 상황을 언급할 때 사용되는 표현이다.

| **pure arbitrage** | I found pure arbitrage too time-consuming, and there weren't many opportunities. (conversation between investors) |
| 순수 차익 거래 | 순수 차익 거래는 시간이 너무 많이 걸린다는 걸 알게 되었고, 기회도 많지 않았습니다. (투자자들 간의 대화) |

pure arbitrage는 가장 단순한 형태의 arbitrage이고 두 표현은 흔히 서로 호환된다. riskless arbitrage 무위험 차익 거래 라고도 한다.

| **risk arbitrage** | Risk arbitrage is only profitable if the takeover deal goes through. (investment think piece) |
| 위험 차익 거래 | 위험 차익 거래는 인수 거래가 성사되는 경우에만 수익성이 있다. (투자에 관련한 해설 기사) |

merger arbitrage 합병 차익 거래 라고도 불리며 인수 거래나 합병 거래에서 인수 대상 회사 target company 의 주식을 매수하고 인수 회사 acquirer/acquiring company 의 주식을 매도하는 유형의 arbitrage를 가리킨다. 인수 대상 회사의 주식 거래 가격과 인수 회사의 가치 평가 사이의 차이에서 이익을 얻으려는 것이 risk arbitrage의 목적이다.

> **5.4%**
> On average, risk arbitrage can generate returns of 5.4%. (investment data website)
> 평균적으로 위험 차익 거래는 5.4퍼센트의 수익을 거둘 수 있다. (투자 자료 웹사이트)

PER 주가 수익률, 주가 수익 비율

흔히 약어로 PER 혹은 P/E ratio로 불리는 price-to-earnings ratio 주가 수익 비율는 기업의 주가와 주당 순이익 earnings per share을 비교해 주식이 고평가되었는지 저평가되었는지를 알아보는 지표이다. 따라서 투자자와 분석가가 좋은 투자처를 알아내는 데 도움을 주는 지표가 된다.

high/low price-to-earnings ratio 높은/낮은 주가 수익 비율	A high price-to-earnings ratio can indicate that investors are expecting future growth. (article on smart investments) 높은 주가 수익률은 투자자들에게 미래 성장을 기대하게 해 줄 수 있다. (현명한 투자에 대한 글)

a price-to-earnings ratio는 high나 low 같은 형용사로 수식될 수 있다. a high price-to-earnings ratio는 해당 주식이 수익에 비해 비싸서 고평가된 overvalued 상태라는 것을 뜻하고, a low price-to-earnings ratio는 그 반대를 가리킨다.

price-to-earnings ratio formula 주가 수익 비율 공식	The price-to-earnings ratio formula is surprisingly simple to use. (investment webinar) 주가 수익률 공식은 의외로 사용하기가 쉽습니다. (투자에 대한 웨비나)

price-to-earnings ratio 주가 수익률를 계산하는 방법이 곧 price-to-earnings ratio formula이고, 주당 시장 가치 the market value per share를 주당 수익 the earnings per share으로 나누면 된다.

forward/trailing price-to-earnings ratio
선도/후행 주가 수익 비율

I would recommend using the forward price-to-earnings ratio if you want an idea of future earnings on stock. (conversation between investors)

주식의 미래 수익을 알고 싶으면 선도 주가 수익 비율을 사용해 보라고 권하고 싶습니다. (투자자들 간의 대화)

둘 모두 가장 일반적으로 사용되는 price-to-earnings ratios이다. the forward price-to-earnings ratio는 미래 예상 수익을 사용해 그 비율을 계산하는 반면, trailing price-to-earnings ratio는 지난 2개월 동안의 주당 순이익 earnings per share 을 사용해 계산된다.

7.23

Our price-to-earnings ratio has dropped to 7.23 this month. (company report)

이번 달의 주가 수익 비율이 7.23으로 떨어졌다. (기업 보고서)

PBR 주가 순자산 비율

P/B ratio로도 표기되는 price-to-book ratio는 기업의 시가 총액 market capitalization 을 장부 가격 book value 과 비교해 저평가된 주식을 찾아내는 데 사용되는 지표이다. 이 비율이 낮을수록 주식이 저평가된 것이다. the price-to-earnings ratio 주가 수익 비율 와 마

찬가지로 price-to-book ratio도 투자자들이 좋은 투자처를 찾기 위해 주로 사용하거나 시장 분석가들의 논의에서 자주 거론된다.

to calculate a price-to-book ratio 주가 순자산 비율을 계산하다	To calculate a price-to-book ratio, you'll need a company's market price and book value. (online economics module) 주가 순자산 비율을 계산하려면 회사의 시장 가격과 장부 가격이 필요하다. (온라인으로 제공되는 경제학 강의)

a price-to-book ratio를 알아내려면 공식을 사용해야 하므로 동사 to calculate는 물론이고 to use나 to analyze 같은 동사들이 주로 함께 사용된다.

price-to-book ratio of (something) ...라는 주가 순자산 비율	A price-to-book ratio of below 1 indicates that a stock is undervalued. (Wikipedia page) 주가 순자산 비율이 1미만이면 주식이 저평가되었다는 것을 뜻한다. (위키피디아 페이지)

a price-to-book ratio의 값은 전치사 of 뒤에 표기된다. 위의 예에서 주어 부분은 the price-to-book ratio is less than 1이라고 말할 수도 있다.

high/low price-to-book ratio 높은/낮은 주가 순자산 비율	Does a low price-to-book ratio imply a riskier investment? (Reddit post) 낮은 주가 순자산 비율은 투자의 위험이 더 크다는 뜻인가요? (레딧에 게시된 글)

a price-to-book ratio는 형용사 high나 low로 수식될 수 있다. price-to-earnings ratio 주가 수익 비율 의 경우와 마찬가지로 a high price-to-book ratio는 회사의 주식이 고평가되었다는 것을 뜻하고 a low price-to-book ratio는 그 반대를 가리킨다.

> **0.8**
> I prefer to buy stocks with a price-to-book ratio of less than 0.8.
> (conversation between investors)
> 나는 주가 순자산 비율이 0.8미만인 주식을 매수하는 것을 선호합니다.
> (투자자들 간의 대화)

EPS 주당 순이익

주로 EPS라는 약어로 표기되는 earnings per share 주당 순이익 는 회사의 순이익을 총발행 보통주식 수 number of outstanding common shares 로 나눈 값이며, 다른 회사들과 비교해 회사의 수익성을 측정하고 주식 가격을 책정하는 데 사용된다. EPS는 회사의 재무제표 financial statements 에 표기되고, 투자자와 분석가의 담론에서도 자주 언급된다. 회사의 price-to-earnings ratio 주가 수익률, PER 를 계산하는 데도 사용된다.

| **to report earnings per share**
주당 순이익을 보고하다 | Companies are required to report earnings per share in their annual reports. (financial council website)
기업들은 연례 보고서에서 주당 순이익을 알려야 한다. (금융위원회의 웹사이트) |

earnings per share는 회사의 재무제표에 거의 언제나 표기되기 때문에 to report, to publish 같은 동사들과 함께 사용되는 경우가 많다.

| **earnings per share growth**
주당 순이익 성장 | Click here to calculate the earnings per share growth of a company. (online calculator)
회사의 주당 순이익이 어떻게 성장했는지 확인하고 싶으면 여기를 클릭하십시오. (온라인 계산기) |

회사의 earnings per share를 표현한 값의 변화를 가리키는 용어이다. 한편 earnings per share growth rate 주당 순이익 성장률는 일정 기간 동안 주당 순이익 earnings per share이 증가한 정도를 가리키는 표현이다.

| **basic earnings per share**
기본 주당 순이익 | The car retailer attributes the rise in basic earnings per share to an increase in sales. (business section of a newspaper)
그 자동차 소매업체는 기본 주당 순이익의 증가가 매출 증가에 기인한다고 분석한다. (신문의 비즈니스면) |

basic earnings per share는 간단히 earnings per share라고도 하며 회사의 수입 company's incoming을 총발행주식 수로 나눈 뒤 우선 배

Investing

당금 preferred dividends 을 차감하는 식으로 계산된다. 그 밖의 세부 사항들은 고려되지 않는다는 점에서 diluted earnings per share 희석 주당 순이익 와는 다르다.

diluted earnings per share 희석 주당 순이익	Diluted earnings per share can give a more accurate picture of equity ownership. (investment blog) 희석 주당 순이익이 주식 소유권을 더 정확히 반영해 줄 수 있다. (투자와 관련한 블로그)

basic earnings per share보다 더 복잡한 개념으로, 전환 증권 convertible security 의 희석 효과 dilutive effect 를 반영한 것이다. 따라서 diluted earnings per share를 계산하려면 희석 증권 dilutive securities 을 공식에 대입해야 한다.

> **$1.92**
> The retail giant's diluted earnings per share have fallen to $1.92. (live stock market updates)
> 그 소매 대기업의 희석 주당 순이익이 1.92달러로 떨어졌다. (실시간으로 갱신되는 주식 시장 현황)

short 공매도

a short position숏 포지션이라고도 쓰이는 a short은 중개인이 주식 같은 자산을 빌려서 나중에 더 낮은 가격에 재매수하여 대출 기관에게 돌려줄 목적으로 신속하게 매도할 때 일어난다. 따라서 a short이 계획대로 진행되면 이익이 발생한다. 어떤 자산의 시장 가치가 조만간 하락할 것으로 예상되는 경우, 중개인은 이런 식으로 자산을 공매도한다to short. a short position은 a long position롱 포지션의 대안으로, a long position은 투자자가 다른 사람에게 주식을 빌리는 대신 주식을 매입해 보유하는 경우를 가리킨다.

| **to hold a short (position)** 공매도를 유지하다 | Ideally, you should aim to hold a short position for as long as the investment is profitable. (investment advisor website) 투자가 수익성이 있는 한 공매도를 유지하는 것을 목표로 하는 것이 이상적입니다. (투자 자문사의 웹사이트) |

중개인이 a short position을 성공적으로 해낸 때, 즉 어떤 자산을 빌려 신속하게 매도한 경우 중개인이 대출 기관에 돌려주려고 그 자산을 재매수하기 전까지의 시간 동안 '공매도를 유지하다'to hold a short (position)라고 표현한다. 반면에 자산을 대출 기관에 반환하는 행위를 표현할 때는 to close out a short (position) 혹은 to exit a short (position)라는 동사구가 사용된다.

| **short seller** 공매자 | Short sellers' activity in US stocks has greatly increased in the last few months. (finance magazine) 미국 주식 시장에서 지난 몇 달 동안 공매자의 활동이 크게 증가했다. (경제 전문 잡지) |

공매도에 성공하려고 to achieve a short position 공매도 short selling 에 참여한 사람들을 가리키는 데 일반적으로 사용되는 단어이다.

short squeeze
숏 스퀴즈

Analysts predict that Bitcoin is nearing a significant short squeeze. (stock market updates website)
분석가들은 비트코인이 상당한 숏 스퀴즈에 가까워지고 있다고 예측하고 있다. (주식 시장 현황을 알려주는 웹사이트)

많은 중개인이 공매도한 주식 stock that has been shorted 의 가격이 급작스레 상승해 공매자 short seller 들이 손실을 피하려고 신속히 행동할 수밖에 없어, 즉 해당 주식들을 급하게 매수함으로써 주가가 더 크게 상승하는 현상을 표현할 때 사용되는 용어가 short squeeze이다.

short covering
숏 커버링, 환매수

Short covering can result in either a profit or a loss. (investment blog)
숏 커버링은 수익이나 손실을 초래할 수 있다. (투자와 관련한 블로그)

short covering은 차입한 자산을 더 낮은 가격에 재매수해 대출 기관에 돌려주는 행위를 가리킨다. 이때 차입할 때부터 재매수할 때의 가격이 더 낮으면 수익이 발생해 이상적이지만 항상 그렇게 되는 것은 아니다. 따라서 이런 경우는 a covered short 차입 공매도이며, 아래에서 소개되는 a naked short 무차입 공매도과 구분되어야 한다.

**naked short
무차입 공매도**

Despite regulations put in place by the Securities and Exchange Commission, naked short selling still occurs. (government website)
증권거래 위원회의 규제에도 불구하고 무차입 공매도는 여전히 행해지고 있다. (정부의 웹사이트)

a naked short은 naked shorting이라고도 하며, 자산을 소유하거나 차입하지 않은 채 또는 차입할 권리를 확정하지 않은 상태에서 자산의 주식을 매도하는 불법적인 행위를 가리킨다.

$8 billion

Short sellers lost a collective $8 billion after Tesla's stock rose unexpectedly. (article on short squeeze case studies)
테슬라의 주가가 예기치 않게 상승한 것 때문에 공매자들은 총 80억 달러의 손실을 입었다. (숏 스퀴즈의 사례 연구에 대한 글)

Globe

- Economic Control
- International Trade
- Global Money Flow

Economic Control

economic interventionism
경제 간섭주의, 개입주의

범세계적인 관점에서 economic interventionism은 정부나 국제 기구가 경제적 목표를 달성하기 위해 국제 무역 international trade 에 개입하는 것을 뜻한다. economic interventionism은 무역 협정, 관세와 보조금, 해외 원조, 통화 개입 currency intervention 등과 같은 정책들을 망라하는 포괄적 용어 blanket term 이다. 대부분의 국가는 어떤 형태로든 개입한다 to engage in some form of interventionism. economic interventionism에 반대되는 개념은 국가가 시장을 완전히 자유롭게 풀어놓고 수입과 수출에 개방적인 태도를 취하는 방식, 즉 시장에 대한 불간섭주의적 접근법 a hands-off approach 이다.

| **economic interventionist policies**
경제 간섭주의 정책 | This government's interventionist policies have been, on the whole, successful for increasing growth in the economy. (opinion piece in a newspaper)
이 정부의 간섭주의 정책은 전반적으로 경제 성장률을 높이는 데 성공했다. (한 신문에 기고된 글) |

앞서 언급했듯이 economic interventionist policies는 국제 무역을 적극적으로 제한하고 통제하는 모든 종류의 정책이 될 수 있다.

| **economic interventionist measures**
경제 간섭주의적 조치 | Across the world, we are seeing more and more economic interventionist measures. (from economics Ted Talk)
세계 전역에서 경제 간섭주의적 조치가 점점 많아지고 있습니다. (경제학에 대한 테드 강연에서) |

economic interventionist measures는 바로 앞에서 다룬 economic interventionist policies와 동의어 관계에 있지만, 그 조치가 단순히 의도적으로 수립해 둔 정책이 아니라 정부의 적극적인 조치라는 뜻이 함축되어 있다. 이쯤에서 policy와 measure의 차이를 엄밀히 따져 보면 a policy는 정부가 현재 시행하는 것이나 앞으로 시행하려고 계획하는 것을 뜻하는 반면, a measure는 이미 시행되고 있는 조치를 뜻한다. 따라서 a measure는 a policy의 부분 집합이라 할 수 있다. 위의 예문에서는 정부의 경제 간섭 조치가 이미 시행되고 있으므로 measures가 사용되었다.

| **historical economic interventionism**
역사적 경제 간섭주의 | The mid 20th century was full of historical economic interventionism. (academic article)
20세기 중반은 역사적 경제 간섭주의로 가득하던 시대였다. (학술 논문) |

economic interventionism은 학술 논쟁이나 외교 정책 foreign policy 토론처럼 학문적 상황에서 자주 언급되는 표현이다.

> **$70 billion to $800 billion**
> Despite the prevalence of global interventionist policies, merchandise exports grew from around $70 billion in 1950 to over $800 billion by 1973. (encyclopedia entry)
> 범세계적으로 간섭주의 정책이 만연한 상황이었지만 상품 수출은 1950년 약 700억 달러에서 1973년에는 8,000억 달러 이상으로 증가했다. (백과사전 항목)

command economy 계획 경제, 통제 경제

a planned economy라고도 하며, 정부가 생산 수단을 통제하고 상품과 서비스의 분배 방식을 결정하며 사적 소유 private ownership 를 거의 또는 전혀 인정하지 않는 경제 체제를 뜻한다. command economy는 상품과 서비스의 생산과 분배가 수요와 공급에 의해 결정되는 a free market economy의 대안이다.

| **in a command economy**
통제 경제에서 | There tends to be more corruption in a command economy. (international anti-corruption agency report)
통제 경제에서 부패가 더 만연하는 경향을 띤다. (국제 반부패 기구의 보고서) |

an economy는 우리가 그 내부에 존재하는 것으로 표현되는 체제이므로, an economy와 가장 흔히 사용되는 전치사는 in이다. 따라서 여기에서 in이 사용되었다.

| **command economic system**
통제 경제 체제 | The command economic system is commonly seen in communist countries. (article on different economic systems)
통제 경제 체제는 공산주의 국가에서 흔히 볼 수 있다. (다양한 경제 체제에 대한 글) |

command economic system은 a command economy의 다른 명칭에 불과하며, 여기에서 command는 economic system 경제 체제, 경제 시스템 의 유형을 명시하는 형용사로 사용되었다.

| **advantage/ disadvantage of a command economy**
통제 경제의 장점/단점 | A disadvantage of a command economy is that it cannot easily adjust to change. (economics textbook)
통제 경제의 단점은 변화에 쉽게 적응하지 못한다는 것이다. (경제학 교과서) |

a command economy란 개념 자체에 논란의 여지가 있어, 그 체제의 advantages와 disadvantages, 다시 말하면 benefits와 drawbacks에 대한 토론이 끊이지 않는다.

< 10

Fewer than 10 countries are considered to have pure command economies. (world data website)
순전한 계획 경제를 운영한다고 간주되는 국가는 10곳이 넘지 않는다. (세계 자료 웹사이트)

free market 자유 시장

a free market은 자발적인 구매자와 판매자 a willing buyer and seller가 상품과 서비스를 교환하고 정부의 규제 없이 수요와 공급에 따라 가격이 결정되는 경제 체제의 한 유형을 뜻한다. 엄밀히 말하면 어떤 국가에는 약간의 제약이 있기 때문에 순수한 free market은 존재하지 않으며, 이상화된 개념에 가깝다. a free market의 반대 개념은 계획 경제 a command economy로, 정부가 상품과 서비스의 생산과 유통을 통제하는 경제 체제이다.

in a free market 자유 시장에서	In a free market, businesses have the freedom to be innovative with their products. (business blog) 자유 시장에서는 기업들에게 생산물을 혁신할 수 있는 자유가 있다. (기업과 관련한 블로그)

기업과 생산품은 시장 내에 within a market 존재하는 것으로 표현되므로 free market은 전치사 on보다 in과 함께 사용된다.

free market economy 자유 시장 경제	One disadvantage of a free market economy is that countries are at risk of wealth inequality. (economics essay) 자유 시장 경제의 한 가지 단점이라면 국가가 부의 불평등이란 위험을 각오해야 한다는 것이다. (경제학 에세이)

이 문구에서 free market은 economy의 유형을 구체적으로 명시하는 형용사로 사용되었다. 이 경우에 free market economy는 생산과 분배에서 정부의 통제가 없는 경제 체제를 가리킨다.

free market capitalism 자유 시장 자본주의	Critics of free market capitalism question its morality. (X post from an economist) 자유 시장 자본주의를 비판하는 사람들은 그 경제 체제의 도덕성에 의문을 제기한다. (한 경제학자가 X에 게시한 글)

free market capitalism은 경제적 자유를 강조한다는 점에서 laissez-faire capitalism자유 방임 자본주의의 다른 명칭에 불과하다.

> **54%**
> 54% of people rate the free market economy as the best economic system available. (opinion poll)
> 54퍼센트의 응답자가 자유 시장 경제를 최고의 경제 체제로 평가한다. (여론 조사)

mixed economy 혼합 경제

a mixed economy는 자유 시장free market과 계획 경제command economy가 혼합된 경제 모델의 한 유형이다. 세계의 거의 모든 국가의 경제는 개방형 시장open market과 국가가 제공하는 재화와 서비스가 부분적으로 뒤섞인 mixed economies인 것이 현실이다. mixed economies는 시장 메커니즘의 효율적인 생산성으로부터 이익을 취하는 동시에 정부의 규제와 전략적인 개입으로 시장의 폭주를 억제하려는 경제 체제이다. a mixed economy는 많은 국가에서 시행되는 경제 체제이지만 대부분의 사람들에게는 잘 알려지지 않고, 정치경제이론political and economic theory에 대한 높은 수준의 토론에서 주로 사용되는 용어이다.

mixed economy policies 혼합 경제 정책	As first Prime Minister of Singapore, Lee Kuan Yew famously implemented various mixed economy policies like export-oriented industrialization while also providing social housing, healthcare, and education for citizens. (history textbook) 싱가포르의 초대 총리로서 리콴유는 수출 중심의 산업화 정책을 추진하는 동시에 시민들에게 공공 주택과 의료와 교육 등을 제공하는 다양한 혼합 경제 정책을 시행한 것으로 유명하다. (역사 교과서)

mixed economy policies는 독점적인 사업 관행monopolistic business practices의 규제, 가격 통제, 보조금 및 사회복지 정책 등이 복합된 경제 정책이다.

| **in a mixed economy** 혼합 경제에서 | In our mixed economy, private enterprises operate alongside publicly owned businesses. (Investopedia article) 혼합 경제에서는 민간 기업이 공기업과 함께 운영된다. (인베스토피디아에 실린 글) |

같은 경제 체제 내에 있다는 것을 표현하는 데 주로 사용되는 전치사는 in이다. 따라서 mixed economy라는 단어에서도 in이 그러한 용도로 사용된다.

| **mixed economic system** 혼합 경제 체제 | Brazil's mixed economic system combines elements of free-market capitalism with state intervention in key sectors such as energy and transportation. (economic research paper on Brazil's economy) 브라질의 혼합 경제 체제는 자유시장 자본주의적 요소들과 에너지 및 운송 같은 핵심 부문에 대한 국가의 개입이 결합된 형태이다. (브라질 경제에 관한 연구 논문) |

mixed economy를 다른 식으로 표현한 것에 불과하다. mixed economic system이 자유 시장과 사회주의적 요소가 결합된 경제의 체계적인 특징을 더 분명하게 드러낸다는 것을 제외하면 mixed economy와 거의 같은 것을 뜻한다.

1:4

In mixed economies, the average ratio of public to private sector employment is 1:4. (trade union labor market analysis)
혼합 경제에서 공공 부문과 민간 부문의 평균 고용 비율은 1:4이다. (노동조합의 노동 시장 분석)

treasury 국고(國庫), 재무부

역사적으로 말하면, 돈이나 보물 treasure 이 보관된 곳이나 건물을 뜻하던 treasury가 이제는 정부 지출이나 세금 등 재정 문제를 담당하는 정부 부처를 지칭하는 데 더 자주 사용된다. 미국과 영국 같은 국가에서 이런 기능을 담당하는 정부 부처를 Treasury 재무부 라 하고, 이런 뜻으로 사용되는 경우에는 고유 명사 a proper noun 로 취급하며 대문자로 표기한다. 또한 거의 언제나 정관사와 함께 사용되어 the Treasury로 쓰인다.

treasury bill 단기 재무부 채권	Treasury bills are a flexible, short-term investment option. (investment blog) 재무부 채권은 탄력적이어서 단기적으로 투자할 만한 선택지이다. (투자와 관련한 블로그)

T-bill이라고도 표기되는 treasury bill은 the treasury 재무부 가 보증하는 정부 채무 증권 government debt security 의 한 유형으로 만기 a maturity 가 1년 이하이다. treasury bill은 만기가 최대 10년까지 연장될 수 있는 treasury note 중기 재무부 채권 와는 다르다.

treasury department 재무부	The secretary of the treasury department has arrived in China ahead of trade talks. (national TV news broadcast) 재무부 장관이 무역 협상을 앞두고 중국에 도착했다. (전국 텔레비전 뉴스 방송)

미국에서는 Department of the Treasury라고도 불리는 재무부는 국가의 재정 문제 financial matters 를 다루는 정부의 한 부서 department 이다.

US Treasury
미국 재무부

| The US Treasury is seeking tougher laws on cryptocurrencies. (financial newspaper)
미국 재무부는 암호 화폐를 규제할 더 엄격한 법을 모색하고 있다. (경제 신문)

the Treasury Department 재무부가 미국에서는 the US Treasury 또는 the US Treasury Department로도 불리고, 영국에서는 His Majesty's Treasury 약어로는 HM Treasury로 지칭된다.

public treasury
국고

| This war has been a drain on the public treasury. (speech from a politician)
이번 전쟁으로 국고가 고갈되고 있습니다. (한 정치인의 연설)

a treasury는 개인 a private individual 의 돈이 아니라 정부의 돈을 보관하고 있다는 점에서, 더 일반화하면 a public treasury라 할 수 있다.

5.08%
The yield on a one-month Treasury bill is approximately 5.08%. (official US Treasury website)
1개월 만기 재무부 채권의 수익률은 약 5.08퍼센트이다. (미국 재무부의 공식 웹사이트)

central bank 중앙은행

a national bank국립은행 또는 reserve bank준비은행로도 알려진 a central bank는 한 국가 혹은 국가 연합의 통화 정책을 관리하는 금융 기관이다. 예컨대 미국에서는 the central bank가 US Federal Reserve연방준비제도라 불리는 반면, 영국에서는 the Bank of England잉글랜드 은행가 the central bank이다. the central bank는 a commercial bank상업 은행와 다르다. a commercial bank는 개인에게 금융 서비스를 제공하는 민간 금융 기관private financial institutions을 가리킨다.

central bank independence 중앙은행의 독립	Central bank independence maintains the stability of the financial system. (Bank of England website) 중앙은행의 독립은 금융 시스템의 안정성을 유지한다. (잉글랜드 은행의 웹사이트)

central bank independence는 중앙은행이 통화 정책을 실행할 때 정부의 간섭을 받지 않고 정치적 영향으로부터도 자유로워 상당한 정도의 자율성을 갖는다는 개념을 뜻한다. 많은 국가에서 central bank independence가 시행되고 있다.

major central bank 주요 중앙은행	Here is our forecast for the major central banks in the coming months. (online report by economic analysts) 앞으로 몇 달 동안의 주요 중앙은행들에 대한 전망은 다음과 같다. (경제 분석가들의 온라인 보고서)

특별히 강력하고 영향력이 큰 central banks는 major central banks, 혹은 main central banks로 분류될 수 있다.

> **2%**
> Most central banks have an inflation target of 2%. (central banking data website)
> 대부분의 중앙은행은 2퍼센트의 인플레이션을 목표로 한다. (중앙은행의 자료 웹사이트)

slush fund 비자금

옛 항해 용어 sailing terminology 에서 slush는 배에서 사용하는 조리용 냄비에 남은 기름 덩어리 excess fat 를 가리키는 단어였다. 과거에는 그 기름을 수거해 수지 獸脂, tallow 제조업자에게 팔았고, 그렇게 벌어들인 돈은 선원들을 위한 부수적인 자금 a side fund 로 쓰였으며 공식적으로는 기록되지 않았다. 따라서 a slush fund는 불법적이거나 은밀한 목적을 위해, 항상 그런 것은 아니지만 대체로 따로 챙겨두는 돈통 a pot of money 이다. a slush fund는 뇌물 수수와 부정직한 underhand 지급에 대해 언급할 때 흔히 사용되는 표현이다. a slush fund는 중앙의 주된 자금과는 별도로 보관되는 모든 종류의 자금을 가리키는 중립적인 단어로도 사용되지만, 대체로 부정적인 뜻을 내포한다.

to hold a slush fund 비자금을 보유하다	Magicorp PLC was accused of holding a slush fund to conceal profits and avoid taxes. (investigative journalism) 매지코프 유한 회사는 이익을 은폐하고 세금을 피하기 위한 비자금 보유 혐의로 기소되었다. (탐사 보도)

동사 to hold를 사용함으로써 a slush fund가 조직의 주된 재정과는 따로 관리된다는 것이 강조된다.

political slush fund 정치 비자금	The opposition party has used a political slush fund to finance their campaign. (political party pamphlet) 야당은 정치 비자금으로 선거 자금을 조달했다. (정당 팸플릿)

political slush fund는 선거 자금이나 정당 재정의 지원 등 특정한 정치적 목적을 위해 사용되는 비자금이다.

secret slush fund 비밀 비자금	Leaked documents revealed the existence of a secret slush fund allegedly used by high-ranking officials for personal expenses. (Wikipedia article) 유출된 문서에서 고위 관리들이 개인 경비로 사용한 것으로 추정되는 비밀 비자금의 존재가 밝혀졌다. (위키피디아의 설명글)

대부분의 slush fund가 불법적illegal이거나 사회 통념에 어긋나는 illicit 것이라면 당연히 비밀스러운secret 것으로 취급될 것이다. 따라서 slush fund가 분리된 돈통a separated pot of money이라는 중립적 의미와

달리 본질적으로 비합법적unlawful이라는 사실이 형용사 secret를 통해 여실히 드러난다.

1/20th

Moreover, the cartel had slush funds containing 1/20th of their annual revenues. (business news website)
게다가 이 카르텔은 연매출의 20분의 1에 해당하는 비자금을 보유하고 있었다. (기업 관련 뉴스를 제공하는 웹사이트)

buffer stock 완충 재고, 안전 재고

buffer stock은 가격 변동을 피하고 시장 안정을 유지하기 위해 과잉일 때 구매해 저장했다가 부족할 때 판매하려고 대량으로 비축된a large reserve 특정 작물이나 특정 물품을 가리킨다. buffer stock은 정부가 물가 안정을 위해 사용하는 전략이다. 기업이 갑작스런 수요 증가에도 항상 넉넉히 판매할 수 있도록 보유하는 여분의 비축량을 말할 때도 buffer stock이 사용될 수 있다. buffer stock은 safety stock안전 재고이라고도 불린다.

to hold buffer stock 완충 재고를 보유하다

Holding buffer stock can help companies to reduce costs. (business blog)
완충 재고를 보유하면 기업이 비용을 절감하는 데 도움이 될 수 있다. (기업 활동과 관련된 블로그)

buffer stock은 비축되는 물리적인 물건 something physical to be held in reserve이므로 to hold, to have, to keep 같은 동사와 주로 함께 사용된다.

to manage buffer stock 완충 재고를 관리하다	You need to be prepared for the logistical challenges of managing buffer stock. (business management YouTube tutorial) 완충 재고를 관리할 때 야기되는 물류적 어려움에 대비해야 합니다. (기업 관리 지침에 대한 유튜브 강의)

buffer stock을 계산하고 관리할 때는 다양한 변수를 고려해야 하고, 상황이 수시로 변할 수 있으므로 to manage, to maintain 보전하다 같은 동사가 함께 사용될 수 있다.

buffer stock scheme 완충 재고 제도	Governments have been using buffer stock schemes for hundreds of years. (economics presentation) 여러 정부가 수백 년 전부터 완충 재고 제도를 사용해 왔습니다. (경제학 강의 프레젠테이션)

a buffer stock system이라고도 불리며, 정부가 경제 전체 또는 개별 시장의 물가를 안정시킬 목적에서 잉여 상품 surplus commodities을 저장해 두려고 시행하는 대규모 프로그램이다.

buffer stock level 완충 재고 수준	Determining the ideal buffer stock level can avoid interruptions in your supply chain. (report from a quality control advisor) 이상적인 완충 재고 수준을 알아내면 공급망의 중단을 방지할 수 있습니다. (품질 관리 조언자의 보고서)

회사가 갑작스러운 수요 증가에 낭비나 이익 손실 없이 적절히 대응하는 데 필요한 최적의 완충 재고량 optimal amount of buffer stock 을 가리킨다.

> **87**
> The government proved to have sufficient buffer stock during the recent grain shortage, with 87 warehouses in reserve. (agricultural magazine)
> 정부는 87개의 비축 창고를 준비해 두고 있어 최근의 곡물 부족 사태에도 충분한 완충 재고를 보유하고 있다는 것을 입증해 보였다. (농업 전문 잡지)

economies of scale 규모의 경제

economies of scale은 기업이 생산 규모를 늘릴 때 얻는 이점을 설명하는 한 개념이다. economies of scale은 기업이 재화나 서비스를 더 많이 생산하면 평균 생산 비용이 감소한다는 느슨한 경제 법칙 a loose economic law, 즉 확장 정책의 일환이다. 이런 평균 비용의 감소는 생산량 증가에 따른 고정비 분산, 대량 구매 할인, 자원의 효율적 사용, 노동의 전문화 specialization of labor 등 다양한 요인으로 인해 가능해진다. economies of scale은 전문 용어에 가깝고, 전문가들의 기업 활동 논의에 주로 사용된다.

to achieve economies of scale 규모의 경제를 달성하다	There is a real opportunity here for us to streamline our supply chain and increase output to achieve economies of scale. (operations manager discussing business performance with colleagues) 공급망을 간소화하고 생산량을 늘려 규모의 경제를 달성할 수 있는 진정한 기회가 마침내 눈앞에 왔습니다. (동료들과 사업 성과에 대해 논의하는 운영 관리자)

economies of scale은 이로운 결과이기 때문에 to achieve라는 동사와 함께 사용된다. to achieve라는 단어에는 유익한 것을 이루어내려는 능동적인 의도 active intent가 담겨 있다.

internal economies of scale 내적 규모의 경제	We should be aware that one of our big competitors is trying to achieve internal economies of scale. (discussion in business strategy meeting) 큰 경쟁사 중 하나가 내적 규모의 경제를 달성하려고 노력하고 있다는 것에 주목해야 합니다. (기업 전략 회의)

internal economies of scale은 하나의 회사나 기업이 생산량을 확대함으로써 얻을 수 있는 비용 편익 cost benefit을 가리킨다. 그 비용 편익은 조직의 내부적 internal인 것이다. internal economies of scale에는 자원과 생산 과정의 더 효율적인 활용, 대량 구매를 통한 할인 등과 같은 기업 활동이 주로 포함된다.

external economies of scale 외적 규모의 경제	The thriving cluster of tech firms in this precinct demonstrates the success of external economies of scale. (business journalism) 이 지역에서 번창하는 테크 기업군에서 외적 규모의 경제가 성공한 것이 입증된다. (기업과 관련한 보도)

external economies of scale은 한 지역에 소재한 다수의 기업들이 확장에 따른 비용 우위 cost advantages를 활용하는 상황을 가리킨다. 기반 시설의 공유 shared infrastructure와 해당 지역에 특화된 지식의 공유 같은 것들이 external economies of scale을 달성하는 데 기여할 수 있다.

to make use of economies of scale 규모의 경제를 이용하다	Companies in the utilities industry often make use of economies of scale. (extract from utilities and infrastructure conference talk) 공익 산업계에 속한 기업들은 대체로 규모의 경제를 활용하는 편입니다. (공익 사업과 기반 시설을 주제로 한 강연에서 발췌)

economies of scale은 어떤 목적을 위한 수단, 즉 생산에서 이익을 창출하겠다는 목적을 위한 수단 a means to an end이다. 따라서 a company makes use of economies of scale이라고 말하는 것은 당연하고, 이 말에는 economies of scale이 기업이 취할 수 있는 일종의 전략 또는 접근법이라는 뜻이 담겨 있다.

5.2%

For every 10% increase in production scale, firms experience an average cost reduction of 5.2% due to economies of scale.
(presentation at business conference)
생산 규모가 10퍼센트 증가할 때마다 기업은 규모의 경제로 인해 비용을 평균 5.2퍼센트씩 절감합니다. (기업 관련 회의에서의 프레젠테이션)

cartel 카르텔, 기업 연합

기업들이 소비자를 희생시키면서 자신들의 이익을 위해 가격을 높게 유지하려고 서로 협력할 club together 때 a cartel에 속한다고 한다. cartel이란 단어는 집합 명사 a collective noun 로서 기업 연합으로 정의되지만 가격 담합 price collusion 이란 상황을 설명할 때도 사용된다. cartel들은 높은 가격을 인위적으로 유지하기 위해 합의하는 경우가 많지만 시장 영역을 할당하고 생산 수준을 의도적으로 제한하는 등 반경쟁적 관행 anti-competitive practices 을 시행할 수도 있다. 대부분의 국가에서 cartel은 불법으로 다뤄져 규제를 받지만 몇몇 상당한 규모의 cartels는 여러 부문, 특히 석유 및 천연가스 산업에서 여전히 합법적으로 존재한다.

cartel agreement 카르텔 협정	The European Commission fined several electronics manufacturers for their involvement in a cartel agreement to fix prices of cathode-ray tubes. (European Commission website) 유럽 위원회는 브라운관의 가격을 담합하는 카르텔 협정에 가담한 여러 전자 기기 제조업체들에게 벌금을 부과했습니다. (유럽 위원회의 웹사이트)

cartel agreement는 자연스러운 시장 경쟁 market competition 을 저해하는 담합에 참여한 기업들 간의 협정을 뜻한다. 일반적으로 cartel agreement는 경쟁법에 위배될 가능성이 크기 때문에 비공개 off-record 를 전제로 비밀리에 이루어진다.

cartel pricing 카르텔식 가격 책정	Do airlines engage in cartel pricing? (Reddit post) 항공사들도 카르텔식으로 가격을 책정하나요? (레딧에 게시된 질문)

cartel pricing은 cartel 기업 연합 에 의해 가격을 높게 책정하고 유지하는 행위를 가리킨다. 수익을 극대화하는 동시에 신규 진입자가 시장 점유율을 빼앗는 것을 차단하는 데 cartel pricing의 주된 목적이 있다.

global cartel 세계적인 카르텔	Fines for global cartels increased significantly last year. (law firm market update) 세계적인 카르텔에 부과된 벌금이 작년에 크게 증가했다. (법률 회사 시장에 대한 현황)

global cartel은 여러 국가와 지역을 아우르며 국제적으로 운영되는 cartel을 뜻한다. OPEC란 국제 조직이 좋은 예이다.

*OPEC: Organization of the Petroleum Exporting Countries, 석유 수출국 기구

drug cartel
마약 카르텔

The Mexican government continues its efforts to clamp down on drug cartels operating along the border. (news article)
멕시코 정부는 국경을 따라 암약하는 마약 카르텔을 단속하기 위한 노력을 계속하고 있다. (뉴스 기사)

일반적으로 cartel이란 단어에는 대기업이 이익 추구를 위해 권력을 남용한다는 뜻이 함축되어 무척 부정적인 의미를 띤다. 따라서 drug cartel은 마약을 불법적으로 생산해서 유통하는 범죄 조직을 뜻하며 불법성 illegality과 부적절성 impropriety을 더욱 명료하게 드러내는 용어로도 사용된다. 하지만 일부 국가에서는 마약과 관련이 없는 카르텔 non-drug-related cartel은 합법적일 수 있다.

$1.6 billion
The total of all fines on cartel behavior this year has just reached $1.6 billion. (federal trade commission report)
올해 카르텔 행위에 부과된 총 벌금은 16억 달러에 달했다.
(연방거래위원회의 보고서)

insider trading 내부자 거래

insider trading은 어떤 회사나 주식에 대해 공개되지 않은 중요한 정보 non-public, material information 를 바탕으로 그 회사의 주식이나 유가 증권을 거래하는 행위를 가리킨다. 비공개 정보에 접근할 수 있는 사람은 the insider 내부자 라 불리며, the insider가 이런 거래를 신고하지 않으면 불법 행위가 된다.

to commit insider trading 내부자 거래를 범하다	It is most common for company directors or executives to commit insider trading. (Wikipedia article) 회사의 이사나 임원이 내부자 거래를 저지르는 경우가 가장 흔하다. (위키피디아 설명글)

insider trading은 많은 국가에서 불법이기 때문에 insider trading에 가담한 행위를 표현할 때는 to commit라는 동사가 주로 사용된다. to commit가 범죄와 관련된 상황에서 가장 빈번하게 사용되는 동사이기 때문이다.

to be charged with insider trading 내부자 거래 혐의로 기소되다	A British billionaire has been charged with insider trading after a lengthy investigation. (TV news broadcast) 오랜 조사 끝에 영국의 한 억만장자가 내부자 거래 혐의로 기소되었습니다. (텔레비전 뉴스 방송)

insider trading이라는 범죄는 to be charged with와 함께 사용될 수 있다. 앞의 예와 마찬가지로 to be charged with도 범죄와 관련된 상황에서 흔히 사용되는 동사구이기 때문이다.

insider trading scandal
내부자 거래 추문/스캔들

The media company's stock has crashed due to their recent insider trading scandal. (financial newspaper)
최근 밝혀진 내부자 거래 스캔들로 인해 그 미디어 회사의 주가가 폭락했다. (경제 신문)

insider trading은 부정적인 의미를 내포하는데다 권력을 쥔 사람들 those in positions of power이 주로 범하기 때문에, insider trading이라는 범죄 행위가 대외적으로 폭로되면 거의 언제나 a scandal이라 불린다.

insider trading laws
내부자 거래 방지법

Insider trading laws are in place to stop insiders from taking advantage of their position. (business blog)
내부자가 자신의 지위를 이용해 이익을 취하는 것을 막기 위해 내부자 거래와 관련된 법들이 마련되어 있다. (기업 활동과 관련한 블로그)

insider trading은 많은 국가에서 범죄로 다루고 있기 때문에 이런 활동을 규제하고 제한하기 위한 법률 laws이 마련되어 있다.

legal/illegal insider trading
합법적/불법적 내부자 거래

Penalties for illegal insider trading can involve fines or jail time. (law firm website)
불법 내부자 거래에 대한 처벌에는 벌금이나 징역형이 포함될 수 있습니다. (법률 회사의 웹사이트)

미국에서는 an insider가 거래를 하고 관련 당국에 신고하면 합법적인 형태의 내부자 거래 legal form of insider trading가 될 수 있다. 따라서 insider trading에는 legal이나 illegal이란 수식어가 붙을 수 있다.

1 in 5

It is estimated that insider trading occurs in 1 in 5 mergers and acquisitions. (report on the prevalence of insider trading)
인수합병 5건 중 1건에서 내부자 거래가 이루어지는 것으로 추정된다.
(만연한 내부자 거래에 대한 보고서)

International Trade

imports 수입품, 수입

imports는 어떤 국가가 다른 국가로부터 구매하여 국내로 들여오는 상품과 서비스를 표현하는 데 사용되는 단어이다. 또한 imports라는 단어는 상품과 서비스(예컨대 커피, 전기 자동차, 금융 서비스)만이 아니라 교환 과정 process of exchange 을 뜻하는 데도 사용된다. 명사로 사용되는 경우에는 재화와 서비스를 뜻하고, 동사로 사용되는 경우 다른 국가로부터 재화를 구매하는 거래 과정 transaction 을 가리킨다.

foreign imports 해외 수입품	Foreign imports expose us to a wider range of global products. (from macroeconomics lecture at a university) 해외에서 수입한 물건들 덕분에 우리는 세계적 제품들을 더 폭넓게 만날 수 있다. (거시 경제학에 대한 대학 강의에서)

모든 수입품은 본래 foreign imports이다. 그러나 수입품의 국제적인 특성을 강조할 목적에서 수입품을 관례적으로 foreign imports라 부르는 경우가 있다.

increased/decreased imports 수입 증가/감소	International instability has led to decreased imports of electronics in many countries. (International Trade Commission report) 국제 정세의 불안정으로 인해 많은 국가에서 전자기기의 수입이 감소했다. (국제무역위원회의 보고서)

imports는 양적으로 in quantitative terms, 다시 말하면 일정 기간 동안 양 amount에 변화가 있었는가 여부로 언급되는 경우가 많다.

import duties/ controls 수입 관세/수입 규제	We need more import controls to protect our own jobs and fight against foreign competition. (extract from political manifesto) 우리 일자리를 보호하고 해외 경쟁자와 맞서 싸우려면 더 많은 수입 규제가 필요합니다. (정치 선언문에서 발췌)

import duties와 import controls는 관세 tariff와 할당제 quota 같은 보호무역적 대책 protectionist measures으로, 해외 제품과의 가격 경쟁에서 밀리지 않도록 국내 산업을 보호하려는 데 목적이 있다.

imports of goods
상품의 수입

Imports of Scandinavian wood have increased substantially, which we are very pleased about. (conversation between diplomats)
스칸디나비아산 목재의 수입이 크게 증가하여 무척 기쁩니다. (외교관들 간의 대화)

여기에서 goods라는 단어는 수입되는 상품이면 무엇으로나 교체될 수 있다. 예컨대 바나나가 어떤 국가에 유입되는 현상을 표현하고 싶은가? 그럼 imports of bananas라고 말하면 된다.

import substitution industrialization
수입 대체 산업화

Today the government announced new measures to promote its policy of import substitution industrialization. (TV news report in developing country)
오늘 정부는 수입 대체 산업화 정책을 추진하기 위한 새로운 대책을 발표했습니다. (개발도상국의 텔레비전 뉴스 보도)

import substitution industrialization은 개발 도상국이 선진국으로부터 수입 foreign imports 의존도를 낮추려고 가장 자주 사용하는 경제 전략이다. 국가가 보호 관세 protective tariffs 와 수입 할당제 import quotas, 정부 보조금 같은 조치를 통해 수입의 대안 alternatives to imports 으로 국내 생산자에게 특혜를 부여하는 것도 import substitution industrialization에 포함된다.

15%

Imports of semiconductors surged by 15% in the second quarter. (technology industry analysis)
2분기에 반도체 수입이 15퍼센트나 급증했다. (테크놀로지 산업에 대한 분석)

exports 수출품

exports는 한 국가에서 생산되어 판매를 목적으로 다른 국가로 보내지는 재화와 서비스를 가리킨다. 일반적으로 무역이란 맥락에서 사용되며, 반대되는 개념으로는 imports가 있다. imports는 자국에서 판매할 목적으로 다른 나라에서 들여오는 재화와 서비스를 가리킨다.

to export (something) 무언가를 수출하다	We offer free advice to businesses looking to export their products. (international trade website) 우리는 자체 제품을 수출하려는 기업들에게 무료 조언을 제공합니다. (국제 무역 웹사이트)

export는 동사로 사용되어 재화나 서비스를 다른 국가에 판매하는 행위를 표현할 수 있다. to export의 반대 개념인 to import는 판매할 목적으로 해외에서 재화나 서비스를 들여오는 행위를 가리킨다.

exports to (somewhere) 어딘가로의 수출	The US government has announced they will restrict key exports to any country involved in the invasion. (national newspaper) 미국 정부는 이번 침략에 관련된 모든 국가에 대한 주요 수출품을 제한하겠다고 발표했다. (전국 신문)

전치사 to는 명사 export수출와 함께 사용되어 판매를 위해 재화나 서비스를 보낼 국가를 구체적으로 드러낼 수 있다. 하지만 to export to somewhere로, 동사구 형태로도 사용할 수 있다.

| **monthly exports**
월간 수출 | The report indicates a decline in monthly exports of crude oil. (a country's trade report)
이 보고서에서 보듯이 월간 원유 수출이 감소했다. (한 국가의 무역 보고서) |

경제 현황 보고서 등에서 export는 빈도를 표현하는 형용사와 함께 사용될 수 있다. 이때 exports와 함께 사용되는 대표적인 형용사가 monthly, quarterly, annual 등이다.

| **main export(s)**
주요 수출품 | As one of our main exports, we greatly rely on the motor vehicle industry. (statement from the finance minister)
우리는 주요 수출품 중 하나인 자동차 산업에 크게 의존하고 있습니다. (재무부 장관의 발언) |

한 국가의 경제 실적 economic performance 을 논의할 때 어떤 상품이나 서비스가 exports에서 많은 부분을 차지하는지 살펴볼 수 있다. 따라서 main, major, top 같은 형용사를 사용하여 가장 수익성이 좋은 수출품 lucrative exports 을 언급할 때는 main, major, top 같은 형용사가 주로 사용된다.

11.29%

US exports make up 11.29% of their GDP. (international trade data report)

미국에서는 수출이 GDP의 11.29퍼센트를 차지한다. (국제 무역 자료 보고서)

tariff 관세

a tariff는 다른 나라로부터 수입하는 상품에 정부가 부과하는 세금을 가리킨다. a tariff는 해당 수입품의 가격을 상승시켜 그 수입품의 매력을 떨어뜨림으로써 소비자가 국내 제품 domestic product을 구매하도록 유도하는 역할을 한다. 따라서 a tariff는 해외 무역 foreign trade을 단속하며 국내 생산자를 보호하기 위한 전략으로 자주 사용된다. 한편 tarrif와 비슷하지만 엄격히 구분되어야 하는 duty는 수입품만 아니라 특정 원자재나 금융 거래에도 부과되는 간접세 an indirect tax 이다.

to impose tariffs 관세를 부과하다	A common reason for imposing tariffs is to raise revenue. (economics YouTube channel) 관세를 부과하는 일반적인 이유는 세입을 늘리기 위한 것입니다. (경제학을 다루는 유튜브 채널)

수입품 import에 세금을 부과하는 행위에 대해 언급할 때 가장 흔히 사용되는 동사는 to impose와 to introduce로 tax 세금와 함께 사용되는 동사들과 유사하다.

to raise tariffs 관세를 인상하다	I think the EU should raise tariffs on US goods. (political podcast) 유럽 연합이 미국 상품에 대한 관세를 인상해야 한다고 생각합니다. (정치와 관련한 팟캐스트)

관세율 tariff rates은 언제든 변경될 수 있다. 따라서 관세를 올릴 때는 to raise tariffs 혹은 to increase tariffs라 말하고 관세를 내릴 때는 to lower tariffs 혹은 to decrease tariffs라고 하면 된다.

tariff on (something)
무언가에 대한 관세

Many countries will introduce tariffs on foreign imports to stimulate domestic production. (textbook on foreign policy)
많은 국가가 국내 생산을 활성화하기 위해 외국 수입품에 관세를 도입할 것이다. (외교 정책 교과서)

어떤 수입품에 관세 a tariff가 붙어 있다는 것을 표현하려면 관세가 부과되는 상품이나 서비스 앞에 전치사 on이 흔히 사용된다. a tariff는 tax와 똑같은 방식으로 사용된다. 따라서 a tax on electronics 전자 기기에 대한 세금 혹은 a tariff on electronics 전자 기기에 대한 관세 와 같이 말할 수 있다.

import tariff
수입 관세

The government is planning to introduce a new steel import tariff, according to an official source. (national TV news broadcast)
관변에서 흘러나온 소식에 따르면, 정부는 철강에 새로이 수입 관세를 부과할 계획이라고 합니다. (국영 텔레비전 뉴스 방송)

tariff가 어떤 종류의 것인지 명시할 목적에서 import나 export를 수식어로 사용할 수 있다. 위의 예문에서 보듯이 steel 같은 명사도 수식어로 사용해 tariff가 부과되는 상품의 종류를 구체적으로 설명할 수 있다.

fixed tariff
고정 관세

Our fixed tariffs typically last one year. (energy company website)
우리에게 고정 요금표는 일반적으로 1년 동안 지속됩니다. (에너지 회사의 웹사이트)

tariff가 상품 하나에 일정한 액수나 비율로 부과되거나 고정 fixed된 것이고, 액수가 상품의 가격에 따라 달라지면 변동 variable 한다고 표현한다. 하지만 위의 예문에서는 tariff가 다른 용도로 사용된 예이다. 즉 에너지 요금 an energy tariff이란 뜻으로 사용된 예이다. 결국 이때의 tariff는 에너지 회사가 소비자에게 전기나 가스에 대해 부과하는 요금을 뜻한다. 이렇게 사용된 tariff도 fixed이거나 variable일 수 있다.

> **50%**
> At the start of the nineteenth century, the average tariff on foreign manufactured goods was 50%. (history textbook)
> 19세기 초 외국산 상품에 대한 평균 관세는 50퍼센트였다. (역사 교과서)

duty 관세

a duty는 재화나 서비스에 부과되는 세금의 일종이다. 따라서 a duty는 상당히 일반적인 용어이지만, 국경을 넘어 거래되는 재화에 부과되는 세금을 뜻한다는 점에서 tariff의 동의어로 가장 흔히 사용된다. 하지만 a duty와 a tariff는 쓰임새가 다르다. tariffs는 수입품에 부과되는 직접세 direct taxes 인 반면에 duties는 간접세 (indirect taxes, 상품 자체보다 소비자에게 부과되는 세금)이며 수입품과 수출품 모두에 적용되는 경향을 띤다. 그러나 이런 구분은 전문가들에게나 필요한 구분이고 대부분의 사람은 두 단어를 혼용해 사용한다.

import/export duty
수입세/수출세

> Here's everything you need to know about Australian import duties. (website of Australian delivery/courier service)
> 오스트레일리아의 수입세에 대해 알아야 할 모든 것을 소개하면 아래와 같습니다. (오스트레일리아 운송/배송 회사의 웹사이트)

duties는 수입품과 수출품 모두에 부과될 수 있다.

customs duty
관세

> Do I have to pay customs duty for goods purchased at the airport? (Reddit post)
> 공항에서 구매한 물품에 대해서도 관세를 내야 하나요? (레딧에 게시된 질문)

customs duty는 무역을 촉진하거나 제한하는 역할을 국가 기관이 국제 무역이나 국가 간의 교류에 관련해 부과하는 세금 a duty 의 일종이다.

excise duty
소비세

> US Government plans to cut excise duty on fuel by 2¢ per gallon in Budget. (online news article headline)
> 미국 정부는 예산안에서 연료에 대한 소비세를 갤런당 2센트 인하할 계획이다. (온라인으로 제공되는 뉴스의 머리기사)

국내에서 생산되는 경우이든 국경 너머에서 수입되는 경우이든 술과 담배, 연료 등 특정 상품에 부과되는 세금이 an excise duty이다. an excise duty는 특정한 상품의 소비를 억제하는 동시에 정부의 세수 revenue for the government를 늘리기 위해 주로 사용된다.

anti-dumping duty 반(反)덤핑 관세	China has hit back at the US by imposing $60 billion of anti-dumping duties. (international trade podcast) 중국은 600억 달러의 반덤핑 관세를 부과하며 미국에 반격했습니다. (국제 무역에 대한 팟캐스트)

anti-dumping duty는 외국 판매자가 낮은 가격으로 판매하며 국내 산업에 피해를 주는 것을 방지하기 위해 국가가 부과하는 특별한 유형의 관세 a specific type of duty이다. dumping은 어떤 국가가 특정 재화를 국내에서 판매하는 가격보다 낮은 가격으로 다른 나라에서 판매하는 것을 뜻한다. 따라서 anti-dumping duty는 수입품의 가격을 인위적으로 끌어올려 국내 생산자가 더 값싼 외국 제품으로 인해 가격 경쟁에서 패하지 to get outpriced 않도록 해 준다.

to impose a duty 관세를 부과하다	The effects of imposing a duty on steel would simply result in our domestic manufacturers diversifying their supply chains. (government policy paper on international trade and supply chains) 철강에 관세를 부과하면 국내 제조업체들이 공급망을 다각화하는 결과로 이어질 것이다. (국제 무역 및 공급망에 대한 정부 정책 문서)

관세를 시행하는 행위 act of putting a duty in place를 표현할 때 가장 흔히 사용하는 관용적 동사는 to impose이다. to impose는 격식 formality과 권위 authority를 겸비한 동사로, 정부가 duties를 시행한다는 뜻을 전달하는 데 적합하다. 대안으로 동사 to implement를 사용할 수도 있다.

> **£135**
Customs duty must be paid on gifts and goods greater than £135 sent from outside the UK. (UK government website)
영국 밖에서 발송되는 135파운드 이상의 선물이나 물품에 대해서는 관세를 납부해야 합니다. (영국 정부의 웹사이트)

levy (추가) 부과금, 징수액, 세금

levy는 세금과 관련해 사용되는 또 하나의 단어로, 정부가 개인이나 조직으로부터 징수하는 돈을 뜻한다. a tax와 a levy의 차이를 엄밀히 구분하기는 힘들다. 두 단어 모두 영어에서 뒤섞여 혼용될 뿐만 아니라 때로는 나란히 사용되어 혼란을 더한다. 어떤 의미에서 levy는 과세하는 행위 act of taxing **에 가까운 반면, tax는 과세된 돈을 더 직접적으로 가리키는 듯하다. 그러나 의심스러운 경우에는 그냥 tax를 사용하라고 권하고 싶다!**

to levy a tax 세금을 부과하다	From this year, the government will levy a tax on companies that discharge harmful waste. (legal update via X post) 올해부터 정부는 유해 폐기물을 배출하는 기업에 세금을 부과할 예정이다. (X에 글을 게시해 알려주는 법에 대한 최신 정보)

to tax가 그렇듯이 (to) levy도 동사로 사용될 수 있다. 하지만 to levy a tax만이 가능하고 to tax a levy라는 표현은 불가능하다. 그 이유를

합리적으로 설명할 방법은 없고, 고착화된 언어 습관an entrenched habit of speech이라 말할 수 있을 뿐이다.

tax levy 징세, 과세	In response to budget deficits, the city council imposed a temporary tax levy on businesses operating within city limits. (local newspaper) 시의회는 예산 적자에 대응해 시 경계 내에서 운영되는 사업체에 일시적으로 세금을 부과했다. (지역 신문)

a tax levy와 다른 형태의 levy 사이에는 뚜렷한 차이가 없다. 거듭 말하지만 a tax levy는 tax라는 뜻으로 사용되는 관용적 표현일 뿐이며, income tax소득세나 value added tax부가가치세, VAT처럼 널리 알려진 세금과 달리 드물거나 단기적인 세금short term tax을 가리키는 표현으로 주로 사용된다. 하지만 일반적으로 그렇게 사용된다는 것이지 절대적인 원칙은 아니다.

to pay a levy 부담금/세금을 납부하다	In return for government support, firms must pay a levy every year. (solicitor's regulator website) 정부 지원에 대한 대가로 기업은 매년 부과금을 납부해야 한다. (사무 변호사 규제 기관의 웹사이트)

따로 설명이 거의 필요하지 않은 문구이다. to pay a levy는 to pay a tax/duty와 조금도 다르지 않다.

income levy
소득세, 소득 부담금

> We planned on using 6.5 billion euros from the income levy to fund social care. (German political paper)
> 소득세에서 65억 유로를 떼어내 사회 복지를 지원하는 기금으로 사용할 계획이었다. (독일의 정치 논문)

income levy는 특정한 목적을 위해 소득에 기반해 특별히 부과되는 부담금이나 추가 부담금을 뜻할 수 있으며, 그런 맥락에서 사용되는 income tax의 다른 표현이다.

> **0.5%**
> The Apprenticeship Levy entails a payment calculated at 0.5% of an employer's yearly payroll. (government apprenticeship scheme website)
> 견습생 부담금은 고용주가 직원들에게 지급하는 연간 총 급료의 0.5퍼센트로 계산된 금액을 납부해야 한다. (정부 직업 훈련생 기구의 웹사이트)

quota 할당제, 할당량

a quota는 특정 국가가 특정 기간 동안 수입하거나 수출하는 상품의 수량이나 금액을 제한하는 방향으로 정부가 취하는 무역 제한 a trade restriction을 표현할 때 사용되는 개념이다. a quota는 수량이나 금액을 제한한다는 점에서 수입품이나 수출품에 세금으로 부과

되는 tariff관세와는 다르다. 기업 활동이란 맥락에서 a quota는 회사가 영업팀들에게 달성하라고 요구하는 판매 목표a sales target를 가리킬 수 있다(할당량).

to implement a quota 할당제를 시행하다	Governments may implement a quota on a specific product to increase domestic production. (international trade blog) 많은 정부가 자국의 생산을 늘리기 위해 특정 제품에 대해 할당제를 시행할 수 있다. (국제 무역에 관한 블로그)

tariff관세와 마찬가지로 quota와 함께 주로 사용되는 동사로는 to implement시행하다, to impose실시하다, to introduce도입하다 등이 있다. 위의 예문에서 보듯이 quota에는 전치사 on이 더해져 제한되는 상품을 구체적으로 명기할 수 있다.

import quota 수입 할당제	Foreign investors claim new import quotas are hindering business. (financial newspaper) 외국인 투자자들은 새로운 수입 할당제가 기업 활동을 방해하고 있다고 주장한다. (경제 신문)

quota 앞에 형용사를 붙여 quota의 종류를 명시할 수 있다. import quota수입 할당제, trade quota무역 할당제 등이 대표적인 예이다.

absolute quota 절대 할당량	Once the absolute quota amount is filled, there are no additional imports allowed into the country. (official government website) 절대 할당량이 채워지면 더 이상의 수입이 허용되지 않습니다. (정부의 공식 웹사이트)

absolute quota는 정해진 기간 동안 특정 상품의 수입량을 명확히 제한하는 quota의 유형이다. 다른 유형의 quota로는 tariff-rate quota 관세율 할당량가 있다. 일정량의 상품은 할인된 관세율로 수입하지만 그 한도에 도달한 뒤에는 관세율이 인상되는 방식이다.

subject to a quota
할당제에 적용되는

Use the list below to check if your goods are subject to a quota. (government customs and border protection website)
아래 목록에서 귀하의 상품이 할당량 적용 대상인지 확인하십시오. (정부 관세 및 국경 보호청의 웹사이트)

* US Customs and Border Protection: 미국 관세 및 국경 보호청.

이런 문장 구조에서 A be subject to B는 'A가 B의 영향을 받는다'라는 뜻이다. 위의 예문에서는 the goods가 the quota의 영향을 받는 것이 된다. 달리 말하면 할당제가 그 상품에 시행된다 there is a quota placed on the goods 라는 뜻이다.

22,000kg

Poultry imports have an annual quota of 22,000kg. (government data website)
가금류의 수입 할당량은 연간 2만 2,000킬로그램이다. (정부 자료의 웹사이트)

protectionism 보호주의, 보호무역(주의)

protectionism은 국내 생산을 보호하기 위해 국가 간 무역을 제한하는 경제 정책을 설명하는 데 사용되며, 자유무역 free trade과 반대되는 개념으로 볼 수 있다. 수입품에 대한 관세, 수입 할당제, 보조금 등이 방법론으로 사용된다. 일반적으로 protectionism은 국제 무역과 정부 정책이란 맥락에서 사용되는 용어이다.

to resist protectionism 보호무역주의에 저항하다/막아내다	Finance ministers from across the globe have pledged to resist protectionism to boost economic growth. (financial newspaper) 전 세계의 재무장관들이 경제 성장을 촉진하기 위해 보호무역주의를 막아내겠다고 약속했다. (경제 신문)

protectionism은 세계 경제 성장에 해로운 것으로 간주될 수 있기 때문에 정치인들은 보호무역을 피하려고 to avoid protectionism 시도할 수 있고, protectionism을 피하기 위해 노력해 달라는 권고를 받을 수 있다. 따라서 protectionism과 관련한 논쟁에서 to resist나 to avoid 같은 동사들이 protectionism과 함께 주로 사용된다.

protectionist policies 보호주의 정책	Protectionist policies stop countries from achieving their full potential. (international trade blog) 보호주의 정책으로 많은 나라가 잠재력을 최대한 발휘하지 못하고 있다. (국제 무역을 다루는 블로그)

protectionist policies는 수입품에 관세를 부과하는 등 국제 무역을 제한하려는 목적에서 정부가 채택하는 정책을 언급할 때 사용되는 용어이다. protectionist는 protectionism의 형용사형이다.

| **increase in protectionism** 보호무역주의 강화 | There are fears of an increase in protectionism in the wake of the pandemic. (TV news broadcast) 팬데믹의 여파로 보호무역주의가 강화될 것이란 우려가 있습니다. (텔레비전 뉴스 방송) |

최근 여러 국가에서 protectionism이 강화된 것은 사실이다. 이런 현상이 세계 경제 global economy에 미칠 영향에 대해 논의할 때 increase in protectionism, 또는 rise in protectionism이라는 표현이 사용될 수 있다.

| **trade protectionism** 보호무역 | Trade protectionism can protect emerging industries from foreign competition. (economics magazine) 보호무역으로 신흥 산업을 해외 경쟁으로부터 보호할 수 있다. (경제 전문 잡지) |

trade protectionism은 protectionism의 다른 명칭에 불과하지만, 특히 무역의 제한과 관계가 있다는 것을 명시하는 표현이다.

1.1%

Trade protectionism is estimated to have slowed global GDP by 1.1% in the last year. (trade statistics page of a central bank website)
보호무역으로 지난해 전 세계 GDP가 1.1퍼센트 둔화된 것으로 추정된다. (중앙은행 웹사이트의 무역 통계 페이지)

sanctions 제재

sanctions는 어떤 국가나 집단에게 국제법 international law 을 준수하도록 요구할 목적에서 다른 국가들이 취하는 조치들을 언급할 때 사용될 수 있다. 일반적으로 sanctions는 무역이나 외교 등 한 국가의 활동에 강요되는 제한적인 조치 restrictive measures 이다. sanctions와 관련된 동사는 to sanction이다. 하지만 to sanction은 처벌 punishing 만 아니라 허가 permission 까지 인정하는 행위를 뜻한다는 사실에 주의해야 한다.

to impose sanctions 제재를 가하다	The EU may decide to impose sanctions on governments, organizations or individuals. (European Union official website) 유럽 연합은 각국 정부나 단체 또는 개인에게 제재를 가할 수 있다. (유럽 연합의 공식 웹사이트)

sanctions는 해당 국가의 동의 없이 그 국가에 가해지는 것이기 때문에 제재를 시행하는 국가의 입장에서는 to impose, to place, to implement 같은 동사가 주로 사용된다. sanctions는 처벌 a punishment 로 간주되기 때문에 to threaten 위협하다 을 비롯해 호전적인 belligerent 동사와 함께 사용될 수도 있다.

to lift sanctions 제재를 풀다, 철회하다	If the UK refuses to lift sanctions, we shall be forced to take action. (statement from a rival government) 영국이 제재를 해제하지 않으면 우리도 조치를 취할 수밖에 없습니다. (경쟁국 정부의 성명)

sanctions는 특정 국가나 개인에(on) 가해지는 것이기 때문에 그런 제약의 철회 removal of the restrictions 를 표현하는 데는 동사 to lift가 사

용될 수 있다. 동사 to remove를 사용해도 같은 뜻을 전달할 수 있다.

sanctions against (someone)
누군가에 대한 제재

We need more sanctions against corrupt government leaders. (political speech)
부패한 정부 지도자들에 대해서는 더 많은 제재가 필요합니다. (정치 연설)

전치사 against와 on은 sanctions의 뒤에 호환적으로 사용될 수 있으며, sanctions이 가해지는 국가와 조직과 개인은 전치사 against 뒤에 놓인다.

economic sanctions
경제 제재

Economic sanctions can be used by a government to advance their foreign policy goals. (economics blog)
경제 제재는 정부가 외교 정책 목표를 달성하기 위해 이용할 수 있다. (경제학과 관련한 블로그)

sanctions 앞에 다양한 형용사를 덧붙여 제약의 종류를 명확히 표시할 수 있다. 예컨대 economic sanctions, diplomatic sanctions 외교 제재, military sanctions 군사 제재 등이 있다.

300

The US has announced 300 new sanctions against Russia. (national newspaper)
미국은 러시아에 대해 300가지의 새로운 제재를 발표했다. (전국 신문)

embargo 금수 조치

an embargo는 한 국가나 여러 국가가 어떤 표적 국가 a target country의 행위를 징벌하거나 그 국가가 바람직하지 못한 정책을 변경하도록 압력을 가할 목적에서 그 국가와의 교역을 제한하며 부과하는 경제 제재 economic sanction의 한 형태이다. an embargo는 개별적인 수입을 금지하는 데 그치지 않고 표적 국가와의 교역을 포괄적으로 금지하는 경우가 많기 때문에 가장 가혹한 무역 제재 trade sanction라 할 수 있다.

to impose an embargo 금수 조치를 내리다	We have decided to impose an embargo after the reprehensible actions of this government. (statement from the UN Security Council) 그 정부가 비난받을 만한 행동을 취한 까닭에 우리는 금수 조치를 내리기로 결정했습니다. (유엔 안전보장 이사회의 성명서)

an embargo는 sanction 제재의 한 형태이다. 따라서 어떤 국가에 금수 조치를 내리는 행위 act of imposing an embargo를 묘사하는 데는 to impose나 to place 같은 동사가 함께 사용될 수 있다. 한편 to lift 해제하다와 to end 끝내다 같은 동사들은 그 제약을 해제하는 경우를 표현하는 데 사용될 수 있다.

embargo on (something) 무언가에 대한 금수 조치	The embargo on oil exports to the US in the 70's caused severe fuel shortages. (history textbook) 1970년대 대미 석유 수출 금수 조치로 인해 심각한 연료 부족 사태가 초래되었다. (역사 교과서)

전치사 on은 embargo과 함께 사용되어 교역이 제한되는 물품이나 금수 조치embargo가 내려진 국가를 명시할 수 있다. 이런 물품이나 국가는 전치사 on 뒤에 쓰인다. 전치사 against도 사용될 수 있지만, against는 제한되는 상품보다 국가를 가리킬 때 대체로 더 많이 사용된다.

arms embargo 무기 금수 조치	Arms embargoes rarely succeed in fully restricting a country's access to weapons. (political think piece) 무기 금수 조치로 한 국가가 무기에 접근하는 것을 완전히 차단하는 데 성공하는 경우는 거의 없다. (정치 관련 해설 기사)

an embargo는 무기나 석유 등 특정 물품의 교역에만 적용되는 경우가 많다. 따라서 arms embargo 무기 금수 조치, oil embargo 석유 금수 조치라는 예에서 보듯이 embargo의 유형을 명시하는 데 arms나 oil이 형용사로 사용될 수 있다.

selective embargo 선택적 금수 조치	Selective embargoes can be as devastating to a nation's economy as indiscriminate ones. (international trade magazine) 선택적 금수 조치도 무차별적인 금수 조치만큼이나 한 국가의 경제에 치명적일 수 있다. (국제 무역 전문 잡지)

a partial embargo 부분적인 금수 조치라고도 하며, 표적 국가와의 모든 교역을 전면적으로 제한하는 것이 아니라 특정 상품을 제한하는 경우를 가리킨다. 모든 교역을 전면적으로 제한하는 경우는 comprehensive embargo 포괄적 금수 조치라 부른다.

> **$125 billion**
> Experts estimate that the embargo on Cuba has cost it over $125 billion in damages. (national newspaper)
> 전문가들의 추정에 따르면 금수 조치로 인해 쿠바는 1,250억 달러 이상의 손해를 입었다. (전국 신문)

trade bloc 무역 블록, 무역권

a bloc은 공동의 목표를 향해 어떤 합의하에 모인 개인이나 조직 또는 국가의 집합체를 가리킨다. 따라서 a trade bloc은 관세 동맹 customs union 이나 자유 무역 협정 free trade agreement 등 어떤 형태로든 무역 협정을 맺은 국가들의 집합체를 뜻한다.

regional trade bloc 지역 무역 블록	The European Union is one of the world's most influential regional trade blocs. (global news article) 유럽 연합은 세계에서 가장 영향력 있는 지역 무역 블록 중 하나이다. (세계 뉴스 기사)

특정한 지리적 지역 geographical location 내에 존재해야 하는 조건에 기반한 a trade bloc이다.

economic trade bloc 경제 무역 블록	The Asia-Pacific Economic Cooperation (APEC) forum aims to promote economic cooperation and integration among member economies. (APEC press release) 아시아.태평양 경제 협력체 포럼은 회원국들 간의 경제 협력과 통합을 촉진하는 것을 목표로 합니다. (APEC 보도 자료)

실제로 모든 무역 블록은 본래 경제적 성격을 띠며 국가간 경제 협력과 통합을 강화하는 것을 목표로 한다. 하지만 ASEAN Association of Southeast Asian Nations, 동남아시아 국가 연합, ECOWAS Economic Community of West African States, 서아프리카 국가 경제 공동체, EU European Union, 유럽 연합처럼 문화 교류 cultural exchange에 더 중점을 두는 블록도 있다. 따라서 a trade bloc을 an economic trade bloc이라 구체적으로 표현하면 협정의 중점이 문화가 아니라 경제에 있다는 것을 의미할 수 있다.

trade bloc membership 무역 블록 회원(국)	Our country should prioritize trade bloc membership to open us up to new markets. (speech by politician) 새로운 시장을 개척하려면 무역 블록의 회원국이 되는 것을 우선적으로 해결해야 합니다. (정치인 연설)

trade bloc membership은 국가에 이익이 되는 경우가 많지만 결제, 법률 및 규정의 조정 harmonization of laws and regulations, 경제와 문화에 대한 공통된 정책의 채택 등 블록에 속한 다른 회원국들에 대한 의무도 수반한다.

**to join a trade bloc
무역 블록에 가입하다**

Remember when our country joined the trade bloc? (conversation with grandfather)
우리나라가 그 무역 블록에 가입했던 때가 기억나세요? (할아버지와의 대화)

동사 to join와 to leave가 trade bloc과 흔히 함께 사용되며, a bloc은 포괄적인 집합체여서 한 국가에 그곳의 안 within에 있을 수도 있고 밖 outside에 있을 수도 있다.

30%
Countries in Regional Comprehensive Economic Partnership (RCEP) based in Asia and the Pacific regions make up 30% of the world's total GDP. (statistic on foreign office website of RCEP member state)
아시아와 태평양 지역에 기반을 둔 RCEP의 회원국들이 세계 총GDP의 30퍼센트를 차지한다. (RCEP 회원국 외무부의 웹사이트에 소개된 통계)
* RCEP: Regional Comprehensive Economic Partnership, 역내 포괄적 경제 동반자 협정

dumping 덤핑, 투매, 투기(投棄)

dumping은 국제 무역이라는 넓은 맥락에서 약탈적 가격 책정 predatory pricing의 한 형태이다. 한 제조업체가 해외에서 경쟁자들을 몰아내고 시장을 장악할 목적에서 평균 가격보다 낮은 가격으로 제품을 판매하는 상황을 가리킨다. dumping은 그 해외 국가에 해를 끼칠 injurious 뿐만 아니라 그 국가의 국내 생산에도 피해를 줄 수 있다.

to prohibit dumping 덤핑을 금지하다	Dumping may be prohibited if the country can show the negative impact it is having on its domestic production. (international trade guide) 덤핑이 국내 생산에 미치는 부정적인 영향을 입증할 수 있다면 금지될 수 있다. (국제 무역 안내)

dumping은 부정적인 뜻을 내포하고 해당 국가에 피해를 줄 수 있으므로 to prohibit 금지하다, to act against 대항하다 같은 동사들이 함께 사용될 수 있다.

anti-dumping 반(反)덤핑	We may discipline anti-dumping actions if there is no justification. (World Trade Organization website) 정당한 사유가 없다면 반덤핑 조치를 징계할 수 있다. (세계무역기구의 웹사이트)

anti-dumping은 외국 수입품의 가격이 공정한 시장 가치보다 낮게 책정되는 것을 방지하기 위해 한 국가가 취하는 조치들을 언급할 때 사용되는 단어이다. 이를 위해 해당 국가의 정부는 그런 수입품에 an anti-dumping duty 반덤핑 관세를 부과할 수 있지만, anti-dumping 조치가 금지되는 경우를 명시할 목적에서 세계무역기구 World Trade Organization 가 제시한 Anti-Dumping Agreement 반덤핑 협정를 따라야 한다.

third country dumping
제3국 덤핑

> Countries seeking to act against third country dumping must gain the approval of various trade institutions. (world trade journal)
> 제3국 덤핑에 대해 조치를 취하고자 하는 국가는 여러 무역 기구의 승인을 받아야 한다. (세계 무역에 대한 학술지)

third country dumping은 어떤 국가의 수출품이 제3국에서 공정한 시장 가치보다 낮은 가격으로 판매되며, 다른 국가들의 수출품에 피해를 주는 형태의 dumping을 가리킨다.

social dumping
소셜 덤핑

> The European Parliament has taken measures to tackle social dumping in the EU. (international newspaper)
> 유럽 의회는 유럽 연합 내의 소셜 덤핑을 해결하기 위한 조치를 취했다. (국제 신문)

social dumping은 고용주가 저임금 국가로 생산을 이전하거나 일반적인 임금보다 낮은 임금을 받는 이주 노동자를 고용하는 방식으로, 해당 지역에서 구할 수 있는 노동력보다 값싼 노동력을 활용하는 관행을 설명하는 데 사용되는 용어이다.

3%

Anti-dumping measures are prohibited where the volume of dumped products is less than 3% of total imports of that product. (World Trade Organization website)
덤핑으로 판매된 제품의 양이 해당 제품의 총 수입량의 3퍼센트를 넘지 않는 경우에는 반덤핑 조치를 취할 수 없다. (세계무역기구의 웹사이트)

Global Money Flow

e-commerce 전자 상거래

e-commerce는 온라인으로 상품과 서비스를 구매하거나 판매하는 행위를 설명하는 데 사용된다. e-commerce가 전자 상거래라 번역되는 이유는 electronic commerce의 줄임말이기 때문이다. e-commerce는 brick and mortar transaction의 대안으로, brick and mortar transaction은 직접 얼굴을 맞대고 face-to-face 상품이나 서비스를 구매하는 오프라인 거래를 뜻한다.

e-commerce company
전자 상거래 회사

Amazon remains the top e-commerce company in the world. (retail magazine)
아마존은 여전히 세계 최고의 전자 상거래 기업이다. (소매 전문 잡지)

an e-commerce company는 an e-commerce business라고도 불리며, 웹사이트나 앱과 같은 온라인 플랫폼을 사용해 거래하며 상품이나 서비스를 온라인으로 판매하는 모든 기업체를 가리킨다.

e-commerce website 전자 상거래 웹사이트	Here is a list of the best platforms to help build your e-commerce website. (e-commerce website builder guide) 전자 상거래 웹사이트를 구축하는 데 도움이 되는 최고의 플랫폼 목록을 소개하면 다음과 같다. (전자 상거래 웹사이트의 구축을 위한 안내)

e-commerce website는 기업이 제품이나 서비스를 판매할 수 있는 온라인 플랫폼을 뜻하며, an e-commerce store라고도 한다.

e-commerce transaction 전자 상거래	E-commerce transactions can be conducted over computers, smart phones or other smart devices. (business webinar) 전자 상거래 행위는 컴퓨터, 스마트폰 등 스마트 기기를 통해 수행할 수 있습니다. (기업 활동과 관련한 웨비나)

an e-commerce transaction은 온라인으로 상품이나 서비스를 구매하거나 판매하는 과정을 가리킨다. 이런 점에서 고객이 물리적 매장에서 상품의 대금을 지불하는 대면 거래 a face-to-face transaction 와 다르다.

e-commerce sales
전자 상거래 판매액

E-commerce sales make up a large proportion of total retail sales worldwide. (retail statistics website)
전자 상거래 판매액이 이제는 전 세계의 총 소매 판매액에서 큰 몫을 차지한다. (소매 통계 웹사이트)

대면 판매를 제외하고 온라인 플랫폼을 통해 이루어진 구매액 전체를 언급하는 데 사용되는 문구이다.

$32 trillion
Global e-commerce sales have grown to $32 trillion. (presentation from a trade conference)
전 세계에서 전자 상거래로 이루어진 판매액이 32조 달러까지 성장했다. (무역과 관련한 회의에서 발표된 프레젠테이션)

click and mortar 온라인과 오프라인, 인터넷 사업과 제조업

clicks and bricks로도 불리며, 한 기업체가 온라인 사업과 오프라인 매장도 운영하는 옴니채널/다채널 비즈니스 모델 omnichannel business model을 가리키는 용어이다. click은 인터넷을 사용하는 행위와 관련이 있고 mortar는 물리적인 상점을 가리킨다. click and mortar의 원조라 할 수 있는 the brick and mortar model은 물리적인 매장만으로 운영되는 사업 모델을 뜻한다.

click and mortar model 온오프 사업 모델	Our click and mortar model will appeal to a wider range of customers. (entrepreneur's application for a bank loan) 온오프 사업 모델은 더 폭넓은 고객의 관심을 끌 수 있을 것입니다. (기업가의 은행 대출 신청서)

a click and mortar business model로도 불리며, 일반적으로 기업 활동에 사용되는 모델 model 의 유형을 설명하는 데 주로 사용되는 개념이다.

click and mortar retailer 온오프 다채널 소매점/ 소매업	Click and mortar retailers benefit from an increase in transactions. (online business guide) 온오프라인에서 운영되는 소매업체들이 거래량의 증가로 이익을 얻고 있다. (온라인으로 제공되는 기업 활동에 대한 안내)

여기에서 click and mortar는 기업 활동의 유형을 설명하는 수식어로 사용되었고, 수식을 받는 명사로는 retailer, business, company 등이 사용될 수 있다.

3 out of 4

3 out of 4 customers prefer stores with a click and mortar model when shopping. (retailer's guide)
고객 4명 중 3명은 쇼핑할 때 온오프라인으로 운영되는 매장을 선호한다. (소매업체를 위한 지침)

globalization 세계화

globalization은 국경을 넘나드는 교역의 증가만이 아니라 교통 및 통신의 발전으로 국가와 경제권과 문화권 간의 연결성과 교류가 증가한 현상을 설명하는 데 사용되는 용어이다. globalization과 globalism은 구분되어야 한다. globalism세계화주의은 범세계적으로 연결성이 증가하는 과정 자체보다 globalization을 이끄는 이데올로기와 관련된 개념이다.

to drive globalization 세계화를 추진하다	Technological advancement is one of the factors that drive globalization. (economics class presentation) 과학기술의 발달은 세계화를 끌어가는 여러 요인 중 하나입니다. (경제학 수업에서의 발표)

globalization은 계속 확대되는ever-increasing 과정이기 때문에 그 진척 과정이나 그 이면의 요인을 설명할 때는 to drive, to contribute to…에 기여하다, to increase증가하다 등 다양한 동사와 함께 사용된다.

political globalization 정치의 세계화	Political globalization can create a conflict with the interests of individual nations. (economics journal article) 정치의 세계화는 개별 국가들의 이익과 충돌을 일으킬 수 있다. (경제학 학술지에 실린 논문)

political globalization은 세 가지 유형의 주된 세계화three main types of globalization 중 하나로, 정치적 상호관계가 전 세계적으로 확대되는 상황을 가리킨다.

| **economic globalization** 경제의 세계화 | One benefit of economic globalization is that it can decrease the cost of manufacturing. (business section of the newspaper)
경제 세계화의 한 가지 이점은 제조 비용을 절감할 수 있다는 것이다. (신문의 기업면) |

globalization의 또 다른 주요 유형 중 하나로, economic globalization는 재화와 과학기술, 자본과 정보의 범세계적인 이동을 통한 경제 통합 integration of economies 을 뜻한다.

| **cultural globalization** 문화의 세계화 | Will cultural globalization lead us to become one culture? (TV news feature)
문화의 세계화로 우리를 하나의 문화로 끌어갈 것인가? (텔레비전의 특집 뉴스) |

역시 globalization의 세 가지 주된 유형 중 하나로, cultural globalization은 가치관과 신념 등 문화적 산물 cultural products 을 국경 너머로 확산하는 현상을 뜻한다.

| **age of globalization** 세계화 시대 | We need to reconsider certain economic policies in the age of globalization. (speech from a politician)
세계화 시대를 맞아 몇몇 경제 정책을 재고할 필요가 있습니다. (한 정치인의 연설) |

age of globalization은 globalization이 점점 확산되는 현 시대를 표현하는 데 자주 사용되는 문구이다. 역사적으로도 국제 통합 international integration 이 시작되었던 여러 시대를 언급할 때도 사용될 수 있는 문구이다.

26%

Globalization has led to a 26% increase in income per person since the 1960s. (report on income trends)
세계화로 인해 1960년대 이후 1인당 소득이 26퍼센트 증가했다. (소득 추세에 대한 보고서)

hot money 핫머니, 부정한 돈

hot money는 금리 차이를 이용해 단기적으로 이익을 얻을 목적에서 경제와 금융 시장에 유입되는 자금이나 그러한 자금의 흐름을 가리킨다. 이런 흐름이나 자금 자체가 hot money라 불리는 이유는 자금이 시장의 안팎으로 무척 빠르게 이동하며 시장을 불안정하게 만들고 환율 exchange rates 에 영향을 미칠 수 있기 때문이다.

to invest in hot money 핫머니에 투자하다	Investing in hot money requires extensive market knowledge and a lot of luck. (online investment guide) 핫머니에 투자하려면 시장에 대한 폭넓은 지식과 많은 운이 필요하다. (온라인 투자 안내)

hot money는 기본적으로 투자 전략 investment strategy 이므로 invest in hot money란 표현이 가능하다. hot money에 투자하는 사람들은 hot money investors라 한다.

hot money flow
핫머니 흐름

> Hot money flows are poorly monitored which can make them hard to estimate. (financial magazine)
> 핫머니 흐름은 제대로 감시되지 않아 추정하기 어려울 수 있다. (경제 전문 잡지)

hot money는 국가 간에 신속하게 이동하기 때문에 hot money의 그런 이동을 a flow라 한다. hot money가 어떤 국가에 흘러 들어가는 경우는 an inflow 유입로, 자금이 어떤 국가에서 빠져 나오는 경우는 an outflow 유출로 표현될 수 있다.

hot money transaction
핫머니 거래

> Financial regulators may try to monitor investors engaging in hot money transactions. (finance strategist website)
> 금융 규제 당국은 핫머니를 거래하는 투자자들을 감시하려고 할 수 있다. (금융 전략가의 웹사이트)

국가나 금융 기관을 넘나들며 hot money를 이동하는 행위는 a hot money transaction이라 표현할 수 있다.

$689 million

> The country's net hot money inflow hit $689 million this month. (report from a financial newspaper)
> 이번 달 핫머니 순유입액이 6억 8,900만 달러를 기록했다. (경제 신문의 보도에서)

capital flight 자본 도피

capital flight는 정치적 혼란과 같은 사건으로 말미암아 한 국가에서 자산이나 자본이 대규모로 빠르게 빠져나가 그 국가에 부정적인 결과를 초래하는 현상을 가리킨다. capital flight는 capital outflow 자본 유출와 조금 다르다. capital outflow는 특정한 경제권에서 자본이 빠져나가는 현상을 가리키는 일반적인 용어이다.

| to trigger capital flight 자본 도피를 촉발하다 | Capital flight can also be triggered by economic issues. (online economics module) 자본 도피는 경제적 문제로 인해 촉발될 수도 있다. (온라인으로 진행되는 경제학 강의) |

특정 사건이나 일련의 사건이 capital flight로 이어지는 경우가 많기 때문에 그 원인을 알아내기 위한 논의가 있을 수 있다. 따라서 to trigger나 to cause 같은 동사가 capital flight와 주로 함께 사용된다.

| to prevent capital flight 자본 도피를 막다/ 예방하다 | We need to prevent capital flight from developing countries. (article on global issues) 개발 도상국에서의 자본 도피를 막아야 한다. (세계적인 쟁점을 다룬 글) |

객관적으로 생각할 때 capital flight는 해당 국가에 부정적인 영향을 미치기 때문에 여러 정부가 자본 도피를 방지 to avoid capital flight 하기 위한 조치를 취한다. 따라서 to prevent, to control 같은 동사들이 capital flight와 함께 사용되는 것은 자연스런 어법이다.

legal/illegal capital flight
합법적/불법적 자본 도피

> Illicit financial flows are a form of illegal capital flight. (global economics guide)
> 법에 어긋나는 자금 흐름은 불법적인 자본 도피의 한 형태이다. (세계 경제에 대한 안내)

자금의 거래나 인출이 해당 국가의 법률과 자본 통제 capital control를 준수하느냐 그렇지 않느냐에 따라 capital flight가 legal일 수도 있고 illegal일 수도 있다.

$2 trillion

> Total capital flight for this continent reached $2 trillion over fifty years. (report from an economics journal)
> 지난 50년 동안 이 대륙에서 빠져 나간 총 자본 도피액이 2조 달러에 달했다. (경제학 학술지의 보고)

remittance 송금, 송금액

일반적인 의미에서 remittance는 선물 gift로 지급되는 돈을 가리키는 단어이다. 하지만 그 밖에도 remittance는 외국인 국외 거주자 foreign expatriate가 가족을 부양하거나 재정 지원의 한 형태로 본국으로 송금하는 돈을 지칭하는 용도로도 사용된다. remittances는 은행, 송금업체 money transfer service, 온라인 플랫폼과 같은 공식적인 채널을 통해 주로 보내진다. remittances는 많은 개발 도상국에서 중요한 역할을 하며 가족과 지역 사회의 중요한 수입원이나 재정 지원으로 기능한다.

| **to send a remittance** 돈을 송금하다 | Thousands of migrant workers send remittances to their families back home every month. (news article) 매달 수천 명의 이주 노동자가 고국에 있는 가족에게 돈을 송금한다. (뉴스 기사) |

동사 to transfer를 같은 뜻으로 사용할 수도 있다.

| **remittance channel/ corridor** 송금 채널 | Our app allows for faster and cheaper cross-border payments–download now! (app store description) 우리 앱을 사용하면 더 빠르고 더 저렴하게 해외로 송금할 수 있습니다. 지금 다운로드 하십시오! (앱 스토어의 설명) |

remittance channel/corridor는 개인이 본국으로 돈을 보낼 때 그 돈이 한 국가에서 다른 국가로 이동transfer되는 수단을 가리킨다. 요즘에는 remittance channel이 온라인 플랫폼으로도 가능해져서 돈을 더 빠르고 더 비용 효율적cost-effective으로 이체할 수 있다.

| **remittance advice** 송금 통지서 | Upon processing the payment, the bank automatically generates a remittance advice that is sent electronically to the supplier. (from FAQ section of online banking platform) 지불금을 처리하면 곧바로 은행은 자동으로 송금 통지서를 작성하고, 그 통지서는 공급업체에 전송된다. (온라인 뱅킹 플랫폼의 FAQ에서) |

국경을 넘나드는 송금remittance이 아니라 일반적인 의미에서의 송금 remittance in its general sense과 관련된 문구이다. 송장invoice을 받은 뒤 대금을 결제하면 결제자는 송장에 쓰인 금액을 지급했다는 것을 확인해 주는 문서를 제공하는 것이 관례이다. 이 확인서를 remittance advice라 하며 대체로 짤막한 서류의 형태를 띤다.

> **$4 billion**
> This year, total remittances across the globe will amount to around $4 billion. (extract from migration advocacy website)
> 올해 세계 전역에서 이루어진 송금은 약 40억 달러에 달할 것으로 예상된다. (이민 지원 단체의 웹사이트에서 발췌)

foreign direct investment
해외 직접 투자, 외국인 직접 투자

FDI라는 약어로 흔히 표기되는 a foreign direct investment는 다른 국가의 투자자나 기업 또는 정부가 외국 기업을 설립하거나 프로젝트를 진행하며 그에 대한 지배적 지분a controlling stake**을 취득하는 경우를 뜻한다. a foreign direct investment는 소극적인 주식 투자**a passive stock investment**에 그치지 않고 투자자가 해당 기업이나 프로젝트의 경영에 적극적으로 참여하며 지속적으로 투자하는 경우를 가리킨다. 반면에 소극적인 주식 투자는 해외 포트폴리오 투자**a foreign portfolio investment**라 한다.**

FDI flow
FDI의 흐름

FDI flows to the US have notably increased in the last year. (UN trade website)
지난해 미국으로의 FDI 유입이 눈에 띄게 증가했다. (유엔의 무역 웹사이트)

an FDI flow는 FDI와 관련된 자본의 이동 및 국가 간의 거래 cross-border transaction를 말하는 데 사용될 수 있다. inflow 유입와 outflow 유출란 단어도 투자의 이동 방향을 명확히 표현하는 데 사용될 수 있다.

FDI investor
FDI 투자자

FDI investors typically have a direct involvement in the management of the foreign company. (investment blog)
대체로 FDI 투자자들은 외국 기업의 경영에 직접적으로 관여한다. (투자와 관련한 블로그)

FDI는 투자의 한 형태이므로, FDI에 참여하는 사람은 FDI investor라 부를 수 있다. 반대로 이런 투자를 받는 국가들은 FDI recipients FDI 수혜국라 할 수 있다.

horizontal/vertical FDI
수평적/수직적 FDI

Many companies engage in vertical FDI to bring raw materials to their home country. (economics magazine)
많은 기업이 원자재를 본국으로 가져오기 위해 수직적 FDI에 참여한다. (경제 전문 잡지)

foreign direct investments는 여러 유형으로 분류할 수 있다. 어떤 기업이 외국으로 사업을 확장해 본국과 유사한 상품을 생산하는 경우는 horizontal FDI이다. 또한 외국에 투자해서 공급망의 다른 부분을 담당하는 보완적인 기업 a complementary business을 인수하는 경우는 vertical FDI에 해당한다. 반면에 어떤 기업이 외국에서 전혀 무관한 기업에 투자하는 경우에는 다각적/복합 기업적 FDI a conglomerate FDI가 이루어진 것이다.

> **10%**
> An investment is considered an FDI if one obtains a minimum of a 10% ownership stake in a foreign company. (online investment guide)
> 외국 기업의 지분을 최소한 10퍼센트 취득하는 투자는 FDI로 본다.
> (온라인 투자 안내)

exchange rate 환율

exchange rate는 한 국가의 통화가 다른 국가의 통화로 교환되는 비율이다. 기본적인 의미에서 exchange rate는 통화의 가치를 나타내는 지표일 수 있다. exchange rate는 경제 기사와 금융 분석부터 환전 서비스 currency conversion services를 제공하는 공항과 호텔까지, 또 국제 결제, 급여와 송금 등 국경을 넘나드는 금융 거래까지 온갖 유형의 상황에서 흔히 볼 수 있는 용어이다.

strong/weak exchange rate 환율 강세/약세	Analysis: How a strong exchange rate affects international currencies and commodities. (headline of economic news article) 분석: 환율 강세가 국제 통화와 원자재에 미치는 영향. (경제 뉴스의 머리기사)

같은 뜻으로 high와 low라는 형용사를 사용할 수 있지만 비교라는 함의가 조금은 떨어지는 편이다.

| **foreign exchange rate** 환율 | Check out our website to see all the foreign exchange rate information you need. (exchange rate data website) 필요한 모든 환율 정보를 보려면 우리 웹사이트를 참고하십시오. (환율 자료를 제공하는 웹사이트) |

여기에서 foreign이란 단어가 더해졌다고 해서 의미가 크게 달라지지는 않는다. 모든 환율 exchange rates은 어차피 외국 통화와의 교환 비율이기 때문이다.

| **competitive exchange rate** 경쟁력 있는 환율 | China's central bank announced measures to maintain a competitive exchange rate for the yuan amid trade tensions with the United States. (X post) 중국 중앙은행은 미국과의 무역 갈등에서 위안화의 경쟁력 있는 환율을 유지하기 위한 조치를 발표했다. (X에 게시된 글) |

an exchange rate가 competitive하다는 것은 다른 통화들과 비교할 때 자국 통화의 가치가 해외 구매자들에게는 자국 수출품을 더 매력적으로 보이게 만들지만 자국 소비자에게는 수입품을 상대적으로 더 비싸게 구입하게 만든다는 뜻이다. 따라서 지난 수십 년 동안 중국이 그랬던 것처럼 수출을 극대화하고 해외로부터의 상품 구매를 최소화하려는 국가라면 a competitive exchange rate를 통해 이점을 누리려 하기 마련이다.

| **nominal exchange rate**
명목 환율 | The nominal exchange rate between the Brazilian real and the US dollar rose sharply, driven by investor optimism over Brazil's economic reforms. (International Monetary Fund research)
브라질의 경제 개혁에 대한 투자자들의 낙관론에 힘입어 브라질 헤알과 미국 달러 간의 명목 환율이 가파르게 상승했다. (국제통화기금의 연구) |

an exchange rate는 여러 방법으로 계산된다. 가장 기본적인 방법은 nominal exchange rate로, 어떤 통화를 다른 통화로 얼마에 살 수 있는지를 단순히 계산하는 방법이다. 그러나 각 국가의 물가 수준 price level과 상대적인 구매력 relative purchasing power을 고려해 환율을 계산하는 경우도 있으며, 이렇게 얻는 환율은 real exchange rate 실질 환율라 한다.

> **1:1,719.81**
> The current exchange rate between British Pound Sterling and South Korean Won is 1:1,719.81. (foreign exchange rate app)
> 영국 파운드화와 대한민국 원화 간의 현재 환율은 1:1,719.81이다. (환율 애플리케이션)

currency peg 통화 고정

영어에서 peg은 둘 이상의 사물을 서로 달라붙게 하는 작은 물체를 뜻하는 단어이다. 경제학적 용어로 쓰인 currency peg에서는 은유적으로 사용되어 한 국가가 자국 통화의 환율을 하나 또는 그 이상의 다른 국가 통화에 고정시켜 묶어두는 개념이다. currency peg은 통화의 안전성stability과 예측 가능성predictability을 높여 해외 투자foreign investment를 유인한다는 장점이 있다. 정부가 수입을 장려하고 싶으면 강한 통화a stronger currency로, 수출을 장려하고 싶으면 약한 통화a weaker currency로 고정할to peg 것이다.

fixed currency peg 고정 환율 제도	One of the benefits of a fixed currency peg is that it gives a country a comparative trading advantage. (Wikipedia article) 고정 환율 제도의 장점 중 하나는 무역에서 그 국가에 비교 우위를 부여한다는 것이다. (위키피디아의 설명글)

a fixed currency peg은 환율an exchange rate이 다른 통화에 대해 변하지 않는 특정한 값으로 설정되는 경우를 가리킨다.

flexible/crawling currency peg 변동/평가조정 환율 제도	Flexible currency pegs aren't just for national currencies—you can also use these with forms of pegged cryptocurrency like stablecoin. (cryptocurrency advice Reddit post) 변동 환율 제도는 국가 통화에만 적용되는 것이 아니다. 스테이블코인과 같이 가치가 고정된 암호 화폐들에도 적용될 수 있다. (암호 화폐와 관련해 레딧에 게시된 조언)

a flexible currency peg 또는 a crawling currency peg은 변화하는 경제 상황에 맞춰 환율을 주기적으로 조정하거나 일정한 변동 폭 내에서 움직이는 것 crawling movement을 허용하는 환율 제도이다. 따라서 a fixed peg 고정 환율 제도과 대비되는 것으로, 20세기 말에 브라질이 인플레이션을 억제하기 위해 이 접근법을 사용한 것으로 유명하다.

| **to peg a currency**
통화의 환율을 고정하다 | The government of the era decided to peg the currency to a basket of major currencies to reduce exchange rate volatility. (popular economic history book)
당시 정부는 환율 변동성을 줄이기 위해 주요 통화들로 짜맞추어진 바스켓에 통화를 고정하기로 결정했다. (널리 읽히는 경제사 서적)
*basket: 바스켓, 여러 통화를 조합해 만들어낸 합성 통화 |

peg은 동사 to peg로도 사용될 수 있다(예: a country has pegged its currency, 자국 통화의 환율을 고정하다). 동사를 동명사 gerund로 바꿔 사용한 currency pegging은 환율을 고정하는 과정을 뜻한다. 이런 표현들이 이제는 일상적인 대화에서 사용되지 않고 각 주제와 관련된 토론에서 주로 사용될 뿐이다.

| **to abandon the**
currency peg
고정 환율을 포기하다 | The central bank may choose to abandon the currency peg and allow its currency to appreciate according to market forces. (article on central bank website)
중앙은행은 고정 환율을 포기하고 시장의 힘에 따라 통화 가치가 평가되도록 허용하는 쪽을 선택할 가능성이 있다. (중앙은행의 웹사이트에 게시된 글) |

to abandon은 고정 환율 방식 a currency peg arrangement을 무시하거나 단념하는 행위를 가리키는 데 사용되는 동사이다. 고정 환율을 포기하는 to abandon the currency peg 이유는 경제적 어려움, 정책 목표의 변화 등과 같은 요인에 있다.

> **50 years**
> It has been 50 years since Malaysia terminated its currency peg with Singapore. (online news archive)
> 말레이시아가 싱가포르와의 통화 고정을 종료한 지 50년이 지났다.
> (온라인 뉴스를 모아둔 파일)

Fisher effect 피셔 효과

Fisher hypothesis 피셔 가설로도 알려진 **Fisher effect**는 인플레이션과 실질/명목 이자율 간의 관계에 대한 경제 이론을 가리킨다. **Fisher effect**에 따르면 명목 이자율은 실질 이자율과 인플레이션율을 더한 값과 같다. **Fisher effect**는 투자나 통화 정책과 관련된 상황에서 주로 언급되는 개념이다.

International Fisher Effect
국제 피셔 효과

Many economists doubt the accuracy of the International Fisher Effect in calculating inflation. (financial magazine)
많은 경제학자가 인플레이션을 계산할 때 국제 피셔 효과의 정확성을 의심한다. (경제 전문 잡지)

The International Fisher Effect는 주로 IFE로 약칭되며, Fisher Effect가 확장된 개념이다. The International Fisher Effect에 따르면 국가 간 명목 이자율 차이를 이용해 환율의 변화를 예측할 수 있다.

> **3.6%**
> According to the Fisher Effect, the real interest rate is 3.6%.
> (economics textbook)
> 피셔 효과에 따르면 실질 이자율은 3.6%퍼센트이다. (경제학 교과서)

편집자의 글

돈에 대한 촘촘한 풍경을 읽는 방법 –
횡으로 가르는 정보에 대하여

정보에 접근하는 여러 루트 가운데, 어느 한 주제에 대해 횡으로 또는 종으로 가르는 접근법과 관심 분야가 만나면 적어도 그 섹터에 대해서는 이전보다 조금 더 확실한 앎 하나를 얻을 수 있지 않을까 합니다. 계속해서, 주제별로 파이 한 조각씩 만큼은 다루는 시도를 해 왔습니다.『영어감정표현사전』에서는 감정이,『Hollywood Verbs: 동작과 행동의 영어』에서는 영화 속 장면을 포착한 동작동사 300개 엔트리가 그랬습니다. 그 다음, 세 번째로 준비한 이 책은『영어감정표현사전』의 저자인 Sam Norris와의 후속 작업으로 이루어졌습니다.

『영어감정표현사전』에서는 Marsupial Soup에서 밴드 활동도 겸하고 있는 저자와의 세밀한 소통을 통해 감정에 대한 감각적인 정보와 텍스트를 횡으로 모아볼 수 있겠다는 기대감으로 시작을 했었던 기억이 납니다. 저자의 본업은 그런데 변호사입니다. 하여, 감정표현사전과는 대척점에 놓일 것만 같은 경제라는 소재로도 정보를 한번 횡으로 가르는 광경을 살펴보고 싶었습니다.

실제 구성을 잡으면서 돈의 경로에 있어 가장 작은 물리적 단위일 wallet부터 가장 광의의 단위인 globe까지 점층적인 구성으로 감정의 7개 주요 섹터 구분과는 또 다르게 논의가 되었습니다. 횡으로 가르는 돈의 경로 여정을 따라가다 보면 이미 익숙한 표현도 나올 것이고 이참에 보이는 약간의 신선한 정보 조각도 살피시게 되지 않으실

까 싶습니다. 동심원에서 단위를 달리하며 펼쳐지는 그 모든 삶의 반경에서 돈은 어디에나 존재하고 있고, 그러한 돈에 대한 촘촘한 풍경 속에서 영어에 숨어 있는 돈에 대한 모든 은유를 발견하시게 되리라 봅니다.

해당 분야의 언어를 체계적으로 알게 되면 그와 연관한 생각과 논리를 짤 수 있게 되고 그 논리 끝에는 자유자재의 활용과 그로 인한 유익을 얻게 될 것이라고 믿습니다. 그렇기에 언어 조각을 알아가는 것은 앎의 상념이 잠시 일었다가 금세 사라지는 무의미한 정보 조각 이상으로, 정보의 전체적인 얼개를 그려내는 증폭점이 될 수 있지 않을까 합니다. 문화농축적인 은유적 표현부터 논리적이고 객관적인 표현에 이르기까지 돈에 대한 영어의 모든 디테일을 살펴보는 가운데 이러한 관점의 설정이 아니라면 얻어내지 못했을 구석구석의 영어 조각들을 발견하시는 소중한 일독이 되셨기를 바랍니다.

편집자 김효정